中原千人计划基础研究领军人才项目（ZYQR201810122）资助

华贸金融研究院课题“河南省城乡空间优化与金融响应策略研究”（HYK-2019007）资助

2021年度河南省高等学校哲学社会科学智库研究项目“河南省科技型企业发展中的金融对接创新路径研究”（2021-ZKYJ-13）资助

河南省高等学校重点科研项目“中原城市群产业发展与金融系统耦合协调发展动态研究”（18A790002）资助

城市群产业与金融联动发展机制及重构策略

谢巧燕◎著

·北京·

图书在版编目（CIP）数据

城市群产业与金融联动发展机制及重构策略/谢巧燕著.--北京：中国经济出版社，2020.8

ISBN 978-7-5136-6258-1

Ⅰ.①城… Ⅱ.①谢… Ⅲ.①城市群-区域经济发展-研究-河南 ②城市群-区域金融-研究-河南 Ⅳ.①F127.61 ②F832.761

中国版本图书馆 CIP 数据核字（2020）第 142457 号

责任编辑 姜 静 孙晓霞
责任印制 马小宾
封面设计 任燕飞工作室

出版发行 中国经济出版社
印 刷 者 北京建宏印刷有限公司
经 销 者 各地新华书店
开 本 710mm×1000mm 1/16
印 张 19
字 数 368 千字
版 次 2020 年 8 月第 1 版
印 次 2020 年 8 月第 1 次
定 价 78.00 元
广告经营许可证 京西工商广字第 8179 号

中国经济出版社 网址 www.economyph.com 社址 北京市东城区安定门外大街 58 号 邮编 100011
本版图书如存在印装质量问题，请与本社销售中心联系调换（联系电话：010-57512564）

版权所有 盗版必究（举报电话：010-57512600）
国家版权局反盗版举报中心（举报电话：12390） 服务热线：010-57512564

前言

城市群金融与产业发展之间并非相互割裂，其存在明显的双向反馈机制。一方面，在金融与产业发展过程中，产业发展的不同状态为金融发展提供了不同的发展环境和发展条件，产业发展过程中产生的不同金融需求也成为金融发展的原动力。另一方面，金融发展带来的资金配置能力与服务水平的提升，能够为产业发展提供动力支持。虽然当前区域金融发展置身于金融一体化与金融自由化浪潮中，但并不意味着区域内金融资源或金融要素的流动是无障碍的，金融资源的跨区域流通反而存在很强的市场分割，并且各区域内金融组织结构、融资方式的选择、居民的金融意识与金融创新程度等均存在明显差异，这些问题都促使我们在研究城市群经济发展和产业发展时，要考虑城市群内各地市的局部特征。另外，区域产业发展过程中的金融支持，不仅起到被动作用，而且存在区域金融自身发展对区域产业发展的主动影响，因此，若要厘清区域产业发展过程中的金融支持问题，区域金融的主动与被动影响路径与机制均应被考虑在内。鉴于此，本书以中原城市群为例，从城市群区域产业发展与区域金融发展的动态过程，以及两者在发展过程中的融合、协调入手，研究城市群产业发展中的金融支持问题。

城市群产业与金融发展均有其自身的发展规律和发展路径，并且两者之间的相互作用往往发生在其自身的发展过程中，在剖析城市群产业发展与金融发展关系问题时，仅从产业与金融的发展结果研究城市群产业与金融发展的关系远远不够，还需要对其进行更加详尽的分析。城市群产业发展与金融发展的研究成果众多，但当前的研究成果忽视了城市群产业发展与金融发展的自组织作用，以及在其自组织过程中产生的关联机制。因此，本书从城市群产业与金融的自组织过程出发，研究两者在自组织过程中的集聚、合作与联动发展状况，并在此基础上提出实现城市群产业与金融联动发展的重构策略。

本书的研究思路主要从三个维度展开。一是以“是什么”为切入点，系统地梳理和吸收了国内外理论成果，借助文献分析针对当前理论界关于城市群产业与金融发展关系的研究不够系统和深入等问题，全方位、多视角地研究了城市群产业与金融发展关系研究框架的演进，并搭建了城市群产业与金融联动发展的理论研究框架。二是以“怎么样”为切入点，根据本书搭建的城市群产业与金融联动发展的理论研究框架，选取科学合理的指标体系，辨析我国城市群产业与金融联动发展的状况。三是以“如何做”为切入点，根据城市群产业与金融自组织过程的研究结果，研究城市群产业与金融联动发展的诱发机制，提出符合我国国情的城市群产业与金融联动发展的重构机理。

本书研究内容共七章，可以分为三大板块：第一板块为理论研究，着重构建城市群产业与金融联动发展的理论研究框架；第二板块为实证研究，选取具有典型代表性的中部城市群——中原城市群为实证研究对象，在构建的城市群产业与金融联动发展理论研究框架下，揭示城市群产业与金融联动发展机理和特征；第三板块为政策建议，在之前章节研究内容的基础上，基于我国城市群产业与金融发展的实际状况，提出城市群产业与金融联动发展的路径选择与重构策略。

城市群产业与金融发展实现良性互动，不仅对城市群产业发展与金融发展具有很大的推动作用，还能促进城市群向更高层级发展。对两者关系进行全面系统分析并厘清内在规律，促进城市群产业与金融联动发展，并不能一蹴而就，还需政府、非金融企业、金融机构和相关领域的专家学者等做出长期共同的努力。

本书在行文过程中借鉴了大量他人的研究和文献，并选择性地吸收了他人的研究成果，在此对有关学者和专家表示诚挚的谢意。同时，限于本人的研究水平，本书仍然存在许多可以继续深化研究或进一步探索的领域，这也将作为本人以后努力的方向。

谢巧燕

2020 年 7 月

目录

第一章　产业发展与金融发展关系的研究述评

当前，城市群已经成为区域和国家经济发展新的增长极，因而研究并解决城市群经济发展中存在的问题，对推动区域和国家经济发展具有重要意义。城市群经济发展本质上是产业结构升级与产业布局优化，从产业发展角度寻求城市群经济突破路径是解决城市群经济发展瓶颈的必由之路。金融是城市群产业发展的主要推动力，城市群金融发展在产业发展中的作用不仅在产业发展因素分析中得到了理论支持，而且在城市群产业发展的实践中得到了验证。城市群金融发展对产业发展作用的实现，主要取决于金融发展对产业发展的支撑效率，而金融支撑效率的高低不仅取决于金融或产业各自的发展水平，更取决于城市群金融发展与产业发展的联动关系。良好的联动关系，不仅有利于金融向更高层面发展，更有利于城市群产业的健康发展。然而，作为区域经济发展与区域金融发展理论重要组成部分的城市群产业与金融发展联动关系理论的研究尚处于初级阶段，还未形成系统、完整的理论体系。因此，研究城市群产业发展与金融发展的联动关系，必须建立在一个科学完整的理论框架的基础上，而城市群产业发展与金融发展联动关系理论框架的建立，则需要在对城市群产业与金融发展相关理论研究的借鉴和延伸中构建。

城市群产业与金融发展相关研究主要回答的基本问题是：城市群产业发展具有哪些特征？城市群金融发展具有哪些特征？城市群产业发展与金融发展的关系如何？国内外学者关于城市群产业发展与金融发展关系的研究有很多，并产生了众多研究成果，综合来看，主要集中在产业或产业细分行业与金融发展关系的研究、产业结构优化升级与金融发展关系的研究、产业集聚或产业集群与金融发展关系的研究、产业空间布局与金融发展关系的研究、产业与金融耦合发展的研究五个方面。

一、关于产业或细分行业与金融发展关系的研究综述

关于产业或其细分行业与金融发展关系的研究，国外学者多是从微观层面切入。Rajan 等（1998，1999）认为金融发展与产业发展之间存在显著的因

果关系，其考察了一国金融发展水平和产业发展水平间的关系，认为金融发展能够降低企业外源融资成本，更容易促进新企业的产生，而新企业的产生往往意味着产业发展和产业创新的进步，进而促进经济的增长。Fisman 等（2003）研究了金融市场发展与产业发展之间的关系，发现金融市场发展水平越高的国家，产业发展速度越快。Beck 等（2004）研究了金融发展程度与产业发展之间的关系，认为金融深化与产业发展有显著的正相关关系。Beck 等（2004）研究发现金融发展对不同产业类型的促进作用不同，他们认为金融发展更能促进由许多小企业构成的产业成长。Sergei Guriev 等（2009）以金融中介与企业融资模式的关系为切入点，研究了金融发展与产业发展的关系，他们认为股票的出现大大拓展了企业的融资途径，使得市场可以通过金融中介达到平衡状态。Bash Siddhartha 等（2014）的研究认为企业研发能力和盈利能力的高低，取决于企业融资约束程度的高低，而金融发展与创新正是企业解决融资约束的重要途径。Spenc J. N. 等（2005）、Kolympiris C. 等（2011）通过研究发现金融业在产业发展的过程中发挥着显著的作用。

国内学者对产业发展与金融发展关系的论证较多，也产生了众多的研究成果。如周慧等（2007）通过对中部地区金融深化对不同产业类型影响的研究发现，中部地区金融深化对不同类型产业的影响存在差异性：金融深化对第一产业影响较小，对第二、第三产业影响较大。曾国平等（2007）对中国金融发展对不同产业产值影响的研究发现，中国金融发展对第一产业产值的影响显著，对第二、第三产业产值的影响在统计上并不显著。张云（2008）以上海市为例，分析了我国经济较为发达地区金融发展水平与产业结构调整的关系，认为金融发展不仅有助于推动产业结构调整与深化，而且有利于提升企业的融资能力，以及风险抵御能力。刘梅生（2009）认为，中国金融发展规模、效率与第二产业增长之间存在长期协整关系，与第一、第三产业增长之间不存在长期均衡关系。涂俊（2012）从新能源产业发展与金融资本的关系出发，研究了新能源产业与金融资本的关系，认为新能源产业的发展与金融发展之间存在良好的双向互动关系。周永涛等（2012）通过研究金融发展、科技进步对中国对外贸易产业升级的作用，发现金融发展与中国外贸产业升级之间存在正向长期协整关系。刘骁毅（2013）通过对中国 1978—2011 年金融结构与产业结构的互动关系的研究，发现中国金融结构与产业结构间存在长期或短期的稳定因果关系。

国内还有很多学者从科技金融与新兴产业发展关系方面进行研究，探索金融发展与高科技新兴产业间的互动关系，产生了丰富的研究成果。赵天一（2013）认为科技金融的发展促进了科技开发、科技成果转化，加快了科技企业产业化发展的步伐，与科技创新一同构成了战略性新兴产业发展的重要支撑体系，并认为科技金融发展应在公共科技金融体系、混合金融科技体系、市场科技金融支撑体系三个方面寻求突破，以便更好地提升科技金融对战略性新兴产业发展的支撑效果。李富有等（2014）认为，长期内金融发展与我国战略性新兴产业间存在双向因果关系，短期内只存在金融发展对战略性新兴产业的正向推动，战略性新兴产业对金融发展的推动作用并不显著。章奇（2016）在研究中国产业结构转型与升级相关问题时，认为科技金融与中国第二产业发展存在联动关系，且两者联动发展对双向均具有促进作用。他认为科技金融先进的信息管理、风险管控和资金配置功能对中国第二产业发展具有显著的推动作用，而第二产业的发展又能够为科技金融的发展提供基础。张桢（2016）认为高新技术产业发展能够促进间接金融发展，但不能带动直接金融发展。崔惠颖（2017）通过研究发现中国产业结构与金融资产结构，以及总量结构之间存在正向的长期均衡关系。郑丽等（2018）通过研究中国能源产业发展与金融业发展的共生状态，发现两者发展存在非对称互惠共生关系，并且能源产业发展对金融发展的影响小于金融对能源产业发展的影响。郑诗情等（2018）在研究影响中国新能源产业发展的金融因素时，指出金融支持效率、金融发展规模、金融创新及金融结构四个因素是促进中国新能源产业发展的主要因素，且金融支持效率、金融发展规模两因素的推动作用更大。

以上对产业以及产业细分行业与金融发展关系的探讨，一直停留于产业发展与金融发展之间是否存在相互促进关系，或者金融的哪些构成因素或功能可以对产业发展产生推动作用的研究上。从产业发展或产业细分行业发展与金融发展的联动关系角度进行考察的研究较少。章奇（2016）考察了第二产业结构调整与科技金融的联动关系，也得出了联动关系的基本类型与金融驱动因素，但其研究还存在一些不足之处。一方面，联动关系的考察缺乏整体设计和理论框架；另一方面，产业与金融联动关系的考察均是从产业和金融的某个角度进行的，缺乏全局观和全面性。随着现代经济的发展，产业间联动发展、金融业间联动发展成为一种常态，某一个行业的发展会受到其他产业发展的影响。因此，在考察产业发展与金融发展时，缺乏全局观和全面性，将会使研究结论不可靠或不稳定。

鉴于此，本书主要从三个方面进行拓展分析：首先，对产业的研究视角进行扩展，从整体产业出发将产业进行两次划分，第一次划分为第一、第二、第三产业；第二次划分是将第二产业与第三产业进行进一步细分，细分为18个细分行业。其次，对科技金融的研究范畴进行扩展，从整个金融发展角度去探讨其余各类产业间的联动机理和联动状态，并进一步将金融发展细分为银行业发展、证券业发展与保险业发展三个部分。最后，考察联动关系时从产业发展联动、金融发展联动、产业发展与金融发展联动三个维度全面考察两者的联动机理。

二、关于产业结构优化升级与金融发展关系的研究综述

关于城市群产业结构优化升级与金融发展关系的研究，国内外学者很早就开始关注，并形成了众多研究成果。若从对产业结构优化升级与金融发展之间的关系是促进还是抑制角度进行分类，可以将这些研究分为相互促进论和促进与抑制并存论两大类。研究的具体描述如下：

（一）关于产业结构优化升级与金融发展相互促进论的研究综述

国外学者关于产业结构优化升级与金融发展之间关系的研究开始较早，且形成的研究成果较为丰富和成熟。Bagehot（1873）是最早研究金融在产业发展中作用的学者之一，他认为金融体系能为工业发展提供必要的资金，在英国的工业革命中起到重要作用，加快了英国产业结构优化升级的步伐。Goldsmith R.（1969）通过研究发现产业结构升级与金融发展之间存在双向的相互推动过程。Wurgler（2000）的研究认为产业结构优化和升级是通过金融发展提高了资源配置效率来实现的。青木昌彦（2001）研究了不同的金融形式对产业结构升级的作用，认为以银行主导金融发展对产业结构优化和升级具有重要作用。Jeanneney 等（2006）、Greenwood 等（2010）分别研究了金融发展与产业发展之间相互作用机制的具体形式，认为金融发展与产业结构变动间存在双向因果关系。Szirmai A.（2012）通过研究发展中国家产业结构优化和升级的路径指出，发展中国家要想具备高级合理的产业结构，必须有强大稳定的金融产业做支撑。

国内学者对于产业结构优化升级与金融发展间关系的研究比较多，并且呈现日渐成熟的发展特征。将国内学者关于两者关系的研究进行分类，可以分为单向影响和双向影响两方面。

第一，产业结构优化升级与金融发展存在双向影响关系的研究综述。陈聪（2008）研究发现我国金融发展与产业结构调整之间存在双向的促进关系。马智利等（2008）在研究中国金融发展与产业结构优化升级关系时，运用了金融相关比率与金融市场相关比率两个指标表示金融发展，发现它们与产业结构转型升级的关系存在差异：长期看，金融相关比率和金融市场相关比率与产业结构转型升级均存在稳定的相互促进作用，且金融市场相关比率的促

进作用较金融相关比率更强；从短期看，金融市场相关比率与产业结构优化升级之间存在双向因果关系，金融相关比率与产业结构升级之间只存在前者到后者的单向格兰杰（Granger）因果关系。李红河（2010）通过研究重庆市金融发展与产业结构优化升级发现，重庆市金融发展水平的提高——外在表现为金融相关比率的提升，能够显著地促进产业结构优化，且产业结构优化的提升也能够极大促进金融发展。段玉强（2012）认为，河南省金融发展与产业结构升级之间存在长期协整关系，且前者对后者的影响远远大于后者对前者的影响。史恩义（2012）认为，金融成长与产业发展之间应存在一种合理的匹配关系，即资本配置平衡指数应该有一个合理的空间，在这个空间内既能保障产业发展所需的金融资本供给，也不会产生金融泡沫。刘宁（2014）通过研究广东省金融发展与产业结构优化升级的关系，认为广东省金融发展与产业结构升级之间在长期内存在相互促进的均衡关系，但是这种作用较小。高新才等（2014）通过研究甘肃省金融集聚水平对产业结构优化升级的关系发现，甘肃省金融集聚水平和产业结构升级长期内存在相互促进的均衡关系，但金融集聚对产业结构优化升级的推动作用有限；且从短期看，甘肃省金融集聚与产业结构优化升级之间并不存在相互影响。姚华等（2016）认为我国金融发展与产业结构升级之间存在长期稳定关系，且具有正向敏感性。徐鹏杰（2018）基于全国东、中、西三大区域的省级数据，研究金融结构调整与产业结构优化的关系，认为两者长期内存在稳定的相互促进关系，且两者匹配度越高，相互促进作用越明显。侯赟慧等（2019）通过研究长三角金融一体化与产业结构优化之间的关系发现，从长期看，长三角城市群金融一体化程度与产业结构优化之间存在显著的影响；从短期看，城市间金融资源的流动（点出度）与作为城市群金融中心和副中心的辐射能力（点入度）的变化是第二产业和第三产业结构优化的 Granger 原因；在产业结构优化升级对金融发展的反馈作用上，第三产业发展是金融点出度与金融点入度的 Granger 原因，第一产业、第二产业结构变化不是金融发展的 Granger 原因，也就是说其研究证明了在长三角城市群产业结构优化升级与金融发展之间存在单向促进作用。李露（2019）研究了中国金融供给侧改革与高技术产业发展之间的关系，认为从长期看，中国金融供给侧改革和高技术产业之间存在稳定的正向促进作用，从短期看，高技术产业不是金融供给侧改革的 Granger 原因，但金融供给侧改革是高技术产业发展的 Granger 原因。

第二，产业结构优化升级与金融发展存在单向影响关系的研究综述。张云（2008）以上海市为例，分析了我国经济较为发达地区金融发展水平与产业结构调整的关系，他认为金融发展有助于推动产业结构调整与深化，但产业结构深化对金融发展的推动作用在统计上不显著。欧阳晓风（2008）通过对湘西地区金融发展与产业结构优化升级关系的研究，认为在湘西地区金融发展对产业结构优化有显著的促进作用，但产业结构升级对金融发展促进作用并不明显。查奇芬等（2009）的研究认为中国金融深化程度对产业结构升级有显著影响，而股票市场的发展和银行规模对中国产业结构升级的影响在统计上并不显著。孙林（2011）研究了中国东部地区与西部地区金融发展与产业升级的关系，发现中国东部地区金融发展在短期和长期都能促进产业结构升级，而西部地区金融发展仅在长期中才能促进产业结构升级。陈时兴（2011）认为，中国信贷融资和证券融资都能够促进产业升级，但证券融资的支持作用不明显。赵晓娜（2012）研究了青海省金融支持在产业结构优化升级中的作用，她认为青海省金融支持在产业结构优化升级过程中起到重要作用。马玲（2015）通过研究陕西省金融发展与产业结构调整的关系，发现陕西省金融发展与产业结构之间存在稳定的长期作用关系，即金融发展程度的提高能够推动产业结构调整，但这种推动作用存在明显的滞后性，两者之间良性的双向互动机制并未形成。王培志等（2015）研究了山东省产业结构升级与金融支撑的关系，认为金融支撑的进步在产业结构调整中有重要作用。成学真等（2016）研究了西北五省金融集聚与产业结构升级之间的关系，发现金融集聚水平对产业结构升级有显著的正向推动作用，并且银行业和保险业的促进作用比证券业更大。颜冬等（2016）研究了我国东部、中部、西部金融发展对产业结构升级影响的异质性，认为我国金融发展水平对东、中、西三大区域产业结构升级均具有正向影响，且金融发展对东部地区影响最大。彭继增等（2016）基于我国31个省（自治区、直辖市）金融创新与产业结构优化的面板数据研究发现，金融创新对产业结构优化有正向的促进作用。沈浩鹏（2017）通过对京津冀地区金融发展与产业结构转型升级关系的研究发现，京津冀地区的金融发展能够有效促进产业结构优化升级。李洁（2019）基于中国23个城市群金融发展与产业结构转型升级数据的研究发现，23个城市群金融发展对城市群产业结构转型升级产生积极作用，但产业结构转型升级对金融发展的作用并不明显。彭宇文等（2019）研究京津冀、长三角、鄂豫湘三个城市群的碳金融发展与产业结构升级的关系后发现，城市群碳金融的发展对城市群产业结构优化和升级起到积极的正向作用。

（二）关于产业结构优化升级与金融发展促进与抑制并存论的研究综述

关于产业结构升级与金融发展关系研究的结论，部分学者认为两者之间并不仅仅存在正向的促进作用，应该是促进与抑制并存的关系，持有该观点的大多是国内学者，国外研究中鲜有发现此类观点。王良健等（2001）通过研究发现金融发展能促进产业结构优化升级，而金融抑制会阻碍产业结构优化升级。雷清等（2012）基于我国1982—2010年的金融发展与产业结构优化升级数据，对两者的关系进行研究，结果表明金融发展对产业结构优化升级具有正向促进作用，但较低的存贷比会抑制产业结构的优化。马强等（2016）经实证检验认为金融发展与产业结构优化升级之间存在非线性关系，即当金融发展处于合理范围内时，对产业结构优化升级具有促进作用；当金融发展超出合理范围时，对产业结构优化升级的负向拉动作用会逐渐增强。陈晓玲等（2017）通过研究发现金融发展并没有显著地促进产业升级，只是推动了自身的发展，而产业升级对自身及金融发展均具有正向促进作用。侯丁等（2017）研究发现金融发展与产业结构升级存在非线性关系，认为区域适度的金融发展是产业结构优化升级的关键。陈清等（2018）基于我国31个省（自治区、直辖市）的数据，研究金融发展与产业优化升级的关系，结果显示金融发展短期内对产业结构优化升级有负向影响，长期内金融发展能够促进产业结构的优化升级，从而拉动经济增长。汪浩瀚等（2018）基于京津冀和长三角城市群的数据，观察比较了金融发展与产业结构优化升级的关系，研究结果表明金融发展对产业升级的影响存在门限效应，在各门限区间金融发展对产业结构优化升级的影响并不相同。龙云安等（2019）对成渝城市群金融发展与产业结构优化升级关系的研究发现，成渝城市群金融深化发展对产业结构升级存在显著的正向空间效应，而金融集聚对产业结构升级存在显著的负向空间效应。

（三）关于产业结构优化升级与金融发展关系的文献述评

通过以上对产业结构优化升级相关研究的梳理可以看出，国内外学者对金融发展与产业结构升级关系的看法并不完全一致，造成这一结果的原因是随着统计方法与计量手段的进步，各学者能够更深层次地挖掘产业结构优化升级与金融发展间存在的复杂关系，也能够详细地刻画两者的内在联系。

由以上的分析可知，产业结构优化升级与金融发展间的关系，应该是抑制与促进并存、正向推动与负向影响共有的双向作用机制。正因如此，部分学者也开始尝试分析产业结构优化升级与金融发展相互作用的门槛效应，即这些学者致力于寻找两者正向推动与负向影响关系发展转化的转折点，以便精准施策。但观察各学者的研究发现，区域产业结构优化升级与金融发展关系的门槛值随着研究区域的变化而变化。这一研究结果有两层含义：第一，产业结构优化升级与金融发展之间确实存在门槛效应，且门槛效应并不会随着研究区域的改变而改变。第二，产业结构优化升级与金融发展间门槛效应对应的门槛值会随着研究区域和研究时间区间的改变而改变。这一研究结论使当前理论界对两者关系的研究成果在指导实践界进行决策时存在很大局限，也制约着金融发展对区域产业结构升级能动作用的发挥，更不利于区域金融深化与金融一体化进程的实现。因此，需要一个健全、科学、有效的理论体系，填补产业结构优化升级与金融发展关系研究结论的空白。

以城市群产业发展现状与金融发展现状的详尽分析为基础，以产业发展内在联动作用机理与金融发展内在联动作用机理为切入点，深入挖掘和分析城市群产业发展与金融发展内在联动机理，对城市群空间产业发展与金融发展相互作用发生的触发点，以及两者相互作用在城市区位时间与空间维度的发展过程进行全面分析，能够实现对某地区门槛效应与门槛值的变化进行动态分析和抽象，更易总结出具有普适意义的研究结论。

三、关于产业集聚或产业集群与金融发展关系的研究综述

国外学者对于产业集聚和产业集群的理论研究较早，成果丰富，但对产业集聚或产业集群与金融发展的关系研究相对较少。产业集聚的思想最初源自 Marshall（1890），他提出了“内部经济”和“外部经济”两个重要概念。Kindleberger（1973）通过研究发现金融机构在经营过程中存在向特定地理空间集中的趋势，这种集中趋势可以通过加快金融活动参与主体资金流转速度和业务发展速度，来推动产业结构优化和升级的过程。Poter 等（1998）最早提出产业集群的概念，并认为产业集聚式发展能够大大提升产业发展的速度和质量。由此，产业集聚式发展和产业集群式发展成为实践界和理论界关注的焦点。关于产业集聚与金融发展间关系的研究，Patrick 等（1966）关注到了产业集聚发展对金融发展的能动作用，认为产业集群不仅能够促进区域金融的发展，还会使区域金融结构随产业结构的变化而改变。Jianqing Ruan 等（2008）关注到了金融发展对产业集聚的能动作用，认为金融发展促进了产业集群的发展。自此之后，利用各种政策调整区域金融发展，以实现产业集聚发展目标的行为成为常态。

国内学者对于产业集聚和产业集群的研究开始较晚，但对于产业集聚或产业集群与金融发展关系的研究，也形成了众多研究成果。沈财战等（2006）分析了京津冀城市群产业集群的现状，并从开发性金融支持角度提出了支持京津冀产业集群的发展模式及路径。楼瑜等（2006）研究了产业集聚融资效率形成的内在机制，认为产业集群化能够产生集群效应，增加信息透明度并降低生产与经营成本，在银行与企业长期动态重复博弈机制的作用下，改善

了产业集聚区内的融资环境，银企关系有了很大程度的改善。胡梅梅等（2014）以长株潭城市群为例研究了正规金融与非正规金融对产业集聚发展的影响，认为正规金融与非正规金融对产业集群的影响存在异质性：长期来看，区域正规金融发展对产业集群有稳定的促进作用，非正规金融发展对产业集群有较强的阻碍作用。王海军等（2015）基于耦合协调模型研究了我国东部地区产业集聚与金融发展的关系，结果显示短期内金融发展对产业集聚的作用不显著，而产业集聚对金融发展却有明显的拉动作用。陈景森等（2019）测算了中国十大城市群金融集聚与产业集聚的耦合协调度，并描述了其空间分异特征，结果显示，对城市群内各城市而言，第二产业占比越大，产业集聚效应越明显。汪发元等（2020）研究了长江经济带金融发展对产业集聚的影响，发现金融发展对产业集聚有正向推动作用，但短期和长期影响机制不同：从短期来看，金融发展对产业集聚的正向影响在统计上不显著；从长期来看，金融发展对产业集聚具有正向影响作用，且在统计上高度显著。

以上研究中的部分研究成果是针对某区域而言的，但其对研究城市群产业集聚与金融发展的关系同样具有很强的借鉴意义。由以上分析可知，国内外学者尝试从各个方面研究产业集聚发展与金融发展的关系，但将集聚与联动结合起来研究其与金融发展之间关系的研究并不多。众所周知，在城市群产业发展中，首先是实现在某一区域内产业集聚发展，形成众多产业集聚点；随着各城市间产业发展之间的联系日益紧密，各产业集聚点之间就会形成联动，由此产生由点到线的产业发展链条；当各城市间产业发展链条越来越多、产业联动越来越强，就会在城市群中形成不同特征的空间分布和空间关联，产业发展联动关系实现由线到面的发展态势。由此看出，在研究产业发展与金融发展关系的联动机理时，仅从产业集聚出发，就会使产业与金融发展的联动机制缺少“线”和“面”的研究，这无疑会成为产业与金融发展理论研究中的缺憾。

四、关于产业空间布局与金融发展关系的研究综述

关于产业布局与金融发展关系问题的研究是近几年才兴起的，国外学者少有涉猎，而国内学者进行了诸多尝试，也产生了众多有意义的研究成果和结论。覃剑（2014）对大珠三角城市群中各个城市的金融业与制造业的空间关系进行研究，发现二者在空间上既有相吸性，又有分离性。张辉等（2016）基于区域金融的空间分布与金融发展的空间异质性，研究了如何借助金融力量促进产业空间均衡布局问题，发现金融从业者空间集聚效应能够促进产业空间集聚，而金融发展空间异质性与信息空间扩散强度的提升，能够在一定

程度上缓解区域产业发展所面临的融资约束，从而影响产业空间布局状态。余霞民（2016）以长三角经济区为例，从地方政府竞争角度研究了区域产业布局与金融配置效率的关系，认为长三角经济区地方政府的竞争行为，导致该地区出现了相同或相似产业在空间内重复布局，即产业发展出现同构现象，对区域金融资源配置效率产生负面影响。陶娅娜（2018）采用空间计量模型研究了金融资源的空间分布对产业布局的微观影响机制，认为金融资源的空间集聚情况对产业发展的影响呈现倒“U”形分布，且金融空间集聚与产业发展的空间布局存在显著的空间自相关性，即金融资源的空间集聚会对产业发展的空间布局产生正向的空间溢出效应，从而推动金融资源推动型产业布局的产生。陈福中（2020）基于中国省级数据研究发现，就全国而言，金融协同发展能显著促进产业布局的优化；就区域而言，我国东、中、西三大区域及京津冀、长江经济带的金融协同发展对产业布局优化均有显著的促进作用。

在以上研究中，多数学者均采用空间计量的研究方法分析产业布局与金融发展的关系，并且认为金融资源空间配置对产业布局有重要影响。但是，这些研究均从产业发展的某个构成部分或者金融发展的某种构成角度来研究产业布局与金融发展的关系，缺乏全局观和系统性。此外，这些研究运用各种空间计量分析方法，抽象和总结当前产业布局与金融发展的关系，得到了存在正向空间相关性或者存在负面效应等结论。这些研究是对两者关系既定现状的抽象，但对当前关系的产生与发展机制并没有进行详尽的分析，这无疑成为产业发展与金融发展关系理论框架的缺失。

五、关于产业与金融耦合发展的研究综述

关于产业与金融耦合发展状态的研究，是进入 21 世纪后在中国兴起的研究产业与金融发展关系问题的一个新视角。耦合发展研究理念来自系统论和系统耦合理论，目的在于厘清两个系统相互作用的机理及状态，以此深入剖析和挖掘系统间相互作用存在的问题和约束。

关于产业与金融耦合发展问题的研究大多集中在我国。迟永慧（2015）基于灰色关联系数矩阵方法研究了中国产业结构与金融结构之间的关系，发现中国金融结构与产业结构之间存在双向因果关系，中国金融发展的区域非均衡性与金融结构和产业结构协调发展低效的特征，阻碍了中国产业经济的长远健康发展。郭露等（2015）研究了长三角地区产业结构与金融集聚协调发展状况，结果显示，上海市作为区域龙头城市，其金融集聚与产业结构协调发展状态较好，辐射作用逐步显现，部分区域内产业结构与金融集聚协调

发展已突破双城驱动的“点”状态势，呈现“块”状分布。葛红玲等（2015）的研究认为中国房地产与银行的共生系统呈现偏利于房地产的收益不稳定性，而正因为房地产与银行共生系统收益分配的不对称分布，使两者共生效率较低，同时，房地产行业调整政策的偏颇，以及对两者共生关系认识不清，是二者不能长期协调共生的主要原因。王海军等（2015）对我国东部地区产业集聚与金融发展间的动态耦合协调关系进行了研究，结果表明，我国东部地区产业集聚与金融发展之间存在正向耦合关系，且两者的耦合度高于耦合协调度。同时，东部地区金融发展对产业集聚的短期推动效应并不显著，产业集聚对金融发展却具有显著的拉动效应。邢苗等（2016）基于耦合协调度模型测算了我国 11 个沿海地区金融发展与海洋产业结构优化的耦合度，结果表明我国 11 个沿海地区中，多数地区金融发展与海洋产业结构优化两系统间呈稳健向上的耦合发展趋势，但少数地区呈现失调趋势。吴勇民等（2016）基于技术与金融协同演化视角，研究我国互联网金融发展的动力，两者在协调发展过程中呈现的“非对称互惠”效应，是制约互联网金融进一步发展的因素。刘湘云等（2018）研究了科技金融与高新技术产业的协同演化状况，结果显示科技金融与高新技术产业通过相互作用促使复合系统内子系统达到最优稳态，最终实现“1+1>2”的协同效应。焦妍妍等（2019）从“互联网+”视角研究科技创新产业结构优化与金融创新产业结构优化两系统的耦合协调发展趋势，结果显示我国东部省（市）的两系统耦合协调水平更高，耦合系统对产业结构优化的促进作用更明显。陈景森等（2019）测算了中国十大城市群及城市群内城市的金融集聚与产业集聚的耦合协调度，通过对比分析揭示了中国十大城市群间金融集聚与产业集聚耦合协调度的空间分异特征。研究结果表明，就十大城市群整体而言，金融集聚与产业集聚耦合协调度呈现中间高、四周低的空间分布格局。就城市群内部各城市产业集聚与金融发展耦合协调度而言，群内城市间两系统耦合协调度差异较大，且呈现经济发达城市带动欠发达城市的“领导—跟进”式发展。

通过对以上文献的梳理发现，近年来众多学者从不同角度、不同区域、不同层面研究了产业与金融耦合协调发展的演变过程与现状，也得出了众多有意义的研究结论。但从城市群层面研究产业发展与金融发展在时间与空间层面上联动发展机理的较少，并且对城市群产业发展与金融发展进行全面、系统分析的研究也寥寥无几，这也将成为产业发展与金融发展关系研究理论中的不足之处。

第二章　城市群产业与金融联动发展的一般研究框架

一、产业与金融发展关系研究理论框架的演进

由本书第一章对相关研究的梳理和分析可知，产业发展与金融发展关系的研究经历了研究框架的起点、研究框架的基本建立、研究框架的拓展和深化以及研究框架的新进展四个阶段。关于产业与金融发展关系研究四个阶段的划分，并不是从时间演进方面进行的，而是从对两者关系研究的纵深发展角度进行的，因此，四个阶段在时间轴上会出现并存。关于产业发展与金融发展关系研究四个阶段的具体分析如下：

（一）产业或细分行业与金融发展关系分析：研究框架的起点

国内外理论界对产业与金融发展关系的研究，始于探究整个产业或产业的某个细分行业与整体金融业或某个金融细分行业关系的研究。这类文献最初的研究目的是验证金融发展对产业发展是否具有推动作用，或者能动作用产生的条件、能动作用在不同条件下的差异等。之后产业发展与金融发展关系的研究被拓展到金融发展的某个构成部分（如股票市场、银行体系等）与产业发展或某一特定行业发展之间关系的分析上，这些研究将产业发展与金融发展之间的关系进一步细化，分析产业与金融发展中不同构成部分能动作用的差异，便于制定出促进产业发展和金融发展的差异化政策。随着理论研究的逐步推进，对产业发展与金融发展关系的研究又拓展到金融发展的某些因素对产业发展的能动作用上，更进一步地探究产业发展过程中的金融推动力量，这部分研究为更精确地运用金融手段推动产业发展提供了理论支撑。

在产业发展与金融发展关系研究的四个阶段中，该阶段的研究内容是国内外学者最早关注的领域，取得了丰富的研究成果。在该阶段的研究中，学者往往用产业增加值表示产业发展，研究金融发展对产业发展能动作用的实质，剖析金融发展对产业发展总量增长的作用，但没有考虑金融发展对产业

结构优化升级的作用或产业发展过程中的其他问题。因此，该阶段产业发展与金融发展关系的研究框架并不健全，有必要对其进行拓展。

（二）产业结构优化升级与金融发展关系分析：研究框架的基本建立

产业结构优化升级与金融发展关系研究的开始，标志着产业发展与金融发展关系研究框架的基本建立。在产业发展与金融发展关系研究的基本框架中，包含总量研究与结构研究两大板块的内容，总量研究主要指产业增加值与金融发展的关系研究，结构研究主要指产业结构优化升级与金融发展的关系研究。根据理论界对金融发展能动作用形式认知的进步，可以将对产业结构优化升级与金融发展关系的研究分为相互促进论和促进与抑制并存论两类。

产业结构优化升级与金融发展“相互促进论”认为，金融发展有利于促进产业结构的优化升级，产业结构的优化升级也有利于促进金融发展的深化。从研究的切入点来看，这些研究中既有从整个金融发展来研究两者之间正向促进作用的发挥的，也有从银行体系、证券市场等角度研究其与产业发展之间的正向促进作用的发挥的。从研究结论来看，产业结构优化升级与金融发展之间存在正向促进作用，包括双向促进作用与单向促进作用两种形式。决定产业结构优化升级与金融发展关系的作用形式是单向还是双向的，主要是由研究区域、时间和内容决定。由以上分析可知，产业结构优化升级与金融发展之间存在正向促进关系是可以确定的，但在不同区域两者之间的正向促进关系却存在差异。也就是说，产业结构优化升级与金融发展之间正向促进作用的方向、大小、作用机制，随研究对象时间与空间的改变而改变。

产业结构优化升级与金融发展“促进与抑制并存论”的产生，标志着产业发展与金融发展关系研究的进一步深化，这意味着国内外学者不仅关注到了金融发展对产业结构优化升级的促进作用，也注意到了其对产业结构优化升级的负面作用。对两者之间抑制作用的研究，往往是从金融发展对产业结构优化升级的门槛效应入手，认为金融发展对产业结构优化升级的作用存在非线性作用机制，一旦金融发展超过某一门槛值，其对产业结构优化升级的促进作用就会转换为负向的抑制作用。

（三）产业集聚、产业空间布局与金融发展关系分析：研究框架的拓展和深化

随着国内外学者对产业发展与金融发展关系研究的深入进行，学者开始关注产业发展在地域空间上的集聚趋势，以及产业集聚与分散形成的产业空

间布局过程中与金融发展相互交织形成的发展关系，并形成了众多有意义的研究成果。产业聚集、产业空间布局与金融发展关系研究的出现，是对产业发展与金融发展关系理论研究框架的进一步拓展，丰富了产业发展与金融发展关系的研究内容，扩展了产业发展与金融发展关系的研究范畴。

在对产业集聚、产业空间布局与金融发展关系的研究中，众多学者将经济地理理论的相关研究理念引入理论研究框架中，使得在研究产业发展与金融发展关系时实现了研究方法的创新，也得出了之前研究无法揭示的、极具实践意义的研究结论。由于空间理论及空间分析工具和手段的应月，关于产业发展与金融发展关系的研究在研究对象上向更微观的城市、县域或城镇拓展，而作为经济发展新增长极的城市群，其产业发展与金融发展关系开始进入国内外学者的视野。自此，城市群产业发展与金融发展关系研究成为产业发展与金融发展关系研究中的一个重要组成部分，由于城市群产业发展与金融发展自带城市空间关系，所以对其的研究有别于其他类型的产业发展与金融发展关系研究。

（四）产业与金融协调、和谐发展分析：研究框架的新进展

随着协调发展与和谐发展理念的提出和应用，产业与金融协调、和谐发展问题成为新的研究热点。产业与金融协调、和谐发展研究的进展大大拓展了产业发展与金融发展关系的理论研究框架，也为两者发展关系研究指出了一个新的方向。产业与金融协调、和谐发展的相关研究，基于各种产业、金融资源实现良性组合、高效匹配的可持续发展理论，重塑了产业发展与金融发展关系理论研究框架。

现有文献在研究产业与金融协调发展与和谐发展问题时，研究方法通常是引入系统耦合理论进行分析，采用熵权法、数据包络分析法（DEA）或者灰色关联度方法来分析两者之间的耦合度，以及耦合协调度。用耦合度与耦合协调度来度量产业发展与金融发展协调程度和和谐程度，在此基础上，分析两者协调发展与和谐发展的空间分异情况，据此提出相应的对策建议。在研究内容上涵盖面十分广泛：有的从整体产业与金融发展的协调、和谐状况进行研究，有的从某一特定产业与金融发展某一方面的协调、和谐发展进行研究，还有的从产业集聚、产业空间分布与金融发展的协调性进行研究。

二、城市群产业与金融联动发展的内涵与特征

（一）本书研究主旨的提出

城市群在当前区域经济发展中的地位日益重要，同时城市群产业发展与

金融发展具有不同于其他区域的特点，因此简单地将非专门研究城市群产业发展与金融发展关系的研究方法和研究结论应用于城市群产业发展与金融发展的调控和治理中，将会引起理论的不适用和低效性。但关于城市群产业发展与金融发展关系的理论研究，始于经济地理理论与产业金融发展关系理论研究的结合，其仍处于起步阶段，尚未形成完整、系统的理论研究框架，也缺少系统研究城市群产业发展与金融发展关系的研究成果。城市群产业发展与金融发展关系理论研究的匮乏，意味着城市群产业与金融实现协调、和谐发展缺乏理论指导，进而影响城市群产业与金融业的健康持续发展。鉴于此，本书提出“城市群产业与金融联动发展机理及重构策略”这一命题，尝试构建一个完整、系统的符合城市群产业与金融发展特征的一般理论研究框架。

（二）城市群产业与金融联动发展的基本内涵

城市群是区域内各区域城市化发展到一定阶段后，在空间上表现出的高度密集、城市紧密联系的复杂空间组织（邬丽萍，2012）。根据其定义可知，城市群产业与金融发展关系，是在城市群产业与金融集聚发展、扩散发展过程中逐渐融合产生的。城市群产业与金融发展关系最显著的特征就是伴随着产业与金融分工发展、集聚发展与合作发展而产生的联动关系。

从城市群产业集聚视角看，城市群产生的初级阶段，城市群产业与金融业依据群内各城市资源禀赋进行集聚化发展，逐步形成城市群的产业中心及金融中心。凭借产业与金融业的“吸附力”，产业中心与金融中心的集聚程度不断增强；凭借产业与金融业的“扩散力”，产业中心与金融中心的辐射能力不断增强。城市群的产业中心与金融中心的个数可以不止一个，根据产业中心与金融中心的“吸附力”与“扩散力”的大小，可以将这些中心分为“一级中心”与“次级中心”。产业与金融业“一级中心”与“次级中心”的形成及发展过程中，伴随着城市群产业与金融发展相互作用的过程，在城市群内形成产业与金融相互作用机制。而城市群产业与金融相互作用机制，随着各层次产业与金融集聚中心的空间联系，又在城市群内形成产业与金融发展“点”之间的联动机制。

从城市群深度产业分工视角看，城市群内各城市依据自身的资源禀赋优势，对产业与金融业进行产业间或城市间垂直分工与水平分工。这是产业与金融中心“扩散力”的外在表现，或是产业与金融“集聚中心”辐射能力作用的结果。城市群各层次产业与金融中心“辐射作用”的发挥，使得城市群内各城市围绕产业与金融中心形成“分工线”，即城市间垂直分工或水平分工的“连接线条”。在分工机制作用下的城市群产业与金融发展模式，使得产业与金融发展的联动机制，由以“中心”为主的“点”联动模式，向以城市间分工线条为纽带的“线”联动模式转化。

从城市群产业合作视角看，城市群内各城市间产业发展与金融发展态势，无论是同构度较强，还是差异度较强，均会产生竞争与合作。城市间竞争关系的产生源于资源争夺，合作关系的产生源于合作博弈收益。一般认为，产业与金融发展同构度较强的城市群，群内城市间竞争关系占主导位置；差异度较强的城市群，群内城市间合作关系占主导位置。各城市间同构度较强的城市群，竞争关系的产生并非一定会增加区域“能量流”损耗，若城市间的合作机制能够发挥强有力的作用，那么，同构度较强的城市群可以变劣势为优势，形成产业集聚区。城市间竞争与合作并非只有单一的联系，各个城市间会在各个产业或金融行业产生竞争与合作。每一个竞争关系和合作关系的形成，均会形成一条连接线，复杂多重的竞争与合作，会形成更多复杂多重的线。这些复杂多重的线在城市群地域空间上，形成了一个巨大的、复杂的空间关系网。在产业与金融关系网的作用下，城市群产业与金融间的联动关系将发生变化，由以线条为纽带的“线”联动模式转化为“网”联动模式。

基于以上分析，本书研究的城市群产业与金融联动关系的内涵，应包含“点”联动、“线”联动及“网”联动三个层次递进的联动模式。其中，产业与金融发展的“点”联动模式是“线”联动模式产生的基础，“线”联动模式又是“网”联动模式产生的基础，“网”联动模式是“点”联动模式与“线”联动模式的融合与升华。因此，城市群产业与金融业联动模式，应包含“点”“线”“网”三个层面的联动机制。

（三）城市群产业与金融联动发展关系的形成与升级

前文从产业集聚、产业分工、产业合作角度，分析了在城市群产业与金融两个体系自身发展过程中，通过产业与金融相互作用而产生的联动关系，并概括了两者联动发展的内涵。若跳出城市群产业发展与金融发展自身的过程，单从两者联动关系的形成与发展来研究城市群产业与金融联动发展的机理，也是多角度阐释和深刻认识城市群产业与金融联动发展内涵的途径之一。本部分引入系统理论与物理学概念中的耦合、互嵌理论，阐释城市群产业与金融联动发展关系的形成演化机理。

1. 城市群产业与金融联动关系的形成：系统耦合作用的深入发展

耦合理论产生于物理学范畴，蜕变于 J. R. 皮尔斯在 20 世纪 40 年代研究微波电子管时提出的“耦合模”概念。耦合理论通常用于研究两个或多个系统间相互作用的一般规律，探究的是两系统或多系统间相互作用的模式。耦合理论首先假定研究的两个或多个系统是开放的、具有耗散结构的系统，系统之间通过系统“能量”的转换形成耦合关系。根据发展后的耦合理论给出的系统耦合度与耦合协调度的测算公式，可以对系统间的相互作用模式进行评判。

系统间的耦合度分为强耦合与弱耦合两种极致状态。在物理学范畴内，一般认为，两个或多个相互作用的系统，在系统“能量”传输过程中，在某种作用模式下系统间可以实现“能量”的完全转换，不会出现能量耗散的情况，那么此时就称两个或多个相互作用的系统在这种作用模式下实现强耦合发展。弱耦合的情况与强耦合刚好相反，是指两个或多个相互作用的系统，在某种作用模式下，系统间的“能量”转换程度低于某个边界条件。通过对强耦合与弱耦合的概念的梳理，可以总结出耦合度的两大特点：第一，系统间耦合度的强弱，取决于系统间“能量”转换的程度。“能量”转换程度越高，系统间的耦合度就越高，反之则越低。第二，系统间耦合度强弱的划分区间并不绝对，而是相对而言的，它取决于边界条件的设定，且边界条件的设定并不固定或唯一。

耦合理论中判断两系统相互作用模式的方法，除了耦合度之外，还有耦合协调度概念。如上所述，耦合度用于分析相互作用的系统间“能量”的转换程度。耦合协调度是度量相互作用的系统间发展程度适应度的指标，如高（低）发展系统与高（低）发展系统相互作用，可以称之为高度耦合协调；若高（低）发展系统与低（高）发展系统间相互作用，则可以称之为低度耦合协调。基于此，耦合度与耦合协调度在分析系统间相互作用的模式时，各有偏重，并不能相互替代。因此，一般在分析系统间相互作用模式时，常常将两者结合起来使用，从简单的分类看，耦合度与耦合协调度相互结合后，可以组成四类组合：强耦合高协调、强耦合低协调、弱耦合高协调、弱耦合低协调。一般认为，系统间最优的作用模式为强耦合高协调状态。

由以上对耦合理论的阐释可以看出，蜕变于物理学范畴的耦合理论，其基本理念同样适用于城市群产业发展与金融发展相互作用的关系研究。首先，从系统论视角来看，城市群本身即为一个开放的、具有耗散结构的巨系统，在这个巨系统中，产业发展与金融发展系统作为城市群巨系统的两个相互作用、相互影响的子系统存在，且城市群产业发展与金融发展两系统也具有开放性、耗散结构性等巨系统的特点。由此可以看出，城市群产业发展系统与金融发展系统具有耦合理论起作用的基本条件。由于具有开放性的城市群产业发展系统与金融发展系统发展的覆盖面属于同一城市群，两系统的构成要素来自同一区域的相同元素，在两系统发展演变过程中，必然会因为元素间的相互作用而产生关联。从系统论的基本内涵看，两系统的相互作用，无论是元素间相互作用引起的，还是系统间相互作用引起的，均可以看成系统"物质流"和"能量流"的交换。也就是说，系统间的关联关系，是由系统对系统间"物质流"与"能量流"交换所产生冲击的发起与承受引起的。这些"物质流"与"能量流"，可以看作城市群产业发展系统与金融发展系统在彼此发展过程中提供给对方的有形和无形的支撑。"冲击"可以看作城市群产业发展系统与金融发展系统在彼此发展过程中"物质流"与"能量流"的支撑力度。

其次，从系统耦合理论视角看，城市群产业发展系统与金融发展系统发展过程中，"物质流"与"能量流"彼此交换的现象，既可视为"耦合"关系的形成，也可视为两系统关联关系的形成。随着两系统"能量流"与"物质流"交换频率和程度的上升，两系统"耦合"程度也开始上升，当两系统达到完全耦合，意味着两系统实现"物质流"与"能量流"的完全转化，也意味着两系统的完全关联。那么，城市群产业发展系统与金融发展系统为何会出现耦合呢？从以上分析中可知，城市群产业发展系统与金融发展系统均属于开放的具有耗散结构的巨系统。产业发展系统与金融发展系统的正常发展演变，仅依靠系统本身的"自组织"作用，无法实现系统发生"突变"后由非平衡态向平衡态的转变，必须依靠消耗系统外部的"冲击"或"物质流"和"能量流"的补充，实现非平衡态向平衡态的发展模式转变。由此可以看出，城市群产业发展系统与金融发展系统的关联形成于两系统的耦合作用。

由以上分析可知，城市群产业系统与金融系统耦合作用的产生，是两系统联动发展的开始。城市群产业与金融两系统耦合作用越强，两系统的关联关系越紧密，这意味着城市群产业与金融联动发展程度越深。也就是说，城市群产业与金融联动关系始于耦合作用的产生，随耦合作用的深入发展而发展。

2. 城市群产业与金融联动关系的升级：互嵌作用的发挥

"互嵌"理论与耦合理论相同，均源自物理学范畴，由于其理论和概念的普遍适用性，现被广泛应用于经济学、社会学等各个领域。"互嵌"理论的内涵是指相互作用的系统间的嵌入程度，或者叫融合程度。在经济学与社会学领域，“互嵌”是指不同系统或事物之间的交接融汇程度。严庆（2015）认为“互嵌”关系跳出了“融合”关系与“分割”关系的二元对立矛盾，强调的是“融合”与“分割”关系共存下的一种均衡状态。“互嵌”关系强调得失系统或事物间的内在结构关联，而非覆盖关系，是在保持个性的前提下，形成的一种“互嵌”式纽带关系，而非去个性化的覆盖关系。严庆（2015）认为“互嵌”关系可以自然产生，也可以人为建构，也就是说，系统或事物间的“互嵌”关系可以通过人为干预进行重塑。

系统间或事物间的“互嵌”程度，可以用融合度或关联度来度量。融合度与关联度越高，系统间或事物间的“互嵌”程度就越高；融合度与关联度越低，系统间与事物间的“互嵌”程度就越低。城市群产业发展与金融发展之间的“互嵌”关系，是允许保持自身个性前提下的“互嵌”关系，强调的是在产业自身发展与金融自身发展前提下，通过加强两者的“互嵌”程度，进一步推动两者发展的进程。

在研究系统间关联发展状况时，经常将耦合与“互嵌”结合起来运用和分析。这样既可以通过耦合关系，分析系统间“物质流”与“能量流”的交换情况；又可以通过“互嵌”程度，分析系统间的交接融汇程度。因此，城市群产业与金融关联发展机理应该如下：城市群产业发展与金融发展在耦合机制的作用下，产生关联关系，在关联关系内在规律与机理的作用下，推动产业与金融发展的“互嵌”进程；产业与金融发展“互嵌”程度的提升，促进两者耦合程度的进一步增强，耦合程度的增强，会再次推动两者“互嵌”程度的提升……城市群产业与金融联动发展就在“耦合”与“互嵌”两种力量循环往复的推动下，不断向前发展。

三、城市群产业与金融联动发展的理论研究框架

（一）城市群产业与金融联动发展理论研究框架的基本架构

根据以上分析，结合城市群实践背景与发展趋势，本书提出一个城市群产业与金融联动发展的理论研究框架，以便更好地服务于推动城市群产业发展与金融发展实践，从而更有效地推动城市群产业与金融发展关系的研究进程，使城市群产业发展与金融发展关系理论研究与实践效果均能够得到显著提升。城市群产业与金融联动发展理论研究框架的基本架构如图 2-1所示。

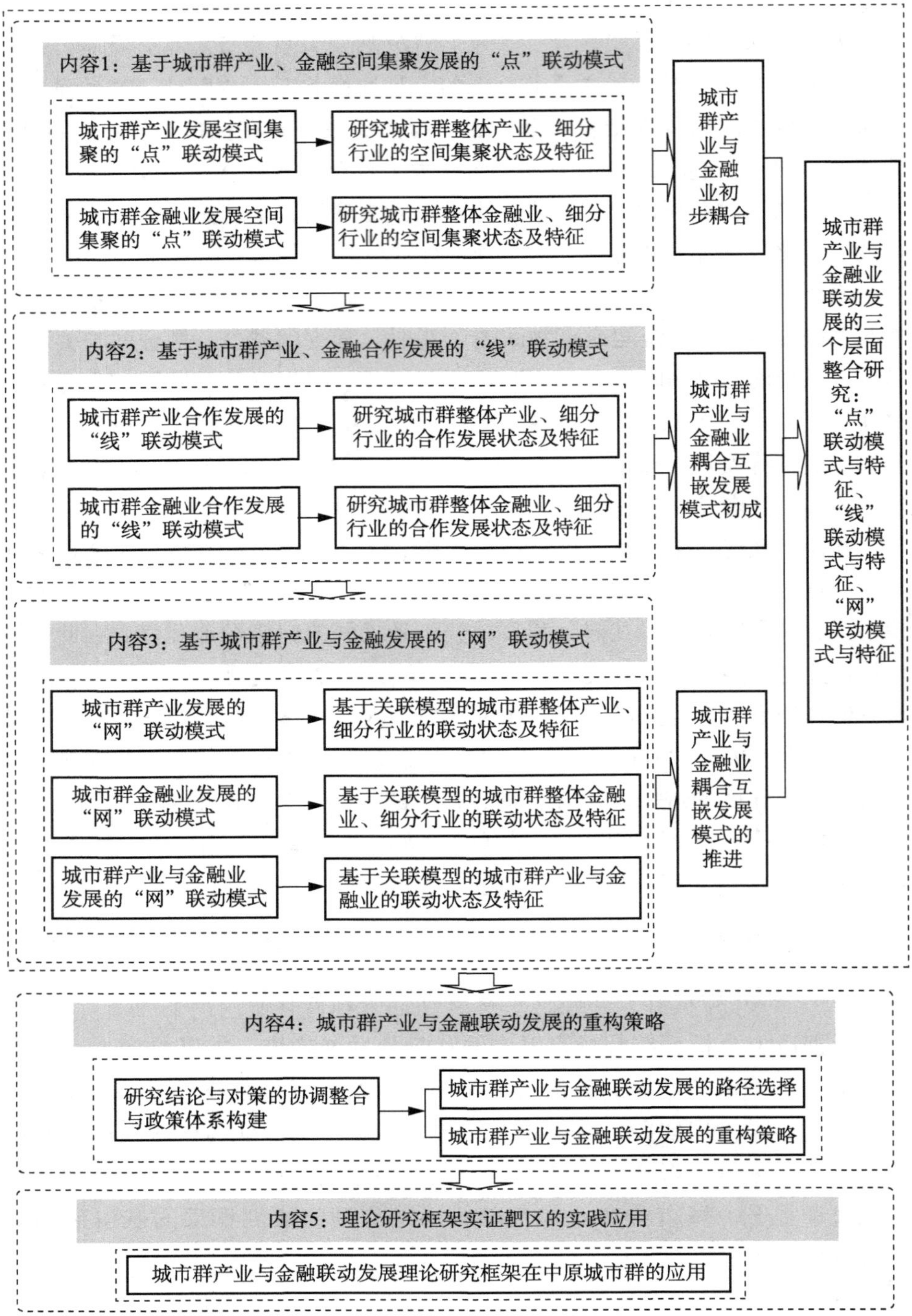

图 2-1　城市群产业与金融联动发展理论研究的基本架构

（二）城市群产业与金融联动发展理论研究框架的基本内涵

上述城市群产业与金融联动发展理论研究框架的基本架构，包含了理论研究部分和实践验证部分，是较完整、系统研究城市群产业发展与金融发展关系的理论研究模型。该理论模型的基本内涵包含以下四个部分：

1. 基于空间集聚视角研究城市群产业、金融业“点”联动模式及特征

以空间集聚程度测算方法，详尽测算城市群产业与金融业“点”联动状态，并总结其联动特征。在分析过程中，对产业与金融业进行进一步划分，将产业划分为整体产业、三大产业、19 个细分行业三个层次，将金融业划分为整体金融业、金融业三个行业（银行、证券、保险）两个层次，分别考察和分析城市群各层次产业，以及各层次金融业发展的城市间、产业间“点”联动模式。通过将产业与金融业层层细分，充分论证各层次物质空间要素之间，在城市群地域空间上的布局与运动过程，以此来捕捉城市群产业与金融业“点”联动模式的产生演变机理。

2. 基于区域合作与产业合作视角研究城市群产业、金融业“线”联动模式及特征

以产业分工与合作测度方法为基础，论证城市群产业三个层次与金融业两个层次在垂直分工与水平分工的作用下产生的关联关系，论证城市群各层次产业与金融业城市间合作的形成机理，论证城市群各层次产业与金融业在各城市合作的形成机理。通过这些论证捕捉城市群产业与金融业“线”联动模式的发展演变机理与规律。

3. 基于关联模型视角研究城市群产业、金融业“网”联动模式及特征

以关联度测度模型为基础，分别研究城市群三个层次产业发展的“网”联动模式、两个层次金融业发展的“网”联动模式，以及三个层次产业与两个层次金融业之间的“网”联动模式。其中，三个层次产业与两个层次金融业的“网”联动模式，是产业与金融业“网”联动模式的基础与前提，三个层次产业与两个层次金融业自身的“网”联动关系越复杂、越紧密，那么，产业与金融业之间的“网”联动关系也会越复杂、越紧密。研究产业与金融业各自的“网”联动状态，有助于深入捕捉产业与金融业之间“网”联动关系的作用机制和作用规律。

4. 基于提出的理论研究框架对城市群产业与金融联动发展机理进行实证研究，并提出相应的重构策略

结合特定城市群产业与金融发展的具体情况，运用城市群产业与金融联

动发展理论研究框架，对城市群产业与金融联动发展情况，以及形成机理进行实证分析和综合评估，据此提出具有针对性、可行性的重构策略，并以此来验证和预测本书构建的城市群产业与金融联动发展理论框架的可行性和科学性。

本书选取中原城市群作为具体的研究对象。中原城市群地处中原，包括河南省的 18 个地市、山西省的 3 个地市、河北省的 2 个地市、山东省的 2 个地市、安徽省的 5 个地市共计 30 个地市，是典型的内陆型城市群。中原城市群位于中部地区，是连接东西部产业转移等的主阵地，也是中部崛起国家战略的重点支持对象，对中原城市群进行研究具有重要的实践意义。另外，从中原城市群在全国所处的区位来看，其经济、产业、金融等相对于东部沿海地区的城市群发展较为滞后，而相对于西部地区城市群来说，又有一定的基础优势。所以选择中原城市群作为本书的研究对象，有着重要的代表性意义，且通过对中原城市群产业、金融以及两者联动关系进行研究，能够对其他城市群或地区的实践，起到重要的指导性作用。

第三章　中原城市群产业发展状况与演变分析

一、中原城市群三次产业发展现状

本章先从第一产业、第二产业、第三产业大分类来研究中原城市群产业发展现状，且主要从中原城市群三次产业的发展演变以及各地市三次产业的发展差异两个角度进行研究，详细阐述中原城市群产业的发展现状与特征。

（一）中原城市群三次产业发展演变

图 3-1 给出了 2011—2018 年中原城市群三次产业增加值及增速。由图 3-1中三次产业增加值曲线的位置可以看出，中原城市群第二产业增加值最高，且呈现增长趋势，第一产业增加值最低，且呈现缓慢下降趋势，第三产业增加值仅低于第二产业，且在 2018 年几乎追平第二产业。从三次产业 8 年间的平均增速来看，第三产业增加值的增速最大，第二产业次之，第一产业最低，且呈现些微下降趋势。由此可以看出，8 年间中原城市群经济发展的重要支柱应该为第二产业，重要驱动力为第三产业。

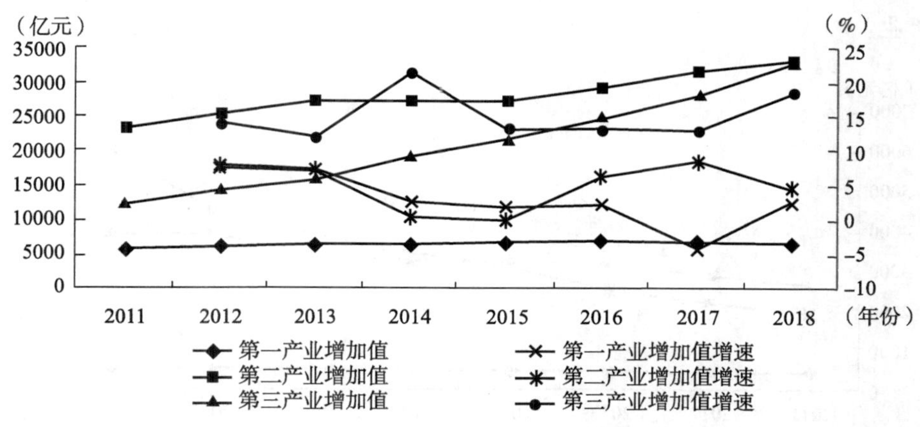

图 3-1　2011—2018 年中原城市群三次产业增加值及增速

数据来源：Wind 数据库。

（二）中原城市群各地市三次产业发展差异

在分析中原城市群30个地市第一产业、第二产业、第三产业发展的差异时，主要从地市间三次产业发展的两极分化情况与三次产业发展的不均衡两方面入手。

1. 中原城市群三次产业发展两极分化程度差异分析

研究采用极差法衡量中原城市群三次产业发展的两极分化程度。极差是一组数据中最大值与最小值之差，即 $R=X_{max}-X_{min}$，表示的是该组数据的离散程度或两极分化情况，极差一般不能直接进行对比分析，但若量纲相同，则可以直接进行对比分析。本部分在计算三次产业极差时运用的是三次产业增加值数据，单位均为亿元，量纲相同。因此，三次产业间的极差可以直接进行对比分析。

图3-2分别给出了中原城市群各地市三次产业极差的变化趋势。由三条曲线的走势来看，中原城市群各地市间第三产业发展的离散程度在逐年增加，且离散化增速最快；第二产业发展也呈现离散程度逐年增加的趋势，但增速较第三产业低；第一产业发展的离散程度8年间并没有发生太大变化，且离散化程度最低。由三条曲线的位置来看，2014年之前中原城市群第二产业的离散化程度最高，第三产业次之，第一产业离散化程度最低；2014年之后，中原城市群第三产业的离散化程度上升，并超过了第二产业，第一产业的离散化程度8年间几乎未变，其离散化程度远低于第二和第三产业。

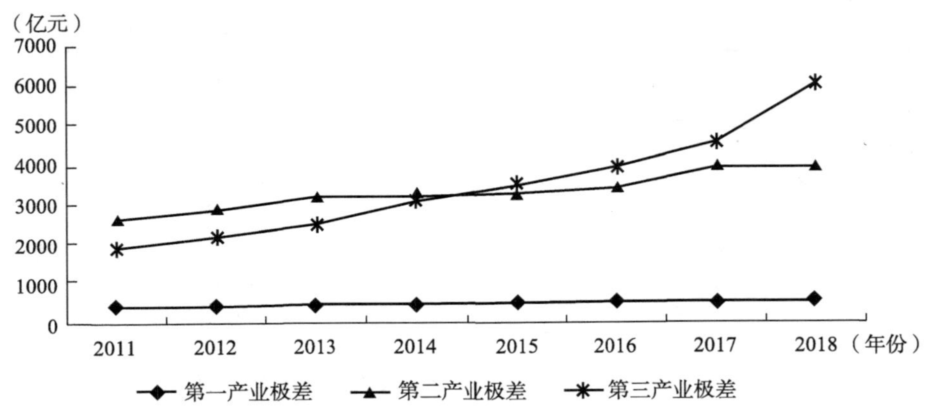

图3-2 中原城市群各地市三次产业极差对比

2. 中原城市群三次产业发展不均衡程度差异分析

为研究中原城市群三次产业发展的地区间不均衡性，在此引入衡量相对差异的变异系数法进行分析。变异系数法也是衡量一组数据离散程度的方法，其比较对象是一组进行归一化处理后的变量。用变异系数衡量数据离散程度是相对于均值而言的，因此，在分析经济金融等问题时常用其衡量区域间发展的不均衡程度，其计算公式为：$c_v=\sigma-\mu$。由于指数分布的标准差等于其平均值，其变异系数为1。鉴于此，我们认为变异系数小于1的分布为低差别，意味着区域间产业发展差别较小，不均衡程度较低；变异系数大于1的分布为高差别，意味着区域间产业发展差别较大，不均衡程度较高。

图3-3给出的是中原城市群各地市三次产业变异系数对比。由图中三条曲线所呈现的趋势来看，第三产业变异系数2016年之后增速加快，第一产业与第二产业变异系数变化不大。这一趋势表示8年间中原城市群第一产业与第二产业发展在地市间的不均衡程度并没有改善，也没有恶化，各地市第三产业发展呈现的非均衡性从2016年开始加大。由图中三条曲线的位置可以看出，中原城市群第三产业发展的非均衡性最强，第二产业次之，第一产业最弱。从三条曲线的数值来看，三次产业变异系数的值均小于1，说明中原城市群各地市产业间发展的非均衡性处于低差别区间。

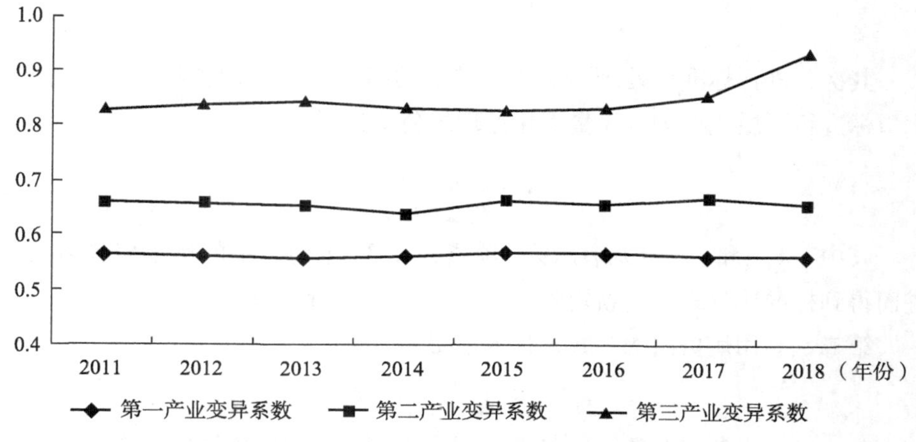

图3-3 中原城市群各地市三次产业变异系数对比

二、中原城市群产业综合发展水平与地市分工

为了进一步对中原城市群产业发展进行全面了解，本部分引入熵权法对中原城市群产业综合发展水平进行测算，以测算结果作为评价中原城市群产业综合发展水平的指标。

（一）城市群产业综合评价值的测算方法与指标体系

1. 测算方法的确定

综合评价值的测算方法主要包含功效矩阵与权重的确定两个关键步骤。功效矩阵是将 19 个指标进行无量纲化处理后的矩阵，权重的确定采用的是熵权法。最后，由功效矩阵和权重的乘积得到各地市各产业的综合评价值。其具体步骤如下：

第一，功效矩阵的获得。

指标数据的类型、属性以及量纲不同，所以在计算综合评价值之前，要对数据进行标准化处理，即数据的无量纲化。

首先，建立数据矩阵，设 w_{ij}表示第 i 个地市的第 j 个指标。根据指标的具体数值建立原始矩阵 $A=(a_{ij})_{mn}$，$i=1，2，\cdots，m$；$j=1，2，\cdots，n$。其中 m 为地市的数量，n 为指标的个数。矩阵如下：

$$A=\begin{bmatrix} a_{11} & \cdots & a_{1n} \\ \cdots & \cdots & \cdots \\ a_{m1} & \cdots & a_{mn} \end{bmatrix} \tag{3.1}$$

其次，进行标准化处理，由于所选取的指标均为正向指标，所以将异质化指标进行同质化处理。无量纲化处理的公式如下：

$$v_{ij}=\frac{a_{ij}-a_{j\min}}{a_{j\max}-a_{j\min}} \tag{3.2}$$

其中，$a_{j\max}$和 $a_{j\min}$分别表示第 j 项指标在 30 个地市中的最小值和最大值。进而得到标准化处理后的新矩阵 $V=(v_{ij})_{mn}$，即功效矩阵。

第二，利用熵值法的公式，代入求得 e_j，即有：

$$e_j=-k\sum_{i=1}^{m}P_{ij}\ln(P_{ij}) \tag{3.3}$$

其中，m 为地市个数，$k=1/\ln(m)$，P_{ij} 表示在第 j 项指标下第 i 个地市占该指标的比重，$P_{ij}=V_{ij}/\sum_{i=1}^{m}V_{ij}$。另外，当 $P_{ij}=0$ 时，对 $\ln(P_{ij})$ 进行取极限运算，即 $\lim\limits_{P_{ij}=0}P_{ij}\ln(P_{ij})=0$。

第三，确定权重系数 w_j，其计算公式如式（3.4）所示。

$$w_j = \frac{d_j}{\sum_{j=1}^{n} d_j} \tag{3.4}$$

其中，d_j为第 j 项指标的差异系数，且 $d_j = 1 - e_j$。

第四，求地市综合评价值 U_i，计算公式如式（3.5）所示。

$$U_i = \sum_{j=1}^{n} v_{ij} w_j \tag{3.5}$$

2. 指标体系的构建

由于中原城市群 30 个地市各产业细分行业的生产总值数据大部分缺失，本书用各地市各细分行业的就业人员数代替生产总值进行计算和分析。本研究根据中原城市群 30 个地市的子行业的组成，进一步将第二产业与第三产业进行拆分，与第一产业农、林、牧、渔业合并为 19 个子行业，其中第二产业拆分为 4 个子行业，第三产业拆分为 14 个子行业。由于济源 19 个子行业就业人员数据缺失，本书在进行各种实证分析时，用剔除济源之后的 29 个地市 19 个子行业的从业人员数来表征中原城市群的产业发展状况。根据产业的拆分情况构建中原城市群产业分析的三级指标体系，该指标体系由第一产业、第二产业、第三产业组成了二级指标，由第一产业、4 个第二产业的子行业和 14 个第三产业的子行业共 19 个指标构成三级指标。指标体系的具体内容如表 3-1所示。

表 3-1　中原城市群产业发展三级指标体系

一级指标	二级指标	三级指标
产业体系	第一产业	农、林、牧、渔业从业人员数
	第二产业	采矿业从业人员数
		制造业从业人员数
		电力、热力、燃气及水生产和供应业从业人员数
		建筑业从业人员数
	第三产业	批发和零售业从业人员数
		交通运输、仓储和邮政业从业人员数
		住宿和餐饮业从业人员数
		信息传输、计算机服务和软件业从业人员数
		金融业从业人员数
		房地产业从业人员数

续表

一级指标	二级指标	三级指标
产业体系	第三产业	租赁和商务服务业从业人员数
		科学研究、技术服务和地质勘查业从业人员数
		水利、环境和公共设施管理业从业人员数
		居民服务、修理和其他服务业从业人员数
		教育从业人员数
		卫生、社会保障和社会福利业从业人员数
		文化、体育和娱乐业从业人员数
		公共管理和社会组织从业人员数

（二）中原城市群各产业的综合发展水平

1. 中原城市群产业综合发展水平的测算

采用综合评价值的测算方法，利用细分后的 19 个子行业数据测算中原城市群产业的综合发展水平。根据数据的可得性，为保证 30 个地市指标特征相同，本研究选取 2005—2017 年为研究区间，数据来源为 2006—2018 年的《中国城市统计年鉴》。《中国城市统计年鉴》中缺少济源市的数据，因此，在本书对中原城市群的实证分析中，凡是用各产业从业人员数据进行的基础分析，均为缺少济源市的 29 个地市。根据式（3.1）至式（3.5）计算中原城市群产业综合发展水平，计算结果如表 3-2 所示，其中列示了 2005—2017 年中原城市群 19 个产业的功效矩阵与其对应的熵权值。

2. 中原城市群产业综合发展水平演变

如图 3-4 所示，2005—2017 年中原城市群产业发展综合评价值呈现上升趋势，说明城市群产业综合发展水平在逐年提升。从增长率曲线走势来看，中原城市群产业综合发展水平增速经历了“下降—缓慢上升—高位震荡—急速下降”四个阶段，四个阶段的时间区间分别为：第一，2006—2008 年的产业综合发展水平增速下降阶段，这一阶段城市群产业综合发展水平增速的下降与美国次贷危机的爆发与传播有关；第二，2009—2010 年的城市群产业综合发展水平增速缓慢回升阶段，这轮上升与政府采取救市政策有关，由于政策的时滞效应与政策叠加效果没有显现，此时的增长率上升并不十分明显；第三，2011—2014 年的高位震荡阶

表 3-2　2005—2017 年中原城市群各子行业功效值及权重

年份	2005	2006	2007	2008	2009	2010	2011	2012	2013	2014	2015	2016	2017	W
J_1	1.0000	0.9114	0.8812	0.7652	0.6017	0.6026	0.7734	0.5816	0.3687	0.3245	0.2708	0.1967	0	0.0249
J_2	0.0946	0.1951	0.2378	0.2763	0.4066	0.4939	0.8957	0.9217	1.0000	0.7721	0.5665	0.2775	0	0.0366
J_3	0.0241	0.0298	0.0272	0	0.0037	0.0269	0.1783	0.2836	0.7867	0.8870	0.9670	1.0000	0.8841	0.0897
J_4	0.8072	0.7734	0.6507	0.5583	0.5441	0.6045	0.5938	0.8765	0.8943	1.0000	0.9433	0.6721	0	0.0142
J_5	0	0.0491	0.0873	0.1014	0.1495	0.1805	0.3582	0.4705	0.9844	1.0000	0.9289	0.8937	0.7944	0.0553
J_6	0.3988	0.2870	0.1931	0.1173	0.0232	0	0.1298	0.1537	0.5209	0.5509	1.0000	0.9806	0.4120	0.0529
J_7	0.1554	0.1242	0.0870	0.0102	0.0019	0	0.0814	0.0624	0.8967	0.9477	0.9901	1.0000	0.9076	0.0884
J_8	0.4469	0.3770	0.2215	0	0.1380	0.1652	0.3303	0.3478	0.9891	0.7179	1.0000	0.8800	0.4903	0.0354
J_9	0.0547	0.1143	0.0909	0	0.1436	0.1016	0.2257	0.2902	0.7045	0.6930	0.8251	1.0000	0.9932	0.0607
J_{10}	0	0.0132	0.1282	0.1603	0.1958	0.2143	0.2970	0.3292	0.3661	0.4351	0.5675	0.9475	1.0000	0.0509
J_{11}	0	0.0178	0.0573	0.0619	0.1313	0.1584	0.2792	0.3682	0.5486	0.6835	0.8496	0.9376	1.0000	0.0632
J_{12}	0.0514	0.1202	0.0827	0.2264	0.1080	0	0.0340	0.0244	0.2543	0.6059	0.7991	1.0000	0.9567	0.0818
J_{13}	0.0185	0.0468	0.0675	0.1153	0.0000	0.0598	0.1839	0.2861	0.5897	0.7998	0.9352	1.0000	0.7962	0.0733
J_{14}	0	0.1435	0.2422	0.2437	0.2499	0.4057	0.6294	0.7867	0.7296	0.9053	1.0000	0.8937	0.9605	0.0320
J_{15}	0.0977	0.1635	0.0977	0	0.0341	0.0818	0.0954	0.1022	0.1794	0.3014	0.9453	1.0000	0.4822	0.0789
J_{16}	0	0.0936	0.1425	0.0961	0.1846	0.3254	0.5534	0.6499	0.6299	0.7751	1.0000	0.9930	0.9766	0.0437
J_{17}	0	0.0294	0.0655	0.1073	0.1978	0.2780	0.3690	0.4782	0.5871	0.6712	0.8950	1.0000	0.9841	0.0518
J_{18}	0	0.3134	0.3672	0.4306	0.3831	0.3419	0.4211	0.4242	0.8896	0.4665	1.0000	0.9825	0.5170	0.0240
J_{19}	0.0332	0	0.0435	0.1342	0.4073	0.4909	0.5188	0.7023	0.7435	0.7875	0.7776	0.9027	1.0000	0.0423

注：J_1 代表农、林、牧、渔业；J_2 代表采矿业；J_3 代表制造业；J_4 代表电力、热力、燃气及水生产和供应业；J_5 代表建筑业；J_6 代表批发和零售业；J_7 代表交通运输、仓储和邮政业；J_8 代表住宿和餐饮业；J_9 代表信息传输、计算机服务和软件业；J_{10} 代表金融业；J_{11} 代表房地产业；J_{12} 代表租赁和商务服务业；J_{13} 代表科学研究、技术服务和地质勘查业；J_{14} 代表水利、环境和公共设施管理业；J_{15} 代表居民服务、修理和其他服务业；J_{16} 代表教育；J_{17} 代表卫生、社会保障和社会福利业；J_{18} 代表文化、体育和娱乐业；J_{19} 代表公共管理和社会组织。

段，此时政府救市政策叠加效果的显现，以及2012年中原经济区的成立等多种因素，共同促成了中原城市群产业综合发展水平高速增长；第四，2015—2017年的急速下降阶段，该阶段中国经济发展进入新常态，经济结构转型与升级成为该阶段的主要任务，而经济结构优化与升级的本质就是产业结构的优化和升级，在该背景下，中原城市群也面临着同样的经济发展难题，产业结构进行调整与升级也是必然趋势，这些情况直接导致了该阶段城市群产业综合发展水平的下降。

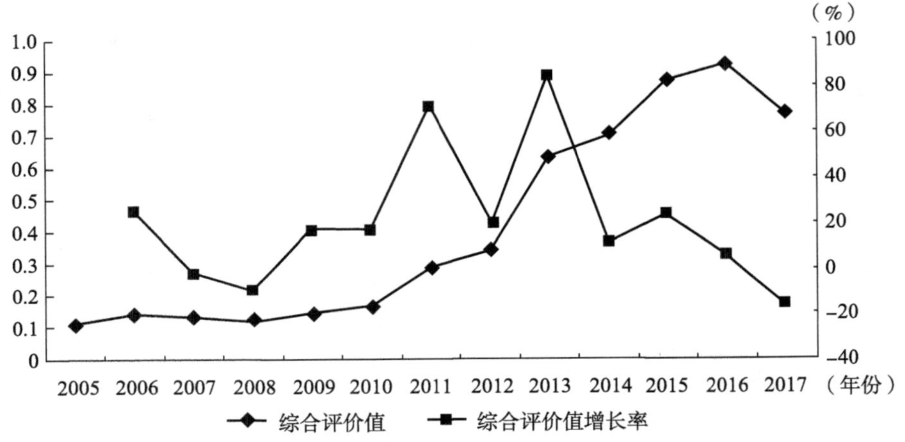

图 3-4　2005—2017 年中原城市群产业发展综合评价值及其增速

3. 中原城市群产业综合发展各子行业的推动力差异

图3-5给出了2005—2017年中原城市群19个子行业对产业综合发展水平的平均贡献度，即产业综合发展水平的各行业推动力。若19个子行业对城市群产业综合发展水平贡献度相等，则每个子行业的推动力约为5.26%。由图3-5的特征可知，2005—2017年子行业对中原城市群产业综合发展水平的平均推动力存在明显的差异。其中，卫生、社会保障和社会福利业，居民服务、修理和其他服务业，科学研究、技术服务和地质勘查业，租赁和商务服务业，房地产业，信息传输、计算机服务和软件业，交通运输、仓储和邮政业，建筑业，制造业9个子产业对城市群产业综合发展水平的推动力超过了平均水平，其他10个子行业的推动力小于平均水平。在9个推动力超过平均水平的子行业中，交通运输、仓储和邮政业与制造业的推动力最大，其贡献度均超过了8%，分别为8.68%、8.54%。在10个推动力小于平均水平的子

行业中，文化、体育和娱乐业与电力、热力、燃气及水生产和供应业的推动力最小，其贡献度分别为2.93%、2.36%。

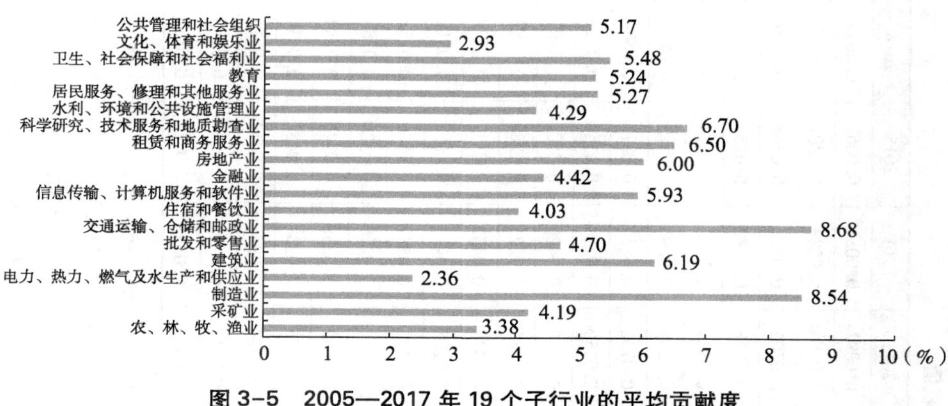

图3-5 2005—2017年19个子行业的平均贡献度

（三）中原城市群各地市各产业的综合发展水平与地市分工

1. 中原城市群各地市各产业综合发展水平的测算

利用上文介绍的综合评价值的测算方法，基于细分后各地市各年19个子行业数据，测算中原城市群各地市各产业的综合发展水平。根据数据的可得性，为保证30个地市指标特征相同，本研究选取2005—2017年为研究区间，数据来源为2006—2018年的《中国城市统计年鉴》。由于济源数据缺失，以下计算过程不包含济源信息。根据式（3.1）至式（3.5）计算中原城市群各地市各产业综合发展水平，由于各地市历年的综合评价值涉及的内容过多，本书正文部分列示各产业历年的熵权值，具体情况如表3-3所示。用各产业历年的熵权值乘以各地市历年的功效矩阵，即可得出各地市历年的综合评价值。

2. 中原城市群各地市各产业综合发展水平

为了对中原城市群各地市各产业的综合发展情况进行分析，本书首先建立了产业综合发展水平的评价标准体系，即根据不同评价值水平下城市群产业发展的不同状态进行分类，将评价标准划分为5个区间，具体如表3-4所示。

表 3-3　2005—2017 年中原城市群各行业熵权值

年份	2005	2006	2007	2008	2009	2010	2011	2012	2013	2014	2015	2016	2017
J_1	0. 0249	0. 0227	0. 0219	0. 0190	0. 0150	0. 0150	0. 0192	0. 0145	0. 0092	0. 0081	0. 0067	0. 0049	0. 0000
J_2	0. 0035	0. 0071	0. 0087	0. 0101	0. 0149	0. 0181	0. 0328	0. 0338	0. 0366	0. 0283	0. 0207	0. 0102	0. 0000
J_3	0. 0022	0. 0027	0. 0024	0	0. 0003	0. 0024	0. 0160	0. 0254	0. 0706	0. 0796	0. 0868	0. 0897	0. 0793
J_4	0. 0115	0. 0110	0. 0092	0. 0079	0. 0077	0. 0086	0. 0084	0. 0124	0. 0127	0. 0142	0. 0134	0. 0095	0. 0000
J_5	0. 0000	0. 0027	0. 0048	0. 0056	0. 0083	0. 0100	0. 0198	0. 0260	0. 0544	0. 0553	0. 0514	0. 0494	0. 0439
J_6	0. 0211	0. 0152	0. 0102	0. 0062	0. 0012	0. 0000	0. 0069	0. 0081	0. 0275	0. 0291	0. 0529	0. 0518	0. 0218
J_7	0. 0137	0. 0110	0. 0077	0. 0009	0. 0002	0. 0000	0. 0072	0. 0055	0. 0792	0. 0837	0. 0875	0. 0884	0. 0802
J_8	0. 0158	0. 0133	0. 0078	0. 0000	0. 0049	0. 0058	0. 0117	0. 0123	0. 0350	0. 0254	0. 0354	0. 0311	0. 0173
J_9	0. 0033	0. 0069	0. 0055	0. 0000	0. 0087	0. 0062	0. 0137	0. 0176	0. 0427	0. 0420	0. 0501	0. 0607	0. 0603
J_{10}	0. 0000	0. 0007	0. 0065	0. 0082	0. 0100	0. 0109	0. 0151	0. 0168	0. 0186	0. 0221	0. 0289	0. 0482	0. 0509
J_{11}	0. 0000	0. 0011	0. 0036	0. 0039	0. 0083	0. 0100	0. 0176	0. 0233	0. 0347	0. 0432	0. 0537	0. 0592	0. 0632
J_{12}	0. 0042	0. 0098	0. 0068	0. 0185	0. 0088	0. 0000	0. 0028	0. 0020	0. 0208	0. 0495	0. 0653	0. 0818	0. 0782
J_{13}	0. 0014	0. 0034	0. 0049	0. 0085	0. 0000	0. 0044	0. 0135	0. 0210	0. 0433	0. 0587	0. 0686	0. 0733	0. 0584
J_{14}	0. 0000	0. 0046	0. 0078	0. 0078	0. 0080	0. 0130	0. 0201	0. 0252	0. 0234	0. 0290	0. 0320	0. 0286	0. 0307
J_{15}	0. 0077	0. 0129	0. 0077	0. 0000	0. 0027	0. 0065	0. 0075	0. 0081	0. 0142	0. 0238	0. 0746	0. 0789	0. 0381
J_{16}	0. 0000	0. 0041	0. 0062	0. 0042	0. 0081	0. 0142	0. 0242	0. 0284	0. 0276	0. 0339	0. 0437	0. 0434	0. 0427
J_{17}	0. 0000	0. 0015	0. 0034	0. 0056	0. 0103	0. 0144	0. 0191	0. 0248	0. 0304	0. 0348	0. 0464	0. 0518	0. 0510
J_{18}	0. 0000	0. 0075	0. 0088	0. 0103	0. 0092	0. 0082	0. 0101	0. 0102	0. 0214	0. 0112	0. 0240	0. 0236	0. 0124
J_{19}	0. 0014	0. 0000	0. 0018	0. 0057	0. 0172	0. 0208	0. 0220	0. 0297	0. 0315	0. 0333	0. 0329	0. 0382	0. 0423

注：J_1 代表农、林、牧、渔业；J_2 代表采矿业；J_3 代表制造业；J_4 代表电力、热力、燃气及水生产和供应业；J_5 代表建筑业；J_6 代表批发和零售业；J_7 代表交通运输、仓储和邮政业；J_8 代表住宿和餐饮业；J_9 代表信息传输、计算机服务和软件业；J_{10}代表金融业；J_{11}代表房地产业；J_{12}代表租赁和商务服务业；J_{13}代表科学研究、技术服务和地质勘查业；J_{14}代表水利、环境和公共设施管理业；J_{15}代表居民服务、修理和其他服务业；J_{16}代表教育；J_{17}代表卫生、社会保障和社会福利业；J_{18}代表文化、体育和娱乐业；J_{19}代表公共管理和社会组织。

表 3-4 中原城市群产业综合评价值评价标准

等级	综合评价值区间	区间含义
差	[0, 0.1)	产业规模小，结构单一，效益低，发展缓慢
低	[0.1, 0.3)	产业规模扩大，产业内分工开始出现，产业结构出现多元化发展趋势，效益开始提高
中	[0.3, 0.6)	产业规模扩大，出现产业集聚与扩散效应，地市间产业分工开始出现，产业多样化与专业化发展开始出现，但地市间联系并不紧密，产业结构不完善
良	[0.6, 0.8)	产业规模适中，结构优化升级，效益提升，地市间联系较为紧密，产业多样化与专业化进入高速发展期，形成较为复杂的空间连接网，产业发展空间效应开始出现，但并不明显
优	[0.8, 1]	地市间产业发展开始出现区域一体化发展态势，空间网络日趋紧密，产业发展正向空间效应得到巨大提升

表 3-5 给出了 2014—2017 年中原城市群 29 个地市的产业综合发展水平，以及依据表 3-4 的评价标准制定的发展等级，总结如下：2014—2017 年处于“低”级发展状态的地市个数占比分别为 66.67%、73.33%、66.67%、63.33%。还有部分地市产业综合发展水平处于“差”级，2014—2017 年处于“差”级的地市个数占比分别为 16.67%、13.33%、23.33%、23.33%。少数地市产业综合发展水平处于“中”级，2014—2017 年处于“中”级发展水平的地市个数分别为 1、2、1、2，占比分别为 3.33%、6.67%、3.33%、6.67%。在此期间，只有 2014 年和 2017 年的郑州产业综合发展水平处于“优”级，占比均为 3.33%。只有 2015 年和 2016 年的郑州产业综合发展水平处于“良”级，占比均为 3.33%。另外，从整个中原城市群产业综合发展的平均水平看，2014—2017 年中原城市群各地市产业平均发展水平均处于“低”级。由以上分析可知，中原城市群 29 个地市产业综合发展水平整体较低，且处于“优”与“良”发展等级的地市数太少，成为制约城市群产业发展水平提高的一大瓶颈。

表 3-5 2014—2017 年中原城市群各地市产业综合发展水平及发展等级

地市	2014 年	等级	2015 年	等级	2016 年	等级	2017 年	等级
邯郸	0.3315	中	0.267	低	0.2499	低	0.2302	低
邢台	0.1645	低	0.132	低	0.1256	低	0.1162	低
长治	0.1886	低	0.1571	低	0.1572	低	0.18	低
晋城	0.1604	低	0.1354	低	0.1298	低	0.1529	低
运城	0.1322	低	0.1051	低	0.1002	低	0.1094	低
蚌埠	0.0801	差	0.0653	差	0.065	差	0.0735	差
淮北	0.0823	差	0.0627	差	0.0541	差	0.0586	差
阜阳	0.1059	低	0.0913	差	0.0909	差	0.1065	低

续表

地市	2014 年	等级	2015 年	等级	2016 年	等级	2017 年	等级
宿州	0. 1119	低	0. 4931	中	0. 481	中	0. 0823	差
亳州	0. 0673	差	0. 0551	差	0. 0521	差	0. 0605	差
聊城	0. 1432	低	0. 1177	低	0. 1134	低	0. 124	低
菏泽	0. 1719	低	0. 152	低	0. 1443	低	0. 1518	低
郑州	0. 9065	优	0. 7313	良	0. 7423	良	0. 903	优
开封	0. 1798	低	0. 1375	低	0. 1327	低	0. 1518	低
洛阳	0. 291	低	0. 2344	低	0. 2363	低	0. 2671	低
平顶山	0. 2497	低	0. 2019	低	0. 1932	低	0. 2203	低
安阳	0. 1692	低	0. 1469	低	0. 1324	低	0. 1396	低
鹤壁	0. 0456	差	0. 0375	低	0. 037	差	0. 0385	差
新乡	0. 2044	低	0. 159	低	0. 1485	低	0. 1503	低
焦作	0. 1644	低	0. 1181	低	0. 1234	低	0. 1496	低
濮阳	0. 1491	低	0. 124	低	0. 1198	低	0. 1397	低
许昌	0. 132	低	0. 1028	低	0. 1044	低	0. 1237	低
漯河	0. 0498	差	0. 0434	低	0. 0484	差	0. 0567	差
三门峡	0. 1028	低	0. 0848	低	0. 077	差	0. 0823	差
南阳	0. 4085	低	0. 3215	中	0. 2923	低	0. 3344	中
商丘	0. 209	低	0. 1906	低	0. 212	低	0. 2823	低
信阳	0. 2559	低	0. 2101	低	0. 1913	低	0. 2248	低
周口	0. 2485	低	0. 1788	低	0. 1777	低	0. 1829	低
驻马店	0. 2997	低	0. 2395	低	0. 2131	低	0. 3192	中
城市群均值	0. 2002	低	0. 1757	低	0. 1705	低	0. 1797	低

注：由于济源数据缺失，此分析不包括济源。

3. 中原城市群三次产业综合发展的地市分工

由城市群各地市各产业综合发展水平占整个城市群综合发展水平的占比，可以初窥城市群各地市在产业发展演变过程中的角色和分工。图 3-6 给出了 2005—2017 年中原城市群 29 个地市三次产业 13 年均值占比的对比情况。从整个图形形态上看，中原城市群各地市各产业占比各不相同，各地市各产业发展具有很大的差异性，这也使得各地市在产业分工中充当的角色存在很大区别。从第一产业综合发展的地市分工看，驻马店、周口、南阳、信阳、宿州这 5 个地市成为城市群第一产业发展的重要地区；从第二产业综合发展的地市分工看，郑州成为城市群第二产业发展的重要集聚地，平顶山成为城市群第二产业发展的次级集聚中心；从第三产业综合发展的地市分工看，郑州第三产业综合发展水平也最高，成为第三产业的集聚中心，且郑州第三产业形成了“一枝独秀”的发展态势，其他地市第三产业的综合发展水平与郑州形成巨大落差。从不同地市各产业的分工来看，各地市间差距也较大，如郑州虽是第二产业与第三产业的发展中心，但其第三产业综合发展水平在地区间的比较优势更加明显。

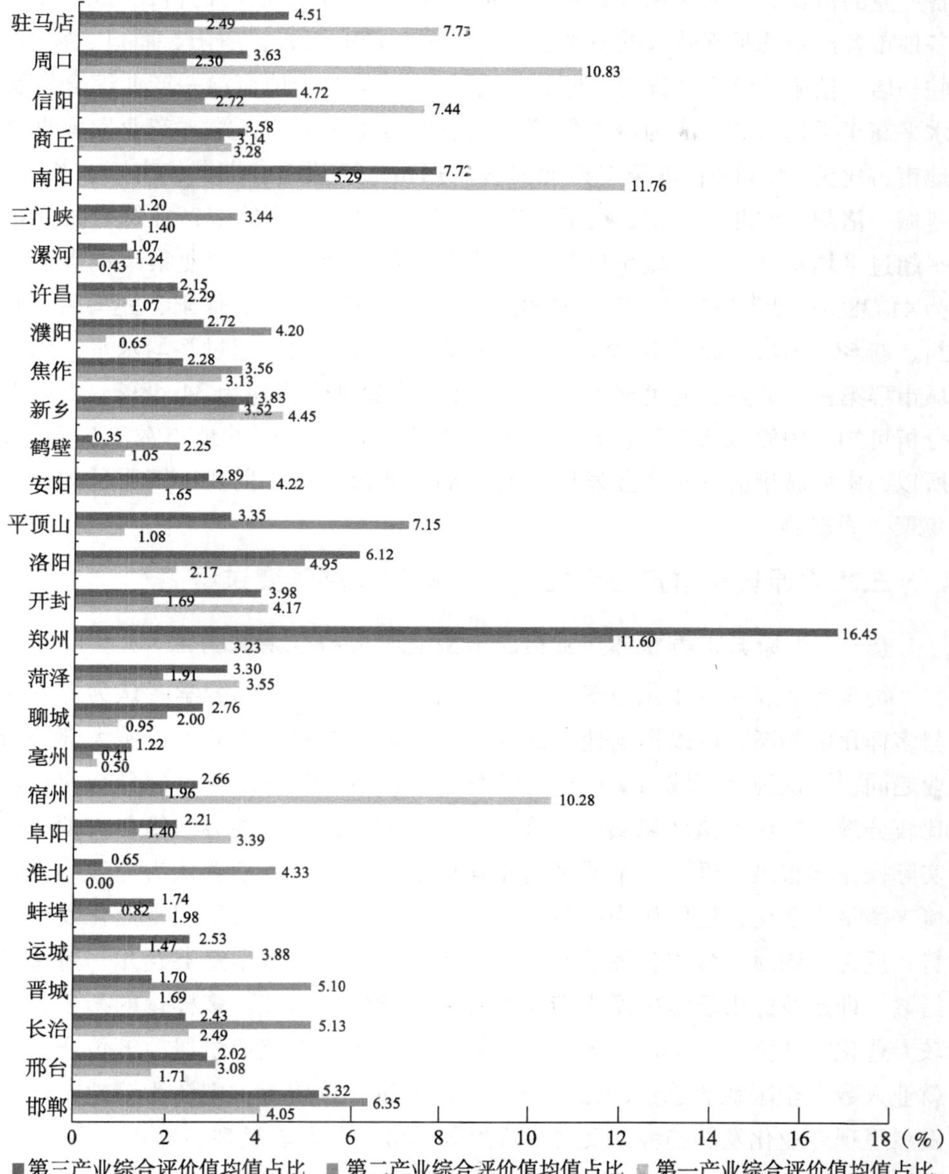

图 3-6 2005—2017 年中原城市群各地市三次产业综合发展水平的平均值占比对比[①]

注：此分析不包括济源市。

①选择均值占比而不是最近年份占比的原因是，均值占比可以剔除某些因素导致的某一年份分工的突然改变，从长期看演变的规律，具有稳定性。

若中原城市群 29 个地市各产业综合发展水平呈现均衡态势，那么各地市各产业的占比大约为 3.45%。对比各地市各产业均衡发展时的占比可以发现，各地市各产业均呈现较大的不平衡性：就第一产业而言，南阳、周口、宿州、驻马店、信阳、新乡、开封、邯郸、运城、菏泽 10 个地市第一产业综合发展水平高于平均水平，成为城市群第一产业发展集聚地市，第一产业发展集聚地市占比为 34.48%；就第二产业而言，郑州、平顶山、邯郸、南阳、长治、晋城、洛阳、淮北、安阳、濮阳、焦作、新乡 12 个地市第二产业综合发展水平超过平均水平，成为城市群第二产业发展集聚地，第二产业集聚地市占比为 41.38%；就第三产业而言，郑州、南阳、洛阳、邯郸、信阳、驻马店、开封、新乡、周口、商丘 10 个地市第三产业综合发展水平超过平均水平，成为城市群第三产业发展的集聚地，第三产业的集聚地市占比为 34.48%。由以上分析可知，中原城市群三次产业综合发展水平超过均值的地市数不到半数，所以，中原城市群三次产业发展均向小部分地市集聚，呈现比较明显的地区集聚发展态势。

三、中原城市群产业专业化、多样化发展演变过程

（一）中原城市群整体产业分工专业化与多样化测算方法

衡量产业发展专业化与多样化的方法有很多种，一部分学者认为专业化与多样化的判断，可以根据地市或区域的行业种类进行，若该区域大部分行业趋同，则认为该区域属于产业专业化发展区域；若该区域大部分行业相对比较分散，则认为该区域属于多样化发展区域。这种分类方法简单方便，但实际操作却很难，没有一个明确的量化标准。另一部分学者认为应该用区位熵来衡量专业化，他们认为区位熵大，则该区域产业发展呈现专业化发展趋势；反之，则属于多样化发展趋势。此外，还有学者常用赫芬达尔—赫希曼指数，即产业的市场集中度来衡量产业专业化发展程度。多样化的衡量方法较专业化方法更多，Glaeser（1992）认为应该用地方就业量居前五位产业的就业人数占全国就业总量的比重来计算，若该比重较大，则认为该地市产业发展呈现专业化发展趋势，反之则认为该地市产业发展呈现多样化发展趋势。Feldman 和 Audretsch（1999）使用最低区位熵来衡量区域产业发展多样化程度。还有多位学者运用基尼系数的倒数、集中指数、相对熵指数等衡量产业多样化发展程度。

本研究结合区位熵与 Glaeser（1992）的观点，用各产业的就业人数构成的区位熵来衡量中原城市群产业发展的专业化指数与多样化指数。根据之前

学者的研究，我们认为专业化指数（Specialization Index，SI）为某地市各产业区位熵最大者；相对专业化指数（Relative Specialization Index，RSI）表示 i 地市 j 产业的就业人数占 i 地市所有产业就业人数的比例，与城市群 j 产业就业人数占全部就业人数的比例之比；城市群产业发展多样化指数（Diversification Index，DI）表示 i 地市 j 产业的基尼系数的倒数；地市产业发展相对多样化指数（Relative Diversification Index，RDI）表示特定地市各产业比重与全国相应产业比重的差的绝对值之和的倒数。本书在对城市群专业化与多样化发展情况进行测度时，引用邬丽萍（2012）的计算方法，其计算过程如下：

计算 i 地市 j 产业就业人数的占比，具体计算公式如式（3.6）所示。

$$S_{ij} = \frac{x_{ij}}{\sum_j x_{ij}} \tag{3.6}$$

其中，S_{ij} 表示 i 地市 j 产业就业人口占总人口比重，x_{ij} 表示 i 地市 j 产业的就业人数。根据产业发展专业化指数的含义，可以得出各地市产业发展专业化指数的计算公式，具体如式（3.7）所示。

$$SI_i = \max_j(S_{ij}) \tag{3.7}$$

根据产业发展相对多样化指数的含义，可以得出各地市产业发展相对专业化指数的计算公式，具体如式（3.8）所示。

$$RSI_i = \max_j\left(\frac{S_{ij}}{S_j}\right) \tag{3.8}$$

其中，S_j 表示城市群 j 行业就业人数占城市群就业人数比例。根据产业发展多样化指数的含义，可以得出各地市产业发展多样化指数的计算公式，具体如式（3.9）所示。

$$DI_i = \frac{1}{\sum_j S_{ij}^2} \tag{3.9}$$

根据产业发展相对多样化指数的含义，可以得出各地市产业发展相对多样化指数的计算公式，具体如式（3.10）所示。

$$RDI_i = \frac{1}{\sum_j | S_{ij} - S_j |} \tag{3.10}$$

产业多样化指数与相对多样化指数，以及产业专业化指数与相对专业化指数存在明显的区别。由各自的计算公式可以看出，专业化指数与多样化指数表示的是城市群内就业人数在各地市各产业间的配置情况。相对专业化指数与相对多样化指数表示的是城市群内某地市各产业就业人员配置与其他地市就业人员配置的关系（邬丽萍，2012）。

利用区位熵来判断城市群产业发展是属于专业化部门还是多样化部门的依据是区位熵的值，若区位熵的值大于1，则认为该产业为专业化部门，若区位熵小于1，则认为该产业为多样化部门。根据2006—2018年《中国城市统计年鉴》《河南统计年鉴》《河北统计年鉴》《安徽统计年鉴》《山东统计年鉴》《山西统计年鉴》的相关数据，利用产业专业化、多样化测算方法，计算得到中原城市群各产业历年产业发展专业化与多样化指数，便于继续分析。

（二）中原城市群产业专业化、多样化发展现状与演变

为探究中原城市群产业专业化、多样化发展趋势，对2005—2017年中原城市群产业专业化、多样化进行测算。根据图3-7可以得出以下结论：

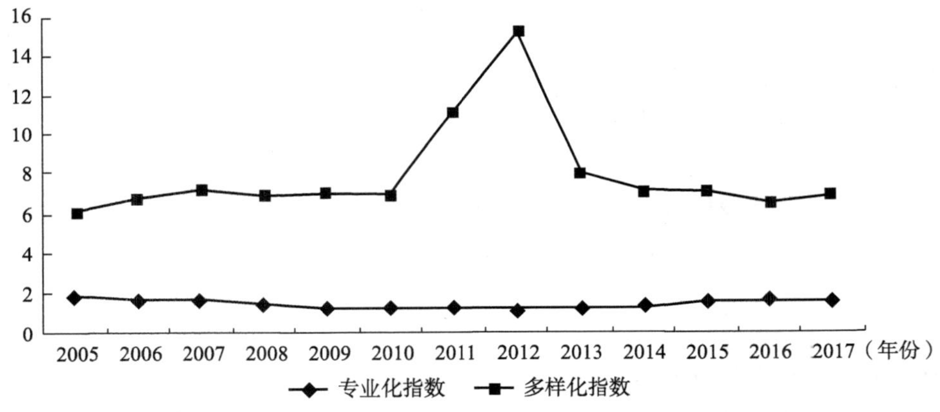

图3-7　中原城市群产业专业化、多样化发展趋势

注：此分析不包括济源市。

第一，从整体上看，中原城市群产业发展多样化程度大于专业化程度，说明中原城市群产业发展过程中产业专业化分工和发展较弱。第二，从各曲线走势来看，城市群专业化发展指数变化较为缓慢，呈现先小幅下降，再小幅上升态势；整体来看基本保持不变，且专业化程度较低。城市群多样化发展指数在研究区间内变化较为明显，经历了“缓慢上升—急剧上升—急剧下降—缓慢下降”四个阶段。急剧上升发生在2010—2012年，急速下降发生在2012—2013年，且这两个区间多样化指数的上升或下降，并未伴随专业化指数的下降或上升，这意味着多样化指数的变化并不是由产业规模的扩张或分工的深化引起的。在2013—2017年城市群产业多样化程度缓慢下降的阶段，

确实伴随着产业发展专业化程度的缓慢上升，这意味着多样化的下降是由产业规模的扩展和分工的深化所引起，这些变化也相应引起了产业专业化发展程度的提升。从中原城市群产业发展专业化与多样化的演变特征来看，城市群产业发展处于专业化与多样化相互作用、相互影响的初级阶段，随着两者相互作用程度的提升，产业发展专业化与多样化程度均会呈现上升趋势。一般而言，由于城市群各地市间资源禀赋不同，会出现各地市经济发展差异化现象，因此，在一个城市群内，专业化与多样化经常是并存的。

由表 3-6 可知，中原城市群产业专业化的发展变化较为明显，产业专业化程度最高的产业部门经历了“第一产业—第二产业—第三产业”的产业升级之路。在这三个阶段城市群产业发展的特征并不相同。

第一阶段，2005—2011 年产业专业化程度最高的为第一产业。从产业专业化指数来看，此阶段 7 年内中原城市群的 19 个子行业中，属于专业化发展部门的行业数量分别为 13 个、14 个、13 个、12 个、11 个、10 个、10 个，占比分别为 68.42%、73.68%、68.42%、63.16%、57.89%、52.63%、52.63%。从专业化发展部门的占比来看，中原城市群大多数产业均实现了专业化分工；从各产业的专业化指数的差别来看，除了第一产业专业化指数较高之外，其他行业专业化发展指数均在 1.3 以下，且大多数产业专业化指数在 1 左右，这说明各产业的专业化程度存在差异。农业专业化程度较高，其他大部分行业均处于专业化发展的初级阶段；从专业化部门占比的变化来看，中原城市群产业发展专业化部门的个数在逐年减少，多样化部门在逐年增加，从 2011 年的数据来看，专业化部门个数与多样化部门数量几乎持平。

第二阶段，2012—2014 年产业专业化程度最高的部门由第一产业部门转为第二产业部门。从产业专业化指数的值来看，此阶段 19 个产业中相对专业化指数大于 1 的产业数量分别为 9 个、6 个、6 个，占比分别为 47.37%、31.58%、31.58%。从中原城市群实现专业化生产的部门数量来看，专业化部门个数进一步减少，多样化部门数量增加，由于产业多样化发展代表着产业创新力的增强，所以多样化部门的增加说明该时期中原城市群产业发展创新动力较足。另外，该时期产业专业化程度下降也与 2008 年次贷危机及后危机影响下的全球经济下行有关。从产业专业化程度最高部门的变化看，由第一产业转换成了采矿业、建筑业，由于采矿业、建筑业的辐射作用及辐射面较第一产业强，所以产业专业化发展的这一转变提升了对城市群经济的拉动能力。

表 3-6　2005—2017 年中原城市群分产业专业化指数排名

排名	2005 年		2006 年		2007 年		2008 年		2009 年		2010 年		2011 年		2012 年		2013 年		2014 年		2015 年		2016 年		2017 年	
1	1.89	农	1.74	农	1.68	农	1.52	农	1.26	农	1.23	农	1.33	农	1.16	采	1.3	建	1.28	建	1.58	居	1.63	居	1.6	房
2	1.27	电	1.25	电	1.21	电	1.2	文	1.17	公	1.18	采	1.22	采	1.09	水	1.1	制	1.18	房	1.35	房	1.44	房	1.28	信
3	1.27	批	1.19	住	1.17	文	1.2	电	1.17	采	1.17	公	1.09	水	1.06	公	1.07	信	1.13	制	1.18	建	1.22	信	1.17	租
4	1.24	住	1.17	批	1.17	教	1.16	教	1.17	电	1.16	电	1.08	教	1.05	电	1.07	交	1.06	交	1.14	制	1.15	制	1.14	制
5	1.17	教	1.17	教	1.13	采	1.15	采	1.16	文	1.15	教	1.07	公	1.04	卫	1.04	房	1.04	信	1.1	信	1.14	建	1.12	建
6	1.12	公	1.16	文	1.1	公	1.15	租	1.15	教	1.12	文	1.05	电	1.04	农	1.01	住	1	科	1.09	批	1.13	租	1.11	卫
7	1.09	采	1.12	采	1.1	住	1.13	公	1.1	金	1.12	水	1.04	文	1.03	教	0.99	采	0.97	租	1.05	交	1.07	批	1.11	金
8	1.08	交	1.1	公	1.1	批	1.1	金	1.08	水	1.09	金	1.03	金	1.02	建	0.94	文	0.94	卫	1.04	租	1.06	卫	1.08	居
9	1.06	文	1.06	租	1.1	水	1.1	水	1.04	住	1.06	卫	1.02	卫	1	金	0.93	科	0.92	水	1.02	卫	1.04	交	1.06	交
10	1.02	租	1.06	水	1.08	金	1.06	科	1.03	租	1.03	住	1.01	住	0.99	文	0.92	卫	0.91	批	1.02	科	1.04	科	1.01	科
11	1.02	科	1.04	交	1.03	科	1.05	批	1.02	卫	0.98	科	0.96	科	0.98	房	0.92	批	0.9	采	0.96	住	1.03	金	0.94	水
12	1.02	水	1.03	居	1.03	租	1	住	0.97	科	0.92	租	0.95	建	0.97	科	0.89	水	0.9	住	0.91	文	0.91	住	0.92	公
13	1.02	金	1.02	科	1.01	交	0.98	卫	0.96	批	0.92	批	0.92	批	0.97	住	0.88	公	0.87	公	0.91	水	0.9	文	0.88	教
14	0.92	居	1.01	金	0.94	卫	0.96	交	0.93	交	0.91	交	0.89	信	0.93	制	0.87	电	0.86	电	0.88	金	0.88	水	0.85	批
15	0.91	卫	0.92	卫	0.9	居	0.86	制	0.91	信	0.85	信	0.89	制	0.91	信	0.86	教	0.85	金	0.84	教	0.85	公	0.84	住
16	0.89	制	0.9	信	0.88	制	0.77	信	0.84	制	0.84	制	0.88	房	0.89	批	0.84	金	0.85	居	0.84	公	0.84	教	0.83	文
17	0.85	信	0.89	制	0.87	信	0.77	建	0.81	建	0.84	居	0.88	交	0.82	交	0.8	租	0.85	教	0.83	电	0.79	电	0.73	电
18	0.65	建	0.7	建	0.75	建	0.73	居	0.77	居	0.83	建	0.86	租	0.81	租	0.72	居	0.81	文	0.82	采	0.74	采	0.7	采
19	0.5	房	0.53	房	0.6	房	0.61	房	0.72	房	0.76	房	0.79	居	0.76	居	0.65	农	0.59	农	0.53	农	0.45	农	0.29	农

注：为了便于展示，产业名称用全称第一个字代替。

第三阶段，2015—2017年专业化程度最高的产业由第二产业逐渐转为第三产业。从该阶段从产业专业化指数值来看，19个行业中相对专业化指数大于1的产业数量分别为10个、11个、10个，占比分别为52.63%、57.89%、52.63%。由此可见，在第三阶段，中原城市群产业专业化发展部门的数量开始上升，基本维持在10个左右。由于本书研究区间的限制，产业专业化部门数量未来的发展趋势很难预测，但在该阶段中原城市群成功实现产业转型和升级，产业专业化程度最高的部门由上阶段或第二阶段第二产业中的建筑业，转变为第三产业中的居民服务、修理和其他服务业及房地产业，且前三大专业化的产业部门几乎均为第三产业部门，这也体现着中原城市群积极发展第三产业的趋势。2017年产业专业化程度最高的为房地产业，由于房地产业发展的溢出拉动作用和范围较广泛，对中原城市群经济发展存在正向拉动作用；但若房地产过度开发和炒作，也会出现泡沫现象，进而危害中原城市群经济健康稳定发展。

为进一步分析对中原城市群经济发展拉动作用较强的产业部门专业化和多样化发展趋势，根据邬丽萍（2012）的主张，剔除科学研究、技术服务和地质勘查业，水利、环境和公共设施管理业，居民服务、修理和其他服务业，教育，卫生、社会保障和社会福利业，公共管理和社会组织6个公共基础服务行业，将其余13个行业根据区位熵的大小进行排序，详见表3-7。由表3-7可知，中原城市群专业化产业，主要集中在房地产业，建筑业，农、林、牧、渔业，采矿业，电力、热力、燃气及水生产和供应业，信息传输、计算机服务和软件业6个行业。2005—2017年，中原城市群产业专业化结构变化较大，经历了从第一产业到第二产业再到第三产业的更替。近年来，中原城市群产业专业化程度最高的为房地产业，受宏观经济的影响，房地产业发展到了风险暴露期，因此，中原城市群产业结构调整与升级的压力依然较大。

从支柱产业分布来看，近几年信息传输、计算机服务和软件业发展较快，也意味着中原城市群创新能力有了很大的提升，这也为中原城市群经济发展提供了源源不断的创新和科技动力。从产业专业化层次来看，农、林、牧、渔业专业化程度在下降，建筑业等工业产业的专业化程度在提升，说明中原城市群产业专业化层次有了很大程度的提高。从产业发展的金融支持来看，近年来金融业专业化程度经历了先上升后下降的态势，其专业化发展较产业专业化发展速度慢、程度低，由此可见，中原城市群产业专业化发展中，金融支持力度有所缺乏，这也使产业专业化发展后劲不足。

表 3-7　2005—2017 年中原城市群剔除公共基础行业后的区位熵排名

年份	第一位	第二位	第三位	第四位	第五位	第六位	第七位	第八位	第九位	第十位	第十一位	第十二位	第十三位
2005	农	电	批	住	采	交	文	租	金	制	信	建	房
	1.89	1.27	1.27	1.24	1.09	1.08	1.06	1.02	1.02	0.89	0.85	0.65	0.5
2006	农	电	住	批	文	采	租	交	金	信	制	建	房
	1.74	1.25	1.19	1.17	1.16	1.12	1.06	1.04	1.01	0.9	0.89	0.7	0.53
2007	农	电	文	采	住	批	金	租	交	制	信	建	房
	1.68	1.21	1.17	1.13	1.1	1.1	1.08	1.03	1.01	0.88	0.87	0.75	0.6
2008	农	电	文	采	租	金	批	住	交	制	信	建	房
	1.52	1.2	1.2	1.15	1.15	1.1	1.05	1	0.96	0.86	0.77	0.77	0.61
2009	农	电	采	文	金	住	租	批	交	信	制	建	房
	1.26	1.17	1.17	1.16	1.1	1.04	1.03	0.96	0.93	0.91	0.84	0.81	0.72
2010	农	采	电	文	金	住	租	批	交	信	制	建	房
	1.23	1.18	1.16	1.12	1.09	1.03	0.92	0.92	0.91	0.85	0.84	0.83	0.76
2011	农	采	电	文	金	住	建	批	信	制	交	房	租
	1.33	1.22	1.05	1.04	1.03	1.01	0.95	0.92	0.89	0.89	0.88	0.88	0.86
2012	采	电	农	建	金	文	房	住	制	信	批	交	租
	1.16	1.05	1.04	1.02	1	0.99	0.98	0.97	0.93	0.91	0.89	0.82	0.81
2013	建	制	信	交	房	住	采	文	批	电	金	租	农
	1.3	1.1	1.07	1.07	1.04	1.01	0.99	0.94	0.92	0.87	0.84	0.8	0.65
2014	建	房	制	交	信	租	批	住	采	电	金	文	农
	1.28	1.18	1.13	1.06	1.04	0.97	0.91	0.9	0.9	0.86	0.85	0.81	0.59
2015	房	建	制	信	批	交	租	住	文	金	电	采	农
	1.35	1.18	1.14	1.1	1.09	1.05	1.04	0.96	0.91	0.88	0.83	0.82	0.53
2016	房	信	制	建	租	批	交	金	住	文	电	采	农
	1.44	1.22	1.15	1.14	1.13	1.07	1.04	1.03	0.91	0.9	0.79	0.74	0.45
2017	房	信	租	制	建	金	交	批	住	文	电	采	农
	1.6	1.28	1.17	1.14	1.12	1.11	1.06	0.85	0.84	0.83	0.73	0.7	0.29

注：为了便于展示，各产业名称用全称第一个字代替。

（三）中原城市群各地市产业专业化与多样化分工现状

图 3-8 为 2017 年中原城市群 29 个地市产业发展的相对专业化指数与相对多样化指数的对比。根据地市产业专业化与多样化的发展规律来看，产业专业化与多样化呈现此消彼长的态势，即某地市产业发展专业化程度较高，产业发展多样化程度就较低。但也并不绝对，若某地市同时拥有一个主导型产业和多个支柱型产业，该地市也可能出现同时具备较高的专业化指数和多样化指数的情况。由图中给出的各地市产业相对专业化指数与相对多样化指数对比情况来看，城市群大多数地市相对多样化指数大于相对专业化指数，这类地市共有 19 个，占比 65.52%。导致这一现象的原因有三个：第一，地市产业发展基础薄

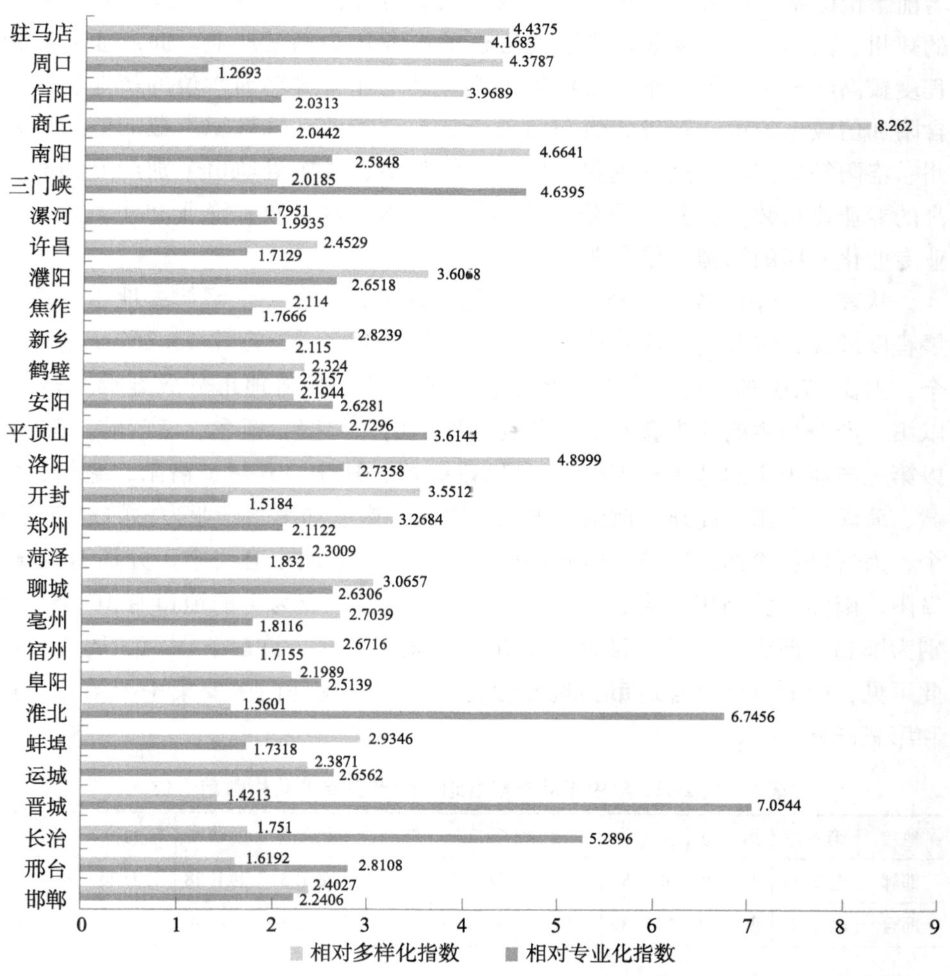

图 3-8 2017 年中原城市群各地市产业相对专业化指数与相对多样化指数

弱，主导产业不明；第二，根据世界地市发展的一般规律，地市规模越大产业多样化程度越高，如郑州作为中原城市群的中心地市，出现了多样化程度高于专业化程度的现象，符合一般地市的发展规律，但也说明郑州主导产业不明；第三，还有些地市属于旅游地市，如洛阳，其产业发展多样化程度较高。另外10个地市产业相对专业化指数高于相对多样化指数，表明其产业发展主导产业较为明晰，但产业多样化程度较低，会影响地市产业发展创新能力的提升。

为了进一步探讨中原城市群各地市产业发展专业化与多样化规律，考察在专业化与多样化发展背景下的产业结构问题，我们对中原城市群各地市分产业的专业化排名进行剖析。2017 年中原城市群各地市分产业专业化指数排名前十位的结果如表 3-8 所示。由表中数据可知，产业多样化发展程度较高的郑州、洛阳等地市专业化排名前五位的产业均为第三产业，而产业专业化程度较高的地市，如长治、晋城等地市，其专业化排名前六位的产业，既包含附加值较低的第一产业，也包含第二、第三产业，且第三产业的数量较郑州、洛阳等地市少；这一现象说明，即使长治、晋城等地市个别产业拥有较高的专业化指数，但其产业分布依然集中在农、林、牧、渔业和建筑业，产业专业化发展的结构不尽合理。

从表 3-8 中的各地市分产业专业化指数看，存在一个规律：地市经济发展程度越高，专业化产业就越多。比如，郑州 12 个①，占比 63.16%；洛阳 9 个，占比 47.37%。按照专业化程度较高的产业类型将地市分成五类：第一，以第二产业为主的地市有 4 个，分别为平顶山、鹤壁、新乡、三门峡；第二，以第三产业为主的地市有 10 个，分别是蚌埠、郑州、开封、洛阳、亳州、聊城、菏泽、濮阳、商丘、信阳；第三，以第一产业和第二产业为主的地市有 1 个，为晋城；第四，以第一产业和第三产业为主的地市有 4 个，分别为运城、阜阳、南阳、驻马店；第五，以第二产业和第三产业为主的地市有 10 个，分别为邯郸、邢台、长治、淮北、宿州、安阳、焦作、许昌、漯河、周口。由此可见，中原城市群各地市实现专业化生产的产业部门主要集中于第二产业和第三产业。

表 3-8　2017 年中原城市群各地市分产业专业化指数前十位

地市	第一位	第二位	第三位	第四位	第五位	第六位	第七位	第八位	第九位	第十位
邯郸	电 2.24	水 1.96	采 1.50	金 1.48	教 1.43	公 1.38	农 1.31	卫 1.28	交 1.26	科 1.10
邢台	电 2.81	水 2.21	公 1.89	教 1.7	金 1.62	卫 1.54	采 1.19	科 0.90	文 0.9	农 0.82

① 表 3-8 仅列出排在前十位的地市。

续表

地市	第一位	第二位	第三位	第四位	第五位	第六位	第七位	第八位	第九位	第十位
长治	采 5.29	水 1.94	农 1.51	电 1.46	金 1.44	租 1.4	文 1.23	公 1.03	卫 0.91	教 0.90
晋城	采 7.05	农 1.81	水 1.34	电 1.34	金 1.20	租 0.99	交 0.92	批 0.87	公 0.77	文 0.76
运城	农 2.66	文 1.85	公 1.85	教 1.50	租 1.47	卫 1.33	水 1.25	电 1.14	信 1.09	金 1.08
蚌埠	金 1.73	交 1.64	房 1.57	建 1.55	科 1.52	居 1.43	水 1.35	卫 1.16	教 1.11	批 0.98
淮北	采 6.75	卫 1.07	金 1.04	信 0.92	教 0.83	电 0.77	公 0.71	交 0.7	租 0.65	建 0.63
阜阳	金 2.51	农 2.42	卫 1.62	教 1.62	交 1.59	电 1.24	公 1.22	批 1.12	信 0.88	房 0.80
宿州	建 1.72	信 1.48	教 1.41	农 1.37	卫 1.34	金 1.24	科 1.1	房 1.07	公 0.97	交 0.95
亳州	交 1.81	金 1.74	教 1.65	住 1.53	水 1.47	批 1.39	卫 1.25	房 1.24	文 1.01	公 1.01
聊城	金 2.63	交 1.32	卫 1.30	公 1.23	教 1.13	制 1.12	住 1.03	水 1.02	文 0.78	批 0.77
菏泽	公 1.83	水 1.52	卫 1.51	教 1.42	金 1.31	建 1.13	交 0.92	文 0.85	科 0.68	房 0.68
郑州	科 2.11	租 1.96	信 1.91	住 1.65	文 1.55	房 1.51	制 1.2	交 1.18	金 1.17	建 1.14
开封	居 1.52	批 1.51	制 1.34	住 1.34	建 1.12	租 1.09	房 1.09	文 1.00	公 0.96	卫 0.94
洛阳	科 2.74	信 1.71	房 1.27	住 1.27	文 1.22	制 1.19	电 1.11	卫 1.07	公 1.00	水 0.90
平顶山	采 3.61	电 2.71	水 1.35	文 1.21	居 1.12	公 1.01	住 0.98	租 0.97	金 0.92	批 0.90
安阳	建 2.63	租 1.31	电 0.98	卫 0.89	文 0.84	公 0.83	信 0.79	教 0.78	金 0.78	交 0.76
鹤壁	采 2.22	制 1.52	水 1.40	建 0.82	公 0.79	住 0.78	房 0.68	卫 0.65	科 0.65	金 0.65
新乡	建 2.11	制 1.09	公 0.93	教 0.85	电 0.83	房 0.78	水 0.78	租 0.77	住 0.73	科 0.73
焦作	制 1.77	居 1.75	交 1.63	电 1.12	批 0.99	采 0.94	公 0.85	信 0.80	金 0.78	住 0.69
濮阳	居 2.65	房 2.07	电 1.98	采 1.6	建 1.44	租 1.00	公 0.94	制 0.92	信 0.85	批 0.79
许昌	制 1.71	居 1.41	住 1.25	房 1.16	水 0.94	文 0.93	电 0.9	公 0.89	卫 0.87	信 0.86
漯河	制 1.99	租 1.08	批 1.05	交 1.00	文 0.86	公 0.74	教 0.7	卫 0.65	住 0.64	水 0.61
三门峡	采 4.64	电 1.69	农 1.41	金 1.38	居 1.31	信 1.16	住 1.15	公 1.11	卫 1.07	文 1.05
南阳	农 2.58	教 1.52	水 1.31	卫 1.29	科 1.23	住 1.13	租 1.11	居 1.07	文 1.06	建 1.06
商丘	房 2.04	批 1.48	居 1.37	信 1.09	交 1.08	租 1.05	建 1.04	公 1.04	卫 1.02	教 1.01
信阳	居 2.03	批 1.52	建 1.39	信 1.34	教 1.27	住 1.24	房 1.18	科 1.08	水 1.03	公 1.02
周口	教 1.27	制 1.21	公 1.13	交 1.04	建 1.03	批 0.99	信 0.97	卫 0.89	农 0.88	房 0.85
驻马店	农 4.17	批 1.97	住 1.82	居 1.74	房 1.54	文 1.38	建 1.20	租 1.10	教 1.08	交 1.02

注：为了便于展示，各行业名称用全称第一个字代替。

四、中原城市群各地市主导产业测度与分析

（一）城市群主导产业测算方法

本书引入区位熵方法，来测算中原城市群各地市的主导产业，根据测算结果分析城市群主要产业类型。区位熵的计算公式如式（3.11）所示。

$$LQ_{ij} = q_{ij}/\sum_{j=1}^{m} q_{ij}/\sum_{j=1}^{n} q_{ij}/\sum_{j=1}^{m}\sum_{i=1}^{n} q_{ij} \tag{3.11}$$

其中，i 表示第 i 个地市，j 表示第 j 个产业，m 表示产业个数，n 表示地市个数。LQ_{ij} 表示地市 i 产业 j 的区位熵，LQ_{ij} 的值大于 1 表示地市 i 产业 j 较发达，反之表示地市 i 产业 j 欠发达；LQ_{ij} 越大，则表示地市 i 的产业 j 发展水平越高，反之则发展水平越低。q_{ij} 表示地市 i 产业 j 的就业人数，$\sum_{j=1}^{m} q_{ij}$ 表示地市 i 的总体就业人数，$\sum_{i=1}^{n} q_{ij}$ 表示中原城市群产业 j 的总体就业人数，$\sum_{j=1}^{m}\sum_{i=1}^{n} q_{ij}$ 表示中原城市群所有地市所有产业的就业人数之和。

由本章第二部分给出的指标体系可以看出，中原城市群各产业的三级指标个数并不相同，第一产业为 1 个，第二产业为 4 个，第三产业为 14 个。在计算中原城市群三次产业的区位熵时，为了保证各产业区位熵之间具有可比性，我们将其指标个数占总个数的比重作为权重进行调整，得到的调整后的区位熵可以直接进行对比。由于第一产业的指标个数为 1，不再对其区位熵进行调整，主要调整第二产业与第三产业的区位熵值，具体公式如下：

第二产业区位熵的计算公式如式（3.12）所示。

$$LQ_{i2} = \frac{1}{4}\sum_{j=1}^{4} LQ_{ij} \tag{3.12}$$

其中，LQ_{i2} 表示地市 i 第二产业区位熵；j 取值［1，4］，是指第二产业中的 4 个子产业。

第三产业区位熵的计算公式如式（3.13）所示。

$$LQ_{i3} = \frac{1}{14}\sum_{j=1}^{14} LQ_{ij} \tag{3.13}$$

其中，LQ_{i3} 表示地市 i 第三产业区位熵；j 取值［1，14］，是指第三产业中的 14 个子产业。

（二）中原城市群主导产业的发展演化

图 3-9 给出了 2005—2017 年中原城市群三次产业和三次产业之和区位熵发展变化的趋势。由图 3-9 中四条曲线的走势可以总结出以下几点：第一，2005—2017 年中原城市群第二产业与第三产业区位熵曲线变化程度，较第一

产业与三次产业之和的变动幅度小。其中，第二产业区位熵呈现逐年缓慢上升的趋势，第三产业区位熵呈现些微下降的态势，但下降幅度不大。第一产业区位熵的变化经历了“缓慢下降—上升—急剧下降—回调上升”四个阶段。从整个研究区间看，第一产业区位熵的变化总体上呈现下降态势，三次产业总和的变化趋势与第一产业变化趋势相同，同样呈现四个变化阶段，在最后一个区间三次产业总和的反弹力较第一产业大。第二，中原城市群主导产业的演变规律，可以从三次产业区位熵值的发展演变中初窥端倪：研究区间内三次产业区位熵的变化，第一阶段（2005—2009 年）第一产业区位熵的值最大，第二产业次之，第三产业最小，该区间内中原城市群的主导产业为第一产业；第二阶段（2010—2017 年）除 2012 年第一产业区位熵有反复外，其余年份均是第二产业区位熵值最大，这说明该区间内主导产业为第二产业。由以上分析可知，2005—2017 年中原城市群主导产业经历了从第一产业向第二产业转变的过程，实现了产业的转型和升级。

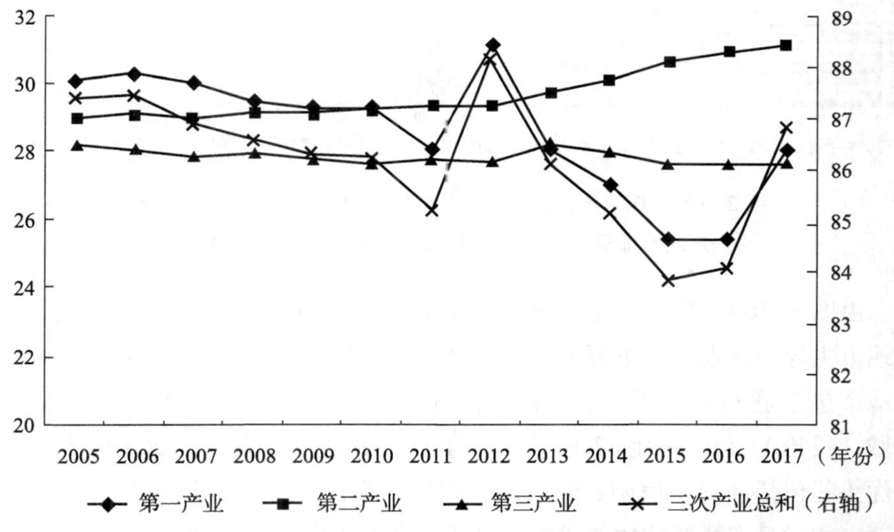

图 3-9　2005—2017 年中原城市群三次产业及三次产业综合区位熵变化趋势

（三）中原城市群各地市主导产业的发展变化

为分析中原城市群各地市主导产业的类型，本书通过绘制三次产业区位熵截面对比图的方式进行分析。本书研究区间为 2005—2017 年，涉及 13 幅对比图，为节约篇幅本部分选取具有代表性的 2005 年、2012 年、2017 年，以及 13 年均值 4 幅对比图作为分析示例，具体情况如图 3-10 所示。

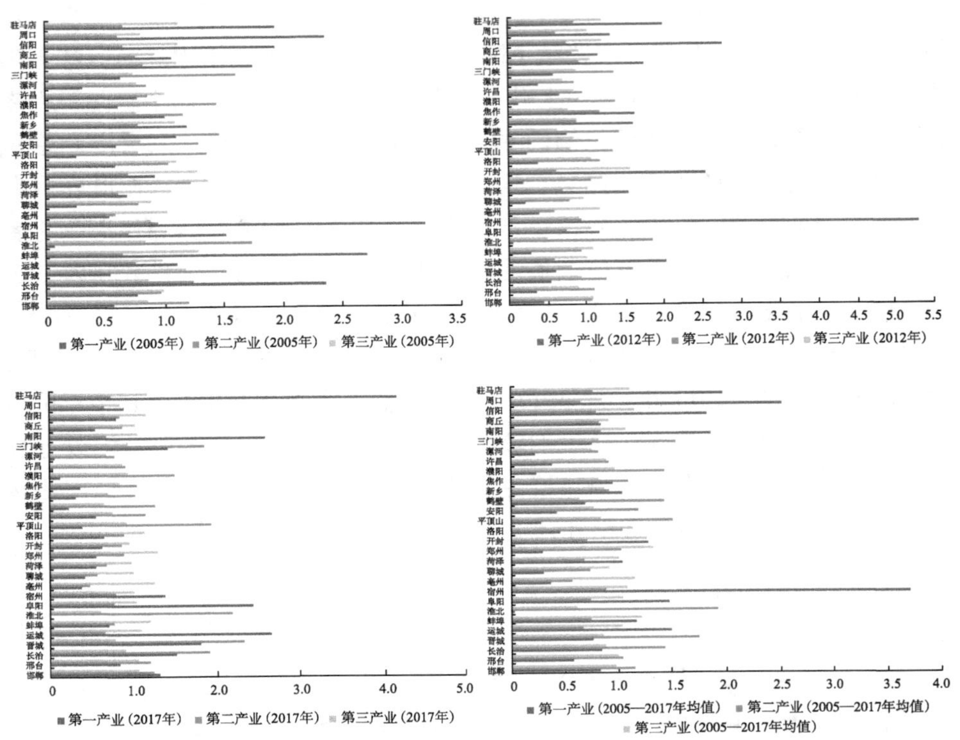

图 3-10　2005 年、2012 年和 2017 年中原城市群 29 个地市三次产业区位熵与 2005—2017 年平均区位熵对比

由图 3-10 中各地市各产业的区位熵的总体特征来看，从 2012 年开始，各地市主导产业发生了重要变化。具体来看，2005 年以第一产业为主导产业的地市包括驻马店、周口、信阳、商丘、南阳、新乡、宿州、阜阳、蚌埠、运城、长治 11 个，占比 37.93%；在这 11 个地市中，第一产业区位熵具有突出优势的包括周口、信阳、驻马店、南阳、宿州、蚌埠和长治 7 个地市，其他地市相对具有微弱的比较优势。以第二产业为主导产业的地市包括三门峡、漯河、濮阳、焦作、鹤壁、安阳、平顶山、淮北、晋城、邯郸 10 个，占比为 34.48%。以第三产业为主导产业的地市包括许昌、洛阳、开封、郑州、菏泽、聊城、亳州、邢台 8 个，占比 27.59%。同时，将各地市具有比较优势的产业的区位熵进行对比发现，第二产业、第三产业发展的区位熵虽具有比较优势，但比较优势相较于第一产业均不明显，也正是这一原因造成了 2005 年中原城市群整体主导产业为第一产业的经济发展状况。

2012 年中原城市群各地市主导产业发生变化，呈现以第一产业为主导产业的地市数增加，以第三产业为主导产业的地市数减少的规律。以第一产业为主导产业的11个地市中，蚌埠的主导产业转变为第三产业，但从蚌埠三次产业的区位熵的值来看，其第三产业发展优势并不大，且2012年第一产业发展比较优势较为突出的地市数量由7个变为3个，分别为信阳、开封和宿州。以第二产业为主导产业的10个地市中，焦作的主导产业转为第一产业，邯郸的主导产业并不明确，第二产业与第三产业区位熵几乎相同。以第三产业为主导产业的8个地市中，许昌、洛阳、邢台三个地市主导产业转换为第二产业，开封、菏泽两市主导产业转换为第一产业。由以上分析可知，2012年以第一产业、第二产业、第三产业为主导产业的地市数量分别为12个、12个、4个，有1个地市主导产业不明，四类情况占比分别为41.38%、41.38%、13.79%、3.45%。

2017年中原城市群各地市主导产业的变化，主要体现为以第一产业为主导产业地市数量的减少和以第三产业为主导产业地市数量的增加。与2012年相比，以第一产业为主导产业的12个地市中，信阳、商丘、开封、菏泽四市主导产业转换为第三产业，焦作、新乡两市主导产业转为第二产业。以第二产业为主导的12个地市中，洛阳主导产业转为第三产业。以第三产业为主导的4个地市的主导产业均未发生变化。在2012年主导产业不明的邯郸，2017年其主导产业变为第一产业。综上所述，在2017年以第一产业为主导产业的地市数量为7个，占比为24.14%，以第二产业为主导产业的地市数量为13个，占比为44.83%，以第三产业为主导产业的地市数量为9个，占比为31.03%。由以上分析可知，中原城市群各地市产业发展均呈现产业转型与升级、产业结构优化的过程：以第一产业为主导产业的地市个数逐渐减少，以第二、第三产业为主导的地市个数逐渐增多，产业结构实现了高级化的转变。

从中原城市群各地市各产业区位熵13年均值的对比情况来看，很多地市主导产业正在发生着转型和升级，但部分地市的主导产业并不明确。具体如下：主导产业比较明确的地市有22个，占比75.86%；其中驻马店、周口、信阳、南阳、新乡、宿州、阜阳、运城8个地市的主导产业为第一产业；三门峡、濮阳、焦作、鹤壁、安阳、平顶山、淮北、晋城、长治、邯郸10个地市主导产业为第二产业；洛阳、郑州、聊城、亳州4个地市的主导产业为第三产业。主导产业不明晰的地市一共有7个，占比24.14%，这几个地市分别为商丘、漯河、许昌、开封、菏泽、蚌埠、邢台。在这些地市中商丘三次产业平均发展水平几乎一致，第三产业具有些微比较优势，但并不突出；漯河、许昌、邢台3个地市第二产业与第三产业发展较第一产业具有比较优势，但主导产业是第二产业还是第三产业无法区分；开封、菏泽、蚌埠3个地市的主导产业是第一产业还是第三产业无法很好辨认。

五、中原城市群产业结构差异的测度与分析

（一）中原城市群产业结构差异测算方法

产业结构差异测算方法，是判断区域内产业布局的产业趋同性和产业差异性的重要标准。产业结构差异是指在产业发展过程中，区域内不同地区产业结构雷同或者互补的现象。若产业结构雷同，则产业结构差异小，区域内产业布局同构度较大，易产生地区间的竞争，也可能形成产业集聚；若产业结构互补，则产业结构差异较大，易形成专业化生产区，也有利于促进区域经济合作。

产业结构差异的测算方法主要有结构相似系数法、结构差异度指数法、克鲁格曼指数法、区位熵结构重合度指数法等。根据选择的指标体系及地区间相互作用等因素，本书采用保罗·克鲁格曼（1991）在研究区域经济地方化和贸易问题时提出的克鲁格曼指数法，分析中原城市群产业间的差异程度。具体计算公式如式（3.14）所示。

$$k = \sum_{p=1}^{n} | X_{ip} - X_{jp} | \tag{3.14}$$

其中，k表示克鲁格曼指数，即中原城市群两地市间的产业结构差异程度；n表示产业总数，p表示第p个产业，X_{ip}表示地市i产业p在所有产业中所占的份额，X_{jp}表示地市j产业p在所有产业中所占的份额。克鲁格曼指数一般在区间［0，2］浮动，数值越高，说明两地区产业差异度越大，数值越低，则表示两地区产业趋同程度越高。

为了详细分析中原城市群产业结构差异的具体特征，本书对各地市间的克鲁格曼指数进行数学处理，分别抽取城市群产业结构发展不同方面的演变特征。具体如下：

为了分析中原城市群各地市间产业结构的平均差异度，设置能够反映两地市间产业结构平均差异度的克鲁格曼指数k_M，具体计算公式如式（3.15）所示。

$$k_{Mij} = \frac{1}{n} \sum_{t=1}^{n} k_{ijt} \tag{3.15}$$

其中，i、j 分别表示地市 i 与地市 j；k_{Mij} 表示城市群地市 i 与地市 j 产业结构差异度 n 年均值，n 为年数，本书为 $n=13$；k_{ijt} 表示地市 i 与地市 j 第 t 年的产业结构差异度。

为了分析中原城市群某地市与其他所有地市产业结构差异度发展演变的规律，设置了各地市整体产业结构差异的克鲁格曼指数 k_c，具体计算公式如式（3.16）所示。

$$k_{ci} = \frac{1}{m}\sum_{j=1}^{m} k_{ijt} \tag{3.16}$$

其中，i、j 分别表示地市 i 与地市 j；k_{ci} 表示城市群中地市 i 与包括其在内的 29 个地市产业结构差异的均值；m 为地市个数，且 $m=29$；k_{ijt} 表示地市 i 与地市 j 第 t 年的产业结构差异度。

为了抽取中原城市群整体产业结构差异的发展演化规律，设置整体产业结构差异的克鲁格曼指数 k_w，具体计算公式如式（3.17）所示。

$$k_{wt} = \frac{1}{m}\sum_{i=1}^{m} \frac{1}{m}\sum_{j=1}^{m} k_{ijt} \tag{3.17}$$

其中，k_{wt} 表示第 t 年中原城市群整体产业结构差异，m 为地市总数，本书为 $m=29$，i 为地市 i，j 为地市 j，k_{ijt} 表示地市 i 与地市 j 第 t 年的产业结构差异度。

（二）中原城市群产业结构差异的发展演化

图 3-11 给出了中原城市群产业结构平均差异的曲线走势，该指标通过式（3.17）计算得出。根据图中曲线的整本走势可以看出，城市群各地市间产业

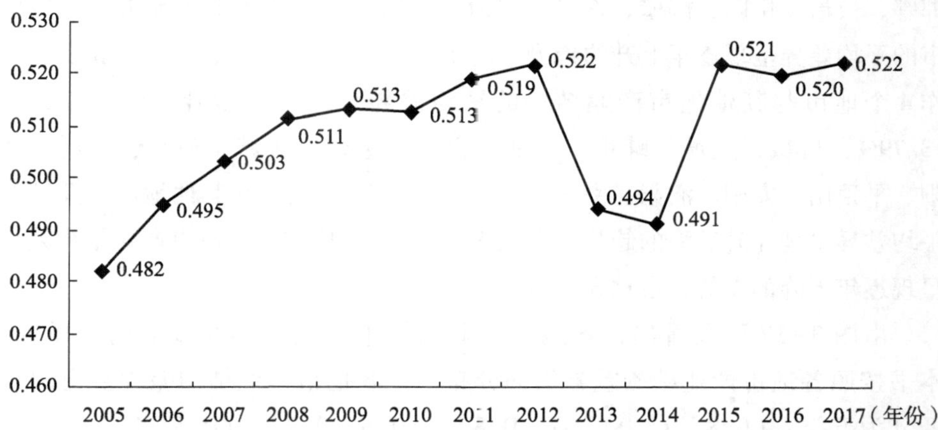

图 3-11　2005—2017 年中原城市群各地市间产业结构平均差异走势

注：此分析不包括济源市。

结构差异经历了“上升—下降—再上升—震荡”四个阶段。2012 年之前，城市群各地市间产业结构差异呈现上升趋势，该阶段各地市产业结构差异度增强。2012 年中原经济区成立后，到 2014 年城市群产业结构趋同性增强，产业结构差异呈下降的态势。进入新常态后，城市群产业结构差异在 2015 年呈现增强的特征，之后到 2017 年产业结构差异变化并不大，进入震荡调整期。

由图 3-11 中曲线的位置可以看出，中原城市群各地市间的产业结构差异并不大，产业结构差异度的取值范围在［0.482，0.522］，最大的产业结构差异度也仅为 0.522。中原城市群各地市产业结构差异度分布区间的范围小，说明中原城市群各地市间产业结构差异较小，呈现产业布局趋同的特点。中原城市群各地市间产业结构趋同这一现象，可能会产生两种结果：地市之间为了发展出现激烈的资源竞争；地市产业发展出现集聚态势。两种结果带来的经济效应是不同的，产业过度竞争将会对经济产生不良影响；产业集聚发展会促进经济发展。因此，对于中原城市群来讲，调整各地市产业间的竞争模式，达到良好的竞合发展状态，实现产业集聚发展，是促进产业结构转型升级、实现经济增长的重要路径。

（三）中原城市群各地市产业结构差异的发展演化

图 3-12 为中原城市群某地市与其他所有地市产业结构的平均差异度对比，该平均差异度根据式（3.16）计算得出。由图中走势可以看出，各地市与其他地市的产业结构平均差异度呈现明显差异性：从各年份的对比来看，邯郸、长治、阜阳、鹤壁、许昌、漯河、三门峡、驻马店 8 个地市与其他地市的平均差异呈现逐年上升的趋势，占比为 27.59%；邢台、菏泽、新乡、焦作 4 个地市与其他地市产业结构的平均差异呈现先降后升趋势，占比为 13.79%；晋城、运城、蚌埠、淮北、宿州、亳州、聊城、郑州、开封、洛阳、平顶山、安阳、濮阳、南阳、信阳、周口 16 个地市与其他地市产业结构平均差异呈现先升后降的趋势，占比 55.17%；商丘与其他地市产业结构差异呈现逐年下降的态势，占比 3.45%。

由图 3-12 可以看出，各地市产业结构平均差异存在显著的异质性。本书按照各地市产业结构差异值的分布，把各地市产业结构差异度由高到低分为五类：（0.8，1］、（0.7，0.8］、（0.6，0.7］、（0.5，0.6］、［0，0.5］。产业结构差异处于第一梯度的地市仅有淮北 1 个，占比 3.45%；处于第二梯度的地市仅有晋城 1 个，占比为 3.45%；处于第三梯度的地市有安阳、濮阳两个地市，占比 6.90%；处于第四梯度的地市有长治、阜阳、宿州、菏泽、郑州、鹤壁、漯河、三门峡 8 个地市，占比 27.59%；处于第五梯度的地市有邯郸、邢台、运城、蚌埠、亳州、聊城、开封、洛阳、平顶山、新乡、焦作、许昌、南阳、商丘、信阳、周口、驻马店 17 个地市，占比 58.62%。

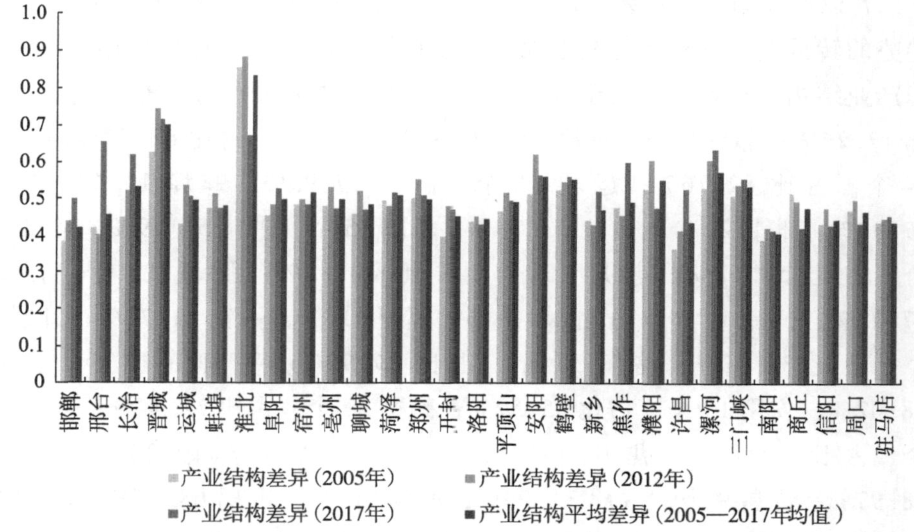

图 3-12　中原城市群某地市与其他所有地市产业结构的平均差异度对比

注：此分析不包括济源市；共有 13 年中原城市群各地市与其他地市产业结构平均差异的数据，限于篇幅，本书在正文部分只展示 2005 年、2012 年、2017 年三个年度以及 13 年均值的产业结构平均差异，其他具体资料可以向笔者索取。

由上文分析可知，中原城市群各地市产业结构平均差异度较低，产业趋同性较大，中原城市群可以利用这一特点，将各地市具有相同性质的产业在分工与空间分布上加以集聚，使城市群区域产业同构，变为经济效应更强的集聚经济，由缺点变为优点。

为了详细分析城市群各地市与其他地市产业结构的差异，进一步计算某地市与包括其自身在内的其他 29 个地市的平均产业结构差异度，计算方法详见式（3.15），计算结果如表 3-9 所示。总结如下：从产业结构平均差异度的分布来看，淮北与运城、聊城、开封、新乡、漯河、周口、驻马店 7 个地市间的产业结构平均差异大于 1，显示出产业互补特征。其他地市间的产业结构平均差异度的值均在 1 以下，这些地市的产业布局呈现趋同性特征。计算 29 个地市两两之间的产业结构差异，一共组成了 841 对关系，在 841 对关系中，只有 7 对关系显示出产业互补，占比 0.83%。由此可以看出，中原城市群各地市之间的产业结构差异的主要特征依然为产业同构，而非产业互补，由此可知，中原城市群产业发展的下一步目标为发展集聚经济。

若以产业结构平均差异度为 0.5 作为划分产业同构转向产业互补发展趋势的转折点，各地市与其他地市产业结构差异的走向也不尽相同。地市间产业结构平均差异度大于等于 0.5 的个数和占比分别为：邯郸 5 个，占比 17.24%；邢台 9 个，占比 31.03%；长治 20 个，占比 68.97%；晋城 24 个，占比 82.76%；运城 11 个，占比 37.93%；蚌埠 11 个，占比 37.93%；淮北 27 个，占比 93.10%；阜阳 15 个，占比 51.79%；宿州 17 个，占比 58.62%；亳州 13 个，占比 44.83%；聊城 11 个，占比 37.93%；菏泽 14 个，占比 48.28%；郑州 15 个，占比 51.72%；开封 9 个，占比 31.03%；洛阳 11 个，占比 37.93%；平顶山 17 个，占比 58.62%；安阳 19 个，占比 65.52%；鹤壁 21 个，占比 72.41%；新乡 13 个，占比 44.83%；焦作 14 个，占比 48.28%；濮阳 20 个，占比 68.97%；许昌 9 个，占比 31.03%；漯河 20 个，占比 68.97%；三门峡 22 个，占比 75.86%；南阳 6 个，占比 20.69%；商丘 16 个，占比 55.17%；信阳 9 个，占比 31.03%；周口 11 个，占比 37.93%；驻马店 9 个，占比 31.03%。由以上分析可知，产业差异相对较大的地市为淮北，与接近 93.1%地市产业结构差异度大于 0.5，不仅与 7 个地市产业结构差异度大于 1，而且与 11 个地市的产业结构差异度在 0.9 及以上；产业结构差异排在前五的其他地市分别为晋城、三门峡、鹤壁、长治、濮阳、漯河，其中后三个地市占比相同。其余地市产业发展呈现较大的产业同构度。

表 3-9 2005—2017 年中原城市群 29 个地市间产业结构平均差异度

地市	邯郸	邢台	长治	晋城	运城	蚌埠	淮北	阜阳	宿州	亳州	聊城	菏泽	郑州	开封	洛阳	平顶山	安阳	鹤壁	新乡	焦作	濮阳	许昌	漯河	三门峡	南阳	商丘	信阳	周口	驻马店
邯郸	0.00	0.25	0.40	0.64	0.44	0.39	0.79	0.37	0.36	0.40	0.46	0.38	0.46	0.44	0.39	0.40	0.53	0.53	0.47	0.44	0.45	0.40	0.62	0.42	0.32	0.36	0.33	0.42	0.38
邢台	0.25	0.00	0.49	0.73	0.33	0.46	0.87	0.34	0.42	0.36	0.41	0.28	0.56	0.47	0.44	0.49	0.63	0.63	0.55	0.48	0.60	0.40	0.67	0.52	0.39	0.34	0.38	0.37	0.40
长治	0.40	0.49	0.00	0.35	0.56	0.60	0.53	0.64	0.62	0.63	0.59	0.63	0.61	0.66	0.54	0.19	0.66	0.41	0.66	0.47	0.48	0.55	0.69	0.22	0.54	0.65	0.66	0.70	0.67
晋城	0.64	0.73	0.35	0.00	0.86	0.87	0.32	0.78	0.71	0.80	0.88	0.85	0.77	0.87	0.81	0.40	0.86	0.51	0.89	0.70	0.58	0.81	0.94	0.34	0.77	0.75	0.81	0.87	0.85
运城	0.44	0.33	0.56	0.86	0.00	0.40	1.02	0.45	0.60	0.44	0.24	0.35	0.59	0.42	0.39	0.58	0.62	0.71	0.41	0.45	0.76	0.39	0.48	0.69	0.37	0.51	0.44	0.40	0.43
蚌埠	0.39	0.46	0.60	0.87	0.40	0.00	0.99	0.48	0.51	0.47	0.38	0.44	0.46	0.36	0.35	0.57	0.45	0.66	0.36	0.51	0.61	0.44	0.54	0.68	0.30	0.52	0.36	0.44	0.33
淮北	0.79	0.87	0.53	0.32	1.02	0.99	0.00	0.95	0.86	0.96	1.01	0.99	0.92	1.02	0.94	0.54	0.98	0.60	1.01	0.86	0.69	0.91	1.06	0.52	0.92	0.90	0.98	1.02	1.01
阜阳	0.37	0.34	0.64	0.78	0.45	0.48	0.95	0.00	0.37	0.23	0.47	0.30	0.61	0.50	0.53	0.65	0.66	0.76	0.58	0.62	0.65	0.52	0.70	0.57	0.40	0.32	0.31	0.36	0.38
宿州	0.36	0.42	0.62	0.71	0.60	0.51	0.86	0.37	0.00	0.42	0.65	0.47	0.55	0.53	0.57	0.59	0.62	0.66	0.56	0.61	0.49	0.53	0.75	0.55	0.43	0.33	0.35	0.44	0.42
亳州	0.40	0.36	0.63	0.80	0.44	0.47	0.96	0.23	0.42	0.00	0.48	0.36	0.60	0.45	0.51	0.60	0.65	0.74	0.56	0.59	0.69	0.48	0.66	0.59	0.38	0.36	0.33	0.35	0.37
聊城	0.46	0.41	0.59	0.88	0.24	0.38	1.01	0.47	0.65	0.48	0.00	0.44	0.52	0.37	0.31	0.57	0.61	0.64	0.34	0.36	0.74	0.32	0.35	0.69	0.41	0.53	0.49	0.39	0.42
菏泽	0.38	0.28	0.63	0.85	0.35	0.44	0.99	0.30	0.47	0.36	0.44	0.00	0.65	0.45	0.52	0.66	0.65	0.77	0.55	0.65	0.71	0.52	0.70	0.65	0.44	0.34	0.35	0.30	0.37
郑州	0.46	0.56	0.61	0.77	0.59	0.46	0.92	0.61	0.55	0.60	0.52	0.65	0.00	0.40	0.33	0.52	0.41	0.48	0.41	0.43	0.48	0.38	0.51	0.60	0.33	0.54	0.46	0.52	0.43
开封	0.44	0.47	0.66	0.87	0.42	0.36	1.02	0.50	0.53	0.45	0.37	0.45	0.40	0.00	0.33	0.58	0.49	0.58	0.28	0.48	0.61	0.29	0.45	0.64	0.29	0.42	0.30	0.27	0.21
洛阳	0.39	0.44	0.54	0.81	0.39	0.35	0.94	0.53	0.57	0.51	0.31	0.52	0.33	0.33	0.00	0.47	0.48	0.52	0.29	0.32	0.60	0.27	0.38	0.57	0.28	0.51	0.42	0.43	0.40
平顶山	0.40	0.49	0.19	0.40	0.58	0.57	0.54	0.65	0.59	0.60	0.57	0.66	0.52	0.58	0.47	0.00	0.58	0.29	0.58	0.42	0.38	0.47	0.62	0.23	0.47	0.60	0.62	0.66	0.61
安阳	0.53	0.63	0.66	0.86	0.62	0.45	0.98	0.66	0.62	0.65	0.61	0.65	0.41	0.49	0.48	0.58	0.00	0.62	0.37	0.58	0.49	0.53	0.58	0.67	0.41	0.63	0.49	0.58	0.47
鹤壁	0.53	0.63	0.41	0.51	0.71	0.66	0.60	0.76	0.66	0.74	0.64	0.77	0.48	0.58	0.52	0.29	0.62	0.00	0.55	0.39	0.44	0.41	0.56	0.41	0.52	0.65	0.71	0.66	0.65

续表

地市	邯郸	邢台	长治	晋城	运城	蚌埠	淮北	阜阳	宿州	亳州	聊城	菏泽	郑州	开封	洛阳	平顶山	安阳	鹤壁	新乡	焦作	濮阳	许昌	漯河	三门峡	南阳	商丘	信阳	周口	驻马店
新乡	0.47	0.55	0.66	0.89	0.41	0.36	1.01	0.58	0.56	0.56	0.34	0.55	0.41	0.28	0.29	0.58	0.37	0.55	0.00	0.40	0.57	0.32	0.38	0.67	0.30	0.52	0.38	0.40	0.31
焦作	0.44	0.48	0.47	0.70	0.45	0.51	0.86	0.62	0.61	0.59	0.36	0.65	0.43	0.48	0.32	0.42	0.58	0.39	0.40	0.00	0.58	0.26	0.33	0.54	0.45	0.58	0.62	0.57	0.57
濮阳	0.45	0.60	0.48	0.58	0.76	0.61	0.69	0.65	0.49	0.69	0.74	0.71	0.48	0.61	0.60	0.38	0.49	0.44	0.57	0.58	0.00	0.58	0.71	0.43	0.53	0.51	0.53	0.65	0.55
许昌	0.40	0.40	0.55	0.81	0.39	0.44	0.91	0.52	0.53	0.48	0.32	0.52	0.38	0.29	0.27	0.47	0.53	0.41	0.32	0.26	0.58	0.00	0.32	0.60	0.32	0.43	0.45	0.42	0.39
漯河	0.62	0.67	0.69	0.94	0.48	0.54	1.06	0.70	0.75	0.66	0.35	0.70	0.51	0.45	0.38	0.62	0.58	0.56	0.38	0.33	0.71	0.32	0.00	0.75	0.47	0.69	0.62	0.56	0.54
三门峡	0.42	0.52	0.22	0.34	0.69	0.68	0.52	0.57	0.55	0.59	0.69	0.65	0.60	0.64	0.57	0.23	0.67	0.41	0.67	0.54	0.43	0.60	0.75	0.00	0.54	0.59	0.58	0.65	0.61
南阳	0.32	0.39	0.54	0.77	0.37	0.30	0.92	0.40	0.43	0.38	0.41	0.44	0.33	0.29	0.28	0.47	0.41	0.52	0.30	0.45	0.53	0.32	0.47	0.54	0.00	0.39	0.27	0.35	0.26
商丘	0.36	0.34	0.65	0.75	0.51	0.52	0.90	0.32	0.33	0.36	0.53	0.34	0.54	0.42	0.51	0.60	0.63	0.65	0.52	0.58	0.51	0.43	0.69	0.59	0.39	0.00	0.31	0.28	0.32
信阳	0.33	0.38	0.66	0.81	0.44	0.36	0.98	0.31	0.35	0.33	0.49	0.35	0.46	0.30	0.42	0.62	0.49	0.71	0.38	0.62	0.53	0.45	0.62	0.58	0.27	0.31	0.00	0.26	0.17
周口	0.42	0.37	0.70	0.87	0.40	0.44	1.02	0.36	0.44	0.35	0.39	0.30	0.52	0.27	0.43	0.66	0.58	0.66	0.40	0.57	0.65	0.42	0.56	0.65	0.35	0.28	0.26	0.00	0.23
驻马店	0.38	0.40	0.67	0.85	0.43	0.33	1.01	0.38	0.42	0.37	0.42	0.37	0.43	0.21	0.40	0.61	0.47	0.65	0.31	0.57	0.55	0.39	0.54	0.61	0.26	0.32	0.17	0.23	0.00

第四章　中原城市群金融发展状况与演变分析

区域金融业发展状况，以及其在区域间的相互作用情况，对区域经济发展模式有着重要的影响。因此，在对城市群产业与金融发展联动关系进行研究之前，描述和刻画城市群金融发展状况、金融发展地市分工、地市金融竞争与合作等情况，显得十分必要。

一、中原城市群金融综合发展水平与地市分工

（一）金融发展评价指标体系的建立与综合发展水平的测算方法

1. 评价指标体系建立的原则

金融发展评价指标体系是一个结构复杂而且范围较大的系统，所包含的方面广、内容多，指标之间容易互相影响，而且获取指标数值的渠道较多。为了确保指标的严谨和数据来源的准确，使指标体系更能全面反映中原城市群金融发展状况，必须遵循以下几个选取原则：

全面性原则。金融发展评价指标体系反映中原城市群金融发展状况，要充分考虑到所选取的指标的全面性，各个指标要能够从不同的角度，综合、系统、全面地反映中原地市金融发展状况。

科学性原则。在确保指标构建层次科学、能够准确反映地市特点的基础上，保证所选指标客观真实，能够真正反映中原城市群金融发展状况。

层次性原则。指标体系的层次结构要有逻辑地联系在一起，而且逻辑关系要缜密，能够层层深入，在横向和纵向方面，有针对性地反映中原城市群金融发展水平。

可量化原则。指标不能随意选择，应当对原始数据进行一系列的处理操作，以便进行指标的量化和进一步的分析。

2. 金融发展评价指标体系构建的意义

中原城市群金融发展评价指标体系的建立以银行业、证券业、保险业，以及金融行业发展潜力指标为基础，根据中原城市群金融发展特点，从定量指标和定性指标两方面入手，构建三层指标体系。该指标体系的定量指标和定性指标相互补充，将金融业中不同行业的指标进行整合，再根据综合评价

值分析法对各个指标进行分析，使指标层和各项指标能够覆盖较全面的衡量范围，进而构成完善的金融发展评价指标体系。

首先，对中原城市群金融发展进行衡量与研究，科学选取指标，从多个方面进行分析，使指标体系更为全面，衡量结果更为精准。其次，层层分析指标，从各行业细分类别入手，再归类汇总，使衡量指标体系更具有层次感，分析中原地市金融特点时更具有逻辑性。最后，通过指标之间和层级之间的相互联系，更为全面准确地对地市金融进行评价，为地市金融未来发展评估与相关经济政策制定提供参考依据。

3. 评价指标体系的结构

基于金融发展评价指标体系建立原则，首先，依据中原城市群金融业特点，从定量和定性指标出发，对金融发展以银行业、证券业、保险业三个具有代表性的行业为基础进行分类。其次，在选取二级指标时，选取各行业具有代表性的定量指标，并从区域信用评价、规模扩展以及发展稳定性三个方面进行定量指标的选取。同时在各地市统计年鉴系统数据的基础上，甄选出各行业下二级指标中相对应的具体的三级指标。最后，各金融行业由 3 个指标层组成评价指标体系，再对各行业指标体系进行整合，构成了中原城市群金融发展评价指标体系，如表 4-1 所示。

表 4-1　中原城市群金融发展评价指标体系

一级指标	二级指标	三级指标
银行业	存款余额	年末金融机构人民币各项存款余额（亿元）
	贷款余额	年末金融机构人民币各项贷款余额（亿元）
	区域银行服务覆盖率	某市城镇单位金融业从业人数/城市群城镇单位金融业从业人数（%）
	银行部门资产/GDP	年末金融机构人民币各项贷款余额/GDP（%）
	银行组织结构	某市存贷款余额/中原城市群的存贷款总额（%）
	区域信用评价	当年实际利用外资金额增长率（%）
	规模扩展	存款增长速度（%）
		贷款增长速度（%）
	发展稳定性	存款增长率波动（%）
		贷款增长率波动（%）
		存贷比增长率波动（%）

续表

一级指标	二级指标	三级指标
证券业	上市公司	上市公司（家）
	债券发行量	债券发行量（亿元）
	证券组织结构	某市债券发行量/中原城市群的债券发行总量（%）
	区域信用评价	当年实际利用外资金额增长率（%）
	规模扩展	债券发行量增长量（%）
	发展稳定性	债券发行量增长量的波动（%）
保险业	保费收入	保费收入（亿元）
	保险深度	保费收入/地区生产总值（%）
	保险密度	保费收入/总人口（元/人）
	保险组织结构	某市保费收入/中原城市群的保费收入总额（%）
	区域信用评价	当年实际利用外资金额增长率（%）
	规模扩展	保费收入的增长率（%）
	发展稳定性	保费收入增长率的波动（%）
金融发展潜力	金融基础设施	移动电话年末用户数（万户）
		互联网宽带接入用户数（万户）
	经济基础	地区生产总值（亿元）
		在岗职工平均工资（元）
	资本集聚力	居民人民币储蓄存款余额（亿元）
	市场广度	户籍人口数（万人）

注：其中各行业发展稳定性以指标的波动率来衡量，波动率的计算公式如下：$|a_{ij}-\bar{a}_t|/\sum_{j=1}^{n}(a_{ij}-\bar{a}_t)^2/n$，其中，$i$ 为地市，j 为年数。

4. 金融综合发展水平的测算与数据来源

中原城市群金融综合发展水平的测算，与产业综合发展水平的测算方法相同，均利用熵权法获得各指标的权重，再通过各指标权重乘以功效矩阵获得综合评价值。具体的算法参照本书第三章给出的式（3.1）至式（3.5），在此不再赘述。

在对中原城市群金融发展的研究过程中，数据来源主要是历年《河南统计年鉴》《河北统计年鉴》《山西统计年鉴》《山东统计年鉴》《安徽统计年鉴》《中国城市统计年鉴》等。此外，部分地市数据源自各地市统计局。通过以上官方途径，可以保证数据来源的真实性和统计口径的一致性，确保数据规范。

（二）中原城市群金融综合发展水平的演变

1. 中原城市群金融综合发展水平的测算

采用综合评价值的测算方法，利用金融业发展指标体系数据测算中原城市群金融业的综合发展水平。根据数据的可得性，为保证30个地市指标特征相同，本书选取2005—2017年为研究区间，计算结果如表4-2所示。

2. 中原城市群金融综合发展水平的综合评价

图4-1给出了2005—2017年中原城市群金融发展综合评价值及增长率的走势。从综合评价值整体走势来看，2005—2017年中原城市群金融发展综合评价值呈现上升趋势，说明城市群金融综合发展水平在逐年提升。

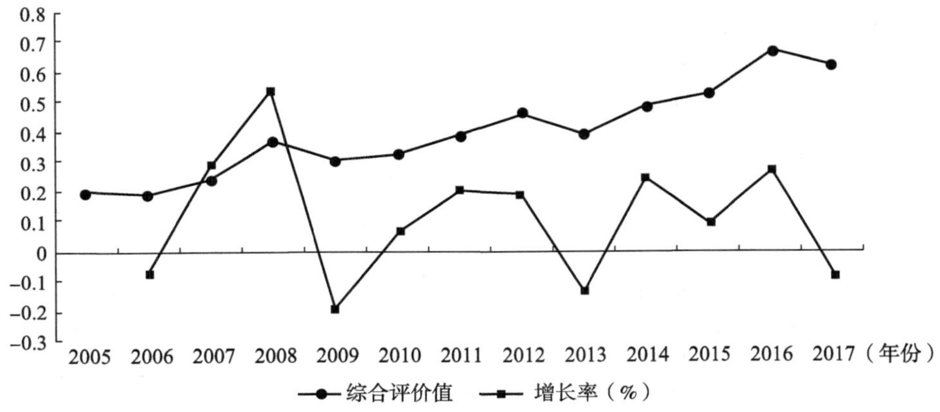

图4-1 2005—2017年中原城市群金融综合评价值及增长率

从增长率曲线走势来看，中原城市群综合发展水平增长率经历了“急速上升—急速下降—缓慢上升—‘M’形震荡”四个阶段，分别为：第一，2006—2007年的金融综合发展水平增长率急速上升阶段，这一阶段处于美国次贷危机前夕，中国经济处于扩张阶段，为金融发展创造了良好的环境，城市群金融综合发展水平的上升与当时金融业的蓬勃发展有关，增长率的下降并未显现。第二，2008—2009年的城市群金融综合发展水平增长率急速下降阶段，这轮下降与美国次贷危机引起的金融危机在中国的爆发与传播有关，由于危机传播具有快速性，所以这一阶段中原城市群金融综合发展水平遭受重创。第三，2010—2012年的缓慢上升阶段，这一阶段政府救市政策叠加效果显现，促使中原城市群产业综合发展水平得到恢复并缓慢增长。第四，2013—2017年的“M”形震荡阶段，该阶段中国经济发展进入新常态，经济结构优化与升级成为该阶段的主要任务，金融业在经济结构优化与升级中处于首要地位，同时在2012年

表 4-2　2005—2017 年中原城市群金融发展体系指标功效值及权重

指标项	2005 年	2006 年	2007 年	2008 年	2009 年	2010 年	2011 年	2012 年	2013 年	2014 年	2015 年	2016 年	2017 年	W
J_1	0. 0000	0. 0323	0. 0580	0. 1159	0. 1929	0. 2716	0. 3469	0. 4429	0. 5518	0. 6388	0. 7510	0. 8874	1. 0000	0. 0409
J_2	0. 0000	0. 0311	0. 0576	0. 0775	0. 1573	0. 2246	0. 2786	0. 3566	0. 4799	0. 5838	0. 7068	0. 8462	1. 0000	0. 0454
J_3	1. 0000	0. 8321	0. 8084	0. 6957	0. 5901	0. 4086	0. 6189	0. 6362	0. 4249	0. 5101	0. 5095	0. 0935	0. 0000	0. 0188
J_4	0. 3408	0. 3331	0. 2493	0. 0000	0. 2489	0. 2741	0. 2192	0. 3312	0. 4688	0. 6005	0. 8140	0. 9148	1. 0000	0. 0255
J_5	0. 7886	0. 8895	1. 0000	0. 6515	0. 3220	0. 3436	0. 5056	0. 6624	0. 3504	0. 3010	0. 1466	0. 0131	0. 0000	0. 0317
J_6	0. 0000	0. 0233	0. 0698	0. 1163	0. 1395	0. 4302	0. 6512	0. 6860	0. 6744	0. 6977	0. 8488	0. 8721	1. 0000	0. 0389
J_7	0. 0000	0. 0135	0. 0098	0. 0071	0. 0179	0. 0197	0. 0016	0. 0435	0. 1129	0. 1379	0. 5387	1. 0000	0. 7301	0. 1165
J_8	0. 6667	0. 6667	0. 6667	0. 3333	0. 6667	0. 6667	0. 3333	1. 0000	0. 6667	1. 0000	1. 0000	0. 8667	0. 0000	0. 0149
J_9	0. 0000	0. 0219	0. 0532	0. 1694	0. 2112	0. 3008	0. 3462	0. 3511	0. 3937	0. 4644	0. 5926	0. 7611	1. 0000	0. 0385
J_{10}	0. 0000	0. 0012	0. 0297	0. 4032	0. 4726	0. 6013	0. 5115	0. 3401	0. 3200	0. 3595	0. 5952	0. 7893	1. 0000	0. 0350
J_{11}	0. 0000	0. 0198	0. 0686	0. 1857	0. 2223	0. 3396	0. 3482	0. 4113	0. 4031	0. 4806	0. 6700	0. 7851	1. 0000	0. 0369
J_{12}	0. 8506	0. 8077	0. 8189	0. 9816	0. 9561	0. 9545	1. 0000	0. 7914	0. 6810	0. 5274	0. 5079	0. 2890	0. 0000	0. 0142
J_{13}	0. 0000	0. 0692	0. 1614	0. 2489	0. 3312	0. 4904	0. 5919	0. 6681	0. 8054	0. 9066	0. 8691	0. 9624	1. 0000	0. 0281
J_{14}	0. 0000	0. 0619	0. 0442	0. 1183	0. 1803	0. 2155	0. 3204	0. 3697	0. 5320	0. 6609	0. 6583	0. 8702	1. 0000	0. 0416
J_{15}	0. 0000	0. 0564	0. 1287	0. 2274	0. 2671	0. 3734	0. 5024	0. 5815	0. 6633	0. 7342	0. 7880	0. 8840	1. 0000	0. 0303
J_{16}	0. 0000	0. 0441	0. 1246	0. 1989	0. 2686	0. 3499	0. 4531	0. 5560	0. 6228	0. 6906	0. 7992	0. 8516	1. 0000	0. 0317
J_{17}	0. 0000	0. 0562	0. 1233	0. 2146	0. 2747	0. 6064	0. 5077	0. 5406	0. 6494	0. 7867	0. 8635	0. 9653	1. 0000	0. 0305
J_{18}	0. 0000	0. 0327	0. 0546	0. 1224	0. 1844	0. 2489	0. 3222	0. 4255	0. 5264	0. 6168	0. 7516	0. 8808	1. 0000	0. 0418
J_{19}	0. 4107	0. 8051	1. 0000	0. 7009	0. 3469	0. 3339	0. 6359	0. 5228	0. 2846	0. 0766	0. 0000	0. 0588	0. 1553	0. 0341
J_{20}	0. 5608	0. 4821	0. 0000	0. 9433	1. 0000	0. 7529	0. 4920	0. 6460	0. 4812	0. 0599	0. 1071	0. 3133	0. 0031	0. 0382

续表

指标项	2005年	2006年	2007年	2008年	2009年	2010年	2011年	2012年	2013年	2014年	2015年	2016年	2017年	W
J_{21}	0.0000	0.5674	0.4199	0.0354	1.0000	0.7091	0.4809	0.6112	0.6418	0.5019	0.5487	0.4319	0.4445	0.0206
J_{22}	0.4047	0.0229	0.8140	0.7129	0.7017	0.4473	1.0000	0.4619	0.3120	0.3807	0.5938	0.0000	0.4270	0.0243
J_{23}	0.8767	0.0023	0.1521	1.0000	0.6307	0.0000	0.7439	0.7906	0.0197	0.7291	0.0847	0.4263	0.2319	0.0476
J_{24}	1.0000	0.2841	0.3144	0.6152	0.1770	0.4212	0.3285	0.4974	0.0000	0.6492	0.0926	0.3075	0.5128	0.0254
J_{25}	0.3697	0.3876	0.3640	0.3654	0.3839	0.3716	0.3444	0.4264	0.4640	0.4032	0.9172	1.0000	0.0000	0.0186
J_{26}	0.0176	0.1293	0.6246	0.3101	0.0000	0.1947	0.1580	0.6857	0.1265	0.4237	0.3833	1.0000	0.0118	0.0511
J_{27}	0.1622	0.2593	0.3240	1.0000	0.2157	0.3976	0.1732	0.0000	0.1216	0.1780	0.3172	0.3039	0.3364	0.0302
J_{28}	0.1019	0.2135	0.1371	1.0000	0.2106	0.1236	0.2014	0.4066	0.4395	0.5630	0.0503	0.0000	0.0510	0.0488

注：J_1 代表年末金融机构人民币各项存款余额；J_2 代表年末金融机构人民币各项贷款余额；J_3 代表区域银行服务覆盖率；J_4 代表银行部门资产/GDP；J_5 代表银行组织结构；J_6 代表上市公司；J_7 代表债券发行量；J_8 代表证券组织结构；J_9 代表保费收入；J_{10}代表保险深度；J_{11}代表保险密度；J_{12}代表保险组织结构；J_{13}代表移动电话年末用户数；J_{14}代表互联网宽带接入用户数；J_{15}代表地区生产总值；J_{16}代表在岗职工平均工资；J_{17}代表户籍人口数；J_{18}代表居民人民币储蓄存款余额；J_{19}代表当年实际利用外资金额增长率；J_{20}代表存款增长速度；J_{21}代表贷款增长速度；J_{22}代表存款增长率波动；J_{23}代表贷款增长率波动；J_{24}代表存贷比增长率波动；J_{25}代表债券发行量增长量；J_{26}代表债券发行量增长量的波动；J_{27}代表保费收入的增长率；J_{28}代表保费收入增长率的波动。

中原经济区成立、中原城市群酝酿等背景下，中原城市群金融业发展面临着机遇与挑战，产业结构进行优化与升级也是必然趋势，这些情况直接导致了该阶段城市群金融综合发展水平的缓慢上升。

3. 中原城市群金融业各子行业对金融综合发展的推动力差异

图 4-2 给出了 2005—2017 年中原城市群金融业的 3 个子行业与金融发展潜力对金融综合发展水平的贡献度，也即金融综合发展水平的各产业推动力。若金融业的 3 个子行业与金融发展潜力对城市群金融综合发展水平的推动力相等，则每个行业的推动力约为 25%。

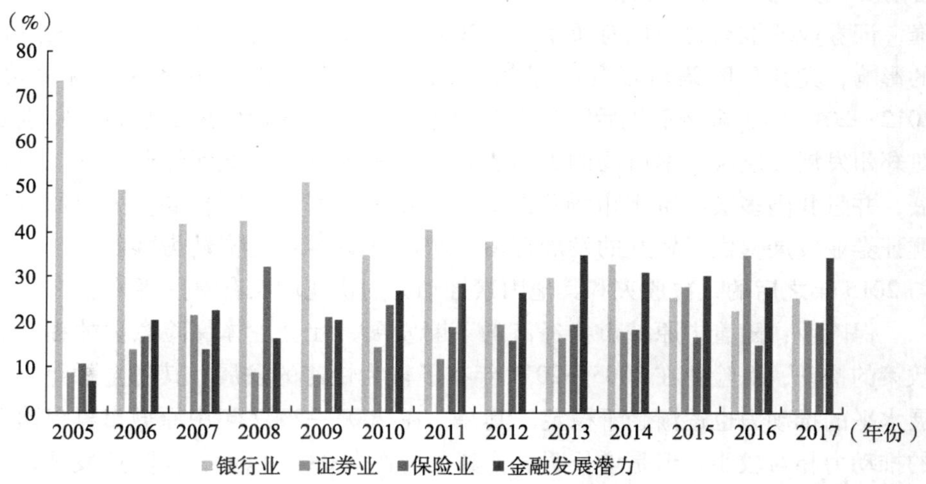

图 4-2 2005—2017 年中原城市群银行业、证券业、保险业和金融发展潜力对金融综合发展水平的贡献度

由图 4-2 可知，各子因素对中原城市群金融综合发展水平的推动力并不相同，存在明显的差异性：银行业的推动力最大，除 2016 年外，均超过平均水平，2005—2017 年的贡献度分别为 73. 77%、49. 29%、42. 02%、42. 66%、50. 64%、34. 95%、40. 70%、38. 14%、29. 46%、32. 97%、25. 38%、22. 37%、25. 38%。由中原城市群金融业结构整体走势来看，2005—2017 年中原城市群银行业的推动力呈现下降趋势，而金融发展潜力的推动力呈现上升趋势，整体上各因素推动力占比向均衡化发展，说明金融综合发展水平的各行业或因素推动力间差距在逐渐缩小。

银行业：由于地理历史因素等，银行业作为传统的金融行业，其发展具有较大优势。但因为传统的银行经营模式已经不能很好地适应金融服务多元化需求的快速发展，金融产品的多样化发展对银行业的发展提出了挑战，故在2005—2017年银行业的推动力占比呈现不断下降的趋势。其中，2005—2011年，虽然银行业的推动力占据绝对比重，但一直呈现减少的趋势，在2009年之后，因受到金融危机的影响，证券业受到严重的冲击，银行业的推动力占比有了暂时的提高。2012—2017年，进入经济新常态后，一些传统银行已经无法适应金融业的快速发展，缺乏竞争力，随着资本市场的建设和保险业的发展，银行业推动力比重不断降低，但银行业也在不断创新经营模式、金融产品，减缓了占比降低的趋势。

证券业：中原城市群证券业发展起步晚、基础差，证券市场体系不完善，容易受到其他市场波动的影响。2005—2007年，随着传统银行业推动力的下降，证券业的推动力占比有所增长；2008—2011年，由于受到全球金融危机的影响，尤其是股票市场受到了极大冲击，证券业推动力呈现下降趋势；2012—2016年，金融危机后，政府对中原城市群证券业发展的扶持，特别是对郑州发展多层次资本市场的大力支持，使得中原城市群证券业得到快速发展，并且我国多层次资本市场不断完善，投资者水平不断提高，为中原城市群证券业发展提供了较好的发展环境；2017年证券业的推动力骤然下降，这与2015年之后的几次股灾和其他因素推动力的快速增长有着重要关系。

保险业：随着中原城市群经济的不断发展、社会主体保险意识的提升和政策的推动，保险业在2005—2017年有了较为快速的发展，其对金融综合发展水平的推动力也逐渐趋于稳定。其一，在2005—2007年中原城市群保险业的推动力相对较小，但是增长明显；其二，在2008年以后，保险业发展较为迅速，随着传统银行业的推动力占比不断下降，保险业对金融综合发展水平的影响力也持续稳定在一定的幅度内。

金融发展潜力：根据中原城市群金融体系的构建，金融发展潜力包括多个方面，如经济发展、科技发展、人口状况等。在2011年之前，金融发展潜力对金融综合发展水平的推动力一直低于平均水平，而在2011年之后，金融发展潜力的推动力超过了平均水平，并基本维持在30%左右，说明中原城市群金融发展依靠的基础和发展环境在不断改善，越来越成为中原城市群金融发展的保障。

（三）中原城市群各地市金融业各子行业对金融综合发展推动力差异

1. 中原城市群各地市金融业各子行业综合发展水平测算

根据2005—2017年金融发展评价指标体系以及金融业各子行业的评价指标体系，得到中原城市群以及各地市的金融发展综合评价值。表4-3列示了2005—2017年中原城市群30个地市金融发展指标的熵权值。

表 4-3　2005—2017 年中原城市群 30 个地市金融发展指标熵权值

指标项	2005 年	2006 年	2007 年	2008 年	2009 年	2010 年	2011 年	2012 年	2013 年	2014 年	2015 年	2016 年	2017 年
J_1	0. 0352	0. 0546	0. 0539	0. 0499	0. 0616	0. 0645	0. 0476	0. 0573	0. 0566	0. 0553	0. 0495	0. 0503	0. 0463
J_2	0. 0455	0. 0680	0. 0682	0. 0710	0. 0892	0. 0915	0. 0660	0. 0747	0. 0812	0. 0773	0. 0635	0. 0675	0. 0635
J_3	0. 0141	0. 0228	0. 0232	0. 0231	0. 0283	0. 0311	0. 0228	0. 0280	0. 0310	0. 0271	0. 0234	0. 0352	0. 0312
J_4	0. 0304	0. 0387	0. 0378	0. 0306	0. 0364	0. 0315	0. 0217	0. 0265	0. 0317	0. 0308	0. 0262	0. 0318	0. 0318
J_5	0. 0386	0. 0590	0. 0584	0. 0565	0. 0705	0. 0731	0. 0534	0. 0627	0. 0648	0. 0629	0. 0544	0. 0565	0. 0527
J_6	0. 0376	0. 0526	0. 0552	0. 0488	0. 0337	0. 0640	0. 0614	0. 0761	0. 0771	0. 0722	0. 0582	0. 0590	0. 0591
J_7	0. 3024	0. 2147	0. 1843	0. 2240	0. 1774	0. 1527	0. 2221	0. 1540	0. 1501	0. 1625	0. 2327	0. 2141	0. 2194
J_8	0. 3024	0. 2147	0. 1843	0. 2240	0. 1774	0. 1527	0. 2221	0. 1540	0. 1501	0. 1625	0. 2327	0. 2141	0. 2194
J_9	0. 0198	0. 0288	0. 0319	0. 0273	0. 0296	0. 0313	0. 0278	0. 0338	0. 0397	0. 0420	0. 0345	0. 0436	0. 0439
J_{10}	0. 0137	0. 0133	0. 0207	0. 0179	0. 0225	0. 0265	0. 0302	0. 0298	0. 0318	0. 0317	0. 0212	0. 0253	0. 0286
J_{11}	0. 0248	0. 0295	0. 0364	0. 0249	0. 0442	0. 0333	0. 0349	0. 0693	0. 0541	0. 0478	0. 0432	0. 0449	0. 0428
J_{12}	0. 0198	0. 0288	0. 0319	0. 0273	0. 0296	0. 0313	0. 0278	0. 0338	0. 0397	0. 0420	0. 0345	0. 0436	0. 0439
J_{13}	0. 0239	0. 0340	0. 0331	0. 0281	0. 0308	0. 0304	0. 0230	0. 0277	0. 0266	0. 0309	0. 0220	0. 0218	0. 0229
J_{14}	0. 0371	0. 0518	0. 0843	0. 0494	0. 0519	0. 0712	0. 0468	0. 0731	0. 0602	0. 0641	0. 0249	0. 0213	0. 0231
J_{15}	0. 0256	0. 0438	0. 0463	0. 0426	0. 0449	0. 0462	0. 0342	0. 0430	0. 0401	0. 0371	0. 0314	0. 0336	0. 0323
J_{16}	0. 0133	0. 0201	0. 0252	0. 0319	0. 0464	0. 0424	0. 0374	0. 0308	0. 0408	0. 0305	0. 0278	0. 0169	0. 0199
J_{17}	0. 0156	0. 0247	0. 0249	0. 0225	0. 0257	0. 0265	0. 0208	0. 0254	0. 0243	0. 0236	0. 0197	0. 0205	0. 0194
J_{18}	0. 0232	0. 0361	0. 0339	0. 0314	0. 0374	0. 0380	0. 0286	0. 0344	0. 0336	0. 0310	0. 0265	0. 0273	0. 0249
J_{19}	0. 0148	0. 0381	0. 0397	0. 0555	0. 0404	0. 0130	0. 0092	0. 1127	0. 0152	0. 0073	0. 0067	0. 0076	0. 0256
J_{20}	0. 0202	0. 0286	0. 0225	0. 0205	0. 0267	0. 0158	0. 0165	0. 0120	0. 0109	0. 0127	0. 0063	0. 0127	0. 0250

续表

指标项	2005 年	2006 年	2007 年	2008 年	2009 年	2010 年	2011 年	2012 年	2013 年	2014 年	2015 年	2016 年	2017 年
J_{21}	0.0149	0.0351	0.0157	0.0167	0.0109	0.0111	0.0153	0.0147	0.0354	0.0057	0.0394	0.0168	0.0258
J_{22}	0.0253	0.0702	0.0382	0.0327	0.0342	0.0499	0.0324	0.0465	0.0706	0.0341	0.0346	0.0631	0.0262
J_{23}	0.0152	0.0670	0.0473	0.0268	0.0302	0.0567	0.0318	0.0367	0.0574	0.0375	0.0438	0.0306	0.0598
J_{24}	0.0145	0.0539	0.0452	0.0165	0.0513	0.0533	0.0435	0.0449	0.0579	0.0297	0.0282	0.0477	0.0319
J_{25}	0.0052	0.0236	0.0086	0.0118	0.0086	0.0120	0.0070	0.0966	0.0354	0.0197	0.1521	0.1097	0.0041
J_{26}	0.0577	0.0977	0.0900	0.0851	0.1102	0.0994	0.0830	0.0893	0.1065	0.0832	0.0701	0.0442	0.0514
J_{27}	0.0037	0.0109	0.0274	0.0319	0.0258	0.0113	0.0171	0.0089	0.0149	0.0222	0.0143	0.0205	0.0113
J_{28}	0.0325	0.0558	0.0797	0.0156	0.0582	0.0525	0.0378	0.0294	0.0348	0.0331	0.0490	0.0540	0.0584

注：J_1 代表年末金融机构人民币各项存款余额；J_2 代表年末金融机构人民币各项贷款余额；J_3 代表区域银行服务覆盖率；J_4 代表银行部门资产/GDP；J_5 代表银行组织结构；J_6 代表上市公司；J_7 代表债券发行量；J_8 代表证券组织结构；J_9 代表保费收入；J_{10} 代表保险深度；J_{11} 代表保险密度；J_{12} 代表保险组织结构；J_{13} 代表移动电话年末用户数；J_{14} 代表互联网宽带接入用户数；J_{15} 代表地区生产总值；J_{16} 代表在岗职工平均工资；J_{17} 代表户籍人口数；J_{18} 代表居民人民币储蓄存款余额；J_{19} 代表当年实际利用外资金额增长率；J_{20} 代表存款增长速度；J_{21} 代表贷款增长速度；J_{22} 代表存款增长率波动；J_{23} 代表贷款增长率波动；J_{24} 代表存贷比增长率波动；J_{25} 代表债券发行量增长量；J_{26} 代表债券发行量增长量的波动；J_{27} 代表保费收入的增长率；J_{28} 代表保费收入增长率的波动。

2. 中原城市群各地市金融综合发展水平

表 4-4 显示了中原城市群金融发展综合评价值评价标准。为了对中原城市群各地市金融综合发展情况进行分析，本书首先建立了金融综合发展水平的评价标准体系，金融发展综合评价值评价标准的建立是根据不同评价值水平下城市群金融发展的不同状态进行分类的，借鉴以往学者的研究，将评价标准划分为 4 个区间。

表 4-4 中原城市群金融综合评价值评价标准

等级	综合评价值	标准说明
差	0~0. 30	银行、证券、保险业发展水平低，金融发展潜力小
中	0. 30~0. 60	银行、证券、保险业发展水平中等，金融发展潜力一般
良	0. 60~0. 90	银行、证券、保险业发展水平良好，金融发展潜力良好
优	0. 90~1. 50	银行、证券、保险业发展水平高，金融发展潜力高

由 4-5 表可知，2014—2017 年中原城市群各地市金融综合发展水平处于“差”级的地市数量占比分别为 83. 33%、96. 67%、90%、93. 33%。少数地市金融综合发展水平处于“中”级，2014—2017 年处于“中”级发展水平的地市数量分别为 4 个、0 个、2 个、1 个，占比分别为 13. 33%、0、6. 67%、3. 33%；2014—2017 年处于“优”级发展水平的地市数均为 1 个，且都是郑州，地市数量占比历年均为 3. 33%；2014—2017 年中原城市群各地市金融综合发展水平没有处于“良”级的。另外，从整个中原城市群金融综合发展的平均水平看，2014—2017 年中原城市群各地市金融平均发展水平均处于“差”级。由以上分析可知，中原城市群 30 个地市金融综合发展水平较低，且处于“良”与“优”发展等级的地市仅有一个，说明郑州与其他地市间金融发展差距明显，城市群绝大多数地市金融发展都比较差，这也严重阻碍城市群金融发展水平的提高。

表 4-5 2014—2017 年中原城市群各地市金融综合发展水平及发展等级

地市	2014 年		2015 年		2016 年		2017 年	
	水平	等级	水平	等级	水平	等级	水平	等级
邯郸	0. 3098	中	0. 2965	差	0. 3269	中	0. 2568	差
邢台	0. 2369	差	0. 2192	差	0. 1977	差	0. 2114	差
长治	0. 2127	差	0. 1964	差	0. 1812	差	0. 2031	差
晋城	0. 2655	差	0. 1637	差	0. 1696	差	0. 1610	差
运城	0. 2136	差	0. 2179	差	0. 2071	差	0. 2404	差

续表

地市	2014年		2015年		2016年		2017年	
	水平	等级	水平	等级	水平	等级	水平	等级
蚌埠	0.1910	差	0.2139	差	0.1288	差	0.1390	差
淮北	0.2034	差	0.1326	差	0.1503	差	0.1322	差
阜阳	0.3090	中	0.2100	差	0.3345	中	0.3611	中
宿州	0.2079	差	0.1518	差	0.1680	差	0.2197	差
亳州	0.1920	差	0.1318	差	0.2086	差	0.2216	差
聊城	0.2426	差	0.2543	差	0.2341	差	0.2618	差
菏泽	0.2547	差	0.2253	差	0.2902	差	0.2154	差
郑州	1.0509	优	1.1865	优	1.2352	优	1.1354	优
开封	0.1907	差	0.1117	差	0.1247	差	0.1537	差
洛阳	0.3005	中	0.2418	差	0.2928	差	0.2573	差
平顶山	0.1698	差	0.1549	差	0.1412	差	0.1945	差
安阳	0.2167	差	0.1787	差	0.1959	差	0.1710	差
鹤壁	0.1404	差	0.1363	差	0.0635	差	0.0830	差
新乡	0.2334	差	0.1756	差	0.1852	差	0.1961	差
焦作	0.1733	差	0.1570	差	0.1592	差	0.1398	差
濮阳	0.1989	差	0.1562	差	0.1433	差	0.1471	差
许昌	0.2100	差	0.1273	差	0.1955	差	0.1954	差
漯河	0.1382	差	0.1444	差	0.1291	差	0.0909	差
三门峡	0.2145	差	0.1301	差	0.1093	差	0.0930	差
南阳	0.2925	差	0.1951	差	0.2161	差	0.2141	差
商丘	0.3034	中	0.1664	差	0.1852	差	0.2073	差
信阳	0.2285	差	0.2296	差	0.1413	差	0.1821	差
周口	0.2579	差	0.2121	差	0.1574	差	0.1694	差
驻马店	0.2185	差	0.1742	差	0.1810	差	0.1693	差
济源	0.1699	差	0.0671	差	0.1343	差	0.0966	差
城市群均值	0.2516	差	0.2119	差	0.2196	差	0.2173	差

3. 中原城市群金融业三个子行业综合发展的地市分工

根据中原城市群金融发展评价体系，分别构建银行业、证券业、保险业的发展评价体系，并计算金融业三个子行业综合发展评价值，由此计算三个子行业均值在城市群某行业的综合评价值中的占比，进一步分析中原城市群各地市在金融业三个子行业中的角色和分工，图 4-3 为 2005—2017 年中原城市群 30 个地市的金融业三个子行业综合评价值均值占比的对比，由图 4-3 内数据可以对 30 个地市的金融业分工进行分析。从整个图形形态上看，中原城市群各地市各行业占比各不相同，各地市各行业发展具有差异性，但差异并不大。从银行业综合发展的地市分工看，鹤壁成为银行业发展的重要聚集地，济源成为银行业发展的次级聚集中心；从保险业综合发展水平的地市分工看，城市群保险业的分工不明显，各地市保险业综合评价值占比相差不大，其中运城、阜阳成为中原城市群保险业发展的重要地区；从证券业综合发展的地市分工看，郑州、淮北成为中原城市群证券业发展的重要地区，商丘、长治、许昌、晋城成为辅助中原城市群证券业发展的次中心地区。从不同地市各行业的分工来看，各地市间差距较小，各地市各行业分工比较均衡。没有明显的行业分工趋势。

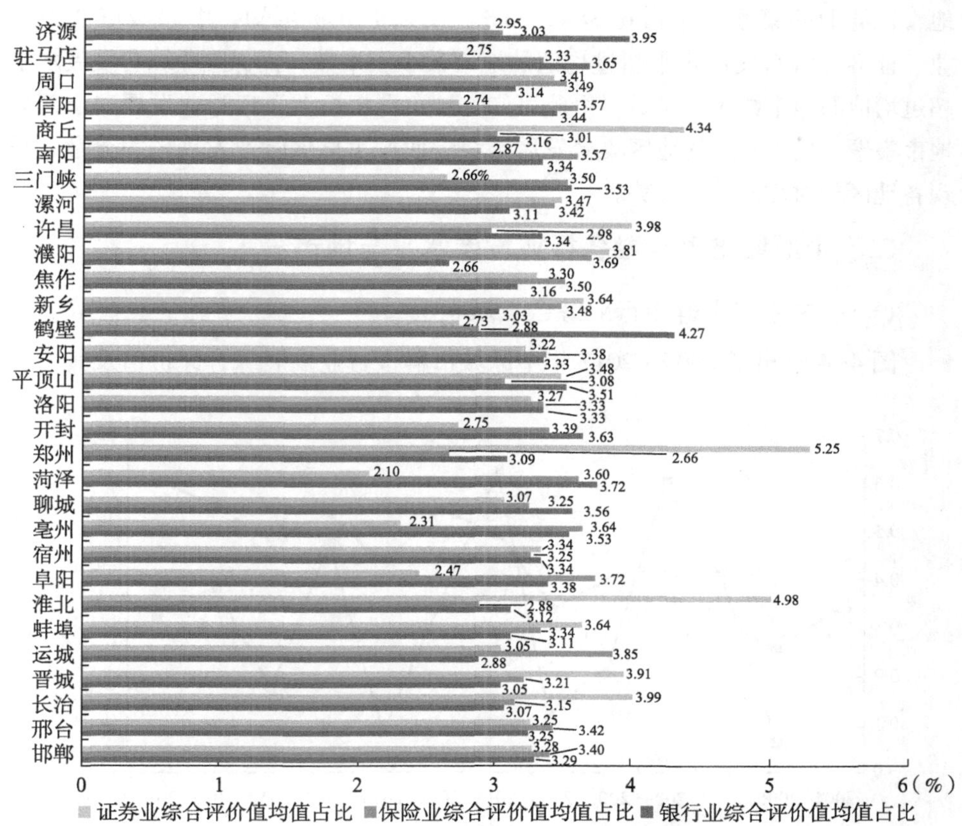

图 4-3　2005—2017 年 30 个地市金融业三个子行业综合发展水平对比

若中原城市群30个地市各行业综合发展水平呈现均衡发展态势，那么各地市各产业的占比大约为3.33%。对比各地市各行业均衡发展时的占比可以发现，各地市证券业呈现较大的不平衡性，各地市银行业、保险业发展呈现较小的不平衡性：就银行业综合发展水平而言，阜阳、宿州、亳州、聊城、菏泽、开封、平顶山、鹤壁、许昌、三门峡、南阳、信阳、驻马店、济源14个地市银行业综合发展水平高于平均水平，成为城市群银行业发展集聚地市，银行业发展集聚地市数占比为46.67%；就保险业而言，邯郸、邢台、运城、蚌埠、阜阳、亳州、菏泽、开封、安阳、新乡、焦作、濮阳、漯河、三门峡、南阳、信阳、周口17个地市保险业综合发展水平超过平均水平，成为城市群保险业发展集聚地，保险业集聚地市占比为56.67%；就证券业而言，长治、晋城、蚌埠、淮北、宿州、郑州、平顶山、新乡、濮阳、许昌、漯河、商丘、周口13个地市证券业综合发展水平超过平均水平，成为证券业发展的集聚地，证券业的集聚地市占比为43.33%。由以上分析可知，中原城市群银行业、证券业综合发展水平超过均值的地市数小于半数，而保险业综合发展水平超过均值的地市数大于半数，由此可知，城市群银行业、证券业发展向小部分地市集聚，呈现一定的地区集聚发展态势，而城市群保险业发展较为分散，呈现各地区相对均衡发展态势。

二、中原城市群金融各行业发展水平与地市分工

（一）中原城市群银行业综合发展状况

图4-4给出了2005—2017年中原城市群银行业发展综合评价值及其增速

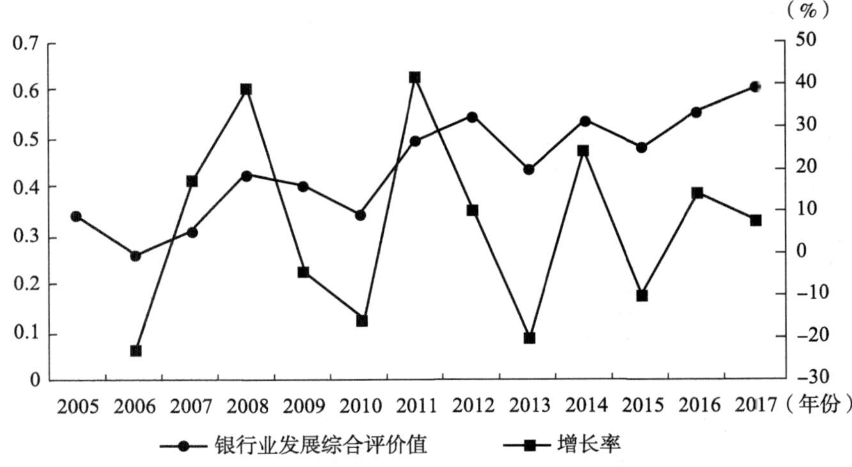

图4-4　2005—2017年中原城市群银行业发展综合评价值及其增速

的走势。由综合评价值整体走势来看，2005—2017 年中原城市群银行业发展综合评价值呈现上升趋势，说明城市群银行业综合发展水平在逐年提升。从增长率走势来看，中原城市群银行业综合发展水平变化经历了“四起四落”的发展阶段，并且震荡幅度逐渐减弱。2006—2008 年是“一起”，这一阶段中原城市群银行业综合发展水平的提升与金融业整体发展水平向好有关；2008—2010 年是“一落”，这一阶段与全球金融受到金融危机的冲击有关；2010—2011 年是“二起”，这一阶段中，在国家政策扶持与政府救市叠加下，银行业迅速焕发生机，发展较快，2011 年银行业综合评价值增速一度超过 40%，是 2005—2017 年增速最大的一年；2011—2013 年是“二落”，2011 年我国的货币紧缩政策给银行业的发展带来一定的影响；2013—2014 年是“三起”，这一阶段银行业受经济环境与行业政策影响，发展态势总体向好；2014—2015 年是“三落”，2015—2016 年是“四起”，2016—2017 年是“四落”，这三个阶段银行业综合评价值增速的起落幅度明显放缓，中国经济发展进入新常态，面临产业结构的优化和升级，银行业在这一阶段发展过程中增速不稳定，但整体上来看，银行业向好发展是必然趋势。

（二）中原城市群证券业综合发展状况

图 4-5 给出了 2005—2017 年中原城市群证券业发展综合评价值及其增速的走势。由综合评价值整体走势来看，2005—2016 年中原城市群证券业发展综合评价值呈现上升趋势，说明城市群证券业综合发展水平整体上在逐年提

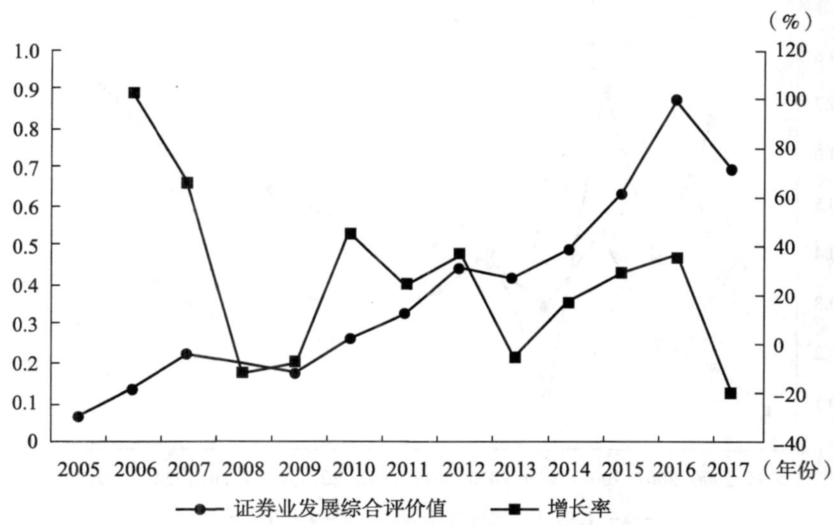

图 4-5 2005—2017 年中原城市群证券业发展综合评价值及其增速

升，但在 2017 年突然出现下降趋势。从增长率走势来看，中原城市群证券业综合发展水平变化经历了“快速下降—‘M’形震荡—持续上升—快速下降”四个阶段，四个阶段的时间区间分别为：第一，2006—2008 年的证券业综合发展水平增速下降阶段，这一阶段城市群证券业综合发展水平增速的下降与美国次贷危机的爆发及传播有关；第二，2009—2013 年证券业综合发展水平增速呈现“M”形波动，这与后危机时代政府救市行为有关，虽然增速震荡，但是综合评价值却稳步上升；第三，2013—2015 年的持续上升阶段，中原经济区的成立以及互联网金融的快速发展，造成了整体上金融业及其细分行业的快速发展；第四，2016—2017 年的急速下降阶段，这与证券市场出现的风险有一定关系，股灾的出现和“脱虚向实”政策导向的影响，以及金融监管加强，使证券业的发展呈现阶段性的调整。

（三）中原城市群保险业综合发展状况

图 4-6 给出了 2005—2017 年中原城市群保险业发展综合评价值及其增速的走势。由综合评价值整体走势来看，2005—2017 年中原城市群保险业发展综合评价值呈现上升趋势，说明城市群保险业综合发展水平在逐年提升。从增长率走势来看，中原城市群保险业综合发展水平变化经历了震荡下降到稳定的过程。在 2009 年之前，中原城市群保险业基础相对薄弱，但增长速度较快，在金融危机期间经历了短期的波动之后，至今基本上呈现稳定的增长态势，也预示着中原城市群保险业不断地走向成熟。

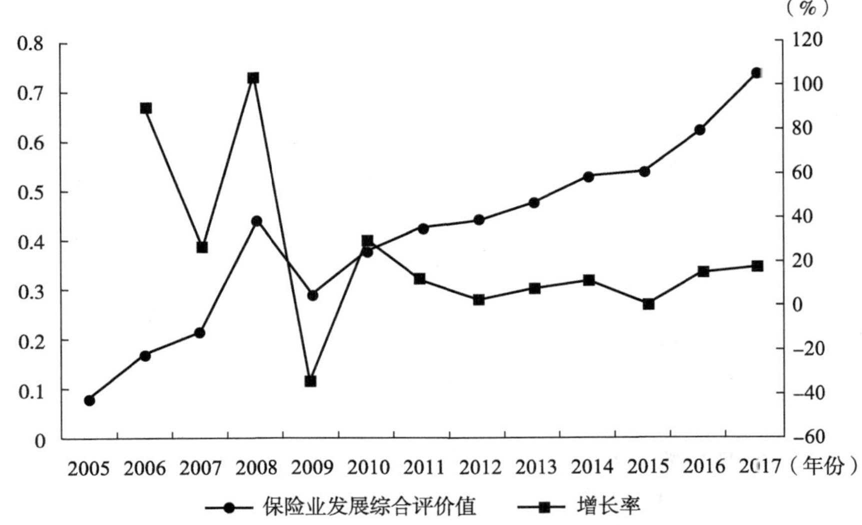

图 4-6　2005—2017 年中原城市群保险业发展综合评价值及其增速

三、中原城市群金融专业化、多样化发展演变过程

（一）中原城市群金融专业化、多样化发展现状与演变

中原城市群金融分工专业化和多样化的衡量方法，与产业分工多样化和专业化的衡量方法相同，均采用区位熵的方法，是在金融发展综合评价值的基础上进行测算，具体计算方法见第三章式（3.6）至式（3.10），在此不再赘述。

为探究中原城市群金融专业化、多样化发展趋势，对2005—2017年中原城市群金融专业化、多样化进行测算，通过对2005—2017年中原城市群金融发展综合评价值加总，得到中原城市群各年金融业整体发展的综合评价值，在此基础上计算相对专业化指数和相对多样化指数，并将测算结果绘制成趋势图，如图4-7所示。

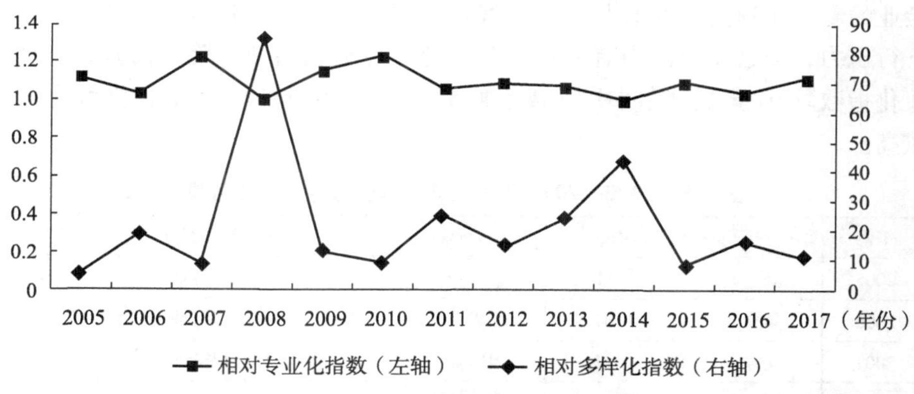

图4-7　2005—2017年中原城市群整体金融相对专业化指数和相对多样化指数

第一，从整体上看，中原城市群金融发展多样化分工程度的波动幅度远大于专业化分工程度的波动幅度，说明中原城市群金融业在探索金融多样化发展道路上不断进行尝试。第二，从各曲线走势来看，中原城市群金融业相对专业化指数经历了先增长，再减少，最后再缓慢增加的过程，基本在1.2附近波动。中原城市群金融相对多样化指数的波动较大，在个别年份出现了异常值，但整体趋势为先增长，再逐渐减少，在研究区间内变化较为明显，其经历了“缓慢上升—急剧上升—急剧下降—波动上升”四个阶段。急剧上升发生在2007—2008年，急剧下降发生在2008—2009年，且这两个区间金融相对多样化指数的上升或下降，伴随金融相对专业化指数的下降或上升，这意味着金融多样化的下降是由金融业规模的扩展和分工的深化引起的，也相应引起了金融专业化发展程度的提升；在2009—2017年城市群金融多样化波动上升的阶段，也伴随着金融发展专业化程度的缓慢上升，从中原城市群金

融发展专业化与多样化的演变特征来看，城市群金融发展处于专业化与多样化相互作用、相互影响的初级阶段，随着两者相互作用程度的提升，金融发展专业化与多样化程度均会呈现上升趋势。

由表4-6可知，在研究区间内中原城市群的银行业和保险业专业化指数明显高于证券业。证券业在2007年、2009—2010年、2012—2014年三个阶段，专业化指数较高。2007年在金融危机前，中原地市受到的冲击较小，而且当时金融发展环境较为宽松，证券业发展较快；2009—2010年在金融危机后，整个金融业受到冲击后，由于行业性质不同，银行业和保险业恢复缓慢，而证券业经过整顿、调整，其专业化程度相对较高；2012—2014年经济进入新常态，为优化产业结构，中原地市不断促进金融发展，探索金融发展新动力，从证券业短板入手，提高证券业的专业化水平。其余阶段，银行业和保险业的专业化程度差别不大，但在2016—2017年，经济进入新常态，面临着下行压力，金融发展活力有一定下降，整体专业化指数下降，而且证券业专业化指数均小于1，说明中原城市群更偏重于银行业，其专业化水平相对较高。

表4-6　2005—2017年中原城市群金融专业化指数排名

年份	第一行业	RSI	第二行业	RSI	第三行业	RSI
2005	保险业	1.11	银行业	1.11	证券业	0.62
2006	保险业	1.04	证券业	1.04	银行业	0.93
2007	证券业	1.24	银行业	0.95	保险业	0.91
2008	保险业	1.01	银行业	1.00	证券业	0.97
2009	证券业	1.16	保险业	0.98	银行业	0.93
2010	证券业	1.24	保险业	0.97	银行业	0.88
2011	银行业	1.06	保险业	0.98	证券业	0.95
2012	证券业	1.10	银行业	1.03	保险业	0.92
2013	证券业	1.08	保险业	1.01	银行业	0.94
2014	证券业	1.02	银行业	1.02	保险业	0.97
2015	保险业	1.11	银行业	1.03	证券业	0.76
2016	银行业	1.05	保险业	1.03	证券业	0.87
2017	银行业	1.12	保险业	0.99	证券业	0.84

（二）中原城市群各地市金融专业化、多样化分工现状

如图4-8所示，为探究中原城市群金融专业化、多样化分工现状，将2017年中原城市群金融相对专业化指数、相对多样化指数绘制成图。第一，

从整体上看，中原城市群各地市金融相对多样化指数比相对专业化指数高得多，说明中原城市群金融发展处于初级阶段，依然局限于当地服务，地市之间金融合作联系松散，分工定位不明确，没有达到相互促进的效果。第二，作为中心地市的郑州相对专业化指数较其他地市偏高，而相对多样化指数较低，两者间差距较其他地市小，目前金融专业化特色较为明显，能够与其他地市展开金融行业的联系与合作，金融发展的专业化程度有较大的提升，同时进行金融创新，朝着多样化探索发展。而副中心洛阳的相对多样化指数在中原城市群中位居第一，在金融发展中，与其他地市合作联系较为松散，金融服务过于限于区域内，没有发挥本身在中原城市群中所应起到的副中心的作用。第三，中原城市群中的大部分地市金融发展与洛阳较为相似，相对多样化指数偏高而相对专业化指数偏低。说明中原城市群金融发展基础较为薄弱，有很大的发展空间，符合中原城市群金融发展处于初级阶段的规律，也反映出中原城市群在金融发展中要进一步加强联系、相互推动。

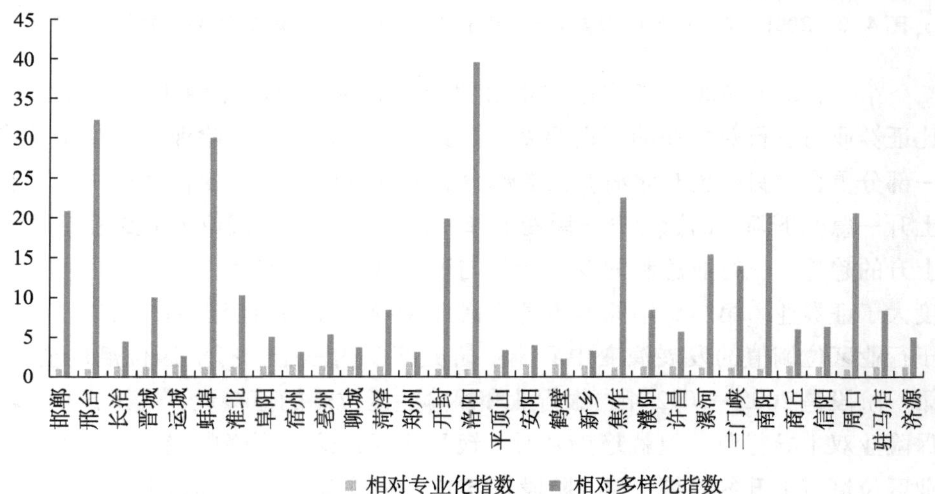

图 4-8　2017 年中原城市群各地市金融相对专业化指数和相对多样化指数

四、中原城市群各地市金融主导行业测度与分析

（一）中原城市群金融主导行业测算方法

中原城市群金融主导行业的测算，与主导产业的测算方法相同，均利用区位熵方法，根据测算结果分析城市群金融主导行业，具体方法在此不再赘述。同样，在测算金融主导行业时，主要包括银行业、证券业、保险业三个行业，

采用三个行业的综合评价值代替产业中的就业人员数，且总样本数为 30 个。

（二）中原城市群金融主导行业的发展演化

图 4-9 给出了 2005—2017 年中原城市群银行业、证券业、保险业和三行业之和区位熵发展变化的趋势。

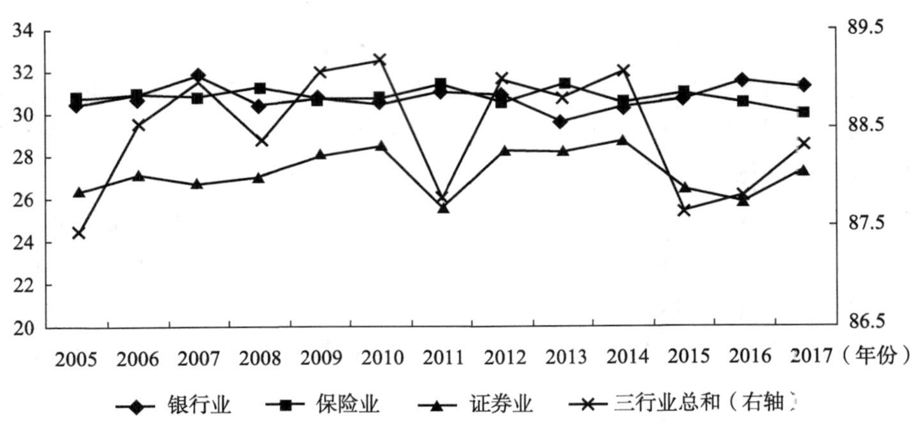

图 4-9　2005—2017 年中原城市群金融业三个子行业及金融业综合区位熵变化趋势

第一，2005—2017 年中原城市群银行业和保险业区位熵曲线变化程度，比证券业与三行业之和的变动幅度小，其中，银行业和保险业区位熵变化有一部分重合，另外也有此消彼长的部分。证券业区位熵的变化经历了“缓慢上升—急剧下降—回调上升—缓慢下降”四个阶段，而 2017 年最终呈现缓慢上升的趋势。三行业总和的变化趋势与证券业变化趋势大致相同，但波动幅度大于证券业。第二，中原城市群金融业主导行业的演变规律，可以从三个子行业区位熵值的发展演变中看出：研究区间内三个子行业区位熵的变化，第一阶段是 2005—2012 年，银行业和保险业区位熵的值接近，属于银行业和保险业双主导行业，但就趋势来看，银行业区位熵有下降的趋势，反而保险业区位熵有上升的趋势；第二阶段是 2012—2017 年，除了 2013 年保险业区位熵高于银行业，之后的几年中银行业区位熵均超过保险业，银行业作为主导行业的地位在不断提升。由以上分析可知，2005—2017 年中原城市群金融业主导行业的变化经历了由银行业和保险业同时主导，到银行业成为主要主导行业的过程，而且证券业的区位熵明显呈现增长的趋势。

（三）中原城市群各地市金融主导行业的发展变化

为分析中原城市群各地市主导行业的类型，本书通过绘制金融业三个子行业区位熵截面对比图的方式进行分析。本书研究区间为 2005—2017 年，涉及 13 幅图，限于篇幅，本部分选取具有代表性的 2005 年、2012 年、2017 年以及 13 年均值 4 幅图作为分析示例，具体情况如图 4-10 所示。

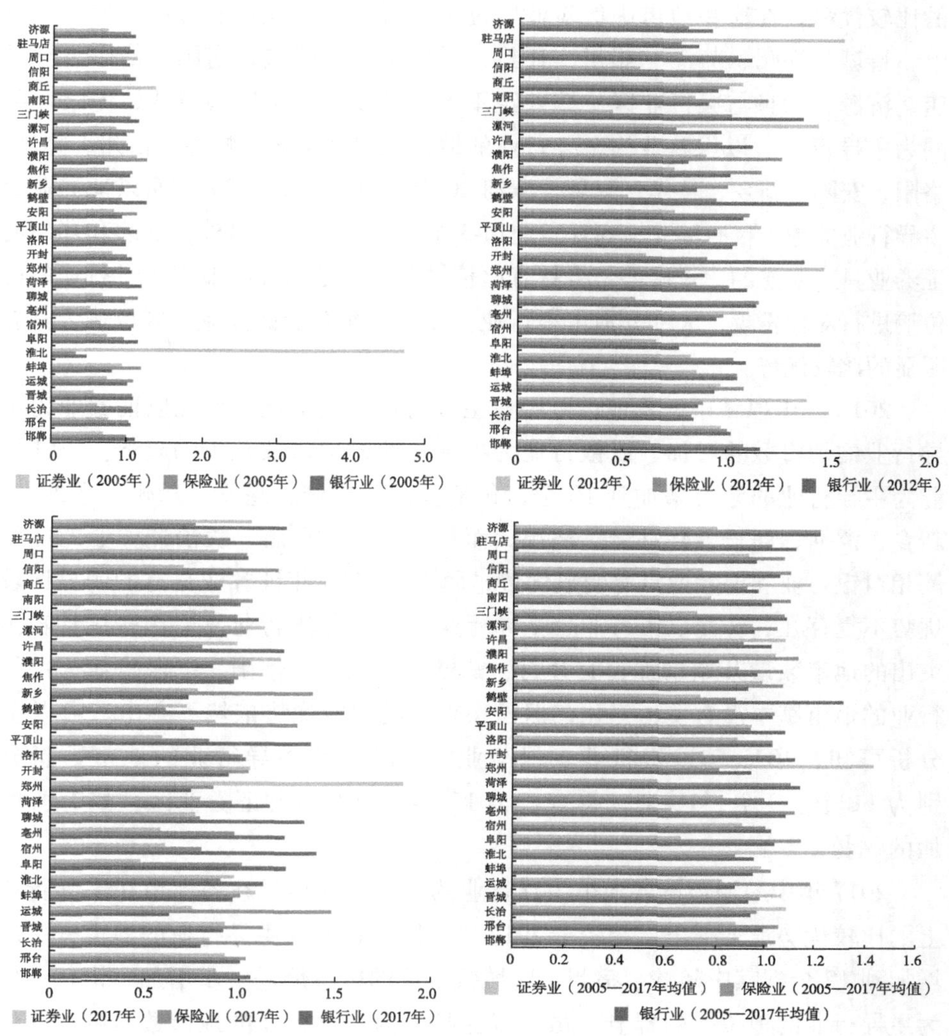

图 4-10　2005 年、2012 年和 2017 年中原城市群 30 个地市金融业区位熵与 13 年平均区位熵

由图 4-10 中各地市金融业三个子行业的区位熵的总体特征来看，2012 年之前中原城市群各地市金融主导行业的变化并不大，2012 年之后各地市主导行业发生了重要变化。具体来看，2005 年大部分地市以银行业和保险业为主导行业，以银行业为主导行业的地市包括邯郸、邢台、长治、晋城、阜阳、亳州、菏泽、郑州、开封、平顶山、鹤壁、许昌、三门峡、南阳、信阳、驻马店、济源 17 个，占比 56.67%。但在这些地市中银行业都只具有相对微弱的比较优势，在这些地市中保险业区位熵也大于 1 的地市有邯郸、邢台、长治、晋城、亳州、菏泽、郑州、开封、平顶山、三门峡、南阳、信阳、驻马店、济源，而且与银行业区位熵差距不大，可以看作是以银行业、保险业共同为主导行业。以保险业为主导行业的地市还包括运城、蚌埠、宿州、聊城、洛阳、安阳、新乡、焦作、濮阳、漯河 10 个，占比为 33.33%。而以证券业为主导行业的地市仅有淮北、商丘、周口 3 个，占比 10%，另外，淮北和郑州的证券业具有明显的比较优势。将具有比较优势的各地市金融业三个子行业的区位熵进行对比发现，大部分地市银行业、保险业相对于证券业在区位熵上具有明显的比较优势。

2012 年中原城市群各地市金融业主导行业出现变化，呈现以证券业为主导行业的地市数的增加，以银行业为主导行业的地市数减少的趋势。以证券业为主导行业的地市增加到 10 个，包括长治、晋城、亳州、郑州、平顶山、新乡、漯河、商丘、驻马店、济源，而且郑州、驻马店、长治证券业的区位熵相对银行业和保险业具有明显优势，而淮北 2005 年证券业具有的明显比较优势不复存在，转而以银行业为主导行业。2012 年银行业发展比较优势较为突出的地市数量开始增加，有开封、鹤壁、三门峡、信阳。以保险业为主导行业的地市基本没有发生变化，但是保险业的比较优势依然不突出。由以上分析可知，2012 年以银行业、保险业、证券业为主导行业的地市数量分别为 11 个、9 个、10 个，符合在 2012 年中原城市群证券业区位熵有所增加的趋势。

2017 年中原城市群各地市主导行业的变化主要体现在各地市在主导行业上的比较优势愈加突出。相较于 2012 年，以银行业为主导行业的地市进一步增加到 15 个，其中鹤壁、宿州、聊城银行业的区位熵进一步增加，银行业作为主导行业的地位不断提升。虽然以保险业为主导行业的地市数目减少，但运城、安阳、新乡这 3 个地市的保险业比较优势相对于其另外两个行业更为突出。以证券业为主导的 7 个地市中，郑州的证券业发展日益突出，其主导地位进一步巩固。到 2017 年各地市的金融主导行业逐渐开始稳定，各地市基本上形成了各自的金融主导行业。

从中原城市群各地市金融各行业区位熵 13 年均值的对比情况来看，13 年来中原城市群很多地市金融主导行业发生了许多变化，但 30 个地市在金融主导行业上都是比较明确的。具体从 13 年区位熵均值来分析各地市的主导行业：以银行业为主导行业的地市有10个，包括宿州、聊城、菏泽、开封、洛阳、平顶山、鹤壁、三门峡、驻马店、济源，其中鹤壁银行业的比较优势较为突出，而保险业与银行业区位熵差距不大的地市有宿州、聊城、菏泽、开封、洛阳、三门峡、驻马店，可以看作这些地市同时以银行业、保险业为主导行业。以保险业为主导行业的地市有邯郸、邢台、运城、蚌埠、阜阳、亳州、安阳、新乡、焦作、濮阳、漯河、南阳、信阳、周口，但这些地市保险业具有较弱的比较优势，例如邯郸、邢台、阜阳、亳州、安阳、南阳、信阳，其银行业区位熵均大于1，与保险业区位熵相差不大。以证券业为主导产业的地市有长治、晋城、淮北、郑州、许昌、商丘，这些地市以证券业为主导行业的态势比较明确，尤其是郑州。

五、中原城市群金融业结构差异测度与分析

（一）中原城市群金融业结构差异测算方法

中原城市群金融业结构差异的测算，与产业结构差异的测算方法相同，均利用克鲁格曼指数法，以及对克鲁格曼指数的数学处理，具体参照本书第三章的方法，在此不再赘述。特别地，在计算金融业结构差异度时，分为金融业、银行业、证券业、保险业四部分。其中，在计算金融业的克鲁格曼指数时，采用的基础数据是银行业、证券业、保险业数据处理后的综合评价值，即将金融各行业的指标系统转化为可比系统之后的综合评价值。银行业、证券业、保险业的克鲁格曼指数是采用各行业的指标体系下各指标的无量纲化数据。金融各行业的指标体系详见表4-1。

（二）中原城市群金融业及其三个子行业结构差异的发展演化

1. 中原城市群金融业结构差异的发展演化

图4-11给出了中原城市群金融业结构平均差异度的走势，根据图中曲线的整体走势可以看出，城市群各地市间金融业结构差异经历了“上升—缓降—上升—持续下降—缓升”五个阶段。在2005—2007年城市群各地市间金融业结构差异出现上升趋势，而在2007—2008年城市群各地市间的金融业结构差异出现缓慢下降的趋势，是因为受全球金融危机的影响，各地市的金融业发展受阻。在2008—2010年又开始缓慢回升，各地市间金融业结构差异在不断拉大。从2011年中原经济区开始筹备组建后，到2014年中原城市群金融业结构趋同性加强，呈现金融业结构差异度下降的态势。进入经济新常态后，城市群金融业结构差异在2015年开始呈现增强的特征，之后到2017年城市群金融业结构差异进入缓慢上升期。

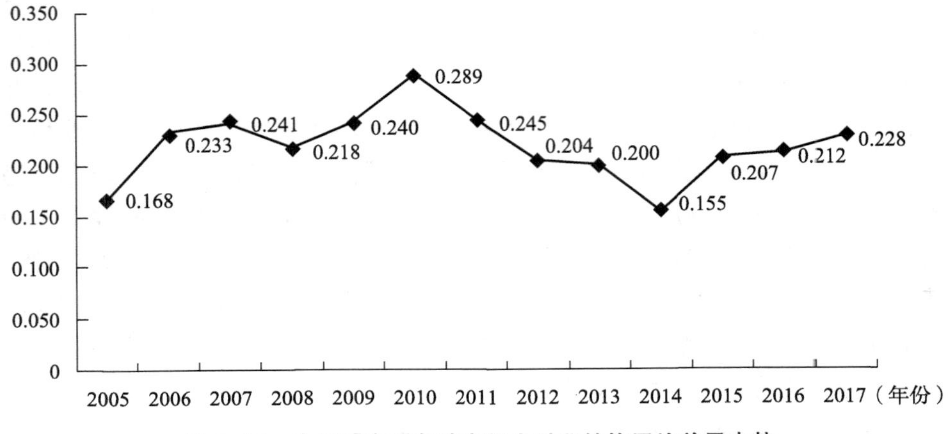

图 4-11　中原城市群各地市间金融业结构平均差异走势

由图 4-11 中整体曲线的位置可以看出，中原城市群各地市间的金融业结构差异并不大，城市群金融业结构差异度的取值范围在［0.155，0.289］，最大的金融业结构差异度也仅为 0.289，相对于中原城市群产业结构差异度来说金融业结构差异度更小。中原城市群各地市金融业结构差异度分布区间的范围说明中原城市群各地市间金融业结构差异度很小，呈现金融业发展趋同的特点。中原城市群各地市间金融业结构具有趋同性的原因是中原城市群金融业整体发展较为落后，金融产品、金融服务、金融创新都处于低等级，这有可能产生两种结果，即地市间为了发展出现激烈的市场竞争，或者地市间金融发展呈现特色互补，显然两种结果带来的效应是不同的。因此，目前中原城市群金融发展的关键是调整各地市金融业间的竞争模式，形成各地市特色金融发展模式，使各地市达到金融互补协作的状态。

2. 中原城市群银行业结构差异的发展演化

图 4-12 给出了中原城市群银行业结构平均差异度的走势，根据图中曲线的整体走势可以看出，中原城市群各地市间银行业结构差异经历了“上升—缓降—缓升—下降—上升”五个阶段：2005—2006 年，城市群各地市间银行业结构差异出现上升趋势，随后一直到 2009 年呈现缓慢下降的趋势，城市群银行业结构差异小幅缩小。然后从 2010 年一直到 2013 年，地市间银行业结构差异保持扩大趋势。在 2014 年却出现差异度明显下降的趋势，其中部分原因是我国在 2014 年开始逐渐打破银行理财的刚性兑付，一些银行的优势逐渐消失，差异逐渐缩小。之后从 2015 年到 2017 年银行业结构差异呈现逐渐增大的趋势，中原城市群不少银行逐渐

恢复自身优势，差异不断凸显。

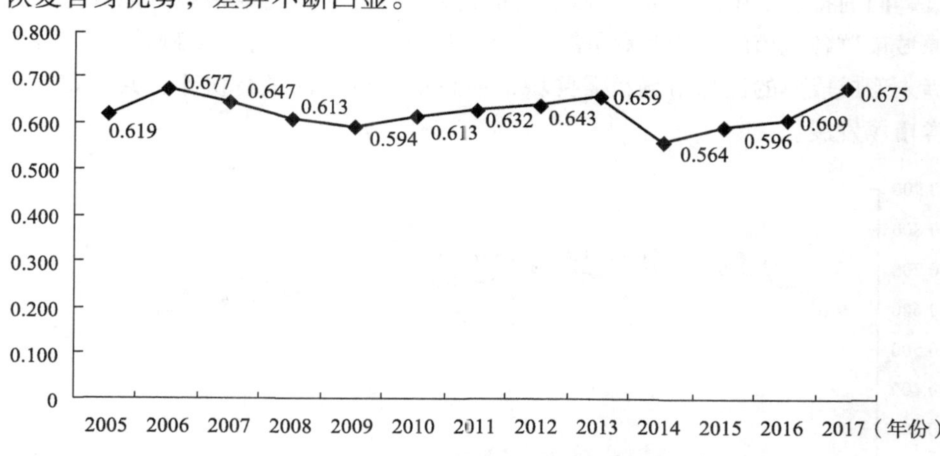

图 4-12 中原城市群各地市间银行业结构平均差异走势

由图 4-12 中曲线的位置可以看出，中原城市群各地市间的银行业结构差异是比较大的，银行业结构差异度的取值范围在［0.564，0.677］，在研究区间内，其克鲁格曼指数均在 0.5 以上。中原城市群各地市银行业结构差异度分布的范围说明中原城市群各地市间银行业结构差异度呈现逐渐扩大的特点。中原城市群各地市间银行业结构差异出现这一现象，对城市群来说，正是一个契机，各地市之间可以利用差异，发展各自在银行业的优势，形成互补合作，共同促进银行业发展。

3. 中原城市群证券业结构差异的发展演化

图 4-13 给出了中原城市群证券业结构平均差异度的走势，根据图中曲线的整体走势可以看出，中原城市群各地市间证券业结构差异整体起伏不大，在 0.6 附近波动，经历了“缓升—突升—下降”三个阶段：2005—2010 年中原城市群各地市间证券业结构差异出现缓慢上升趋势，之后到 2011 年呈现下降的趋势，但在 2012 年城市群证券业结构差异度显著增加，而 2013 年到 2017 年，地市间证券业结构差异一直在缩小，2016 年已经缩小到 0.6 以下，2017 年的证券业结构的平均差异已经成为研究区间内最小值，中原城市群地市间证券业发展呈现趋同现象。

由图 4-13 中曲线的位置可以看出，中原城市群各地市间的证券业结构差异是比较大的，证券业结构差异度的取值范围在［0.542，0.789］，在研究区间内，其克鲁格曼指数均在 0.5 以上。但是就中原城市群各地市证券业结构差异发展趋势来看，中原城市群各地市间证券业呈现结构差异逐渐缩小和发展趋同的特点。中原城市群各地市间证券业结构的趋同性很有可能会造成中原城市群各地市间证券业竞争激烈，而且中原城市群证券业基础差、起步晚，尚未形成成熟的证券市场，需要城市群在证券业方面进行协作，共同培育证券市场发展。

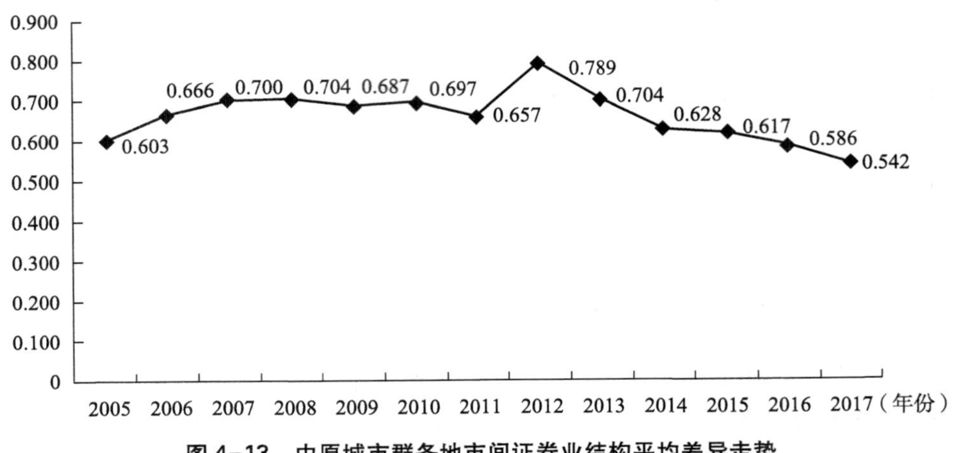

图 4-13　中原城市群各地市间证券业结构平均差异走势

4. 中原城市群保险业结构差异的发展演化

图 4-14 给出了中原城市群保险业结构平均差异度的走势，根据图中曲线的整体走势可以看出，中原城市群各地市间保险业结构差异经历了“上升—突降突升—缓降”三个阶段：在 2005—2009 年城市群各地市间保险业结构差异出现上升趋势，之后到 2010 年呈现下降的趋势，而 2011 年又恢复到 2009 年差异水平，但在 2011 年之后，中原城市群保险业结构差异逐渐缩小，这与保险业监管逐渐加强不无关系，如 2011 年保险消费者权益保护局成立，次年“偿二代”全面启动，2017 年“1+4”系列文件出台，等等，但在 2017 年，中原城市群保险业差异度又有增大的趋势。

由图 4-14 中曲线的位置可以看出，中原城市群各地市间的保险业结构差异是比较大的，保险业结构差异度的取值范围在［0.578，0.649］，在研究区间内，其克鲁格曼指数均在 0.5 以上。就中原城市群各地市保险业结构差异度分布的范围来看，中原城市群各地市间保险业结构差异呈现逐渐缩小的特点。随着中原城市群保险业环境逐渐改善、人民生活水平提高，各地市间保险业结构出现趋同现象，突破点在于城市群之间要形成互补协作，共同发展城市群健康的保险市场。

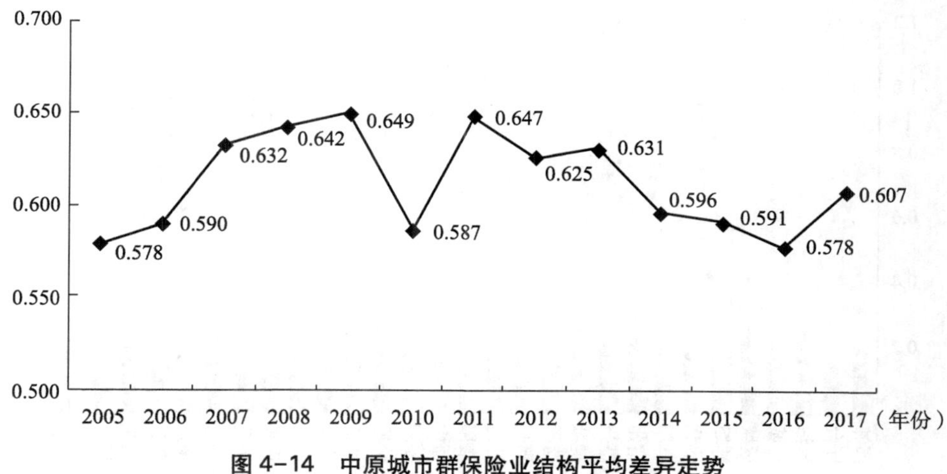

图 4-14　中原城市群保险业结构平均差异走势

（三）中原城市群各地市金融业及其三个子行业结构差异的发展演化

1. 中原城市群各地市金融业结构差异的发展演化

图 4-15 给出了中原城市群某地市与其他所有地市金融业结构的平均差异度，由图可以看出，各地市与其他地市的金融业结构的平均差异度呈现明显差异性：从各年份的对比来看，邢台、长治、晋城、运城、宿州、亳州、聊城、郑州、洛阳、平顶山、安阳、鹤壁、新乡、焦作、许昌、济源 16 个地市与其他地市的金融业结构平均差异呈现逐年上升的趋势，占比为 53.33%。蚌埠、淮北、菏泽、商丘 4 个地市与其他地市金融业结构的平均差异呈现先降后升趋势，占比为 13.33%。邯郸、阜阳、开封、漯河、三门峡、南阳、信阳、周口、驻马店 9 个地市与其他地市金融业结构平均差异呈现先升后降的趋势，占比 30%。濮阳与其他地市金融业结构平均差异呈现逐年下降的态势，占比 3.33%。

由图 4-15 中各地市金融业结构平均差异的位置看，各地市金融业结构平均差异存在显著的异质性。本书按照各地市金融业结构差异值的分布，把各地市金融业结构差异由高到低分为三类：（0.3，0.5]、（0.2，0.3]、[0，0.2]。金融业结构差异处于第一梯度的地市有淮北、鹤壁两个，占比 6.67%；处于第二梯度的地市有邯郸、长治、晋城、运城、蚌埠、阜阳、宿州、亳州、聊城、菏泽、郑州、平顶山、新乡、濮阳、许昌、漯河、商丘、信阳、驻马店、济源 20 个，占比为 66.67%；处于第三梯度的地市有邢台、开封、洛阳、安阳、焦作、三门峡、南阳、周口 8 个，占比 26.67%。

由以上分析可知，中原城市群各地市与其他地市金融业结构平均差异很小，

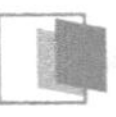

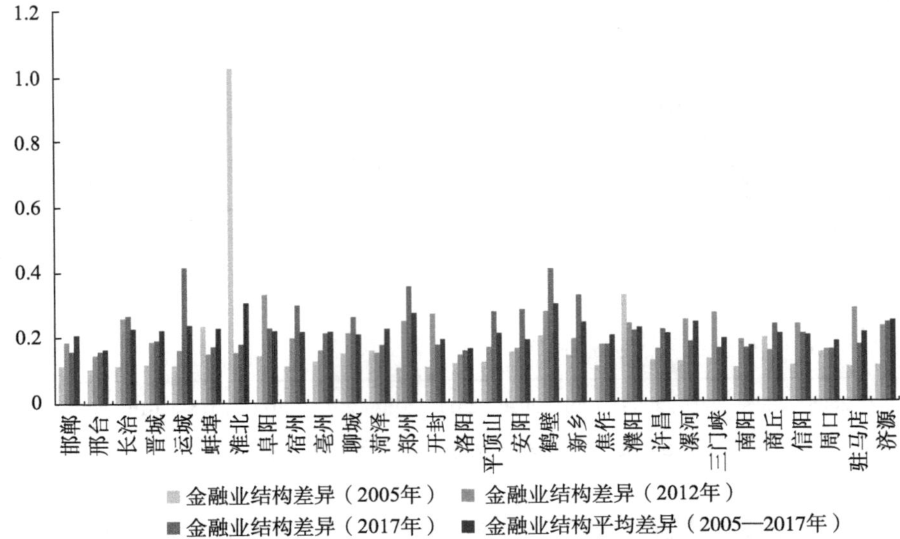

图 4-15　中原城市群某地市与其他所有地市金融业结构的平均差异对比

注：共有 13 年中原城市群各地市与其他地市金融业结构差异的数据，限于篇幅，本书在正文部分只展示 2005 年、2012 年、2017 年三个年份，以及 13 年平均的金融业结构差异，其余年份数据和各地市具体数据可以向笔者索取。

金融业趋同性较强，中原城市群可以利用这一特点，形成区域内特色金融发展模式，利用城市群区域金融业同构的契机，进行协调互补。为了详细分析中原城市群各地市与其他地市金融业结构的差异，我们进一步计算某地市与包括自身在内的 30 个地市的平均金融业结构差异度，计算结果如表 4-7 所示。

从产业结构平均差异度的分布来看，鹤壁和运城间的金融业结构平均差异为 0.42，鹤壁和濮阳的金融业结构平均差异为 0.41，是中原城市群中地市间金融业结构平均差异值最大的两组，其他地市间的金融业结构平均差异度的值均在 0.4 以下。通过计算 30 个地市两两之间的产业结构差异，一共组成了 900 对关系，在这 900 对关系中，没有一对关系显示出金融业互补特征。由此可以看出，中原城市群各地市之间的金融业结构差异明显为金融业同构，而非金融业差异互补。

若以金融业结构平均差异度为 0.3 作为划分金融业同构转向金融业互补发展趋势的转折点，各地市与其他地市金融业结构差异的走向也不尽相同。地市间金融业结构平均差异度大于 0.3 的个数和占比分别为：邯郸 2 个，占比 6.67%；邢台 1 个，占比 3.33%；长治 2 个，占比 6.67%；晋城 1 个，占比 3.33%；运城 5 个，占比 16.67%；蚌埠 2 个，占比 6.67%；淮北 17 个，占

表 4-7 2005—2017 年中原城市群 30 个地市间金融业结构平均差异度

地市	邯郸	邢台	长治	晋城	运城	蚌埠	淮北	阜阳	宿州	亳州	聊城	菏泽	郑州	开封	洛阳	平顶山	安阳	鹤壁	新乡	焦作	濮阳	许昌	漯河	三门峡	南阳	商丘	信阳	周口	驻马店	济源
邯郸	0.00	0.15	0.24	0.17	0.22	0.23	0.28	0.23	0.22	0.24	0.19	0.21	0.32	0.17	0.14	0.20	0.17	0.34	0.27	0.23	0.22	0.21	0.28	0.18	0.13	0.20	0.16	0.16	0.21	0.28
邢台	0.15	0.00	0.17	0.15	0.16	0.16	0.27	0.17	0.14	0.17	0.15	0.18	0.23	0.15	0.09	0.19	0.15	0.32	0.20	0.13	0.15	0.17	0.20	0.15	0.09	0.16	0.16	0.12	0.19	0.21
长治	0.24	0.17	0.00	0.17	0.25	0.22	0.32	0.26	0.18	0.27	0.25	0.29	0.21	0.24	0.19	0.20	0.21	0.38	0.27	0.24	0.24	0.20	0.23	0.23	0.21	0.19	0.25	0.23	0.25	0.27
晋城	0.19	0.16	0.17	0.00	0.22	0.23	0.28	0.25	0.20	0.26	0.26	0.28	0.26	0.23	0.19	0.20	0.21	0.38	0.29	0.24	0.21	0.19	0.27	0.26	0.20	0.16	0.26	0.20	0.25	0.28
运城	0.22	0.16	0.25	0.20	0.00	0.21	0.35	0.26	0.22	0.21	0.27	0.26	0.32	0.24	0.20	0.26	0.19	0.42	0.24	0.24	0.18	0.27	0.31	0.26	0.18	0.23	0.22	0.20	0.27	0.32
蚌埠	0.23	0.16	0.22	0.22	0.21	0.00	0.29	0.24	0.17	0.25	0.22	0.30	0.29	0.22	0.17	0.25	0.21	0.39	0.28	0.18	0.19	0.22	0.22	0.24	0.20	0.22	0.22	0.19	0.25	0.33
淮北	0.28	0.27	0.32	0.27	0.35	0.29	0.00	0.32	0.30	0.33	0.32	0.37	0.36	0.30	0.26	0.29	0.27	0.38	0.41	0.34	0.32	0.24	0.36	0.33	0.32	0.25	0.35	0.28	0.32	0.38
阜阳	0.23	0.17	0.26	0.23	0.26	0.24	0.32	0.00	0.21	0.16	0.19	0.23	0.34	0.20	0.18	0.23	0.22	0.26	0.25	0.17	0.24	0.20	0.22	0.16	0.18	0.27	0.22	0.21	0.21	0.28
宿州	0.22	0.14	0.18	0.18	0.22	0.17	0.30	0.21	0.00	0.21	0.16	0.25	0.26	0.22	0.17	0.19	0.21	0.33	0.29	0.19	0.24	0.19	0.28	0.22	0.18	0.20	0.23	0.20	0.23	0.27
亳州	0.24	0.17	0.27	0.26	0.21	0.25	0.33	0.16	0.21	0.00	0.21	0.17	0.33	0.18	0.16	0.20	0.21	0.27	0.24	0.21	0.27	0.24	0.26	0.15	0.16	0.26	0.19	0.23	0.18	0.20
聊城	0.19	0.15	0.25	0.26	0.27	0.22	0.32	0.19	0.16	0.21	0.00	0.21	0.27	0.21	0.15	0.21	0.17	0.28	0.20	0.17	0.24	0.15	0.25	0.18	0.17	0.24	0.22	0.21	0.21	0.24
菏泽	0.21	0.18	0.29	0.28	0.26	0.30	0.37	0.23	0.25	0.17	0.21	0.00	0.35	0.19	0.20	0.22	0.21	0.24	0.26	0.20	0.28	0.26	0.27	0.19	0.16	0.26	0.19	0.19	0.18	0.17
郑州	0.32	0.23	0.21	0.29	0.32	0.29	0.36	0.34	0.26	0.33	0.27	0.35	0.00	0.30	0.24	0.27	0.26	0.34	0.27	0.27	0.28	0.22	0.30	0.31	0.27	0.19	0.31	0.28	0.30	0.29
开封	0.17	0.15	0.24	0.21	0.24	0.22	0.30	0.20	0.22	0.18	0.21	0.19	0.30	0.00	0.12	0.21	0.17	0.24	0.25	0.19	0.25	0.22	0.20	0.13	0.12	0.21	0.10	0.17	0.15	0.22
洛阳	0.14	0.09	0.19	0.18	0.20	0.17	0.26	0.18	0.17	0.16	0.15	0.20	0.24	0.12	0.00	0.18	0.11	0.27	0.20	0.16	0.18	0.17	0.20	0.12	0.08	0.16	0.14	0.11	0.16	0.21
平顶山	0.20	0.19	0.20	0.20	0.26	0.25	0.29	0.23	0.19	0.20	0.21	0.22	0.27	0.21	0.18	0.00	0.20	0.28	0.27	0.25	0.27	0.16	0.29	0.20	0.19	0.15	0.22	0.19	0.17	0.24
安阳	0.17	0.15	0.21	0.20	0.19	0.21	0.27	0.22	0.21	0.21	0.17	0.21	0.26	0.17	0.11	0.20	0.00	0.28	0.17	0.19	0.20	0.20	0.27	0.17	0.14	0.17	0.17	0.16	0.20	0.24
鹤壁	0.34	0.32	0.38	0.37	0.42	0.39	0.38	0.26	0.33	0.27	0.28	0.24	0.34	0.24	0.27	0.28	0.28	0.00	0.35	0.30	0.41	0.29	0.35	0.24	0.29	0.34	0.27	0.28	0.25	0.24
新乡	0.27	0.20	0.27	0.35	0.24	0.28	0.41	0.25	0.29	0.24	0.20	0.26	0.27	0.25	0.20	0.27	0.17	0.35	0.00	0.20	0.23	0.24	0.27	0.22	0.19	0.25	0.23	0.24	0.24	0.29

续表

地市	邯郸	邢台	长治	晋城	运城	蚌埠	淮北	阜阳	宿州	亳州	聊城	菏泽	郑州	开封	洛阳	平顶山	安阳	鹤壁	新乡	焦作	濮阳	许昌	漯河	三门峡	南阳	商丘	信阳	周口	驻马店	济源
焦作	0.23	0.13	0.24	0.23	0.24	0.18	0.34	0.17	0.19	0.21	0.17	0.20	0.27	0.19	0.16	0.25	0.19	0.30	0.20	0.00	0.18	0.21	0.16	0.18	0.15	0.21	0.20	0.14	0.21	0.23
濮阳	0.22	0.15	0.24	0.21	0.18	0.19	0.32	0.24	0.24	0.27	0.24	0.28	0.28	0.25	0.18	0.27	0.20	0.41	0.23	0.18	0.00	0.22	0.24	0.24	0.17	0.18	0.24	0.15	0.28	0.32
许昌	0.21	0.17	0.20	0.21	0.27	0.22	0.24	0.20	0.19	0.24	0.15	0.26	0.22	0.22	0.17	0.16	0.20	0.29	0.24	0.21	0.22	0.00	0.24	0.21	0.21	0.15	0.25	0.19	0.24	0.27
漯河	0.28	0.20	0.23	0.29	0.31	0.22	0.36	0.22	0.28	0.26	0.25	0.27	0.30	0.20	0.20	0.29	0.27	0.35	0.27	0.16	0.24	0.24	0.00	0.22	0.20	0.28	0.24	0.21	0.24	0.25
三门峡	0.18	0.15	0.23	0.23	0.26	0.24	0.33	0.16	0.22	0.15	0.18	0.19	0.31	0.13	0.12	0.20	0.17	0.24	0.22	0.18	0.24	0.21	0.22	0.00	0.12	0.23	0.13	0.17	0.20	0.22
南阳	0.13	0.09	0.21	0.19	0.18	0.20	0.32	0.18	0.18	0.16	0.17	0.16	0.27	0.12	0.08	0.19	0.14	0.29	0.19	0.15	0.17	0.21	0.20	0.12	0.00	0.19	0.12	0.12	0.16	0.19
商丘	0.20	0.16	0.19	0.17	0.23	0.22	0.25	0.27	0.20	0.26	0.24	0.26	0.19	0.21	0.16	0.15	0.17	0.34	0.25	0.21	0.18	0.15	0.28	0.23	0.19	0.00	0.23	0.15	0.23	0.27
信阳	0.16	0.16	0.25	0.24	0.22	0.22	0.35	0.22	0.23	0.19	0.22	0.19	0.31	0.10	0.14	0.22	0.17	0.27	0.23	0.20	0.24	0.25	0.24	0.13	0.12	0.23	0.00	0.15	0.18	0.25
周口	0.16	0.12	0.23	0.18	0.20	0.19	0.28	0.21	0.20	0.23	0.21	0.19	0.28	0.17	0.11	0.19	0.16	0.28	0.24	0.14	0.15	0.19	0.21	0.17	0.12	0.15	0.15	0.00	0.19	0.24
驻马店	0.21	0.19	0.25	0.26	0.27	0.25	0.32	0.21	0.23	0.18	0.21	0.18	0.30	0.15	0.16	0.17	0.20	0.25	0.24	0.21	0.28	0.24	0.24	0.20	0.16	0.23	0.18	0.19	0.00	0.23
济源	0.28	0.21	0.27	0.29	0.32	0.33	0.38	0.28	0.27	0.20	0.24	0.17	0.29	0.22	0.21	0.24	0.24	0.24	0.29	0.23	0.32	0.27	0.25	0.22	0.19	0.27	0.25	0.24	0.23	0.00

比 56.67%；阜阳 2 个，占比 6.67%；宿州 1 个，占比 3.33%；亳州 2 个，占比 6.67%；聊城 1 个，占比 3.33%；菏泽 2 个，占比 6.67%；郑州 9 个，占比 30.00%；开封 0 个；洛阳 0 个；平顶山 0 个；安阳 0 个；鹤壁 13 个，占比 46.67%；新乡 2 个，占比 6.67%；焦作 1 个，占比 3.33%；濮阳 3 个，占比 10%；许昌 0 个；漯河 3 个，占比 10%；三门峡 2 个，占比 6.67%；南阳 1 个，占比 3.33%；商丘 1 个，占比 3.33%；信阳 2 个，占比 6.67%；周口 0 个；驻马店 1 个，占比 3.33%；济源 4 个，占比 13.33%。由以上分析可知，金融业结构差异相对较大的地市为淮北，与接近 60%地市金融业结构差异度大于 0.3，但最高的也仅为 0.42。金融业结构差异排在前三的其余两个地市分别为鹤壁、郑州，数量均在 10 以上，而其余地市金融业发展呈现很强同构性。

2. 中原城市群各地市银行业结构差异的发展演化

图 4-16 给出了中原城市群某地市与其他所有地市银行业结构的平均差异度，由图可以看出，各地市与其他地市的银行业结构差异度变化呈现明显差异性。从各年份对比来看，邯郸、晋城、运城、洛阳、平顶山、安阳、许昌、三门峡、驻马店 9 个地市与其他地市的银行业结构差异呈现逐年上升的趋势，

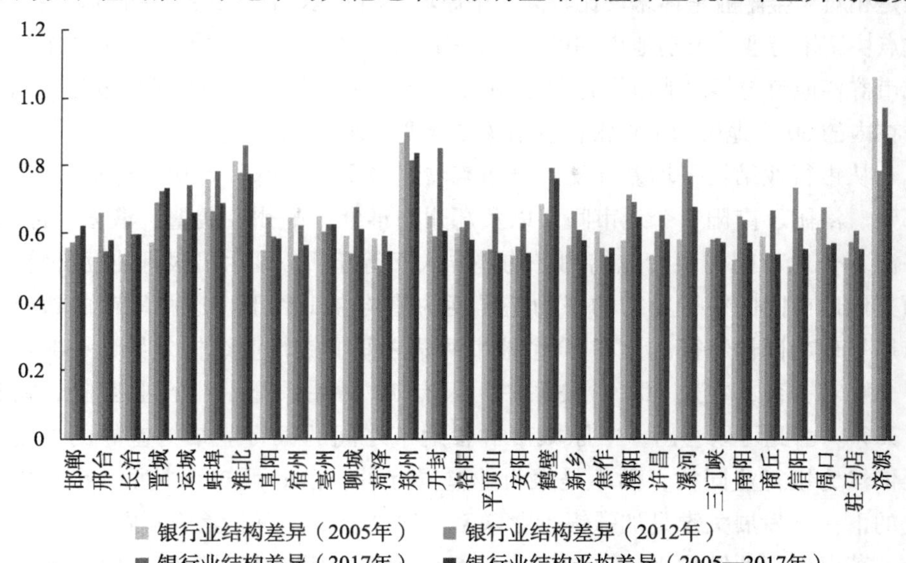

图 4-16 中原城市群某地市与其他所有地市银行业结构的平均差异对比

注：共有 13 年中原城市群各地市与其他地市银行业结构差异的数据，限于篇幅，本书在正文部分只展示 2005 年、2012 年、2017 年三个年份，以及 13 年平均的银行业结构差异，其余年份数据和各地市具体数据可以向笔者索取。

占比30%；蚌埠、淮北、宿州、亳州、聊城、菏泽、开封、鹤壁、商丘、济源10个地市与其他地市银行业结构差异呈现先降后升趋势，占比33.33%；邢台、长治、阜阳、郑州、新乡、濮阳、漯河、南阳、信阳、周口10个地市与其他地市银行业结构差异呈现先升后降的趋势，占比33.33%；焦作与其他地市银行业结构差异呈现逐年下降的态势，占比3.33%。

由图4-16中各地市银行业结构平均差异的位置看，各地市银行业结构平均差异存在显著的异质性。本书按照各地市银行业结构差异值的分布，把各地市银行业结构差异度由高到低分为五类：(0.8，1]、(0.7，0.8]、(0.6，0.7]、(0.5，0.6]、[0，0.5]。银行业结构差异处于第一梯度的地市有郑州、济源两个，占比6.67%；处于第二梯度的地市仅有晋城、淮北、鹤壁3个，占比10%；处于第三梯度的地市有邯郸、运城、蚌埠、亳州、聊城、开封、濮阳、漯河8个，占比26.67%；处于第四梯度的地市有邢台、长治、阜阳、宿州、菏泽、洛阳、平顶山、安阳、新乡、焦作、许昌、三门峡、南阳、商丘、信阳、周口、驻马店17个，占比56.67%。

由以上分析可知，整体来看中原城市群各地市银行业结构平均差异度不高，但是相对于金融业整体来说比较高，中原城市群可以利用银行业结构这一特点，重点协调银行业，推动地市间的合作发展，促进银行业的发展。为了详细分析城市群各地市与其他地市银行业结构的差异，我们进一步计算某地市与包括自身在内的30个地市的平均银行业结构差异度，计算结果如表4-8所示。

从银行业结构平均差异度的分布来看，济源与邯郸、晋城、运城、聊城、郑州、洛阳、南阳7个地市间，以及郑州与淮北、亳州、鹤壁、濮阳、漯河、济源6个地市间的银行业结构平均差异大于等于1，显示出银行业互补特征。而其他地市间的银行业结构平均差异度的值均在1以下，这些地市的银行业布局呈现趋同性特征。计算30个地市两两之间的银行业结构差异，一共组成了900对关系，在这900对关系中，只有12对关系显示出产业互补，占比1.33%。由此可以看出，中原城市群各地市之间的银行业结构差异的主要特征依然为银行业同构，而不是银行业差异互补，由此可知，中原城市群银行业的下一步发展关键是加强银行业联系、促进合作，而非竞争发展。

若以银行业结构平均差异度为0.5作为划分银行业同构转向银行业互补发展趋势的转折点，各地市与其他地市银行业结构差异的走向也不尽相同。地市间银行业结构平均差异度大于0.5的个数和占比分别为：运城、蚌埠、郑州、鹤壁、漯河、济源6个地市与城市群其他所有地市的银行业结构差异都达到了0.5以上；邯郸24个，占比82.76%；邢台24个，占比79.31%；

表 4-8　2005—2017 年中原城市群 30 个地市间银行业结构平均差异度

地市	邯郸	邢台	长治	晋城	运城	蚌埠	淮北	阜阳	宿州	亳州	聊城	菏泽	郑州	开封	洛阳	平顶山	安阳	鹤壁	新乡	焦作	濮阳	许昌	漯河	三门峡	南阳	商丘	信阳	周口	驻马店	济源
邯郸	0.00	0.42	0.62	0.81	0.63	0.77	0.95	0.66	0.68	0.79	0.55	0.50	0.52	0.67	0.34	0.54	0.50	0.98	0.52	0.55	0.74	0.63	0.85	0.67	0.39	0.56	0.55	0.52	0.62	1.08
邢台	0.42	0.00	0.52	0.72	0.58	0.67	0.82	0.58	0.57	0.68	0.54	0.47	0.63	0.63	0.41	0.51	0.46	0.85	0.53	0.54	0.66	0.65	0.78	0.59	0.49	0.55	0.51	0.54	0.60	0.97
长治	0.62	0.52	0.00	0.43	0.61	0.59	0.64	0.58	0.57	0.58	0.61	0.58	0.80	0.69	0.60	0.43	0.60	0.75	0.63	0.62	0.68	0.64	0.71	0.49	0.63	0.63	0.57	0.67	0.65	0.89
晋城	0.81	0.72	0.43	0.00	0.75	0.62	0.50	0.70	0.68	0.68	0.76	0.80	0.96	0.86	0.77	0.61	0.79	0.82	0.80	0.79	0.83	0.80	0.86	0.59	0.85	0.77	0.77	0.87	0.79	1.01
运城	0.63	0.58	0.61	0.75	0.00	0.69	0.87	0.63	0.67	0.75	0.67	0.58	0.74	0.68	0.62	0.62	0.61	0.86	0.60	0.66	0.77	0.75	0.77	0.65	0.61	0.60	0.57	0.59	0.64	1.02
蚌埠	0.77	0.67	0.59	0.62	0.69	0.00	0.64	0.61	0.60	0.65	0.76	0.70	0.90	0.71	0.73	0.65	0.71	0.79	0.75	0.73	0.72	0.74	0.74	0.61	0.74	0.70	0.65	0.77	0.69	0.98
淮北	0.95	0.82	0.64	0.50	0.87	0.64	0.00	0.77	0.66	0.59	0.88	0.82	1.14	0.82	0.89	0.70	0.87	0.63	0.89	0.86	0.83	0.79	0.81	0.63	0.94	0.81	0.80	0.95	0.87	0.85
阜阳	0.66	0.58	0.58	0.70	0.63	0.61	0.77	0.00	0.44	0.46	0.66	0.55	0.88	0.60	0.61	0.51	0.54	0.72	0.57	0.52	0.62	0.60	0.67	0.54	0.60	0.52	0.58	0.55	0.50	0.86
宿州	0.68	0.57	0.57	0.68	0.67	0.60	0.66	0.44	0.00	0.36	0.68	0.56	0.99	0.55	0.61	0.49	0.52	0.66	0.59	0.51	0.51	0.57	0.66	0.46	0.63	0.43	0.52	0.58	0.47	0.74
亳州	0.79	0.68	0.58	0.68	0.75	0.65	0.59	0.46	0.36	0.00	0.75	0.67	1.05	0.59	0.71	0.57	0.65	0.58	0.70	0.61	0.62	0.62	0.62	0.51	0.74	0.60	0.62	0.72	0.61	0.73
聊城	0.55	0.54	0.61	0.76	0.67	0.76	0.88	0.66	0.68	0.75	0.00	0.43	0.70	0.67	0.52	0.48	0.52	0.81	0.57	0.51	0.77	0.51	0.70	0.62	0.49	0.59	0.51	0.54	0.55	1.01
菏泽	0.50	0.47	0.58	0.80	0.58	0.70	0.82	0.55	0.56	0.67	0.43	0.00	0.75	0.54	0.49	0.49	0.41	0.79	0.45	0.53	0.67	0.48	0.63	0.58	0.45	0.40	0.44	0.40	0.40	0.91
郑州	0.52	0.63	0.80	0.96	0.74	0.90	1.14	0.88	0.99	1.05	0.70	0.75	0.00	0.92	0.54	0.78	0.76	1.21	0.71	0.81	1.05	0.89	1.06	0.96	0.66	0.82	0.78	0.80	0.92	1.36
开封	0.67	0.63	0.69	0.86	0.68	0.71	0.82	0.60	0.55	0.59	0.67	0.54	0.92	0.00	0.61	0.63	0.53	0.74	0.59	0.55	0.56	0.50	0.55	0.56	0.58	0.48	0.49	0.55	0.50	0.89
洛阳	0.34	0.41	0.60	0.77	0.62	0.73	0.89	0.61	0.61	0.71	0.52	0.49	0.54	0.61	0.00	0.51	0.46	0.95	0.47	0.50	0.71	0.54	0.80	0.57	0.34	0.54	0.55	0.53	0.56	1.01
平顶山	0.54	0.51	0.43	0.61	0.62	0.65	0.70	0.51	0.49	0.57	0.48	0.49	0.78	0.63	0.51	0.00	0.49	0.67	0.52	0.46	0.59	0.49	0.70	0.49	0.51	0.50	0.51	0.55	0.52	0.85
安阳	0.50	0.46	0.60	0.79	0.61	0.71	0.87	0.54	0.52	0.65	0.52	0.41	0.76	0.53	0.46	0.49	0.00	0.80	0.43	0.40	0.53	0.53	0.63	0.56	0.47	0.41	0.45	0.41	0.44	0.89
鹤壁	0.98	0.85	0.75	0.82	0.86	0.79	0.63	0.72	0.66	0.58	0.81	0.79	1.21	0.74	0.95	0.67	0.80	0.00	0.82	0.76	0.78	0.68	0.65	0.69	0.93	0.79	0.78	0.86	0.75	0.67
新乡	0.52	0.53	0.63	0.80	0.60	0.75	0.89	0.57	0.59	0.70	0.57	0.45	0.71	0.59	0.47	0.52	0.43	0.82	0.00	0.46	0.67	0.49	0.70	0.61	0.45	0.45	0.52	0.50	0.44	0.96

续表

地市	邯郸	邢台	长治	晋城	运城	蚌埠	淮北	阜阳	宿州	亳州	聊城	菏泽	郑州	开封	洛阳	平顶山	安阳	鹤壁	新乡	焦作	濮阳	许昌	漯河	三门峡	南阳	商丘	信阳	周口	驻马店	济源
焦作	0.55	0.54	0.62	0.79	0.66	0.73	0.86	0.52	0.51	0.61	0.51	0.53	0.81	0.55	0.50	0.46	0.40	0.76	0.46	0.00	0.49	0.46	0.60	0.52	0.48	0.50	0.54	0.46	0.48	0.90
濮阳	0.74	0.66	0.68	0.83	0.77	0.72	0.83	0.62	0.51	0.62	0.77	0.67	1.05	0.56	0.71	0.59	0.53	0.78	0.67	0.49	0.00	0.63	0.61	0.56	0.68	0.54	0.61	0.58	0.60	0.82
许昌	0.63	0.65	0.64	0.80	0.75	0.74	0.79	0.60	0.57	0.62	0.51	0.48	0.89	0.50	0.54	0.49	0.53	0.68	0.49	0.46	0.63	0.00	0.63	0.53	0.50	0.47	0.54	0.58	0.44	0.81
漯河	0.85	0.78	0.71	0.86	0.77	0.74	0.81	0.67	0.66	0.62	0.70	0.63	1.06	0.55	0.80	0.70	0.63	0.65	0.70	0.60	0.61	0.63	0.00	0.63	0.72	0.64	0.66	0.62	0.57	0.83
三门峡	0.67	0.59	0.49	0.59	0.65	0.61	0.63	0.54	0.46	0.51	0.62	0.58	0.96	0.56	0.57	0.49	0.56	0.69	0.61	0.52	0.56	0.53	0.63	0.00	0.60	0.55	0.58	0.61	0.55	0.75
南阳	0.39	0.49	0.63	0.85	0.61	0.74	0.94	0.60	0.63	0.74	0.49	0.45	0.66	0.58	0.34	0.51	0.47	0.93	0.45	0.48	0.68	0.50	0.72	0.60	0.00	0.46	0.45	0.40	0.45	1.00
商丘	0.56	0.55	0.63	0.77	0.60	0.70	0.81	0.52	0.43	0.60	0.59	0.40	0.82	0.48	0.54	0.50	0.41	0.79	0.45	0.50	0.54	0.47	0.64	0.55	0.46	0.00	0.41	0.37	0.34	0.86
信阳	0.55	0.51	0.57	0.77	0.57	0.65	0.80	0.58	0.52	0.62	0.51	0.44	0.78	0.49	0.55	0.51	0.45	0.78	0.52	0.54	0.61	0.54	0.66	0.58	0.45	0.41	0.00	0.43	0.41	0.93
周口	0.52	0.54	0.67	0.87	0.59	0.77	0.95	0.55	0.58	0.72	0.54	0.40	0.80	0.55	0.53	0.55	0.41	0.86	0.50	0.46	0.58	0.58	0.62	0.61	0.40	0.37	0.43	0.00	0.37	0.96
驻马店	0.62	0.60	0.65	0.79	0.64	0.69	0.87	0.50	0.47	0.61	0.55	0.40	0.92	0.50	0.56	0.52	0.44	0.75	0.44	0.48	0.60	0.44	0.57	0.55	0.45	0.34	0.41	0.37	0.00	0.93
济源	1.08	0.97	0.89	1.01	1.02	0.98	0.85	0.86	0.74	0.73	1.01	0.91	1.36	0.89	1.01	0.85	0.89	0.67	0.96	0.90	0.82	0.81	0.83	0.75	1.00	0.86	0.93	0.96	0.93	0.00

长治 26 个，占比 89.66%；晋城 27 个，占比 93.10%；淮北 28 个，占比 96.55%；阜阳 26 个，占比 89.66%；宿州 23 个，占比 79.31%；亳州 27 个，占比 93.10%；聊城 26 个，占比 89.67%；菏泽 16 个，占比 55.17%；开封 25 个，占比 86.21%；洛阳 22 个，占比 75.86%；平顶山 20 个，占比 68.97%；安阳 17 个，占比 51.72%；新乡 20 个，占比 68.97%；焦作 19 个，占比 68.97%；濮阳 28 个，占比 96.55%；许昌 21 个，占比 72.41%；三门峡 26 个，占比 89.67%；南阳 16 个，占比 55.17%；商丘 17 个，占比 58.62%；信阳 22 个，占比 75.86%；周口 21 个，占比 72.41%；驻马店 17 个，占比 58.62%。由以上分析可知，银行业差异相对较大的地市为运城、蚌埠、郑州、鹤壁、漯河、济源，与其余所有地市产业结构差异度均大于 0.5，而且从其他地市来看，与大部分地市的银行业结构差异都达到了 0.5 以上，平均占比达到 81.72%，说明中原城市群各地市银行业正在从同构走向互补，为地市间合作发展提供了契机。

3. 中原城市群各地市证券业结构差异的发展演化

图 4-17 给出了中原城市群某地市与其他所有地市证券业结构的平均差异度，由图可以看出，各地市与其他地市的证券业结构差异度变化呈现明显差异性。从各年份的对比来看，没有一个地市与其他地市的平均差异呈现逐年上升的趋势；郑州与其他地市证券业结构的平均差异呈现先降后升趋势，占比 3.33%；邯郸、邢台、长治、晋城、运城、蚌埠、阜阳、宿州、亳州、聊城、菏泽、开封、洛阳、平顶山、安阳、鹤壁、新乡、焦作、濮阳、许昌、漯河、三门峡、南阳、信阳、周口、驻马店、济源 27 个地市与其他地市证券业结构平均差异呈现先升后降的趋势，占比 90%；淮北、商丘两个地市与其他地市证券业结构差异呈现逐年下降的态势，占比 6.67%。

由图 4-17 中各地市证券业结构平均差异的位置看，各地市证券业结构平均差异存在显著的异质性。本书按照各地市证券业结构差异值的分布，把各地市证券业结构差异度由高到低分为五类：(0.8，1]、(0.7，0.8]、(0.6，0.7]、(0.5，0.6]、[0，0.5]。证券业结构差异处于第一梯度的地市有晋城、淮北、郑州、鹤壁、济源 5 个，占比 16.67%；处于第二梯度的地市仅有邯郸、长治、漯河 3 个，占比 10%；处于第三梯度的地市有邢台、运城、蚌埠、宿州、亳州、聊城、菏泽、开封、洛阳、新乡、濮阳、三门峡、商丘 13 个，占比 43.33%；处于第四梯度的地市有阜阳、平顶山、安阳、焦作、许昌、南阳、信阳、周口、驻马店 9 个，占比 30%。

由以上分析可知，整体来看中原城市群各地市证券业结构平均差异度比

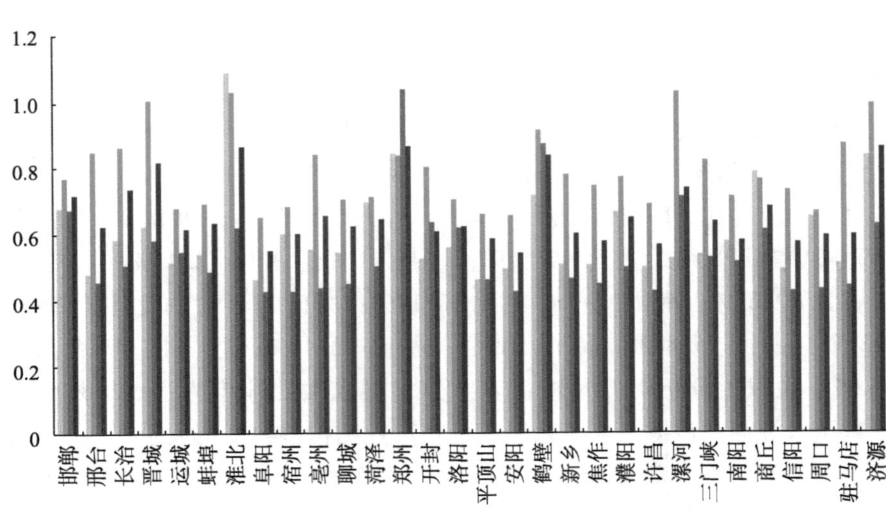

图 4-17　中原城市群某地市与其他所有地市证券业结构的平均差异对比

注：共有 13 年中原城市群各地市与其他地市证券业结构差异的数据，限于篇幅，本书在正文部分只展示 2005 年、2012 年、2017 年三个年份，以及 13 年平均的证券业结构差异，其余年份数据和各地市具体数据可以向笔者索取。

较高，但各地市在研究区间内的差异在不断缩小，证券业同构现象愈加凸显。中原城市群要尽量避免各地市证券业出现不良竞争，各地市要紧密联系其他地市，抓住存在证券业互补的领域，加强合作。为了详细分析城市群各地市与其他地市证券业结构的差异，我们进一步计算某地市与包括自身在内的 30 个地市的平均证券业结构差异度，结果如表 4-9 所示。

从证券业结构平均差异度的分布来看，邯郸与淮北、鹤壁、漯河、济源 4 个地市间，晋城与新乡、郑州、商丘、周口 4 个地市间，淮北与邯郸、菏泽、郑州、新乡、南阳、商丘、周口、驻马店 8 个地市间，亳州与郑州之间，聊城与鹤壁之间，菏泽与淮北、济源两个地市之间，郑州与晋城、淮北、亳州、鹤壁、濮阳、漯河、三门峡、商丘、济源 9 个地市间，洛阳与鹤壁之间，鹤壁与邯郸、聊城、郑州、洛阳 4 个地市之间，新乡与晋城、淮北两个地市之间，濮阳与郑州之间，漯河与邯郸、郑州两个地市之间，三门峡与郑州之间，南阳与淮北之间，商丘与晋城、淮北、郑州、济源 4 个地市之间，周口与晋城、淮北两个地市之间，驻马店与淮北之间，济源与邯郸、菏泽、郑州、商丘 4 个地市之间的证券业结构平均差异均大于 1，显示出证券业互补特征。而其他地市间的证券业结构平均差异度的值均小于等于 1，这些地市的证券

表 4-9　2005—2017 年中原城市群 30 个地市间证券业结构平均差异度

地市	邯郸	邢台	长治	晋城	运城	蚌埠	淮北	阜阳	宿州	亳州	聊城	菏泽	郑州	开封	洛阳	平顶山	安阳	鹤壁	新乡	焦作	濮阳	许昌	漯河	三门峡	南阳	商丘	信阳	周口	驻马店	济源
邯郸	0.00	0.53	0.83	0.93	0.74	0.90	1.10	0.69	0.78	0.89	0.54	0.51	0.66	0.69	0.36	0.60	0.54	1.18	0.62	0.69	0.90	0.65	1.06	0.80	0.45	0.79	0.59	0.66	0.68	1.17
邢台	0.53	0.00	0.64	0.78	0.66	0.67	0.93	0.52	0.59	0.67	0.46	0.50	0.67	0.66	0.45	0.53	0.51	0.96	0.62	0.57	0.74	0.57	0.86	0.68	0.51	0.74	0.52	0.60	0.58	0.99
长治	0.83	0.64	0.00	0.50	0.82	0.58	0.75	0.69	0.55	0.57	0.80	0.84	0.87	0.80	0.77	0.54	0.76	0.88	0.91	0.75	0.79	0.73	0.89	0.66	0.85	0.94	0.79	0.91	0.83	0.90
晋城	0.93	0.78	0.50	0.00	0.91	0.63	0.59	0.80	0.68	0.52	0.88	0.98	1.06	0.95	0.89	0.62	0.89	0.92	1.03	0.86	0.84	0.82	1.00	0.69	1.00	1.03	0.93	1.01	0.99	0.95
运城	0.74	0.66	0.82	0.91	0.00	0.61	0.92	0.47	0.52	0.70	0.61	0.62	0.87	0.52	0.63	0.58	0.45	0.88	0.49	0.57	0.58	0.51	0.72	0.69	0.49	0.52	0.57	0.47	0.50	0.83
蚌埠	0.90	0.67	0.58	0.63	0.61	0.00	0.62	0.46	0.43	0.54	0.68	0.85	1.00	0.69	0.75	0.55	0.59	0.69	0.69	0.55	0.48	0.52	0.61	0.54	0.73	0.72	0.68	0.68	0.73	0.75
淮北	1.10	0.93	0.75	0.59	0.92	0.62	0.00	0.79	0.79	0.65	0.92	1.12	1.22	0.99	0.96	0.78	0.87	0.84	1.05	0.84	0.84	0.81	0.89	0.74	1.01	1.06	0.96	1.03	1.06	0.83
阜阳	0.69	0.52	0.69	0.80	0.47	0.46	0.79	0.00	0.45	0.55	0.52	0.57	0.87	0.49	0.55	0.54	0.41	0.78	0.48	0.46	0.52	0.50	0.63	0.56	0.47	0.56	0.45	0.44	0.51	0.80
宿州	0.78	0.59	0.55	0.68	0.52	0.43	0.79	0.45	0.00	0.50	0.69	0.72	0.99	0.58	0.70	0.53	0.53	0.72	0.65	0.56	0.50	0.55	0.68	0.53	0.66	0.58	0.63	0.61	0.59	0.77
亳州	0.89	0.67	0.57	0.52	0.70	0.54	0.65	0.55	0.50	0.00	0.75	0.73	1.06	0.61	0.76	0.55	0.68	0.61	0.80	0.65	0.62	0.67	0.69	0.49	0.79	0.84	0.65	0.78	0.67	0.63
聊城	0.54	0.46	0.80	0.88	0.61	0.68	0.92	0.52	0.69	0.75	0.00	0.51	0.58	0.62	0.39	0.55	0.51	1.09	0.54	0.47	0.81	0.44	0.83	0.74	0.41	0.72	0.52	0.55	0.60	1.00
菏泽	0.51	0.50	0.84	0.98	0.62	0.85	1.12	0.57	0.72	0.73	0.51	0.00	0.77	0.49	0.51	0.62	0.49	0.97	0.51	0.62	0.81	0.63	0.85	0.70	0.40	0.71	0.43	0.50	0.39	1.01
郑州	0.66	0.67	0.87	1.06	0.87	1.00	1.22	0.87	0.99	1.06	0.58	0.77	0.00	0.93	0.51	0.72	0.78	1.42	0.78	0.73	1.15	0.69	1.15	1.08	0.68	1.01	0.81	0.87	0.87	1.29
开封	0.69	0.66	0.80	0.95	0.52	0.69	0.99	0.49	0.58	0.61	0.62	0.49	0.93	0.00	0.65	0.64	0.45	0.73	0.49	0.55	0.63	0.53	0.65	0.63	0.46	0.64	0.43	0.47	0.39	0.84
洛阳	0.36	0.45	0.77	0.89	0.63	0.75	0.96	0.55	0.70	0.76	0.39	0.51	0.51	0.65	0.00	0.51	0.46	1.10	0.55	0.46	0.81	0.48	0.93	0.69	0.36	0.72	0.53	0.59	0.64	0.98
平顶山	0.60	0.53	0.54	0.62	0.58	0.55	0.78	0.54	0.53	0.55	0.55	0.62	0.72	0.64	0.51	0.00	0.52	0.86	0.61	0.53	0.64	0.45	0.76	0.53	0.53	0.71	0.55	0.60	0.60	0.84
安阳	0.54	0.51	0.76	0.89	0.45	0.59	0.87	0.41	0.53	0.68	0.51	0.49	0.78	0.45	0.46	0.52	0.00	0.84	0.37	0.46	0.50	0.44	0.73	0.58	0.38	0.46	0.40	0.36	0.45	0.88
鹤壁	1.18	0.96	0.88	0.92	0.88	0.69	0.84	0.78	0.72	0.61	1.09	0.97	1.42	0.73	1.10	0.86	0.84	0.00	0.95	0.86	0.68	0.90	0.62	0.60	1.00	0.97	0.82	0.89	0.81	0.63
新乡	0.62	0.62	0.91	1.03	0.49	0.69	1.05	0.48	0.65	0.80	0.54	0.51	0.78	0.49	0.55	0.61	0.37	0.95	0.00	0.49	0.60	0.43	0.67	0.67	0.38	0.47	0.45	0.38	0.37	0.99

续表

地市	邯郸	邢台	长治	晋城	运城	蚌埠	淮北	阜阳	宿州	亳州	聊城	菏泽	郑州	开封	洛阳	平顶山	安阳	鹤壁	新乡	焦作	濮阳	许昌	漯河	三门峡	南阳	商丘	信阳	周口	驻马店	济源
焦作	0.69	0.57	0.75	0.86	0.57	0.55	0.84	0.46	0.56	0.65	0.47	0.62	0.73	0.55	0.46	0.53	0.46	0.86	0.49	0.00	0.57	0.35	0.66	0.58	0.47	0.65	0.49	0.55	0.56	0.78
濮阳	0.90	0.74	0.79	0.84	0.58	0.48	0.84	0.52	0.50	0.62	0.81	0.81	1.15	0.63	0.81	0.64	0.50	0.68	0.60	0.57	0.00	0.57	0.64	0.56	0.67	0.42	0.63	0.50	0.62	0.82
许昌	0.65	0.57	0.73	0.82	0.51	0.52	0.81	0.50	0.55	0.67	0.44	0.63	0.69	0.53	0.48	0.45	0.44	0.90	0.43	0.35	0.57	0.00	0.63	0.64	0.46	0.57	0.51	0.47	0.52	0.87
漯河	1.06	0.86	0.89	1.00	0.72	0.61	0.89	0.63	0.68	0.69	0.83	0.85	1.15	0.65	0.93	0.76	0.73	0.62	0.67	0.66	0.64	0.63	0.00	0.72	0.78	0.73	0.69	0.70	0.64	0.78
三门峡	0.80	0.68	0.66	0.69	0.69	0.54	0.74	0.56	0.53	0.49	0.74	0.70	1.08	0.63	0.69	0.53	0.58	0.60	0.67	0.58	0.56	0.64	0.72	0.00	0.70	0.73	0.52	0.70	0.65	0.66
南阳	0.45	0.51	0.85	1.00	0.49	0.73	1.01	0.47	0.66	0.79	0.41	0.40	0.68	0.46	0.36	0.53	0.38	1.00	0.38	0.47	0.67	0.46	0.78	0.70	0.00	0.55	0.36	0.36	0.38	0.99
商丘	0.79	0.74	0.94	1.03	0.52	0.72	1.06	0.56	0.58	0.84	0.72	0.71	1.01	0.64	0.72	0.71	0.46	0.97	0.47	0.65	0.42	0.57	0.73	0.73	0.55	0.00	0.61	0.39	0.56	1.05
信阳	0.59	0.52	0.79	0.93	0.57	0.68	0.96	0.45	0.63	0.65	0.52	0.43	0.81	0.43	0.53	0.55	0.40	0.82	0.45	0.49	0.63	0.51	0.69	0.52	0.36	0.61	0.00	0.38	0.40	0.90
周口	0.66	0.60	0.91	1.01	0.47	0.68	1.03	0.44	0.61	0.78	0.55	0.50	0.87	0.47	0.59	0.60	0.36	0.89	0.38	0.55	0.50	0.47	0.70	0.70	0.36	0.39	0.38	0.00	0.36	1.00
驻马店	0.68	0.58	0.83	0.99	0.50	0.73	1.06	0.51	0.59	0.67	0.60	0.39	0.87	0.39	0.64	0.60	0.45	0.81	0.37	0.56	0.62	0.52	0.64	0.65	0.38	0.56	0.40	0.36	0.00	0.91
济源	1.17	0.99	0.90	0.95	0.83	0.75	0.83	0.80	0.77	0.63	1.00	1.01	1.29	0.84	0.98	0.84	0.88	0.63	0.99	0.78	0.82	0.87	0.78	0.66	0.99	1.05	0.90	1.00	0.91	0.00

业布局呈现趋同性特征。计算30个地市两两之间的证券业结构差异，一共组成了900对关系，在这900对关系中，只有52对关系显示出产业互补，占比5.78%。由此可以看出，中原城市群各地市之间的证券业结构差异虽然比金融业、银行业、保险业高，但是主要特征依然为证券业同构，而非证券业差异互补，由此可知，中原城市群证券业发展的下一步关键是重点发展证券业互补，同时协调城市群之间的同构化合作。

若以证券业结构平均差异度为0.5作为划分证券业同构转向证券业互补发展趋势的转折点，各地市与其他地市证券业结构差异的走向也不尽相同。地市间证券业结构平均差异度大于0.5的个数和占比分别为：淮北、郑州、鹤壁、漯河、济源5个地市与城市群其他所有地市的证券业结构差异均达到了0.5以上；邯郸27个，占比93.10%；邢台26个，占比89.66%；长治28个，占比96.55%；晋城28个，占比96.55%；运城23个，占比79.31%；蚌埠26个，占比89.66%；阜阳18个，占比62.07%；宿州25个，占比86.21%；亳州27个，占比93.1%；聊城24个，占比82.76%；菏泽22个，占比75.86%；开封21个，占比72.41%；洛阳22个，占比75.86%；平顶山28个，占比96.55%；安阳15个，占比51.72%；新乡18个，占比62.07%；焦作21个，占比72.41%；濮阳24个，占比82.76%；许昌20个，占比68.97%；三门峡28个，占比96.55%；南阳15个，占比51.72%；商丘25个，占比86.21%；信阳20个，占比68.97%；周口17个，占比58.62%；驻马店21个，占比72.41%。由以上分析可知，证券业差异相对较大的地市为淮北、郑州、鹤壁、漯河、济源，与其余所有地市产业结构差异度均大于0.5，而且从其他地市来看，与大部分地市的证券业结构差异都达到了0.5以上，平均占比达到82.99%，说明中原城市群各地市证券业正在从同构转向互补发展，为地市间合作提供了契机。

4. 中原城市群各地市保险业结构差异的发展演化

图4-18给出了中原城市群某地市与其他所有地市保险业结构的平均差异度，由图可以看出，各地市与其他地市的保险业结构差异度变化呈现明显差异性：从各年份的对比来看，长治、运城、开封、鹤壁、新乡、许昌、漯河、南阳8个地市与其他地市保险业结构的平均差异呈现逐年上升的趋势，占比26.67%；邯郸、菏泽、焦作、商丘4个地市与其他地市保险业结构的平均差异呈现先降后升趋势，占比13.33%；邢台、晋城、蚌埠、淮北、阜阳、聊城、郑州、洛阳、平顶山、安阳、濮阳、三门峡、信阳、驻马店14个地市与其他地市保险业结构平均差异呈现先升后降的趋势，占比46.67%；宿州、亳州、周口、

济源4个地市与其他地市保险业结构差异呈现逐年下降的态势，占比13.33%。

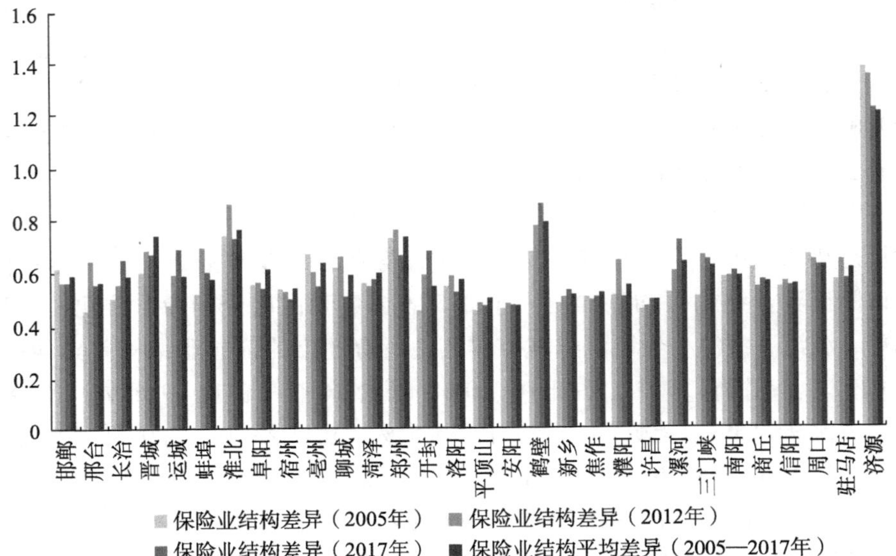

图4-18　中原城市群某地市与其他所有地市保险业结构的平均差异对比

注：共有13年中原城市群各地市与其他地市保险业结构差异的数据，限于篇幅，本书在正文部分只展示2005年、2012年、2017年三个年份，以及13年平均的保险业结构差异，其余年份数据和各地市具体数据可以向笔者索取。

由图4-18中各地市保险业结构平均差异的位置看，各地市保险业结构平均差异存在显著的异质性。本书按照各地市保险业结构差异值的分布，把各地市保险业结构差异度由高到低分为五类：(1，1.5]、(0.8，1]、(0.7，0.8]、(0.5，0.7]、[0，0.5]。保险业结构差异处于第一梯度的仅有济源1个地市，占比3.33%，与其他地市之间保险业明显呈现互补态势；没有地市处于第二梯度，出现了断层；处于第三梯度的有晋城、淮北、郑州、鹤壁4个地市，占比13.33%；处于第四梯度的有邯郸、邢台、长治、运城、蚌埠、阜阳、宿州、亳州、聊城、菏泽、开封、洛阳、新乡、焦作、濮阳、漯河、三门峡、南阳、商丘、信阳、周口、驻马店22个地市，占比73.33%；处于第五梯度的有平顶山、安阳、许昌3个地市，占比10%。

由以上分析可知，中原城市群各地市保险业结构平均差异呈两极分化现象，济源与其他地市之间保险业结构差异很大，而其他地市之间的差异度却处于较低水平，出现保险业同构现象，因此中原城市群要以济源为突破口，促进各地市在保险业上的联系，在保险业同构较为严重的地区可以考虑合作发展。

为了详细分析城市群各地市与其他地市保险业结构的差异，我们进一步计算某地市与包括自身在内的30个地市的平均保险业结构差异度，结果如表4-10所示。

从保险业结构平均差异度的分布来看，除鹤壁与三门峡2个地市外，济源与其他27个地市之间的保险业结构平均差异均大于1，另外还有郑州与淮北、亳州、鹤壁3个地市，淮北与郑州、南阳、周口、驻马店4个地市，亳州与郑州、济源两个地市，鹤壁与郑州、南阳、周口3个地市，南阳与淮北、鹤壁两个地市，周口与淮北、鹤壁两个地市，驻马店与淮北、济源两个地市之间的保险业结构平均差异也均大于1，显示出保险业互补特征。而其他地市间的保险业结构平均差异度的值均小于等于1，这些地市的产业布局呈现趋同性特征。计算30个地市两两之间的产业结构差异，一共组成了900对关系，在这900对关系中，有70对关系显示出产业互补，占比7.78%。与整体金融业、银行业、证券业相比，保险业各地市之间差异是最大的，但是却仅有济源一个地市出现差异度较高的情况。总的来说，中原城市群在保险业结构上依然存在同构化。

若以保险业结构平均差异度为0.5作为划分保险业同构转向保险业互补发展趋势的转折点，各地市与其他地市保险业结构差异的走向也不尽相同。地市间保险业结构平均差异度大于0.5的个数和占比分别为：鹤壁、济源这2个地市与城市群其他所有地市的保险业结构差异都达到了0.5以上；邯郸17个，占比58.62%；邢台16个，占比55.17%；长治20个，占比68.97%；晋城26个，占比89.66%；运城22个，占比75.86%；蚌埠20个，占比68.97%；淮北26个，占比89.66%，阜阳24个，占比82.76%；宿州16个，占比55.17%；亳州27个，占比93.10%；聊城20个，占比68.97%；菏泽17个，占比58.62%；郑州27个，占比93.10%；开封17个，占比58.62%；洛阳19个，占比65.52%；平顶山13个，占比44.83%；安阳10个，占比34.48%；新乡11个，占比37.93%；焦作17个，占比58.62%；濮阳19个，占比65.52%；许昌13个，占比44.83%；漯河27个，占比93.10%；三门峡26个，占比89.66%；南阳15个，占比51.72%；商丘15个，占比51.72%；信阳14个，占比48.28%；周口20个，占比68.97%；驻马店20个，占比68.97%。由以上分析可知，保险业差异相对较大的地市为鹤壁、济源，与其余所有地市产业结构差异度均大于0.5，而且从其他地市来看，与大部分地市的保险业结构差异都达到了0.5以上，平均占比达到68.51%，虽然和银行业、证券业相比较低，但是依然能够说明中原城市群各地市保险业正在从同构转向互补发展，为地市间合作提供了契机。

表 4-10　2005—2017 年中原城市群 30 个地市间保险业结构平均差异度

地市	邯郸	邢台	长治	晋城	运城	蚌埠	淮北	阜阳	宿州	亳州	聊城	菏泽	郑州	开封	洛阳	平顶山	安阳	鹤壁	新乡	焦作	濮阳	许昌	漯河	三门峡	南阳	商丘	信阳	周口	驻马店	济源
邯郸	0.00	0.40	0.67	0.92	0.61	0.67	0.96	0.61	0.60	0.73	0.42	0.47	0.45	0.53	0.30	0.46	0.37	1.00	0.39	0.52	0.68	0.42	0.83	0.76	0.36	0.48	0.49	0.52	0.56	1.36
邢台	0.40	0.00	0.61	0.84	0.56	0.57	0.85	0.54	0.47	0.61	0.43	0.47	0.66	0.51	0.47	0.43	0.36	0.88	0.43	0.49	0.57	0.42	0.70	0.68	0.46	0.44	0.49	0.53	0.57	1.25
长治	0.67	0.61	0.00	0.41	0.47	0.37	0.47	0.64	0.49	0.56	0.64	0.68	0.77	0.62	0.65	0.43	0.51	0.62	0.57	0.50	0.48	0.53	0.52	0.40	0.77	0.70	0.69	0.81	0.82	1.10
晋城	0.92	0.84	0.41	0.00	0.66	0.48	0.41	0.76	0.67	0.71	0.83	0.89	0.92	0.84	0.84	0.64	0.73	0.72	0.78	0.64	0.56	0.76	0.65	0.51	0.99	0.90	0.89	1.00	0.99	1.15
运城	0.61	0.56	0.47	0.66	0.00	0.48	0.72	0.47	0.45	0.55	0.58	0.58	0.77	0.54	0.65	0.52	0.45	0.80	0.42	0.52	0.46	0.52	0.55	0.64	0.63	0.61	0.58	0.68	0.67	1.29
蚌埠	0.67	0.57	0.37	0.48	0.48	0.00	0.48	0.60	0.43	0.54	0.60	0.70	0.81	0.56	0.64	0.45	0.48	0.59	0.55	0.51	0.41	0.53	0.54	0.43	0.75	0.67	0.63	0.78	0.74	1.13
淮北	0.96	0.85	0.47	0.41	0.72	0.48	0.00	0.80	0.66	0.67	0.90	0.98	1.06	0.82	0.92	0.67	0.76	0.60	0.83	0.73	0.63	0.78	0.69	0.53	1.03	0.97	0.89	1.05	1.01	1.02
阜阳	0.61	0.54	0.64	0.76	0.47	0.60	0.80	0.00	0.36	0.38	0.65	0.56	0.88	0.56	0.70	0.61	0.53	0.93	0.52	0.63	0.54	0.60	0.66	0.78	0.54	0.48	0.47	0.53	0.54	1.39
宿州	0.60	0.47	0.49	0.67	0.45	0.43	0.66	0.36	0.00	0.35	0.57	0.52	0.87	0.46	0.63	0.47	0.43	0.75	0.49	0.55	0.42	0.51	0.54	0.60	0.57	0.45	0.47	0.55	0.54	1.17
亳州	0.73	0.61	0.56	0.71	0.55	0.54	0.67	0.38	0.35	0.00	0.67	0.66	1.01	0.61	0.78	0.62	0.61	0.76	0.64	0.68	0.54	0.63	0.56	0.68	0.71	0.60	0.56	0.67	0.65	1.19
聊城	0.42	0.43	0.64	0.83	0.58	0.60	0.90	0.65	0.57	0.67	0.00	0.50	0.62	0.54	0.46	0.48	0.41	0.90	0.47	0.52	0.61	0.40	0.69	0.65	0.49	0.54	0.58	0.63	0.67	1.23
菏泽	0.47	0.47	0.68	0.89	0.58	0.70	0.98	0.56	0.52	0.66	0.50	0.00	0.71	0.49	0.54	0.51	0.43	0.98	0.43	0.59	0.67	0.49	0.71	0.78	0.39	0.37	0.45	0.43	0.48	1.36
郑州	0.45	0.66	0.77	0.92	0.77	0.81	1.06	0.88	0.87	1.01	0.62	0.71	0.00	0.75	0.35	0.57	0.55	1.07	0.59	0.54	0.72	0.55	0.87	0.82	0.58	0.74	0.74	0.79	0.79	1.38
开封	0.53	0.51	0.62	0.84	0.54	0.56	0.82	0.56	0.46	0.61	0.54	0.49	0.75	0.00	0.52	0.42	0.37	0.74	0.40	0.49	0.56	0.37	0.57	0.67	0.47	0.46	0.37	0.49	0.43	1.22
洛阳	0.30	0.47	0.65	0.84	0.65	0.64	0.92	0.70	0.63	0.78	0.46	0.54	0.35	0.52	0.00	0.35	0.33	0.91	0.41	0.43	0.58	0.32	0.77	0.66	0.41	0.53	0.54	0.60	0.59	1.28
平顶山	0.46	0.43	0.43	0.64	0.52	0.45	0.67	0.61	0.47	0.62	0.48	0.51	0.57	0.42	0.35	0.00	0.28	0.72	0.37	0.37	0.42	0.27	0.60	0.53	0.47	0.48	0.48	0.56	0.54	1.19
安阳	0.37	0.36	0.51	0.73	0.45	0.48	0.76	0.53	0.43	0.61	0.41	0.43	0.55	0.37	0.33	0.28	0.00	0.74	0.21	0.31	0.42	0.24	0.59	0.56	0.41	0.40	0.40	0.50	0.48	1.24
鹤壁	1.00	0.88	0.62	0.72	0.80	0.59	0.60	0.93	0.75	0.76	0.90	0.98	1.07	0.74	0.91	0.72	0.74	0.00	0.82	0.67	0.64	0.71	0.57	0.54	1.04	0.97	0.89	1.06	0.98	1.00
新乡	0.39	0.43	0.57	0.78	0.42	0.55	0.83	0.52	0.49	0.64	0.47	0.43	0.59	0.40	0.41	0.37	0.21	0.82	0.00	0.38	0.48	0.34	0.61	0.65	0.41	0.42	0.41	0.48	0.46	1.33

续表

地市	邯郸	邢台	长治	晋城	运城	蚌埠	淮北	阜阳	宿州	亳州	聊城	菏泽	郑州	开封	洛阳	平顶山	安阳	鹤壁	新乡	焦作	濮阳	许昌	漯河	三门峡	南阳	商丘	信阳	周口	驻马店	济源
焦作	0.52	0.49	0.50	0.64	0.52	0.51	0.73	0.63	0.55	0.68	0.52	0.59	0.54	0.49	0.43	0.37	0.31	0.67	0.38	0.00	0.31	0.28	0.48	0.47	0.52	0.51	0.50	0.59	0.57	1.18
濮阳	0.68	0.57	0.48	0.56	0.46	0.41	0.63	0.54	0.42	0.54	0.61	0.67	0.72	0.56	0.58	0.42	0.42	0.64	0.48	0.31	0.00	0.44	0.42	0.52	0.66	0.58	0.56	0.67	0.61	1.14
许昌	0.42	0.42	0.53	0.76	0.52	0.53	0.78	0.60	0.51	0.63	0.40	0.49	0.55	0.37	0.32	0.27	0.24	0.71	0.34	0.28	0.44	0.00	0.56	0.53	0.43	0.42	0.45	0.50	0.50	1.22
漯河	0.83	0.70	0.52	0.65	0.55	0.54	0.69	0.66	0.54	0.56	0.69	0.71	0.87	0.57	0.77	0.60	0.59	0.57	0.61	0.48	0.42	0.56	0.00	0.57	0.80	0.72	0.63	0.77	0.70	1.19
三门峡	0.76	0.68	0.40	0.51	0.64	0.43	0.53	0.78	0.60	0.68	0.65	0.78	0.82	0.67	0.66	0.53	0.56	0.54	0.65	0.47	0.52	0.53	0.57	0.00	0.77	0.70	0.68	0.79	0.78	0.92
南阳	0.36	0.46	0.77	0.99	0.63	0.75	1.03	0.54	0.57	0.71	0.49	0.39	0.58	0.47	0.41	0.47	0.41	1.04	0.41	0.52	0.66	0.43	0.80	0.77	0.00	0.30	0.33	0.30	0.31	1.42
商丘	0.48	0.44	0.70	0.90	0.61	0.67	0.97	0.48	0.45	0.60	0.54	0.37	0.74	0.46	0.53	0.48	0.40	0.97	0.42	0.51	0.58	0.42	0.72	0.70	0.30	0.00	0.35	0.27	0.32	1.34
信阳	0.49	0.49	0.69	0.89	0.58	0.63	0.89	0.47	0.47	0.56	0.58	0.45	0.74	0.37	0.54	0.48	0.40	0.89	0.41	0.50	0.56	0.45	0.63	0.68	0.33	0.35	0.00	0.32	0.27	1.39
周口	0.52	0.53	0.81	1.00	0.68	0.78	1.05	0.53	0.55	0.67	0.63	0.43	0.79	0.49	0.60	0.56	0.50	1.06	0.48	0.59	0.67	0.50	0.77	0.79	0.30	0.27	0.32	0.00	0.24	1.47
驻马店	0.56	0.57	0.82	0.99	0.67	0.74	1.01	0.54	0.54	0.65	0.67	0.48	0.79	0.43	0.59	0.54	0.48	0.98	0.46	0.57	0.61	0.50	0.70	0.78	0.31	0.32	0.27	0.24	0.00	1.44
济源	1.36	1.25	1.10	1.15	1.29	1.13	1.02	1.39	1.17	1.19	1.23	1.36	1.38	1.22	1.28	1.19	1.24	1.00	1.33	1.18	1.14	1.22	1.19	0.92	1.42	1.34	1.39	1.47	1.44	0.00

第五章　中原城市群产业、金融集聚与合作状况分析

一、中原城市群产业集聚发展演变及特征

城市群产业集聚发展是区域产业发展过程中出现的一种地缘依赖现象。产业集聚概念由马歇尔最先提出，指的是产业发展在空间范围内的集中。Hoover（1937）对产业集聚进行分类，将其分为内部规模经济、地方化经济、地市经济三种类型；Sott（1983，1988）从“产业区”和“产业空间”研究产业集聚。我国学者在国外学者研究的基础上，对产业集聚进行了更为详细的研究分析，如贺灿飞等（2001）研究了影响产业集聚的因素，认为工业企业数、第三产业就业比例、基础设施、地市人口密度是影响产业集聚的重要因素。自此之后，对产业集聚的实证研究开始兴起，这些实证研究主要集中在对特定区域集聚水平的测度，以及基于距离的产业集聚水平的测度两个方面。

（一）产业集聚程度的测算方法

关于城市群产业集聚程度的测度，常用的指标包括行业集中度与基尼系数等，鉴于数据的可获得性，本章采用赫芬达尔指数来测算中原城市群产业发展的集聚度。赫芬达尔指数是测算产业集聚程度最常用、最简单的一个指标，其计算公式如式（5.1）所示。

$$H_k = \sum_{i=1}^{n} [E_i^k / \sum_{i=1}^{n} E_i^k]^2 \tag{5.1}$$

其中，i 表示地市，k 表示产业，H_k 表示城市群产业 k 的赫芬达尔指数，$E_i^k / \sum_{i=1}^{n} E_i^k$ 指地市 i 产业 k 就业人员数在中原城市群产业 k 就业人员数中所占的比重。

赫芬达尔指数的大小表征的是产业 k 在地市间的集聚程度。H_k 数值大，表示产业 k 集中分布在少数地市，代表空间集聚度高；反之，表示产业分布在较多的地市，代表空间集聚度低。赫芬达尔指数 H_k 的取值范围集中在

$\left[\frac{1}{n}, 1\right]$（$n$ 为地市个数），若 $H_k=1$，则表示行业 k 完全集中在一个地市，呈现空间扩散力为零的状态；若 $H_k=\frac{1}{n}$，则表示产业 k 在城市群各地市均匀分布。

关于赫芬达尔指数测算数据的说明：由于中原城市群 30 个地市 19 个细分行业的地区生产总值数据无法完整获得，所以在计算 19 个细分行业的赫芬达尔指数时，本书采用第三章构建的指标体系中的从业人员数进行表征。而中原城市群 30 个地市三次产业地区生产总值的数据均可以获得，在测算城市群整体产业集聚发展演变特征以及三次产业集聚发展状况时，利用中原城市群 30 个地市三次产业地区生产总值进行表征。

（二）中原城市群整体产业集聚发展演变及特征

1. 中原城市群整体产业集聚程度发展演变规律

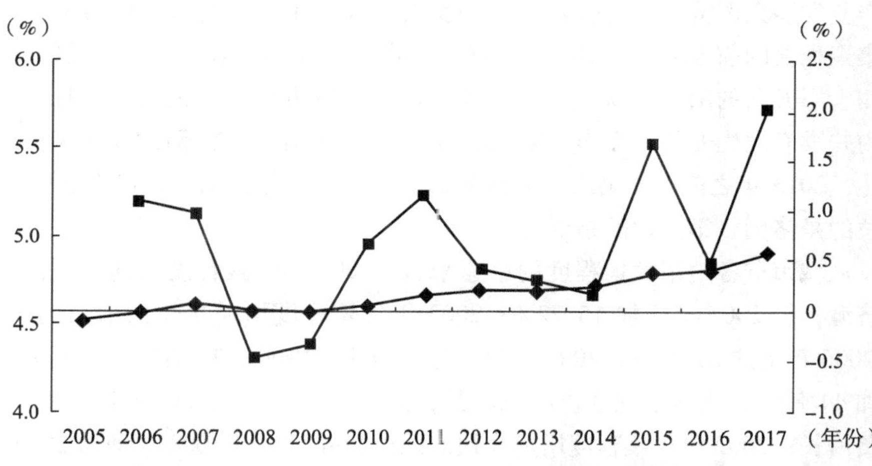

图 5-1　2005—2017 年中原城市群整体产业集聚发展程度及其增速的趋势

图 5-1 给出了 2005—2017 年中原城市群整体产业集聚发展程度及其增速的趋势。从图中整体产业赫芬达尔指数的走势能够看出，中原城市群整体产业的集聚程度呈现逐年上升趋势，城市群产业集聚发展趋势已逐步显现。若城市群内产业均匀发展，那么此时的集聚程度为$\frac{1}{30}$，即 3.33%。从整体产业赫芬达尔指数的大小来看，2005—2017 年中原城市群整体产业集聚程度处于 4.5%~5%，意味着中原城市群整体产业虽呈现集聚发展态势，但集聚程度仍

处于初级阶段。从整体产业赫芬达尔指数增速曲线的走势来看，2005—2017年中原城市群整体产业集聚发展增速存在波动情况，在2006—2008年美国次贷危机爆发期间经历了一次下降，之后在2009—2011年逐渐上升。2012—2014年又出现增速下降的情况，之后开始回弹，但在2016年又一次下降。在研究区间内，其增速在2008年、2014年、2016年三个年度存在三处低值，但随着时间的推移，最低值也在逐渐上升，从这个角度也能看出城市群产业集聚发展的态势。另外，13年内城市群整体产业赫芬达尔指数的增速在[-0.5%，2%]震荡上升，说明城市群整体产业集聚发展态势增速较慢。

2. 中原城市群整体产业集聚特征

为了进一步了解中原城市群整体产业发展的集聚特征，本书从各地市整体产业发展的集聚态势与排名角度进行补充分析。表5-1给出了2005—2017年中原城市群各地市整体产业发展集聚程度的排名。由表中内容可知，2005—2017年中原城市群整体产业集聚发展程度最高的地市一直是郑州，这一产业发展集聚特征也符合郑州作为城市群经济中心的地位。城市群整体产业集聚程度的前五名地市是郑州、洛阳、邯郸、南阳、聊城，第一名的郑州，第四、第五名的南阳、聊城，集聚程度排名在城市群中的位置较为稳定，13年内并没有发生变化，而作为第二名与第三名的洛阳与邯郸在2013年发生了转化，2013年之前处于第二位的是邯郸、第三位的是洛阳，2013年后处于第二位的是洛阳、第三位的是邯郸。

从城市群各地市集聚程度的增速来看，2006年集聚程度增速最快的地市为济源，较2005年增加15.72%；2007年集聚程度增速最快的地市为菏泽，较2006年增加22.11%；2008年集聚程度增速最快的地市为淮北，较2007年增加44.82%，增速如此之快的原因是，淮北集聚程度在2006年、2007年均为负增长；2009年集聚程度增速最快的地市为蚌埠，较2008年增加29.34%，增速较快的原因也是蚌埠2005—2008年连续三年处于负增长；2010年集聚程度增速最快的地市为宿州，较2009年增加24.30%；2011年集聚程度增速最快的地市为长治，较2010年增加31.06%；2012年集聚程度增速最快的地市为济源，较2011年增加18.29%；2013年集聚程度增速最快的地市为周口，较2012年增加23.61%；2014年集聚程度增速最快的地市为蚌埠，较2013年增加32.8%；2015年集聚程度增速最快的地市为菏泽，较2014年增加12.38%；2016年集聚程度增速最快的地市为邢台，较2015年增加20.94%；2017年集聚程度增速最快的地市为长治，较2016年增加27.32%。

表 5-1　2005—2017 年中原城市群各地市整体产业发展集聚程度排名

排名	2005 年	2006 年	2007 年	2008 年	2009 年	2010 年	2011 年	2012 年	2013 年	2014 年	2015 年	2016 年	2017 年
1	郑州	郑州	郑州	郑州	郑州	郑州	郑州	郑州	郑州	郑州	郑州	郑州	郑州
2	邯郸	邯郸	邯郸	邯郸	邯郸	邯郸	邯郸	邯郸	洛阳	洛阳	洛阳	洛阳	洛阳
3	洛阳	洛阳	洛阳	洛阳	洛阳	洛阳	洛阳	洛阳	邯郸	邯郸	邯郸	邯郸	邯郸
4	南阳	南阳	南阳	南阳	南阳	南阳	南阳	南阳	南阳	南阳	南阳	南阳	南阳
5	聊城	聊城	聊城	聊城	聊城	聊城	聊城	聊城	聊城	聊城	聊城	聊城	聊城
6	邢台	邢台	邢台	安阳	许昌	许昌	许昌	菏泽	菏泽	菏泽	菏泽	菏泽	许昌
7	许昌	许昌	焦作	平顶山	平顶山	安阳	菏泽	许昌	许昌	许昌	许昌	许昌	菏泽
8	周口	焦作	许昌	许昌	安阳	平顶山	新乡	新乡	周口	周口	周口	周口	周口
9	焦作	周口	平顶山	焦作	焦作	焦作	安阳	周口	新乡	新乡	新乡	新乡	新乡
10	平顶山	平顶山	安阳	邢台	周口	周口	平顶山	安阳	焦作	焦作	焦作	焦作	焦作
11	商丘	商丘	周口	周口	邢台	菏泽	焦作	焦作	安阳	安阳	信阳	信阳	安阳
12	安阳	安阳	新乡	商丘	商丘	邢台	邢台	邢台	邢台	信阳	安阳	安阳	商丘
13	新乡	新乡	商丘	新乡	新乡	新乡	周口	平顶山	信阳	商丘	商丘	商丘	信阳
14	信阳	信阳	信阳	菏泽	菏泽	商丘	商丘	信阳	平顶山	驻马店	驻马店	邢台	驻马店
15	驻马店	驻马店	菏泽	信阳	信阳	信阳	信阳	商丘	驻马店	邢台	邢台	驻马店	邢台
16	运城	运城	驻马店	驻马店	驻马店	驻马店	驻马店	驻马店	商丘	平顶山	平顶山	平顶山	平顶山
17	菏泽	菏泽	运城	开封	开封	开封	长治	长治	开封	开封	开封	开封	开封
18	开封	开封	开封	运城	长治	长治	开封	开封	长治	长治	濮阳	濮阳	濮阳
19	长治	长治	长治	长治	运城	三门峡	三门峡	三门峡	三门峡	濮阳	阜阳	阜阳	阜阳
20	濮阳	濮阳	濮阳	三门峡	三门峡	运城	运城	运城	运城	三门峡	蚌埠	蚌埠	蚌埠

续表

排名	2005年	2006年	2007年	2008年	2009年	2010年	2011年	2012年	2013年	2014年	2015年	2016年	2017年
21	三门峡	三门峡	三门峡	濮阳	濮阳	濮阳	濮阳	晋城	濮阳	运城	三门峡	宿州	长治
22	阜阳	漯河	阜阳	漯河	阜阳	晋城	晋城	濮阳	阜阳	阜阳	宿州	三门峡	宿州
23	漯河	阜阳	漯河	阜阳	晋城	阜阳	阜阳	阜阳	晋城	蚌埠	长治	长治	三门峡
24	晋城	晋城	宿州	晋城	漯河	漯河	宿州	宿州	宿州	宿州	运城	运城	运城
25	宿州	宿州	晋城	宿州	宿州	宿州	蚌埠	蚌埠	蚌埠	晋城	晋城	漯河	漯河
26	蚌埠	蚌埠	蚌埠	蚌埠	蚌埠	蚌埠	漯河	漯河	漯河	漯河	漯河	晋城	晋城
27	亳州	亳州	亳州	亳州	亳州	亳州	亳州	亳州	亳州	亳州	亳州	亳州	亳州
28	淮北	淮北	鹤壁	淮北	淮北	淮北	淮北	淮北	淮北	淮北	淮北	淮北	淮北
29	鹤壁	鹤壁	淮北	鹤壁	鹤壁	鹤壁	鹤壁	鹤壁	鹤壁	鹤壁	鹤壁	鹤壁	鹤壁
30	济源	济源	济源	济源	济源	济源	济源	济源	济源	济源	济源	济源	济源

从城市群各地市各年集聚程度呈现负增长的地市数量来看，2006—2017年分别是15个、13个、12个、12个、17个、18个、12个、13个、14个、9个、13个、16个，占比分别为50%、43.33%、40%、40%、56.67%、60%、40%、43.33%、46.67%、30%、43.33%、53.33%。由此可以看出，中原城市群集聚程度呈现负增长的地市数量依然较多，占比最少的年份2015年也达到了30%，占比最多的年份达到了60%，这说明中原城市群产业集聚发展依然存在很大的上升空间。鉴于此，在调整产业发展政策时，一方面要促进集聚程度较大的地市进一步发展，另一方面要逐一推动集聚程度负增长地市向正增长转变。

（三）中原城市群三次产业集聚发展演变及特征

1. 中原城市群三次产业集聚发展演变规律

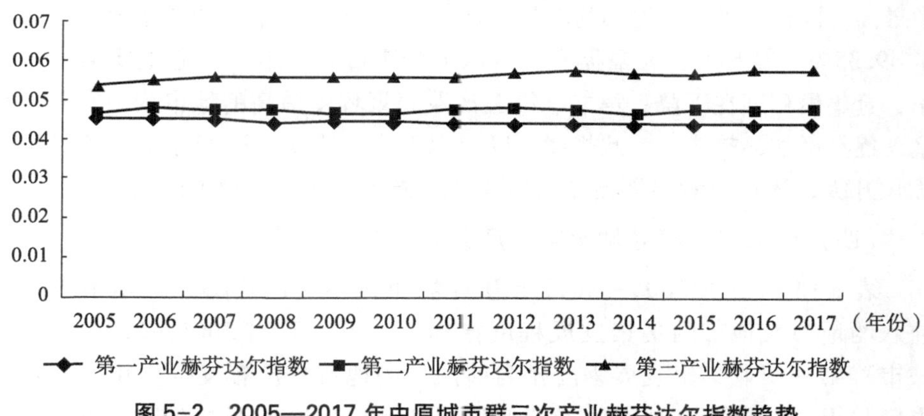

图5-2 2005—2017年中原城市群三次产业赫芬达尔指数趋势

图5-2给出了2005—2017年中原城市群三次产业赫芬达尔指数的变化趋势。由图中各曲线的位置可以看出，三次产业赫芬达尔指数的大小并不相同，从高到低依次为第三产业、第二产业、第一产业。由此可以看出，中原城市群三次产业集聚程度第三产业最高，第一产业最低，第二产业居中；从三者集聚程度的差异看，差别并不是很大，第一产业与第二产业几乎相同，第三产业稍高。另外，最高的第三产业的集聚程度在［5%，6%］，第一产业与第二产业的集聚程度在［4%，5%］，三次产业集聚程度均高于完全均匀发展程度3.33%的水平，这说明三次产业集聚发展均处于初级阶段。从三次产业集聚程度的增速来看，三次产业集聚程度的增速均很低，第一产业的集聚程度呈现缓慢下降趋势，第二产业集聚程度几乎保持不变，第三产业集聚程度呈现逐年缓慢增长的趋势，但在这样的变化过程中，虽没有明显的产业集聚发

展的转折点出现，但也体现出产业结构正缓慢优化。

2. 中原城市群三次产业集聚发展特征

为了进一步分析中原城市群三次产业集聚发展的特征，本书从2005—2017年中原城市群三次产业集聚程度最高的地市及占比视角进行详细分析，呈现第三产业最高，第二产业次之，第一产业最低的特征，具体如表5-2所示。从三次产业的集聚特征看，第一产业集聚程度最高的地市13年来一直为南阳，其集聚程度占比在［11.02%，18.73%］变动，集聚程度较弱，且呈现下降趋势；第二产业集聚程度最高的地市13年来一直为郑州，其集聚程度占比在［23.15%，37.13%］变动，集聚程度远高于南阳第一产业的集聚程度，且呈现逐渐增加的趋势；第三产业集聚程度最高的地市13年来也一直是郑州，其集聚程度占比在［39.28%，49.35%］变动，集聚程度在三次产业中最高，同样呈现逐年增加的趋势，且在2017年郑州第三产业集聚程度达到了49.35%，集聚程度大幅提升。由以上分析可知，第一产业主要集中在南阳，且集聚程度在下降；第二、第三产业集聚程度最高的地市均为郑州，且呈现逐年增加的趋势。由此规律，既可以看出中原城市群产业结构正经历着优化升级，还可以看出郑州作为中原城市群经济中心的地位逐渐凸显。

（四）中原城市群各地市第一产业集聚发展状况

表5-3给出了2005—2017年中原城市群第一产业赫芬达尔指数排名前八的地市及地市的集聚发展程度指标值，可以看出2005—2017年中原城市群第一产业集聚发展程度排名前两位的地市并没有发生变化，分别为南阳与周口，但两个地市的产业集聚程度均呈现逐年下降态势。位于第三位至第八位的地市处于变动中，并不稳定。从各地市第一产业发展集聚程度的演变来看，信阳第一产业集聚程度呈现逐年上升的态势，从2005年的第七位上升到2017年的第三位；商丘第一产业发展集聚程度呈现逐年下降的态势，由2005年的第三位，下降到2017年的第五位；聊城第一产业发展集聚程度呈现上升趋势，但上升态势并不明显；其他地市也呈现交替变化态势，但变化并不明显。从历年中原城市群第一产业集聚发展前八位地市赫芬达尔指数的占比来看，前八位地市占比均在60%以上，13年来占比虽有下降，但下降程度并不大，这意味着中原城市群第一产业大部分集中在前八位地市。

表 5-2 2005—2017 年中原城市群三次产业集聚程度与主要集聚地市

年份	H_1	主要集聚地市及产值比较	H_2	主要集聚地市及产值比较	H_3	主要集聚地市及产值比较	集聚程度最高的产业
2005	0.0460	南阳（18.73%）	0.0475	郑州（23.15%）	0.0537	郑州（39.28%）	第三产业
2006	0.0459	南阳（18.16%）	0.0479	郑州（23.70%）	0.0544	郑州（41.12%）	第三产业
2007	0.0453	南阳（16.30%）	0.0479	郑州（24.30%）	0.0556	郑州（43.54%）	第三产业
2008	0.0449	南阳（15.60%）	0.0476	郑州（24.72%）	0.0552	郑州（41.44%）	第三产业
2009	0.0451	南阳（15.82%）	0.0467	郑州（25.76%）	0.0558	郑州（43.50%）	第三产业
2010	0.0449	南阳（14.23%）	0.0472	郑州（28.35%）	0.0560	郑州（44.07%）	第三产业
2011	0.0440	南阳（12.42%）	0.0479	郑州（31.04%）	0.0562	郑州（44.65%）	第三产业
2012	0.0438	南阳（11.22%）	0.0477	郑州（31.87%）	0.0566	郑州（45.15%）	第三产业
2013	0.0437	南阳（11.02%）	0.0476	郑州（34.06%）	0.0571	郑州（45.99%）	第三产业
2014	0.0437	南阳（11.32%）	0.0470	郑州（34.49%）	0.0565	郑州（46.74%）	第三产业
2015	0.0441	南阳（12.37%）	0.0480	郑州（35.78%）	0.0563	郑州（48.70%）	第三产业
2016	0.0440	南阳（12.55%）	0.0479	郑州（35.14%）	0.0574	郑州（47.45%）	第三产业
2017	0.0438	南阳（13.54%）	0.0483	郑州（37.13%）	0.0577	郑州（49.35%）	第三产业

注：H_1、H_2、H_3 分别表示第一产业赫芬达尔指数、第二产业赫芬达尔指数、第三产业赫芬达尔指数。

表 5-3　2005—2017 年中原城市群第一产业赫芬达尔指数前八位地市

年份	第一位	第二位	第三位	第四位	第五位	第六位	第七位	第八位	前八位城市占比（%）
2005	南阳（0.00862）	周口（0.00478）	商丘（0.00401）	驻马店（0.0033）	邯郸（0.00283）	菏泽（0.00271）	信阳（0.0026）	聊城（0.0019）	66.74
2006	南阳（0.00833）	周口（0.00482）	商丘（0.00409）	驻马店（0.0032）	邯郸（0.00284）	菏泽（0.00264）	信阳（0.0026）	聊城（0.0018）	66.20
2007	南阳（0.00728）	周口（0.00469）	商丘（0.004）	邯郸（0.00348）	驻马店（0.0030）	菏泽（0.00264）	信阳（0.0026）	聊城（0.0019）	65.34
2008	南阳（0.00701）	周口（0.00525）	商丘（0.00383）	邯郸（0.00313）	驻马店（0.0030）	信阳（0.00292）	菏泽（0.0023）	聊城（0.0021）	65.72
2009	南阳（0.00713）	周口（0.00536）	商丘（0.00388）	邯郸（0.00323）	驻马店（0.0029）	信阳（0.00292）	菏泽（0.0022）	聊城（0.0021）	66.07
2010	南阳（0.00639）	周口（0.00531）	邯郸（0.00377）	商丘（0.00356）	驻马店（0.0034）	信阳（0.0033）	聊城（0.0020）	菏泽（0.0019）	65.78
2011	南阳（0.00546）	周口（0.0048）	邯郸（0.00388）	驻马店（0.0037）	信阳（0.00344）	商丘（0.00317）	聊城（0.0019）	开封（0.0018）	63.84
2012	南阳（0.00491）	周口（0.00477）	邯郸（0.00403）	信阳（0.0039）	驻马店（0.0037）	商丘（0.00286）	聊城（0.0018）	开封（0.0018）	63.44
2013	南阳（0.00482）	周口（0.00473）	信阳（0.00418）	邯郸（0.00371）	驻马店（0.0037）	商丘（0.0028）	聊城（0.0019）	开封（0.0019）	63.30
2014	南阳（0.00495）	周口（0.0045）	信阳（0.00422）	邯郸（0.00366）	驻马店（0.0036）	商丘（0.00316）	聊城（0.0021）	阜阳（0.0017）	63.69
2015	南阳（0.00546）	周口（0.00447）	信阳（0.00447）	邯郸（0.00352）	驻马店（0.0035）	商丘（0.00308）	聊城（0.0022）	阜阳（0.0018）	64.52
2016	南阳（0.00552）	周口（0.00435）	信阳（0.00413）	邯郸（0.00362）	驻马店（0.0035）	商丘（0.0031）	聊城（0.0024）	阜阳（0.0019）	64.88
2017	南阳（0.00593）	周口（0.0045）	信阳（0.00432）	驻马店（0.0037）	商丘（0.00313）	阜阳（0.00218）	邯郸（0.0021）	聊城（0.0020）	63.52

（五）中原城市群第二产业细分行业集聚发展现状与特征

本部分将通过第二产业的四类细分行业：采矿业，制造业，电力、热力、燃气及水生产和供应业，建筑业的赫芬达尔指数详细分析第二产业的集聚发展特征。考虑到部分地市的产业增加值数据不完整，本节采用四个细分行业的从业人员数来进行替代分析，并用 2005—2017 年的数据进行分析测算，主要从第二产业细分行业集聚特征及发展演变、各地市第二产业细分行业集聚特征及发展演变两个方面进行分析。

1. 中原城市群第二产业细分行业集聚程度发展演变及集聚特征

由图 5-3 中四个行业 2005—2017 年赫芬达尔指数曲线走势可以看出，采矿业与制造业的赫芬达尔指数随着时间的推移呈现缓慢上升的趋势，且在 2014 年表现出急剧上升的态势，在 2015 年出现骤降，之后又开始缓慢上升。建筑业的赫芬达尔指数呈现逐渐下降的态势，特别是 2011 年之后下降较明显。电力、热力、燃气及水生产和供应业的赫芬达尔指数在 2005—2017 年呈现缓慢上升的态势。由 4 个细分行业的赫芬达尔指数的走势可以看出，采矿业，制造业除个别年份外，发展集聚程度缓慢上升；电力、热力、燃气及水生产和供应业发展集聚程度呈现缓慢上升的态势，但上升幅度并不大；建筑业集聚发展程度呈现下降态势。由此看出第二产业集聚程度缓慢提升的正向拉动力是采矿业，制造业，电力、热力、燃气及水生产和供应业，而建筑业对第二产业集聚程度的提高起到了负向作用。

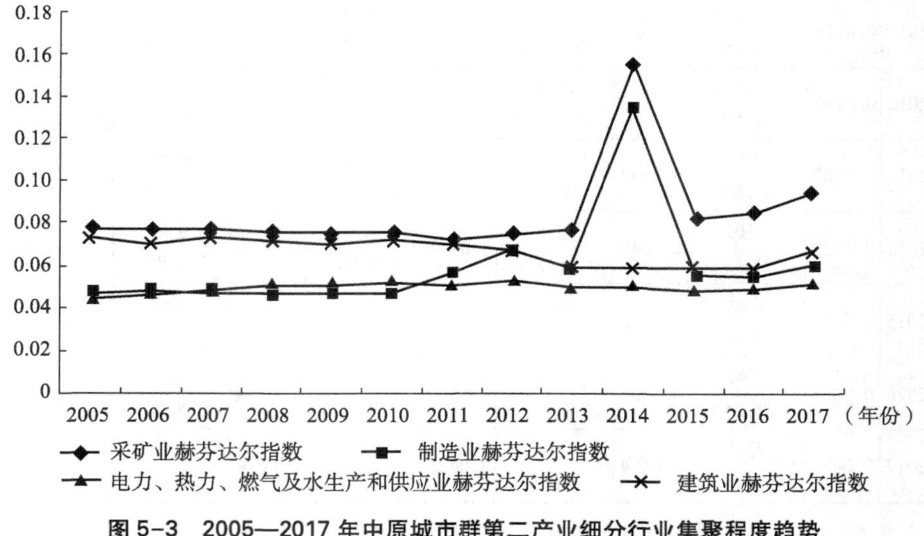

图 5-3　2005—2017 年中原城市群第二产业细分行业集聚程度趋势

由前文对赫芬达尔指数的定义可知，赫芬达尔指数的取值范围是 $[\frac{1}{n}, 1]$。由于本部分采用的是中原城市群除济源外的 29 个地级市的数据，所以赫芬达尔指数的最小值为 $\frac{1}{n}=\frac{1}{29}=0.0345$。从表 5-4 中历年四个细分行业的赫芬达尔指数的数据可以看出，第二产业四个细分行业的赫芬达尔指数均接近 0.0345，说明城市群第二产业总体上在各地区的分布比较均匀，未形成明显的空间集聚分布特征。

表 5-4　2005—2017 年中原城市群第二产业细分行业集聚地市与占比

年份	H_{21}	集聚地市及占比（%）	H_{22}	集聚地市及占比（%）	H_{23}	集聚地市及占比（%）	H_{24}	集聚地市及占比（%）	集聚程度最高的产业
2005	0.0767	平顶山（21.59）	0.0466	郑州（17.04）	0.0446	郑州（16.43）	0.0729	郑州（48.73）	采矿业
2006	0.0765	平顶山（20.54）	0.0471	郑州（16.42）	0.0470	洛阳（20.05）	0.0693	郑州（40.68）	采矿业
2007	0.0765	平顶山（21.21）	0.0476	郑州（17.35）	0.0479	洛阳（20.38）	0.0725	郑州（42.96）	采矿业
2008	0.0757	平顶山（20.99）	0.0469	郑州（15.97）	0.0506	洛阳（22.69）	0.0717	郑州（42）	采矿业
2009	0.0749	平顶山（18.99）	0.0469	郑州（17.88）	0.0513	洛阳（21.84）	0.0689	郑州（39.88）	采矿业
2010	0.0747	平顶山（18.45）	0.0467	郑州（18.04）	0.0518	洛阳（24.12）	0.0714	郑州（43.21）	采矿业
2011	0.0716	晋城（18.15）	0.0565	郑州（38.75）	0.0511	洛阳（26.45）	0.0702	郑州（36.88）	采矿业
2012	0.0737	平顶山（22.52）	0.0676	郑州（55.73）	0.0530	洛阳（23.17）	0.0668	郑州（39.03）	采矿业
2013	0.0767	晋城（21.89）	0.0590	郑州（48.04）	0.0505	郑州（20.65）	0.0595	郑州（30.83）	采矿业
2014	0.1553	晋城（21.70）	0.1349	郑州（46.08）	0.0497	郑州（19.56）	0.0593	郑州（30.75）	采矿业
2015	0.0823	晋城（24.25）	0.0563	郑州（43.60）	0.0484	郑州（19.15）	0.0591	郑州（29.30）	采矿业
2016	0.0854	晋城（26.56）	0.0553	郑州（40.40）	0.0500	郑州（22.07）	0.0584	郑州（28.58）	采矿业
2017	0.0938	晋城（28.60）	0.0604	郑州（43.74）	0.0526	郑州（18.53）	0.0674	郑州（37.05）	采矿业

注：H_{21}、H_{22}、H_{23}、H_{24}分别表示采矿业赫芬达尔指数，制造业赫芬达尔指数，电力、热力、燃气及水生产和供应业赫芬达尔指数，建筑业赫芬达尔指数。

由表 5-4 可知，2005—2017 年采矿业赫芬达尔指数在第二产业所有细分行业中始终最大，采矿业相对于其他产业而言集中趋势最明显，聚集程度最高。这是由于采矿业依靠的是自然资源开发，焦作、鹤壁、平顶山等地市的煤矿在全国具有一定影响力，提高了中原城市群采矿业的聚集程度。建筑业和制造业的赫芬达尔指数居中，电力、热力、燃气及水生产和供应业的赫芬达尔指数最低。究其原因，建筑业的发展更依赖于所依托地市的经济发展状况，以及居民可支配收入的提高，因此集中度较高；而电力、热力、燃气及水生产和供应业不仅是工业生产所必需的基础行业，更是人民生产生活中不可缺少的必需品，由于具有工业属性，所以其具有一定的集聚特性，又由于具有人民生活必需品的属性，所以其分布范围较广，集中度不高。

从表 5-4 中各细分行业的最大集聚地市及占比来看，2005—2017 年除制造业、建筑业的集聚中心（最大集聚地市均为郑州）没有发生变化外，采矿业与电力、热力、燃气及水生产和供应业的集聚中心均发生了迁移。中原城市群采矿业的集聚中心在 2011 年之前一直为平顶山，2011 年集聚中心向晋城迁移的特征开始显现，2013 年之后集聚中心稳定在晋城，并且从集聚占比来看，集聚程度在逐年提高。电力、热力、燃气及水生产和供应业的集聚中心由 2013 年之前的洛阳，逐渐迁移到郑州，但从集聚程度的占比来看，集聚程度呈现下降趋势。制造业的集聚中心为郑州，2017 年集聚程度占比为 43.74%，由此可以看出，制造业向集聚中心倾斜趋势明显，集聚程度很高。建筑业的集聚中心虽没有发生变化，但从集聚程度占比来看，郑州建筑业在整个建筑业中的比重在下降。

2. 中原城市群各地市第二产业细分行业集聚程度发展演变及集聚特征

从图 5-4 可知，中原城市群采矿业在 29 个地市间的分布并不均匀，这是由于采矿业的发展要依靠地市资源禀赋条件。从图 5-4 中各柱体的分布可以看出，中原城市群采矿业主要在邯郸、邢台、长治、晋城、淮北、宿州、菏泽、郑州、洛阳、平顶山、安阳、鹤壁、焦作、濮阳、许昌、三门峡、南阳、商丘等地市

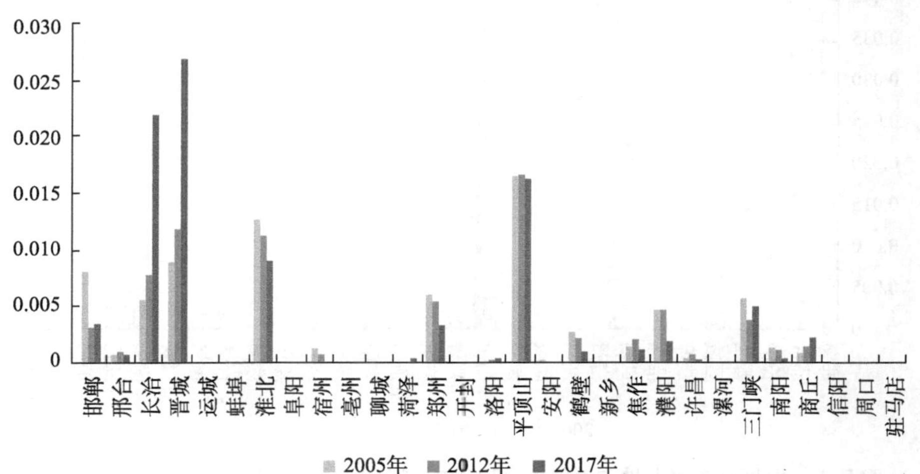

图 5-4 中原城市群各地市采矿业 2005 年、2012 年、2017 年赫芬达尔指数对比

注：本部分研究中原城市群的地市数为 29 个，济源市数据缺失。

集聚，但集聚程度各不相同。晋城、长治、平顶山是中原城市群采矿业集聚程度最高的地市，其中，晋城与长治在2005年、2012年、2017年采矿业的集聚程度都呈现增长局面，特别是2017年呈现突飞猛进的发展，而平顶山在2005年、2012年、2017年采矿业的集聚程度变化不大，2012年较2005年有小幅上涨，2017年较2012年有小幅下跌。平顶山采矿业集聚情况变化不大，可能是由资源储量紧张、地市采矿业集聚程度已很高两个原因引起的，平顶山采矿业的集聚状况的发展演变特征是这两个原因共同作用的结果。

由图5-5可知，中原城市群29个地市建筑业集聚发展的情况也各不相同。郑州建筑业集聚发展程度最高，远远高于其他地市，从郑州在2005年、2012年、2017年三年集聚发展状况的演变看，2012年建筑业的集聚发展较2005年有一个巨大的提高，但2017年郑州建筑业集聚发展程度下降态势较为明显。除郑州外，其他28个地市建筑业集聚发展差异不大，南阳、洛阳、新乡、焦作四个地市建筑业集聚发展程度处于第二梯队，但各地市集聚发展的特征不尽相同，南阳、洛阳、新乡三个地市建筑业集聚发展呈现下降的态势，焦作呈现上升态势。漯河、聊城、许昌、周口、驻马店、平顶山、安阳、运城、邯郸、邢台、长治、信阳12个地市属于第三梯队，其中，邯郸、长治、运城、聊城、平顶山、安阳6个地市建筑业集聚程度逐年下降，其余6个地市基本呈现逐年上升态势。其余12个地市属于第四梯队，该梯队地市建筑业集聚发展程度均较低。

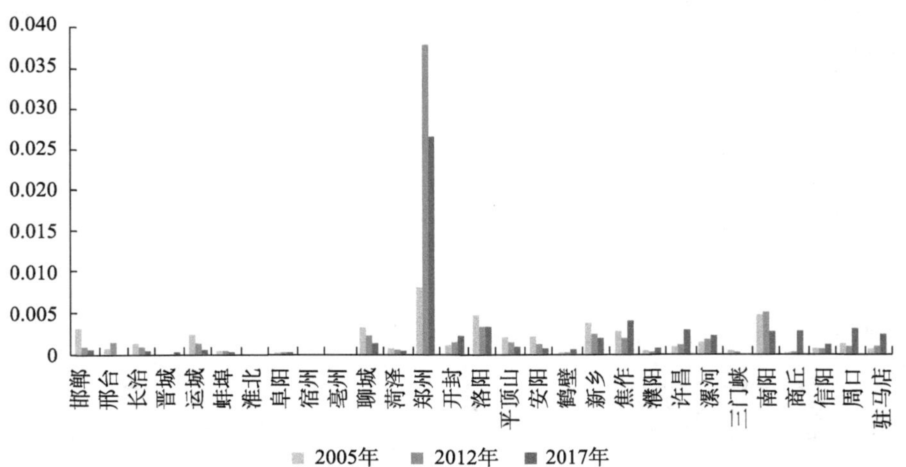

图5-5 中原城市群各地市建筑业2005年、2012年、2017年赫芬达尔指数对比

注：本部分研究中原城市群的地市数为29个，济源市数据缺失。

制造业的发展关系着地区经济发展的质量和速度，制造业集聚发展能够推动制造业专业化发展的进程，因此，从某种角度来看，制造业集聚发展程度也可以反映制造业专业化发展的程度。中原城市群 29 个地市制造业集聚发展程度差异较大，但较采矿业与建筑业而言，各地市制造业的集聚发展状况明显较好。由图 5-6 中各柱体的情况可以看出，制造业集聚程度较高的地市各年变化较大，但集聚发展前四的地市基本稳定为郑州、洛阳、邯郸、邢台，其中郑州与洛阳集聚发展程度均较高，两个地市制造业集聚程度在 2012 年均出现了剧增的情况，且洛阳集聚发展程度超过了郑州，2017 年两个地市制造业集聚发展程度均呈现下降态势，但洛阳下降得较多，郑州成为中原城市群制造业集聚发展程度最高的地市。邯郸与邢台两地市，制造业集聚发展程度均呈现上升态势，且邯郸上升速度高于邢台。虽然平顶山制造业集聚发展程度在 2017 年较高，在城市群中位居第二，但在此前，集聚程度相对偏低。信阳、焦作、新乡三个地市制造业集聚程度 13 年间变化不大，没有较大提升，也没有大幅下降。阜阳、长治两个地市制造业集聚程度呈现逐年上升态势，周口、信阳、淮北三个地市制造业集聚程度呈现逐年下降态势，其余年份制造业集聚程度呈现先升后降或先降后升的波动发展态势。

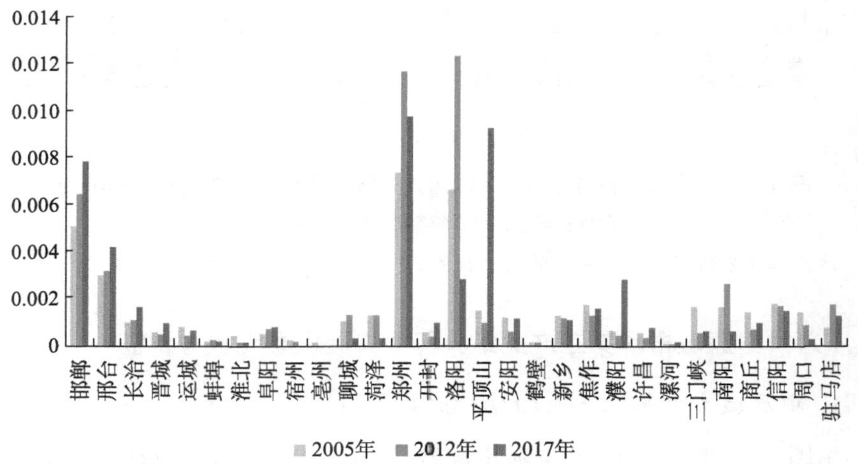

图 5-6 中原城市群各地市制造业 2005 年、2012 年、2017 年赫芬达尔指数对比

注：本部分研究中原城市群的地市数为 29 个，济源市数据缺失。

由图 5-7 中各柱体的位置与分布可以看出，中原城市群 29 个地市电力、热力、燃气及水生产和供应业集聚发展状况差异较大。集聚程度最高的地市为郑州，位于第二位（也是第二梯度）的地市为安阳，且郑州的集聚程度远高于安阳。集聚程度位于第三梯度的地市有邯郸、开封、洛阳、新乡、濮阳、南阳、商丘、信阳、周口、驻马店 10 个地市，且它们集聚程度差别不大。其他 17 个地市电力、热力、燃气及水生产和供应业发展的集聚程度位于第四梯度，该梯度地市基本没有呈现集聚发展态势。从各地市电力、热力、燃气及水生产和供应业集聚发展的演变看，邯郸、郑州、濮阳 3 个地市集聚发展程度呈现逐年下降态势，驻马店、周口、开封、新乡、菏泽、商丘 6 个地方集聚发展呈现逐年上升态势，信阳的集聚发展呈现先降后升的发展态势，南阳、安阳、洛阳、蚌埠、邢台 5 个地方集聚发展呈现先升后降的发展态势。其他地市的集聚发展也呈现形态各异的状态。

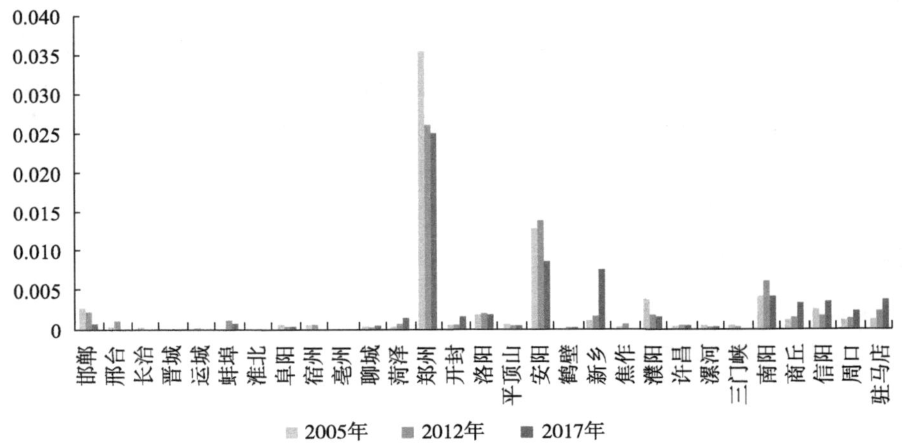

图 5-7　中原城市群各地市电力、热力、燃气及水生产和供应业 2005 年、2012 年、2017 年赫芬达尔指数对比

注：本部分研究中原城市群的地市数为 29 个，济源数据缺失。

（六）中原城市群第三产业细分行业集聚发展现状与特征

1. 中原城市群第三产业细分行业集聚程度发展演变

由图 5-8 可以看出，中原城市群第三产业 14 个细分行业赫芬达尔指数走势存在明显的差异性，意味着城市群第三产业 14 个细分行业集聚发展程度存在显著的异质性。从曲线变动区间来看，第三产业 14 个细分行业赫芬达尔指数在［0.0408，0.2202］变动，根据赫芬达尔指数的定义可知，14 个细分行业的赫芬达尔指数的值偏低，但均高于赫芬达尔指数临界值 0.0333，这意味着 14 个行业集聚发展特征已经显现，但集聚发展仍处于初级阶段。从曲线走势特征可以将 14 个细分行业集聚发展演变分为四种类型：集聚程度较低且几乎无变化、集聚程度略高且变化较弱、集聚程度稍高且在某一区间波动、集聚程度稍高且后期波动剧烈。

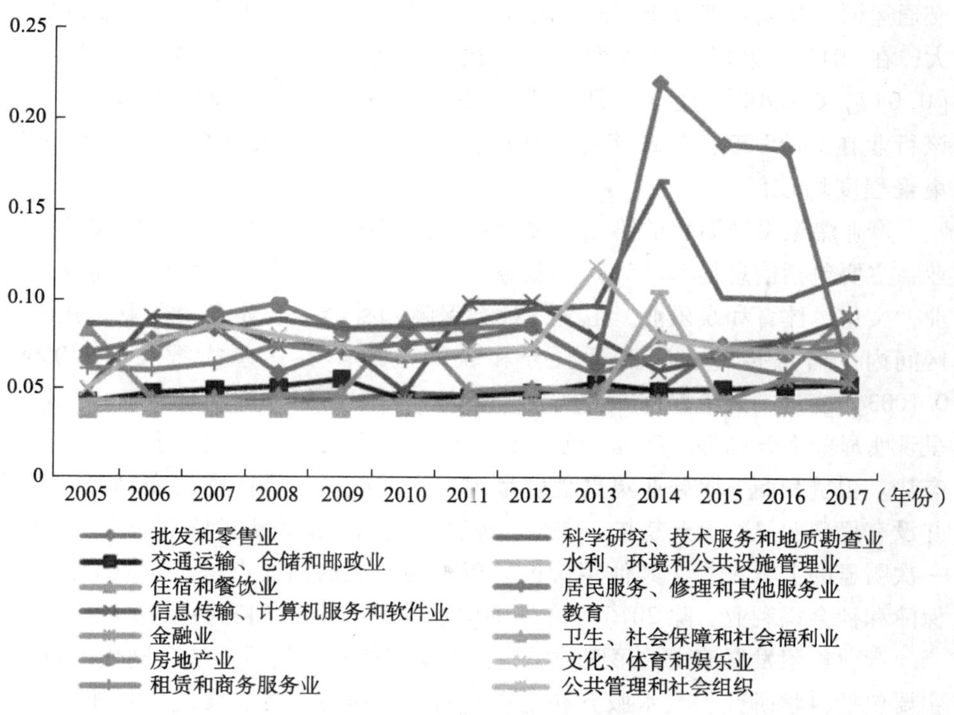

图 5-8　2005—2017 年中原城市群第三产业细分行业集聚程度趋势

产业集聚发展演变第一种类型：集聚程度较低且 2005—2017 年几乎无变化的行业，主要包括教育，水利、环境和公共设施管理业，公共管理和社会组织，金融业 4 个行业。这 4 个行业中教育，水利、环境和公共设施管理业，公共管理和社会组织 3 个行业属于社会公共服务业，其发展是为工业生产与人民生活等提供基础设施支持，因此出现了 2005—2017 年集聚程度较低且几乎无变化的情形。而金融业的发展，尤其是银行业的发展是以普及程度高和覆盖范围广为主要目标，特别是中原城市群金融结构存在显著银行业为主导的特征，虽然证券业的发展会形成较高的集聚程度，但银行业的发展特点会使整个城市群金融业呈现低集聚的状况，且银行业与保险业普及程度越高，金融业集聚发展程度就会越低。

产业集聚发展演变的第二种类型：集聚程度略高且变化较弱的行业，主要包括交通运输、仓储和邮政业，批发和零售业，住宿和餐饮业 3 个行业。其中，交通运输、仓储和邮政业赫芬达尔指数在［0.0455，0.056］变动，该行业集聚发展程度在2013年之前变动不大，在2013年后增长速度有所提升。批发和零售业赫芬达尔指数在［0.0458，0.0796］变动，其变动区间相对于交通运输、仓储和邮政业更大，该行业在2014年之前集聚发展程度变动并不大，在2015年集聚发展程度增长较快。住宿和餐饮业赫芬达尔指数在［0.047，0.0902］变动，其集聚发展程度变动区间较前两个行业更大，该行业在2005年、2010年、2014年经历了三次较大的变动，其余年份集聚程度均较低。

产业集聚发展演变的第三种类型：集聚程度稍高且在某一区间波动的行业，主要包括信息传输、计算机服务和软件业，房地产业，租赁和商务服务业，文化、体育和娱乐业，卫生、社会保障和社会福利业5个行业。在研究区间内，信息传输、计算机服务和软件业的赫芬达尔指数在［0.0509，0.1003］变动，其集聚程度呈现在区间内上下震荡的发展演变特征，并没有呈现明显的上升趋势。房地产业集聚程度在研究区间内呈现先上升后下降的态势。租赁和商务服务业集聚程度呈现在变动区间内震荡的演变趋势，同样并没有呈现明显的上升趋势。文化、体育和娱乐业集聚程度除在2013年经历一次明显的上升之外，其他年份也呈现震荡发展的演变态势。而卫生、社会保障和社会福利业，除2016年之外则均呈现历年不断增长的趋势。

产业集聚发展演变的第四种类型：集聚程度稍高且后期波动剧烈的行业，主要包括科学研究、技术服务和地质勘查业，居民服务、修理和其他服务业两个行业。科学研究、技术服务和地质勘查业的赫芬达尔指数在［0.0844，0.1668］变动，该行业在2013年之前集聚程度呈缓慢波动上升的态势，2014年出现了较大的增幅，2015年虽有所下降，但其集聚程度缓慢增长的态势并没有改变。居民服务、修理和其他服务业的赫芬达尔指数在［0.0608，0.2202］变动，其波动区间是第三产业14个细分行业中最大的，该行业在2013年之前集聚发展程度一直在［0.608，0.865］波动，这一阶段该行业的集聚发展程度并非最高，2014年该行业集聚程度急剧攀升，之后经历了急剧下降的态势。

2. 中原城市群第三产业细分行业集聚特征

为进一步分析中原城市群第三产业细分行业的集聚特征，本书从14个细分行业2005—2017年的赫芬达尔指数的变化，以及各行业集聚中心的演变特征方面进行补充分析。2005—2017年14个行业的赫芬达尔指数与集聚中心的具体情况如表5-5所示。

表 5-5　2005—2017 年中原城市群第三产业 14 个细分行业赫芬达尔指数与集聚中心演变

项目		2005 年	2006 年	2007 年	2008 年	2009 年	2010 年	2011 年	2012 年	2013 年	2014 年	2015 年	2016 年	2017 年
批发和零售业	赫芬达尔指数	0.0458	0.0462	0.0455	0.0474	0.0468	0.0503	0.0493	0.0518	0.0516	0.0525	0.0772	0.0796	0.0613
	集聚地市及占比（%）	南阳（17.30）	郑州（20.59）	郑州（16.65）	郑州（19.51）	郑州（20.69）	郑州（22.87）	郑州（29.67）	郑州（33.76）	郑州（35.66）	郑州（34.02）	宿州（55.35）	宿州（55.22）	郑州（37.78）
交通运输、仓储和邮政业	赫芬达尔指数	0.0455	0.0502	0.0520	0.0536	0.0578	0.0466	0.0488	0.0507	0.0557	0.0524	0.0532	0.0549	0.0560
	集聚地市及占比（%）	郑州（18.04）	郑州（27.06）	郑州（26.57）	郑州（22.72）	郑州（44.86）	郑州（20.54）	郑州（29.25）	郑州（29.68）	郑州（43.52）	郑州（37.81）	郑州（41.32）	郑州（43.93）	郑州（44.63）
住宿和餐饮业	赫芬达尔指数	0.0853	0.0470	0.0473	0.0486	0.0503	0.0903	0.0521	0.0533	0.0515	0.0821	0.0764	0.0775	0.0808
	集聚地市及占比（%）	郑州（68.32）	南阳（17.80）	南阳（19.91）	南阳（19.69）	南阳（21.79）	郑州（67.83）	郑州（26.03）	郑州（28.34）	郑州（34.82）	郑州（64.79）	郑州（53.20）	郑州（52.38）	郑州（60.88）
信息传输、计算机服务和软件业	赫芬达尔指数	0.0521	0.0918	0.0907	0.0758	0.0770	0.0509	0.0999	0.1003	0.0814	0.0628	0.0708	0.0803	0.0926
	集聚地市及占比（%）	郑州（31.79）	郑州（70.55）	郑州（70.64）	郑州（59.01）	郑州（59.46）	郑州（30.56）	郑州（74.17）	郑州（71.49）	郑州（65.32）	郑州（54.82）	郑州（57.44）	郑州（63.7）	郑州（71.12）
金融业	赫芬达尔指数	0.0421	0.0427	0.0436	0.0439	0.0447	0.0459	0.0450	0.0454	0.0472	0.0459	0.0464	0.0589	0.0573
	集聚地市及占比（%）	郑州（22.65）	郑州（22.10）	郑州（27.32）	郑州（25.10）	郑州（24.15）	郑州（25.95）	郑州（26.10）	郑州（27.37）	郑州（27.64）	郑州（25.85）	郑州（26.28）	郑州（48.64）	郑州（43.26）
房地产业	赫芬达尔指数	0.0692	0.0722	0.0926	0.0989	0.0850	0.0854	0.0860	0.0873	0.0671	0.0713	0.0721	0.0732	0.0786
	集聚地市及占比（%）	郑州（55.81）	郑州（51.93）	郑州（66.53）	郑州（68.44）	郑州（48.82）	郑州（57.60）	郑州（48.98）	郑州（54.76）	郑州（53.05）	郑州（59.25）	郑州（54.64）	郑州（56.74）	郑州（52.26）
租赁和商务服务业	赫芬达尔指数	0.0635	0.0627	0.0659	0.0766	0.0722	0.0678	0.0714	0.0749	0.0613	0.0706	0.0671	0.0613	0.0952
	集聚地市及占比（%）	淮北（21.83）	淮北（20.11）	淮北（20.26）	濮阳（40.40）	郑州（31.53）	郑州（34.45）	郑州（32.69）	郑州（36.76）	郑州（42.17）	郑州（53.71）	郑州（52.12）	郑州（46.98）	郑州（73）
科学研究、技术服务和地质勘查业	赫芬达尔指数	0.0878	0.0873	0.0844	0.0901	0.0853	0.0864	0.0892	0.0968	0.0983	0.1668	0.1032	0.1027	0.1152
	集聚地市及占比（%）	郑州（50.44）	郑州（50.26）	郑州（45.36）	郑州（51.03）	郑州（41.22）	郑州（44.40）	郑州（44.87）	郑州（55.95）	郑州（63.48）	鹤壁（74.13）	郑州（66.36）	郑州（63.98）	郑州（69.82）

续表

项目		2005年	2006年	2007年	2008年	2009年	2010年	2011年	2012年	2013年	2014年	2015年	2016年	2017年
水利、环境和公共设施管理业	赫芬达尔指数	0.0458	0.0456	0.0458	0.0428	0.0436	0.0456	0.0449	0.0462	0.0436	0.1060	0.0449	0.0461	0.0489
	集聚地市及占比（%）	郑州（23.43）	郑州（23.90）	郑州（25.18）	郑州（15.43）	郑州（16.35）	郑州（19.30）	郑州（19.29）	郑州（23.49）	郑州（14.50）	鹤壁（75.01）	郑州（18.31）	郑州（19.59）	郑州（22.91）
居民服务、修理和其他服务业	赫芬达尔指数	0.0727	0.0791	0.0852	0.0609	0.0740	0.0769	0.0806	0.0865	0.0658	0.2202	0.1870	0.1845	0.0628
	集聚地市及占比（%）	郑州（32.55）	郑州（35.68）	郑州（57.73）	新乡（22.87）	开封（28.46）	开封（30.07）	郑州（38.98）	郑州（44.99）	郑州（40.58）	周口（45.08）	宿州（87.23）	宿州（88.62）	郑州（29.77）
教育	赫芬达尔指数	0.0412	0.0414	0.0417	0.0417	0.0418	0.0423	0.0424	0.0429	0.0433	0.0439	0.0450	0.0447	0.0449
	集聚地市及占比（%）	南阳（10.22）	南阳（10.62）	南阳（10.86）	三门峡（11.21）	南阳（10.93）	郑州（11.93）	郑州（12.70）	郑州（13.79）	郑州（13）	南阳（14.78）	南阳（16.54）	南阳（16.97）	南阳（17.26）
卫生、社会保障和社会福利业	赫芬达尔指数	0.0408	0.0414	0.0415	0.0421	0.0421	0.0422	0.0433	0.0438	0.0442	0.0455	0.0463	0.0459	0.0468
	集聚地市及占比（%）	郑州（12.04）	郑州（12.62）	郑州（12.57）	郑州（15.50）	郑州（16.22）	郑州（16.95）	郑州（20.06）	郑州（21.91）	郑州（22.43）	郑州（23.88）	郑州（23.28）	郑州（23.18）	郑州（26.84）
文化、体育和娱乐业	赫芬达尔指数	0.0527	0.0772	0.0871	0.0815	0.0759	0.0703	0.0738	0.0755	0.1198	0.0809	0.0751	0.0741	0.0724
	集聚地市及占比（%）	郑州（38.52）	郑州（65.97）	郑州（71.50）	郑州（68.31）	郑州（65.36）	郑州（60.83）	郑州（62.25）	郑州（64.12）	郑州（82.23）	郑州（67.86）	郑州（50.65）	郑州（44.92）	郑州（59.87）
公共管理和社会组织	赫芬达尔指数	0.0414	0.0412	0.0411	0.0417	0.0416	0.0419	0.0415	0.0415	0.0421	0.0421	0.0422	0.0421	0.0426
	集聚地市及占比（%）	郑州（10）	郑州（10.82）	郑州（11.65）	郑州（13.09）	郑州（12.41）	郑州（12.72）	郑州（12.41）	郑州（11.80）	郑州（13.99）	郑州（14.31）	郑州（13.88）	郑州（13.91）	郑州（15.24）
集聚程度最高的产业		科学研究、技术服务和地质勘查业	信息传输、计算机服务和软件业	房地产业	房地产业	科学研究、技术服务和地质勘查业	住宿和餐饮业	信息传输、计算机服务和软件业	信息传输、计算机服务和软件业	文化、体育和娱乐业	居民服务、修理和其他服务业	居民服务、修理和其他服务业	居民服务、修理和其他服务业	科学研究、技术服务和地质勘查业

由表5-5可知，中原城市群第三产业14个细分行业赫芬达尔指数在［0.0408，0.2202］变动，根据赫芬达尔指数的内涵可知，第三产业14个细分行业均显现出了明显的集聚特征，但集聚程度较低，具有巨大的集聚发展潜力。另外，从细分行业集聚程度对比上看，集聚程度居第一位的行业为居民服务、修理和其他服务业，该行业的赫芬达尔指数2005—2017年均值达到0.1028；居于第二位的行业是科学研究、技术服务和地质勘查业，其赫芬达尔指数13年均值达到0.0995；居于第三位、第四位与第五位的行业分别为房地产业，信息传输、计算机服务和软件业，文化、体育和娱乐业，其赫芬达尔指数13年均值分别为0.0799、0.0789、0.0782，3个细分行业发展的集聚程度差别并不大。在集聚程度排名前五的细分行业中，有3个行业与高科技有关，这是由于这些行业的生存多依赖于产业多样化发展程度较深、科技创新氛围浓厚的地市环境，所以其集聚发展的特征较为明显。而居民服务业、修理和其他服务业，以及房地产业的产生与发展多依赖于市场的深度和广度，从而也易集聚化发展。

从第三产业细分行业集聚中心的分布来看，14个细分行业的集聚中心大多数年份在郑州，特别是2017年，除了教育之外，其他13个细分行业的集聚中心均在郑州。从第三产业细分行业集聚中心的迁移特征来看，交通运输、仓储和邮政业，信息传输、计算机服务和软件业，金融业，房地产业，卫生、社会保障和社会福利业，文化、体育和娱乐业，公共管理和社会组织，这7个细分行业的集聚中心并没有发生变化，2005—2017年一直是郑州。但从郑州集聚程度的占比来看，其在7个细分行业中的位置并不相同。在文化、体育和娱乐业，作为集聚中心的郑州在2013年集聚占比达到了82.23%，虽最近几年有所下降，在2017年集聚占比也达到了59.87%；在信息传输、计算机服务和软件业，作为集聚中心的郑州，集聚占比在2017年达到了71.12%；在房地产业，郑州集聚占比在2017年达到了52.26%。在这些行业中，作为集聚中心的郑州，其集聚发展程度具有很强的优势。但在公共管理和社会组织行业中，作为集聚中心的郑州，集聚占比在2017年为15.24%，在该行业中郑州虽然具有优势，但优势并不明显，同时也表明了该行业集聚发展程度较低。除了这7个细分行业外，其他7个细分行业集聚中心在研究区间均发生了迁移。

从第三产业细分行业2005—2017年集聚程度最高行业的变化来看，集聚程度最高的行业并不固定，一直在改变，这也说明中原城市群各行业集聚发展的优势并不明显，具有明显优势和竞争力的主导产业也不明晰。

二、中原城市群金融业集聚发展演变及特征

中原城市群金融业集聚程度的测算方法与产业集聚程度的测算方法相同，均采用赫芬达尔指数（行业集中度）的方法，在此不再赘述。本书将金融业细分为三个行业，即银行业、证券业、保险业，计算金融业以及 3 个细分行业的赫芬达尔指数时，采用第四章构建的金融发展评价指标体系中的综合评价值进行表征。根据公式的说明，可知若金融业在城市群内均匀发展，那么此时的集聚程度为$\frac{1}{30}$，即 3.33%。

（一）中原城市群整体金融业集聚发展演变规律及特征

1. 中原城市群整体金融集聚发展演变规律及特征

由图 5-9 可知，中原城市群金融集聚程度相对较高，历年来集聚程度均在 0.033 以上，且集聚程度呈现先降后升的趋势。

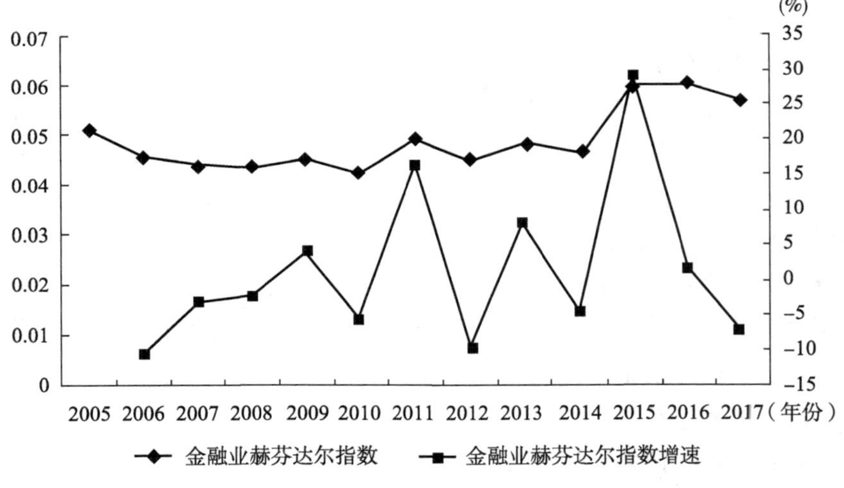

图 5-9　中原城市群整体金融业集聚程度变化趋势

其一，阶段性特征。中原城市群金融集聚程度大致可以划分为三个阶段：第一阶段为 2005—2010 年，该阶段整体集聚程度较高，但呈现下降趋势，从 2005 年的 0.0511 下降到 2010 年的 0.0424，总体下降不甚明显。在该阶段，虽然某些年份郑州等个别地市在整个中原城市群金融市场中占有领先地位，但是以中原地市为基础，整体发展水平相对较低，区域内的金融中心的地位虽然有所凸显，但是尚未达到一定的高度。同时，该阶段的金融业发展又受到全球性金融危机的影响，中原城市群的金融业难免也受到了较大的冲击，

越是发达的金融市场，开放程度越高，其受到的冲击必然越大，这也是中原城市群在此期间金融集中度相对下降的重要因素。第二阶段为 2011—2014 年，在该阶段中，中原城市群的金融业集中度虽然有所波动，但是基本维持在 0.048 左右，集聚发展态势依然不明显。这一阶段，2012 年中原经济区的建立给城市群金融集聚带来正面影响，但是中原城市群整体金融市场相对不发达，金融集聚分工未形成，而且 2014 年股票市场的波动，使集中度高的地区又一次受到冲击，导致城市群集中度出现波动。第三阶段为 2015—2017 年，在该阶段，中原城市群金融业集中度呈现增长的趋势，尤其在 2015 年急剧增长，虽然 2017 年经历一次下降，但集中度依然处于较高水平，达到 0.0563。在这一阶段，城市群经济优化升级，产业结构经历了重要调整，中心集聚地市进一步发展，城市群金融业集聚化发展的态势明显增强。

其二，波动性特征。13 年内中原城市群金融业赫芬达尔指数的增速区间为［-10.33%，28.75%］，可见城市群金融业集聚化发展波动比较大。一方面，中原城市群整体金融市场相对不发达，金融结构不完善且较为脆弱，容易受到冲击，抵抗风险的能力弱；另一方面，城市群金融业中心集聚地市的自身发展能力不足，不能较好地发挥辐射带动作用。

2. 中原城市群各地市整体金融集聚发展演变规律及特征

为了进一步了解中原城市群整体金融业集聚程度，本书从 2005—2017 年中原城市群 30 个地市整体金融业的集聚态势方面进行补充分析。表 5-6 给出了 2006 年、2011 年、2015 年、2017 年中原城市群各地市整体金融业发展集聚程度的排名，并按照排名分为三类，即前十位、第十一至第二十位、后十位。

表 5-6 中原城市群各地市不同年份金融集聚程度分类

年份	前十位	第十一至第二十位	后十位
2006	郑州(34.70%)、长治(7.26%)、平顶山(6.84%)、运城(4.21%)、宿州(3.89%)、阜阳(3.52%)、新乡(3.52%)、晋城(3.49%)、邯郸(2.79%)、商丘(2.55%)	许昌(2.22%)、周口(2.07%)、濮阳(1.99%)、洛阳(1.98%)、聊城(1.93%)、安阳(1.83%)、焦作(1.78%)、菏泽(1.75%)、驻马店(1.72%)、南阳(1.62%)	邢台(1.47%)、蚌埠(1.19%)、淮北(1.10%)、信阳(1.05%)、亳州(0.99%)、鹤壁(0.67%)、开封(0.63%)、漯河(0.60%)、三门峡(0.48%)、济源(0.17%)
	占比和：72.77%	占比和：18.89%	占比和：8.34%

续表

年份	前十位	第十一至第二十位	后十位
2011	郑州(37.54%)、新乡(13.20%)、聊城(5.60%)、许昌(5.48%)、焦作(3.36%)、商丘(2.50%)、洛阳(2.35%)、邯郸(2.35%)、阜阳(2.06%)、菏泽(2.02%)	周口(1.99%)、南阳(1.77%)、运城(1.73%)、驻马店(1.62%)、安阳(1.57%)、淮北(1.48%)、宿州(1.38%)、晋城(1.38%)、蚌埠(1.29%)、平顶山(1.25%)	邢台(1.19%)、长治(1.13%)、亳州(1.12%)、漯河(1.09%)、信阳(1.03%)、濮阳(0.83%)、开封(0.54%)、三门峡(0.47%)、鹤壁(0.43%)、济源(0.29%)
	占比和：76.44%	占比和：15.44%	占比和：8.12%
2015	郑州(58.72%)、邯郸(3.67%)聊城(2.70%)、洛阳(2.44%)、信阳(2.20%)、菏泽(2.12%)、邢台(2.01%)、运城(1.98%)、蚌埠(1.91%)、周口(1.88%)	阜阳(1.84%)、长治(1.61%)、南阳(1.59%)、安阳(1.33%)、新乡(1.29%)、驻马店(1.27%)、商丘(1.15%)、晋城(1.12%)、焦作(1.03%)、濮阳(1.02%)	平顶山(1.00%)、宿州(0.96%)、漯河(0.87%)、鹤壁(0.78%)、淮北(0.73%)、亳州(0.72%)、三门峡(0.71%)、许昌(0.68%)、开封(0.52%)、济源(0.19%)
	占比和：79.61%	占比和：13.24%	占比和：7.15%
2017	郑州(53.91%)、阜阳(5.45%)、聊城(2.87%)、洛阳(2.77%)、邯郸(2.76%)、运城(2.42%)、亳州(2.05%)、宿州(2.02%)、菏泽(1.94%)、南阳(1.92%)	邢台(1.87%)、商丘(1.80%)、长治(1.72%)、新乡(1.61%)、许昌(1.60%)、平顶山(1.58%)、信阳(1.39%)、安阳(1.22%)、周口(1.20%)、驻马店(1.20%)	晋城(1.08%)、开封(0.99%)、濮阳(0.90%)、焦作(0.82%)、蚌埠(0.81%)、淮北(0.73%)、济源(0.39%)、三门峡(0.36%)、漯河(0.35%)、鹤壁(0.29%)
	占比和：78.10%	占比和：15.18%	占比和：6.72%

注：百分率代表各地市赫芬达尔指数在中原城市群中的占比。

首先，从中原城市群各地市金融集聚程度的排名来看，金融集聚程度地市排名一直在变化，仅第一位和最后一位地市较为稳定：郑州一直是金融业集聚发展程度最深的地市，而且金融业集聚程度呈增长的趋势，2017 年达到 53.91%；济源在 2006 年、2011 年、2015 年处于最后一位，2006 年济源金融赫芬达尔指数仅为 0.17%，2015 年也仅有 0.19%。2017 年，虽然郑州金融赫芬达尔指数小幅下降，但是最后一位的鹤壁，其金融赫芬达尔指数相对于其他年份最后一位来说有所上升。由此说明，中原城市群金融正在集聚发展。

其次，从中原城市群各地市金融集聚程度每类占比和来看，第一类即前十位地市占比和呈现不断增长的趋势，都达到了 70%以上；第二类和第三类即第十一至第二十位和后十位地市占比和不断下滑，第二类占比和在 15%左右震荡下滑，而第三类即后十位占比和持续下滑，均低于 10%，2017 年为 6.72%，这说明中原城市群金融集聚发展差异明显。

再次，从中原城市群各地市金融集聚程度的增速来看，各地市金融集聚程度发展态势具有差异性：2011年与2006年相比，金融集聚程度增速最高的地市是新乡，增长了9.68个百分点，从第七位跃居到第二位，集聚程度明显增强，而且与第一位的集聚程度差距进一步缩小；2015年与2011年相比，金融集聚程度增速最高的是郑州，仅4年的时间，郑州集聚程度增长21.18个百分点，达到50%以上，其原因是郑州开始逐渐发挥城市群的中心带头作用，一方面政策倾斜力度有所加强，另一方面郑州经济发展带动郑州金融集聚程度进一步加深；2017年与2015年相比，大部分地市金融集聚程度有小幅下滑，但阜阳在2017年增长幅度较大，从第十一位上升到第二位，增长到5.45%。

最后，从中原城市群各年金融集聚程度呈现负增长的地市数量来看，2011年、2015年、2017年分别有17个、18个、18个，占比分别为56.67%、60%、60%，说明城市群金融集聚程度呈现负增长的地市数目依然较多，城市群金融集聚发展依然具有很大的上升空间，在促进金融集聚程度高的地市发展的同时，还要提高其他地市金融集聚程度。

（二）中原城市群银行业发展集聚特征及演变

1. 中原城市群银行业集聚发展演变规律及特征

图5-10给出了中原城市群银行业集聚程度变化趋势，整体来看，中原城市群银行业集聚程度相对较高，2005—2017年银行业集聚程度均在0.033以上，且银行业集聚程度在研究区间内呈现基本两年一转折的上升和下降的波动过程。

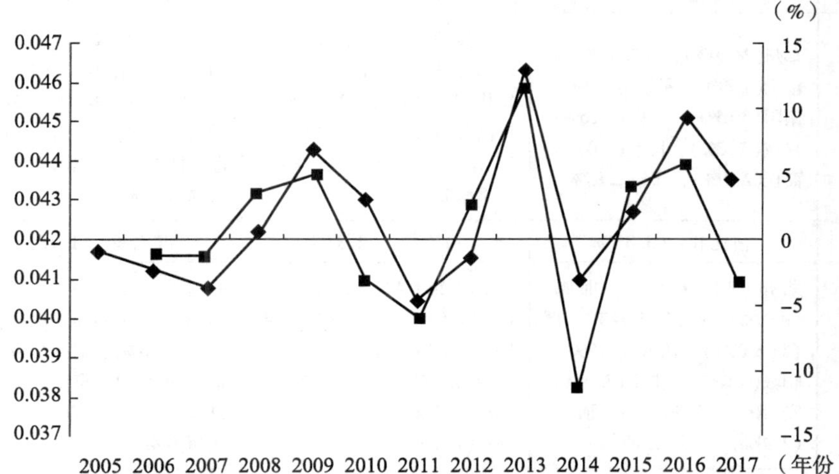

图5-10 中原城市群银行业集聚程度变化趋势

具体从阶段来看：第一阶段（2005—2007 年），银行业赫芬达尔指数呈现缓慢下降的趋势，说明中原城市群银行业集聚程度在不断减弱，中心集聚地区并未突出；第二阶段（2008—2009 年），银行业赫芬达尔指数上升，在这一阶段全球金融危机爆发，但由于城市群银行业受到的冲击较小，反而促进了城市群银行业的集聚程度，城市群银行业集聚程度不降反升；第三阶段（2010—2011 年），银行业集聚程度持续下降，在 2011 年触底，逼近 0.04；第四阶段（2012—2013 年），城市群银行业集聚程度明显提高，在 2013 年增长到最高值 0.463，部分原因是 2012 年中原经济区的建立，促使银行业集聚程度上升；第五阶段（2014 年），城市群银行业集聚程度急转直下，由于城市群 2014 年进行经济产业调整，对各地市银行业发展产生一定影响；第六阶段（2015—2017 年），城市群银行业聚集程度在不断增强，虽然 2017 年集中程度有所下降，但城市群银行业正朝着聚集发展。

2. 中原城市群各地市银行业集聚发展演变规律及特征

为了进一步了解中原城市群银行业的集聚程度，本书从 2005—2017 年中原城市群 30 个地市整体银行业的集聚态势方面进行补充分析。表 5-7 给出了 2005 年、2009 年、2013 年、2017 年中原城市群各地市整体银行业发展集聚程度的排名分类，按照排名分为三类，即前十位、第十一至第二十位、后十位。

表 5-7　中原城市群各地市银行业不同年份集聚程度分类

年份	前十位	第十一至第二十位	后十位
2005	郑州(28.60%)、邯郸(8.57%)、洛阳(4.79%)、平顶山(3.96%)、南阳(3.65%)、阜阳(3.55%)、晋城(3.33%)、长治(3.06%)、商丘(2.99%)、邢台(2.85%)	焦作(2.66%)、新乡(2.63%)、菏泽(2.50%)、聊城(2.48%)、宿州(2.40%)、运城(2.17%)、许昌(2.08%)、淮北(2.08%)、安阳(1.98%)、三门峡(1.89%)	周口(1.75%)、驻马店(1.71%)、信阳(1.57%)、开封(1.50%)、蚌埠(1.24%)、鹤壁(1.18%)、亳州(1.04%)、濮阳(0.79%)、漯河(0.69%)、济源(0.31%)
	占比和：65.35%	占比和：22.87%	占比和：11.78%
2009	郑州(31.51%)、邯郸(9.99%)、菏泽(5.74%)、邢台(5.03%)、洛阳(4.96%)、聊城(3.66%)、南阳(3.19%)、安阳(2.87%)、平顶山(2.29%)、淮北(2.16%)	信阳(2.04%)、许昌(2.00%)、焦作(1.98%)、鹤壁(1.97%)、周口(1.94%)、开封(1.90%)、新乡(1.89%)、长治(1.71%)、濮阳(1.62%)、商丘(1.53%)	驻马店(1.47%)、晋城(1.36%)、亳州(1.32%)、三门峡(1.16%)、宿州(1.02%)、运城(0.95%)、阜阳(0.94%)、蚌埠(0.78%)、济源(0.60%)、漯河(0.41%)
	占比和：71.40%	占比和：18.58%	占比和：10.01%

续表

年份	前十位	第十一至第二十位	后十位
2013	郑州(36.61%)、阜阳(6.08%)、运城(4.62%)、洛阳(4.21%)、邯郸(4.15%)、信阳(4.10%)、南阳(2.95%)、蚌埠(2.94%)、邢台(2.81%)、亳州(2.73%)	新乡(2.46%)、晋城(2.35%)、安阳(2.29%)、商丘(2.18%)、聊城(1.90%)、长治(1.89%)、宿州(1.83%)、开封(1.81%)、淮北(1.77%)、三门峡(1.76%)	平顶山(1.66%)、菏泽(1.39%)、驻马店(1.19%)、许昌(1.06%)、濮阳(1.05%)、周口(0.96%)、焦作(0.73%)、鹤壁(0.29%)、济源(0.16%)、漯河(0.14%)
	占比和：71.20%	占比和：20.18%	占比和：8.63%
2017	郑州(27.21%)、阜阳(10.20%)、聊城(6.67%)、宿州(4.78%)、邯郸(4.72%)、洛阳(4.41%)、亳州(3.87%)、菏泽(3.57%)、平顶山(3.49%)、许昌(2.91%)	南阳(2.36%)、邢台(2.83%)、驻马店(2.19%)、周口(1.91%)、商丘(1.78%)、信阳(1.73%)、开封(1.66%)、运城(1.58%)、长治(1.36%)、淮北(1.32%)	新乡(1.31%)、晋城(1.23%)、蚌埠(1.09%)、安阳(1.06%)、焦作(1.01%)、濮阳(0.81%)、济源(0.75%)、三门峡(0.71%)、鹤壁(0.68%)、漯河(0.31%)
	占比和：71.83%	占比和：19.22%	占比和：8.96%

注：百分率代表各地市赫芬达尔指数在中原城市群中的占比。

首先，从中原城市群各地市银行业集聚程度的排名来看，银行业集聚程度地市排名处于变动中，仅排名第一位和最后一位地市较为稳定，分别是郑州和漯河，郑州银行业的集聚程度呈增长的趋势，但郑州的中心集聚程度并不突出，2017 年仅为 27.21%；漯河在 2009 年、2013 年、2017 年处于最后一位，且集聚程度呈现下降的态势。

其次，从中原城市群各地市银行业集聚程度每类占比和来看，第一类即前十位地市占比和呈现不断增长的趋势，上升态势比较明显，2005 年占比和为 65.35%，到 2017 年增长至 71.83%；第二类和第三类占比和呈现减少的趋势，第三类即后十位在 2017 年集聚程度占比和为 8.96%。相对于中原城市群整体金融前十位、后十位占比和而言，银行业前十位占比较少，后十位占比较多，这说明中原城市群银行业集聚程度比较弱，郑州在银行业发挥的集聚效应较整体金融业来说比较小，但从趋势来看中原城市群银行业集聚程度在不断提升。

最后，从中原城市群各地市银行业集聚程度的增速来看，各地市银行业集聚程度发展态势具有差异性：2009 年与 2005 年相比，金融集聚程度增速最高的地市是菏泽，增长了 3.24 个百分点，从第十三位跃居到第三位，银行业集聚程度明显增强；2013 年与 2009 年相比，金融集聚程度增速最高的是阜阳，2013 年阜阳集聚程度为 6.08%，位居第二，而 2009 年仅为 0.94%，列第二十七位，主要是因为阜阳在 2009 年集聚程度有明显的下降；2017 年与 2013 年相比，作为中心集聚地的郑州集聚程度出现小幅下降，但聊城增长幅度较大，从第十五位上升到第三位，集聚程度增长至 6.67%。但依然有不少地市银行业集聚程度在各年呈现负增长趋势，这与各地市银行业的发展差异有关。

（三）中原城市群证券业发展集聚特征及演变

1. 中原城市群证券业集聚发展演变规律及特征

图 5-11 给出了中原城市群证券业集聚程度变化趋势。整体来看，中原城市群证券业集聚程度比较高，且证券业集聚程度在研究区间内呈现波动变化的趋势。从城市群证券业赫芬达尔指数的大小来看，2005—2017 年中原城市群证券业赫芬达尔指数处于 0.06～0.12，高于证券业平均水平 3.33%，意味着中原城市群证券业集聚发展态势较为明显。

从中原城市群证券业集聚程度的变化趋势来看，2005—2017 年中原城市群证券业赫芬达尔指数波动幅度比较大，在研究区间内经历了两段较长时间的下滑，第一次是在 2005—2010 年，前期是由于城市群证券业发展水平低，而且中心集聚地市虽然在 2005 年有所凸显，但是发展能力依然不足，集聚程度有所下滑；后期是由于受到全球金融危机的影响，城市群证券业发展受阻，证券集聚程度明显减弱。第二次是在 2011—2014 年，在 2011 年较上个阶段集聚程度回升后，又开始呈现下滑的趋势，但是下降幅度比较小，2012—2014 年集聚程度在 0.58 附近波动，这一阶段，中原经济区成立和发展，证券业在各地市之间的发展进入调整阶段，孕育着下一阶段证券业集聚程度增加的趋势。在 2015 年，中原城市群证券业显著集聚发展，郑州作为城市群证券业中心的地位不断加强，尽管 2016 年之后有小幅下降，但城市群证券业集聚程度依然很高。

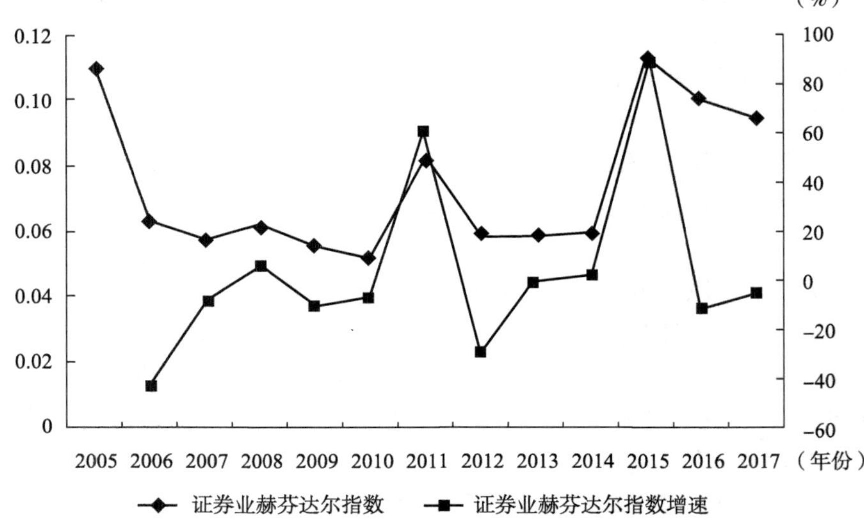

图 5-11 中原城市群证券业集聚程度变化趋势

2. 中原城市群各地市证券业集聚发展演变规律及特征

为了进一步了解中原城市群证券业的集聚程度，本书从2005—2017年中原城市群30个地市整体证券业的集聚态势方面进行补充分析。表5-8给出了2006年、2011年、2015年、2017年中原城市群各地市整体证券业发展集聚程度的排名分类，按照排名分为三类，即前十位、第十一至第二十位、后十位。

表5-8 中原城市群各地市不同年份证券业集聚程度分类

年份	前十位	第一一至第二十位	后十位
2006	郑州(50.74%)、长治(9.30%)、宿州(6.08%)、平顶山(5.90%)、晋城(4.00%)、运城(3.37%)、商丘(2.40%)、许昌(1.78%)、邯郸(1.54%)、淮北(1.49%)	洛阳(1.41%)、蚌埠(1.27%)、周口(1.21%)、濮阳(1.18%)、邢台(1.17%)、南阳(1.09%)、安阳(0.89%)、新乡(0.85%)、聊城(0.68%)、阜阳(0.66%)	焦作(0.61%)、驻马店(0.48%)、信阳(0.36%)、开封(0.32%)、三门峡(0.30%)、菏泽(0.28%)、漯河(0.25%)、亳州(0.18%)、鹤壁(0.14%)、济源(0.07%)
	占比和：86.60%	占比和：10.41%	占比和：2.99%
2011	郑州(31.32%)、长治(14.83%)、蚌埠(7.99%)、邢台(5.05%)、焦作(5.00%)、漯河(4.75%)、宿州(3.34%)、许昌(3.10%)、晋城(2.96%)、阜阳(2.45%)	洛阳(2.44%)、淮北(2.19%)、商丘(2.09%)、聊城(1.97%)、邯郸(1.70%)、周口(1.05%)、南阳(1.01%)、濮阳(0.98%)、新乡(0.88%)、安阳(0.82%)	平顶山(0.77%)、运城(0.60%)、信阳(0.59%)、开封(0.49%)、菏泽(0.44%)、驻马店(0.39%)、三门峡(0.30%)、亳州(0.18%)、济源(0.14%)、鹤壁(0.13%)
	占比和：80.81%	占比和：15.14%	占比和：4.05%
2015	郑州(58.44%)、商丘(3.76%)、洛阳(3.37%)、周口(2.44%)、新乡(2.24%)、邯郸(2.20%)、晋城(2.18%)、济源(2.17%)、南阳(2.05%)、淮北(1.82%)	濮阳(1.62%)、安阳(1.60%)、邢台(1.48%)、三门峡(1.42%)、阜阳(1.31%)、信阳(1.24%)、菏泽(1.17%)、鹤壁(1.13%)、长治(1.11%)、许昌(0.95%)	开封(0.92%)、聊城(0.86%)、宿州(0.73%)、蚌埠(0.72%)、焦作(0.71%)、平顶山(0.53%)、亳州(0.53%)、驻马店(0.53%)、运城(0.45%)、漯河(0.31%)
	占比和：80.66%	占比和：13.05%	占比和：6.29%
2017	郑州(78.87%)、商丘(2.12%)、洛阳(1.68%)、邯郸(1.48%)、邢台(1.09%)、运城(1.03%)、南阳(1.02%)、聊城(0.99%)、开封(0.96%)、许昌(0.85%)	菏泽(0.77%)、濮阳(0.75%)、长治(0.71%)、新乡(0.68%)、阜阳(0.68%)、蚌埠(0.64%)、安阳(0.63%)、焦作(0.63%)、周口(0.62%)、晋城(0.58%)	驻马店(0.51%)、淮北(0.45%)、信阳(0.42%)、宿州(0.40%)、亳州(0.38%)、平顶山(0.29%)、济源(0.25%)、漯河(0.21%)、三门峡(0.20%)、鹤壁(0.07%)
	占比和：90.10%	占比和：6.70%	占比和：3.20%

注：百分率代表各地市赫芬达尔指数在中原城市群中的占比。

首先，从中原城市群各地市证券业集聚程度的排名来看，证券业主要集聚在郑州、长治、商丘、洛阳、邯郸，尤其是郑州，证券业的中心集聚作用极为突出，在研究区间内始终位居第一，在2017年郑州证券业集聚程度达到78.87%，而最后一位的鹤壁仅为0.07%。由此说明，城市群证券业在郑州集聚程度高，集聚发展态势突出。

其次，从中原城市群各地市证券业集聚程度每类占比和来看，第一类即前十位地市占比和虽然在个别年份有所下降，但整体来看占比和上升态势比较明显，2017年前十位地市集聚程度达到了90.10%；相应地，第二类和第三类占比和呈现减少的趋势，第三类即后十位在2017年集聚程度占比和仅为3.20%。根据前面的分析，与中原城市群整体金融业集聚程度分类占比和以及银行业分类占比和相比，城市群证券业集聚程度极为突出，意味着影响城市群金融业集聚程度的主要是证券业集聚程度。

最后，从中原城市群各地市证券业集聚程度的增速来看，2017年与2006年相比，城市群各地市金融集聚程度呈现正增长的地市个数仅为10个，其余地市均呈现负增长，而且第一位和第二位的地市证券业集聚程度差距增大，一方面说明城市群证券业集聚程度强，尤其是中心集聚地市，另一方面也说明其他地市证券业集聚程度不高，城市群证券业的集聚效应较弱。

（四）中原城市群保险业发展集聚特征及演变

1. 中原城市群保险业集聚发展演变规律及特征

图5-12给出了中原城市群保险业集聚程度变化趋势。整体来看，中原城市群保险业集聚程度比较低，按照保险业在城市群内均匀发展的情况，保险业赫芬达尔指数为$\frac{1}{30}$，即3.33%，从图5-12中可以看出，2005—2017年中原城市群保险业集聚程度处于0.038~0.046，意味着城市群保险业集聚发展处于初级阶段。

从保险业集聚程度在研究区间内变化的趋势来看，2005—2017年中原城市群保险业赫芬达尔指数在0.04上下波动，根据其增速分为三个阶段：第一阶段是2005—2010年保险业集聚程度波动变化阶段，增速呈现“M”形发展，这一方面是由于中原城市群保险业发展基础薄弱，保险环境阻碍了保险业发展，所以中原城市群保险业整体较为落后；另一方面是因为全球金融危机对保险业造成一定的影响。第二阶段是2011—2014年，城市群保险业集聚程度依然不突出，尽管在2012年城市群保险业的集聚有一定发展，但是之后两年间呈现负增长；第三阶段是2015—2017年，城市群保险业呈现集聚发展的态势，2016年集聚程度增速达到11.4%，2017年赫芬达尔指数达到了

0.046，其原因是中原城市群保险业得到进一步发展，中心集聚效应开始凸显。

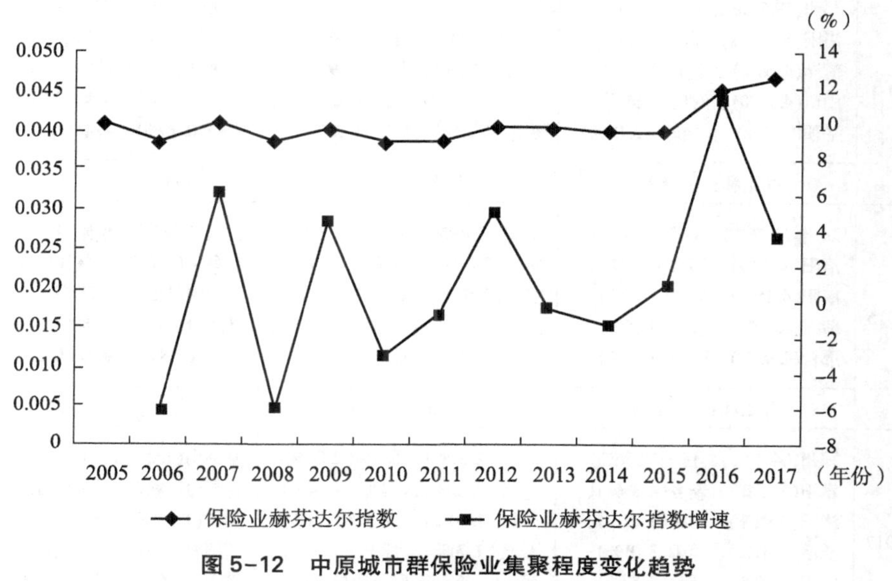

图 5-12　中原城市群保险业集聚程度变化趋势

2. 中原城市群各地市保险业集聚发展演变规律及特征

为了进一步了解中原城市群保险业的集聚程度，本书从 2005—2017 年中原城市群 30 个地市整体保险业的集聚态势方面进行补充分析。表 5-9 给出了 2006 年、2011 年、2015 年、2017 年中原城市群各地市整体保险业发展集聚程度的排名分类，按照排名分为三类，即前十位、第十一至第二十位、后十位。

表 5-9　中原城市群各地市不同年份保险业集聚程度分类表

年份	前十位	第十一至第二十位	后十位
2006	郑州(26.99%)、邯郸(7.23%)、洛阳(5.87%)、新乡(3.68%)、南阳(3.64%)、聊城(3.64%)、平顶山(3.31%)、晋城(3.27%)、安阳(3.02%)、长治(3.00%)	焦作(2.93%)、蚌埠(2.78%)、邢台(2.72%)、濮阳(2.69%)、宿州(2.57%)、运城(2.52%)、阜阳(2.51%)、商丘(2.46%)、许昌(1.99%)、菏泽(1.89%)	周口(1.64%)、驻马店(1.58%)、三门峡(1.57%)、开封(1.39%)、信阳(1.36%)、亳州(1.01%)、淮北(0.96%)、漯河(0.86%)、鹤壁(0.65%)、济源(0.28%)
	占比和：63.65%	占比和：25.05%	占比和：11.30%

续表

年份	前十位	第十一至第二十位	后十位
2011	郑州(19.28%)、邯郸(7.83%)、洛阳(5.68%)、邢台(5.52%)、菏泽(4.68%)、南阳(4.43%)、周口(4.21%)、商丘(3.64%)、平顶山(3.40%)、新乡(3.01%)	运城(3.01%)、安阳(2.99%)、许昌(2.97%)、信阳(2.86%)、长治(2.83%)、阜阳(2.69%)、驻马店(2.59%)、晋城(2.53%)、焦作(2.23%)、聊城(1.92%)	淮北(1.90%)、濮阳(1.47%)、宿州(1.40%)、三门峡(1.36%)、开封(1.35%)、蚌埠(1.27%)、亳州(1.11%)、漯河(0.91%)、鹤壁(0.70%)、济源(0.23%)
	占比和：61.68%	占比和：26.61%	占比和：11.71%
2015	郑州(25.76%)、阜阳(5.61%)、洛阳(4.90%)、邯郸(4.67%)、南阳(4.15%)、运城(3.95%)、菏泽(3.49%)、晋城(3.16%)、邢台(2.92%)、商丘(2.86%)	济源(2.83%)、新乡(2.82%)、宿州(2.63%)、聊城(2.60%)、安阳(2.50%)、蚌埠(2.41%)、三门峡(2.33%)、周口(2.28%)、亳州(2.25%)、长治(2.14%)	许昌(2.08%)、信阳(1.88%)、驻马店(1.74%)、焦作(1.70%)、平顶山(1.59%)、濮阳(1.40%)、淮北(1.40%)、开封(1.04%)、漯河(0.58%)、鹤壁(0.31%)
	占比和：61.48%	占比和：24.78%	占比和：13.73%
2017	郑州(34.29%)、运城(8.36%)、阜阳(6.23%)、新乡(4.39%)、洛阳(3.98%)、邯郸(3.97%)、长治(3.31%)、南阳(3.01%)、安阳(2.92%)、邢台(2.82%)	信阳(2.55%)、菏泽(2.28%)、亳州(2.21%)、聊城(2.14%)、开封(1.90%)、周口(1.74%)、晋城(1.74%)、商丘(1.70%)、宿州(1.45%)、驻马店(1.36%)	平顶山(1.21%)、濮阳(1.15%)、许昌(1.14%)、蚌埠(1.12%)、焦作(1.00%)、淮北(0.78%)、三门峡(0.53%)、漯河(0.36%)、济源(0.26%)、鹤壁(0.10%)
	占比和：73.29%	占比和：19.07%	占比和：7.64%

注：百分率代表各地市赫芬达尔指数在中原城市群中的占比。

首先，从中原城市群各地市保险业集聚程度的排名来看，前三位地市主要是郑州、邯郸、洛阳。郑州也是城市群保险业集聚中心，但郑州保险业的集聚程度与整体金融业、银行业、证券业相比较弱，虽然2017年郑州集聚程度有所增加，但也仅达到34.29%。由此说明中原城市群保险业中心集聚态势相对其他金融业子行业较弱。

其次，从中原城市群各地市保险业集聚程度每类占比和来看，第一类即前十位地市占比和在2011年、2015年均有所下降，前十位占比和在2015年为61.48%，但在2017年占比和突破70%，达到73.29%；相应地，第二类和第三类占比和在2015年之前呈现增加的趋势，第十一至第二十位占比在25%上下浮动，第三类即后十位占比和高于10%。与前述的中原城市群整体金融业、银行业、证券业集聚程度分类占比和相比，城市群保险业发展比较均匀，集聚程度并不明显。

最后，从中原城市群各地市保险业集聚程度的增速来看，2011年，郑州出现集聚程度下降的趋势，但邯郸位居第二，集聚程度并没有下降，两者差距有缩小的趋势，意味着郑州保险业中心集聚地位有所动摇；2015 年，郑州集聚程度有所回升，而且第二位集聚程度出现下滑，郑州开始稳固其保险业中心集聚地位；2017 年，郑州集聚发展态势明显，占比突破 30%，鹤壁处于最后一位，集聚程度仅为 0.1%。由此说明中原城市群保险业集聚发展处于初级阶段，依然有很大的上升空间，但就趋势而言，保险业集聚态势开始逐渐凸显。

三、中原城市群产业分工合作的测度与分析

（一）中原城市群产业分工合作强度测算方法

对于中原城市群产业分工合作强度的测算，本书引用分析区域经济合作强度的测算方法。区域间经济合作强度的测算法，最常用的是以 Reilly（1929）提出的引力模型来测算区域间经济发展的“距离衰减效应”以及“空间相互作用”。但引力模型在研究区域经济合作强度时，对区域间产业结构差异、规模差异、距离等因素缺少论证。本书在克鲁格曼指数的基础上，计算产业分工合作强度，其计算公式如式（5.2）所示。

$$R_{ij}=k\times\frac{\sqrt{P_iG_i\cdot P_jG_j}}{D_{ij}^2} \tag{5.2}$$

其中，R_{ij}表示两地市间的产业分工合作强度；k 表示克鲁格曼指数，即两区域间的产业结构差异程度；i、j 表示地市 i 与地市 j；P_i、P_j 表示地市 i 与地市 j 的经济规模，本书用 GDP 来衡量；G_i、G_j 表示地市 i 与地市 j 就业人数；D_{ij}表示两地市之间的距离，本书用两个地市之间的经济距离来表示，即两个地市 GDP 之差。产业分工合作强度随着 R_{ij}指数的增大而提高，即 R_{ij}越大两地市间产业分工合作的强度越大，地市之间产业分工与合作的程度越深；反之，则两地市间产业分工与合作的程度越弱。

为了深入分析中原城市群各地市间产业分工合作状况，本部分与产业结构差异部分采用相同的处理方法，借助能够反映两个地市间产业分工合作强度的指标 R_{Mij}、能够反映各地市整体产业分工合作强度的指标 R_{ci}、能够反映整体产业分工与合作强度的指标 R_{wt}三个指标进行详细分析，这三个指标的计算方法与式（3.15）、式（3.16）和式（3.17）中的计算方法相同，具体如下：

反映城市群两地市间产业分工合作强度的指标为 R_{Mij}，其计算公式如式（5.3）所示。

$$R_{Mij}=\frac{1}{n}\sum\nolimits_{t=1}^{n}R_{ijt} \tag{5.3}$$

其中，i、j 分别表示地市 i 与地市 j；R_{Mij} 表示城市群地市 i 与地市 j 产业分工合作强度的 n 年均值，本书中 $n=13$；R_{ijt} 表示地市 i 与地市 j 第 t 年的产业分工合作强度。

反映各地市整体产业分工合作强度的指标为 R_{ci}，其计算公式如式（5.4）所示。

$$R_{ci} = \frac{1}{m}\sum_{j=1}^{m} R_{ijt} \tag{5.4}$$

其中，i、j 分别表示地市 i 与地市 j；R_{ci} 表示城市群地市 i 与包括其自己在内的 29 个地市产业分工合作强度的均值，m 为地市个数，本书中 $m=29$；R_{ijt} 表示地市 i 与地市 j 第 t 年的产业分工合作强度。

反映整体产业分工与合作强度的指标 R_{wt}，其计算公式如式（5.5）所示。

$$R_{wt} = \frac{1}{m}\sum_{i=1}^{m} \frac{1}{m}\sum_{j=1}^{m} R_{ijt} \tag{5.5}$$

其中，R_{wt} 表示第 t 年中原城市群整体产业分工合作强度；m 为地市总数，本书中 $m=29$；i 为地市 i，j 为地市 j，R_{ijt} 表示地市 i 与地市 j 第 t 年的产业分工合作强度。

（二）中原城市群整体产业分工合作的发展演化

根据式（5.5）计算出中原城市群各地市间产业分工与合作指数，并将该指数以折线图的形式表现出来，即为 2005—2017 年中原城市群各地市间产业分工与合作强度的演变态势，具体如图 5-13 所示。

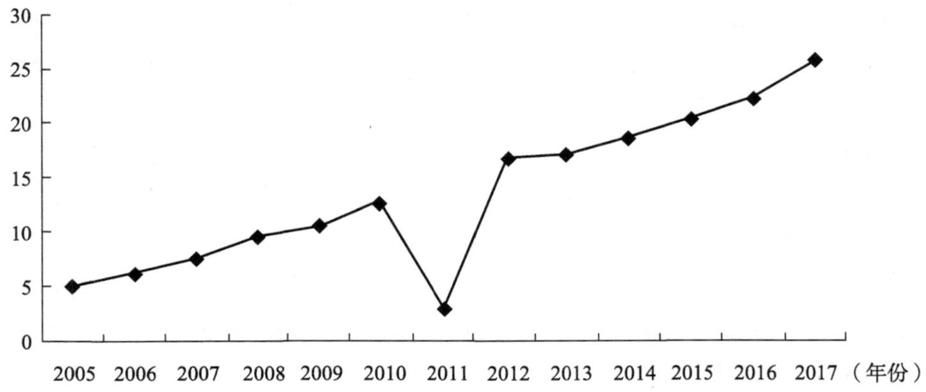

图 5-13 2005—2017 年中原城市群各地市产业分工合作平均联系强度走势

由曲线的整体走势来看，中原城市群各地市产业分工合作的平均联系强度呈现上升趋势，这说明城市群中地市间的产业发展关系网络越来越紧密，产业发展的空间联系越来越强，这有助于集聚经济的出现。从曲线在研究区间的波动情况来看，中原城市群各地市间产业分工合作平均联系强度在2011年出现骤降，其他年份呈现上升趋势。自2012年中原经济区成立后，城市群各地市之间产业分工合作强度出现逐年上升的态势。

（三）中原城市群各地市产业分工合作的发展演化

根据式（5.4）计算出能够反映中原城市群各地市与其他地市产业分工合作强度的指数，并利用具有代表性的2005年、2012年、2017年三年数据，用柱形图的方式进行对比分析，具体如图5-14所示。由图5-14的内容可以看出，2005年、2012年、2017年中原城市群29个地市产业发展的联系强度均呈现逐年增长的态势，其中郑州、安阳、新乡、焦作、许昌、邯郸、菏泽、周口、商丘9个地市与其他地市产业分工合作强度增长最快。运城、淮北、三门峡、信阳4个地市与其他地市联系强度增长较慢，意味着这4个地市2005—2017年与其他地市进行的产业合作与分工较少，这也成为限制这些地市发展的瓶颈之一。从中原城市群各地市与其他地市产业分工合作强度的值来看，郑州与其他地市产业发展的联系强度最大，这也说明郑州产业发展的辐射作用最强，符合其经济中心和金融中心的地位；安阳与其他地市产业联系强度仅次于郑州；邯郸、新乡、焦作、许昌、菏泽5个地市与其他地市的产业联系强度也很强，处于第三梯度。

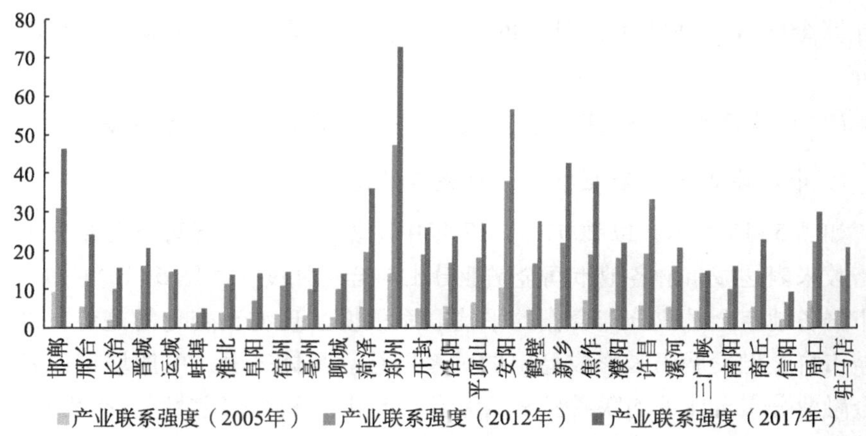

图5-14 中原城市群各地市与其他地市产业分工合作强度差异对比

注：限于篇幅，本图只展示2005年、2012年、2017年均值进行对比分析，其他年份不在正文中列出。由于缺少济源的数据，研究的地市是中原城市群除了济源之外的29个地市。

为了对中原城市群各地市间产业平均联系强度进行详细分析，本书增加了对29个地市在2005—2017年两两地市间产业平均联系强度的分析，两地市间平均联系强度数据按照式（5.5）计算得出，具体如表5-10所示。从地市间联系的紧密程度来看，邯郸与安阳、邢台与邯郸、长治与安阳、晋城与焦作、运城与三门峡、蚌埠与宿州、淮北与宿州、阜阳与周口、宿州与淮北、亳州与商丘、聊城与邯郸、菏泽与濮阳、郑州与新乡、开封与郑州、洛阳与郑州、平顶山与许昌、安阳与鹤壁、鹤壁与安阳、新乡与郑州、焦作与郑州、濮阳与菏泽、许昌与平顶山、漯河与周口、三门峡与运城、南阳与平顶山、商丘与亳州、信阳与驻马店、周口与漯河、驻马店与漯河，这29对地市之间第一个地市与第二个地市之间的产业关联强度比每一对中第一个地市与除第二个地市外的其他地市之间的产业关联强度都更强。也就是说，若以第一个地市为关联参照，其与第二个地市之间进行的产业分工与合作最多，形成的产业关联网也最紧密。

四、中原城市群金融合作强度的测度与分析

（一）中原城市群金融合作强度的测算方法

中原城市群金融合作强度的测算方法与产业结构差异的测算方法相同，均在克鲁格曼指数的基础上计算分工合作强度，以及对合作强度进行数学处理，具体方法在此不再赘述。其中计算金融合作强度时用金融综合评价值代替，为了和产业合作强度具有可比性，将综合评价值扩大10000倍。特别地，在计算金融合作强度时，同样也分为金融业、银行业、证券业、保险业四部分。

（二）中原城市群金融业及其三个子行业合作强度的发展演化

1. 中原城市群金融业整体合作强度的发展演化

如图5-15所示，以2005—2017年中原城市群各地市间金融业分工与合作指数来表达城市群各地市间金融业分工与合作强度。由图5-15可知，中原城市群各地市金融业分工合作的平均联系强度呈现波动变化的趋势，说明中原城市群金融发展仍未形成稳定的关系网络。具体来看，中原城市群各地市间金融业分工合作平均联系强度经历了“上升—下降—缓升”三个发展阶段：第一阶段，除了2008年由于金融危机有小幅下降以外，2005—2010年中原城市群金融业合作强度整体上呈现不断增长的趋势，各地市间金融联系愈加紧密；第二阶段，2011—2014年中原城市群金融合作强度不断下降，2012年中原经济区成立也没有带来金融联系与合作；第三阶段，2015—2017年中原城市群金融合作强度缓慢上升，说明中原城市群正在加强金融业的联系与合作。

表 5-10 2005—2017 年中原城市群 29 个地市间产业平均联系强度

地市	邯郸	邢台	长治	晋城	运城	蚌埠	淮北	阜阳	宿州	亳州	聊城	菏泽	郑州	开封	洛阳
邯郸	0.000	142.392	22.737	11.857	3.680	1.413	3.149	2.947	2.716	3.611	41.069	21.499	31.773	13.702	10.575
邢台	142.392	0.000	11.556	5.909	1.492	0.935	1.770	1.434	1.719	1.640	19.704	7.244	16.268	6.142	5.687
长治	22.737	11.556	0.000	13.113	4.289	0.718	0.555	1.713	1.298	1.711	5.194	7.516	25.977	7.835	12.816
晋城	11.857	5.909	13.113	0.000	7.866	0.772	0.267	1.865	1.170	1.876	3.904	6.968	47.631	10.143	40.473
运城	3.680	1.492	4.289	7.866	0.000	0.416	0.779	1.062	0.908	0.825	0.821	1.575	12.564	2.397	18.767
蚌埠	1.413	0.935	0.718	0.772	0.416	0.000	11.079	11.490	24.996	4.403	1.316	2.906	2.833	1.267	1.060
淮北	3.149	1.770	0.555	0.267	0.779	11.079	0.000	12.011	119.409	20.029	4.012	10.036	6.114	4.044	2.315
阜阳	2.947	1.434	1.713	1.865	1.062	11.490	12.011	0.000	15.097	11.746	2.695	4.522	13.544	6.173	4.604
宿州	2.716	1.719	1.298	1.170	0.908	24.996	119.409	15.097	0.000	14.999	4.516	7.559	6.821	3.838	2.707
亳州	3.611	1.640	1.711	1.876	0.825	4.403	20.029	11.746	14.999	0.000	3.368	11.143	14.306	8.123	3.780
聊城	41.069	19.704	5.194	3.904	0.821	1.316	4.012	2.695	4.516	3.368	0.000	27.385	11.611	5.070	2.800
菏泽	21.499	7.244	7.516	6.968	1.575	2.906	10.036	4.522	7.559	11.143	27.385	0.000	47.591	34.610	9.668
郑州	31.773	16.268	25.977	47.631	12.564	2.833	6.114	13.544	6.821	14.306	11.611	47.591	0.000	117.25	55.25
开封	13.702	6.142	7.835	10.143	2.397	1.267	4.044	6.173	3.838	8.123	5.070	34.610	117.253	0.000	8.914
洛阳	10.575	5.687	12.816	40.473	18.767	1.060	2.315	4.604	2.707	3.780	2.800	9.668	55.254	8.914	0.000
平顶山	4.500	2.537	1.215	2.949	4.477	1.559	1.251	7.014	2.817	5.071	2.952	8.521	55.557	13.951	26.779
安阳	239.631	49.651	27.115	13.132	3.394	0.999	2.579	3.815	2.847	4.426	23.757	34.018	27.865	14.230	9.714
鹤壁	40.449	11.011	7.589	3.713	1.444	0.540	0.570	1.491	1.064	1.692	5.622	12.810	12.105	6.379	3.795
新乡	30.686	12.998	25.069	34.710	4.088	1.040	3.067	5.139	3.180	5.882	6.655	29.357	161.393	34.565	15.863
焦作	15.138	6.912	19.079	95.368	5.465	1.009	1.567	3.292	2.164	3.209	3.368	13.617	120.046	17.869	32.192
濮阳	33.818	14.278	5.223	3.669	2.074	1.256	2.153	3.600	2.622	5.271	29.068	114.936	20.567	16.597	6.099
许昌	7.260	3.377	4.622	7.801	3.196	1.830	3.283	9.066	3.977	8.132	2.684	14.278	87.383	19.539	13.802
漯河	3.966	2.013	1.943	2.761	1.462	1.349	2.197	8.841	3.185	6.594	1.272	7.224	21.040	7.131	5.935
三门峡	2.487	1.621	0.954	2.022	193.159	0.495	0.288	1.059	0.660	0.900	1.429	2.210	10.956	2.648	25.679
南阳	4.241	2.628	3.811	5.966	5.088	1.228	2.688	6.063	2.629	3.396	2.536	5.294	20.367	5.044	15.838
商丘	8.188	4.048	4.061	3.948	1.832	4.843	20.750	11.908	11.920	54.404	10.041	52.272	26.997	18.683	6.760
信阳	2.102	1.389	1.811	2.181	1.609	1.698	2.975	10.060	2.653	3.427	1.947	3.120	9.790	2.589	5.032
周口	7.762	3.647	5.008	6.273	2.457	4.104	9.762	25.687	9.297	26.400	3.958	13.940	43.874	13.565	10.758
驻马店	3.927	2.299	2.946	3.854	2.350	1.749	4.209	15.669	4.071	7.193	2.414	6.337	18.622	3.808	8.318

续表

地市	平顶山	安阳	鹤壁	新乡	焦作	濮阳	许昌	漯河	三门峡	南阳	商丘	信阳	周口	驻马店
邯郸	4.500	239.631	40.449	30.686	15.138	33.818	7.260	3.966	2.487	4.241	8.188	2.102	7.762	3.927
邢台	2.537	49.651	11.011	12.998	6.912	14.278	3.377	2.013	1.621	2.628	4.048	1.389	3.647	2.299
长治	1.215	27.115	7.589	25.069	19.079	5.223	4.622	1.943	0.954	3.811	4.061	1.811	5.008	2.946
晋城	2.949	13.132	3.713	34.710	95.368	3.669	7.801	2.761	2.022	5.966	3.948	2.181	6.273	3.854
运城	4.477	3.394	1.444	4.088	5.465	2.074	3.196	1.462	193.159	5.088	1.832	1.609	2.457	2.350
蚌埠	1.559	0.999	0.540	1.040	1.009	1.256	1.830	1.349	0.495	1.228	4.843	1.698	4.104	1.749
淮北	1.251	2.579	0.570	3.067	1.567	2.153	3.283	2.197	0.288	2.688	20.750	2.975	9.762	4.209
阜阳	7.014	3.815	1.491	5.139	3.292	3.600	9.066	8.841	1.059	6.063	11.908	10.060	25.687	15.669
宿州	2.817	2.847	1.064	3.180	2.164	2.622	3.977	3.185	0.660	2.629	11.920	2.653	9.297	4.071
亳州	5.071	4.426	1.692	5.882	3.209	5.271	8.132	6.594	0.900	3.396	54.404	3.427	26.400	7.193
聊城	2.952	23.757	5.622	6.655	3.368	29.068	2.684	1.272	1.429	2.536	10.041	1.947	3.958	2.414
菏泽	8.521	34.018	12.810	29.357	13.617	114.936	14.278	7.224	2.210	5.294	52.272	3.120	13.940	6.337
郑州	55.56	27.87	12.10	161.39	120.05	20.57	87.38	21.04	10.96	20.37	27.00	9.790	43.874	18.622
开封	13.951	14.230	6.379	34.565	17.869	16.597	19.539	7.131	2.648	5.044	18.683	2.589	13.565	3.808
洛阳	26.779	9.714	3.795	15.863	32.192	6.099	13.802	5.935	25.679	15.838	6.760	5.032	10.758	8.318
平顶山	0.000	4.964	1.047	12.058	8.335	2.329	92.097	39.969	1.571	46.128	8.372	12.057	39.030	38.663
安阳	4.964	0.000	245.031	25.398	18.959	41.123	7.349	2.881	2.665	3.887	10.755	2.104	7.905	3.219
鹤壁	1.047	245.031	0.000	22.747	5.080	10.561	1.850	0.904	0.682	1.754	3.710	1.130	3.090	1.664
新乡	12.058	25.398	22.747	0.000	78.132	20.680	13.221	4.311	4.554	5.713	12.589	2.859	10.590	4.142
焦作	8.335	18.959	5.080	78.132	0.000	8.003	6.430	2.335	4.832	7.501	6.904	3.512	9.472	5.786
濮阳	2.329	41.123	10.561	20.680	8.003	0.000	6.053	2.787	0.974	3.214	12.027	1.781	8.161	2.970
许昌	92.097	7.349	1.850	13.221	6.430	6.053	0.000	34.094	3.666	17.015	12.450	9.093	55.742	24.989
漯河	39.969	2.881	0.904	4.311	2.335	2.787	34.094	0.000	1.726	13.870	9.277	10.652	89.635	54.548
三门峡	1.571	2.665	0.682	4.554	4.832	0.974	3.666	1.726	0.000	7.075	1.652	1.733	3.252	2.679
南阳	46.128	3.887	1.754	5.713	7.501	3.214	17.015	13.870	7.075	0.000	4.843	13.101	13.718	19.660
商丘	8.372	10.755	3.710	12.589	6.904	12.027	12.450	9.277	1.652	4.843	0.000	3.446	20.726	6.308
信阳	12.057	2.104	1.130	2.859	3.512	1.781	9.093	10.652	1.733	13.101	3.446	0.000	11.032	20.865
周口	39.030	7.905	3.090	10.590	9.472	8.161	55.742	89.635	3.252	13.718	20.726	11.032	0.000	35.617
驻马店	38.663	3.219	1.664	4.142	5.786	2.970	24.989	54.548	2.679	19.660	6.308	20.865	35.617	0.000

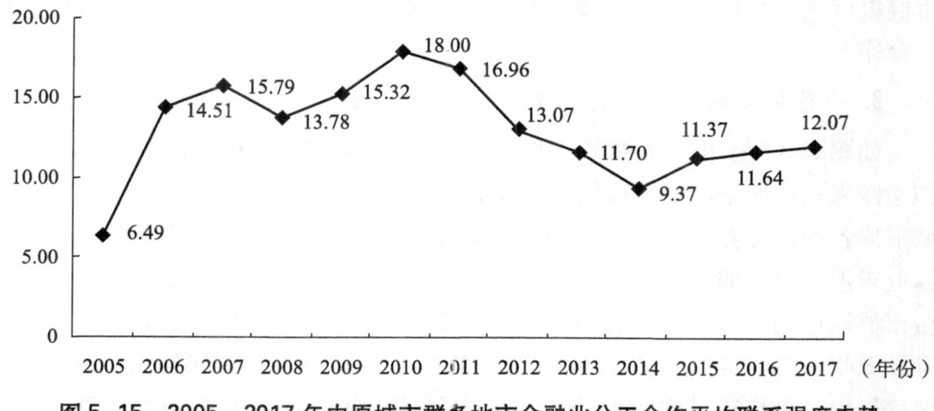

图 5-15　2005—2017 年中原城市群各地市金融业分工合作平均联系强度走势

2. 中原城市群银行业整体合作强度的发展演化

如图 5-16 所示，以 2005—2017 年中原城市群各地市间银行业分工与合作指数来表达城市群各地市间银行业分工与合作强度。由图 5-16 可知，中原城市群各地市银行业分工合作的平均联系强度变化较为平稳，在 30 上下波动，说明中原城市群银行业发展关系网络比较稳定。具体来看，中原城市群地市间银行业分工合作平均联系强度经历了"平稳—上升—下降—上升"四个发展阶段：第一阶段（2005—2009 年），中原城市群银行业合作强度相对比较稳定，在 2008 年经济危机之前银行业合作强度走势缓慢上升，2008 年之后又小幅下降；第二阶段（2010—2011 年），城市群银行业合作强度呈上升趋势，各地市间银行业联系愈加紧密；第三阶段（2012—2015 年），合作强度有所下降，银行业联系与合作变得松散；第四阶段（2016—2017 年），城

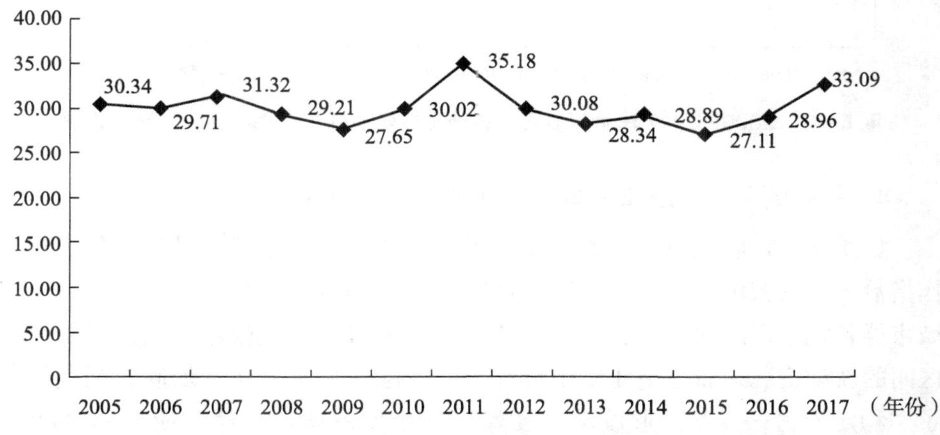

图 5-16　2005—2017 年中原城市群各地市银行业分工合作平均联系强度走势

市群银行业合作强度走势缓慢上升，说明中原城市群正在加强银行业的联系与合作。

3. 中原城市群证券业整体合作强度的发展演化

如图 5-17 所示，以 2005—2017 年中原城市群各地市间证券业分工与合作指数来表达城市群各地市间证券业分工与合作强度。由图 5-17 可知，中原城市群各地市证券业分工合作的平均联系强度波动较大，说明中原城市群证券业未形成稳定的合作发展关系。从曲线在研究区间的波动情况来看，中原城市群地市间证券业分工合作平均联系强度呈现频繁波动的状态：第一次上升在 2005—2007 年，城市群证券业合作平均联系强度持续走强，而 2008 年金融危机中，合作联系强度经历了第一次下降；第二次上升在 2009—2010 年，处于合作关系修复时期，但 2011 年中原城市群证券业合作强度又开始下降；第三次上升在 2012 年，中原经济区初步成立，一定程度上加强了各地市间证券业的合作强度，但之后合作强度经历了持续的下滑；2015—2017 年是第四次上升，上升幅度较小，中原城市群证券业的合作关系在缓慢趋向紧密。

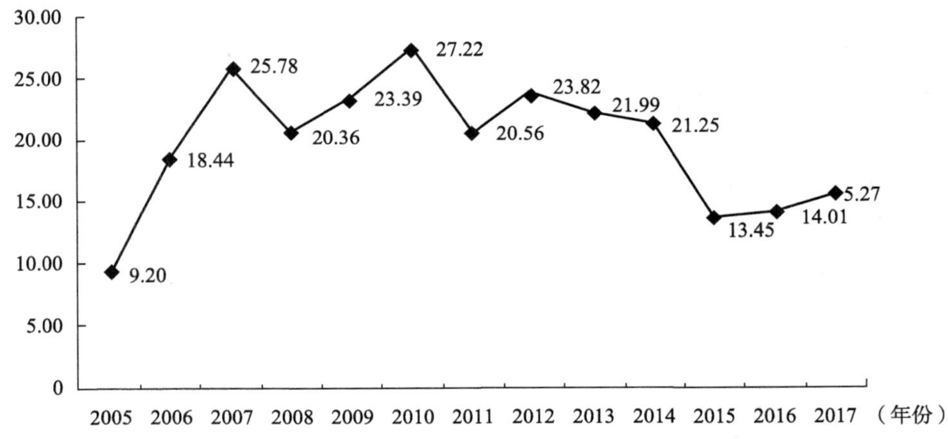

图 5-17　2005—2017 年中原城市群各地市证券业分工合作平均联系强度走势

4. 中原城市群保险业整体合作强度的发展演化

如图 5-18 所示，以 2005—2017 年中原城市群各地市间保险业分工与合作指数来表达城市群各地市间保险业分工与合作强度。由图 5-18 可知，中原城市群各地市保险业分工合作的平均联系强度波动变化较小。从曲线在研究区间的波动情况来看，中原城市群地市间保险业分工合作平均联系强度经历了“稳定上升—‘V’形波动—缓降”三个发展阶段：第一阶段是 2005—

2010年，中原城市群保险业合作强度整体上呈不断增长的趋势，地市间保险业联系与合作愈加紧密；第二阶段是2012—2013年，中原城市群保险合作强度走势突然下降又迅速回升，这与保险市场的政策性调整有很大关系；第三阶段是2014—2017年，中原城市群保险业合作强度持续走弱，说明中原城市群保险业的联系与合作趋向松散。

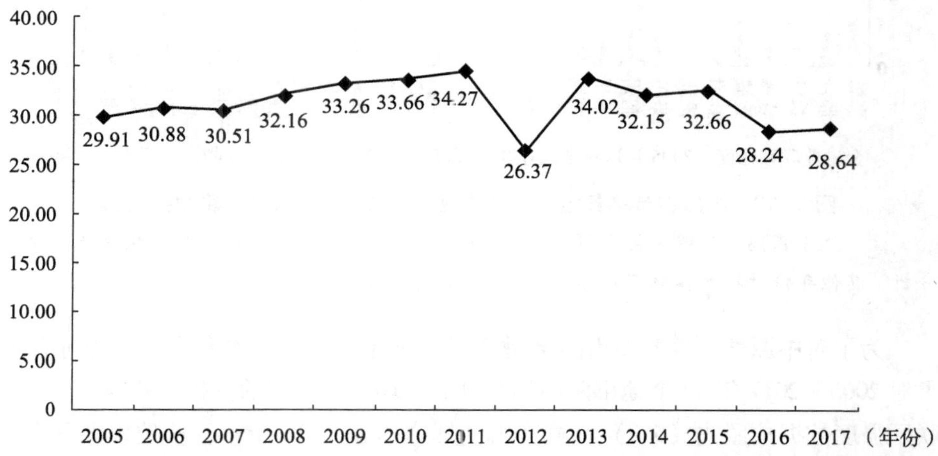

图5-18　2005—2017年中原城市群各地市保险业分工合作平均联系强度走势

（三）中原城市群各地市金融业及其三个子行业合作强度的发展演化

1. 中原城市群各地市金融业合作强度的发展演化

根据式（5.4）计算出能够反映中原城市群各地市与其他地市金融业分工合作强度的指数，并对具有代表性的2005年、2012年、2017年三年数据，用柱形图的方式进行对比分析。如图5-19所示，中原城市群各地市与其他地市的金融业合作联系强度呈现明显差异性：从各年份的对比来看，运城、亳州、聊城、郑州、平顶山、安阳、鹤壁、新乡、许昌、济源10个地市与其他地市的金融业合作联系强度呈现逐年上升的趋势，占比33.33%；蚌埠、淮北、宿州、商丘4个地市与其他地市金融业合作联系强度呈现先降后升趋势，占比13.33%；邯郸、邢台、长治、晋城、阜阳、菏泽、开封、洛阳、焦作、濮阳、漯河、三门峡、南阳、信阳、周口、驻马店16个地市与其他地市金融业合作联系强度呈现先升后降的趋势，占比53.33%。从各地市与其他地市金融业分工合作强度的值来看，郑州与其他地市金融业发展的联系强度最大，这也说明郑州金融业发展的带动作用最强，而且逐年增强，符合其金融中心的地位；新乡、邯郸、安阳这3个地市与其他地市的合作联系强度次于郑州，处于第二梯度，但是与郑州差距比较大。

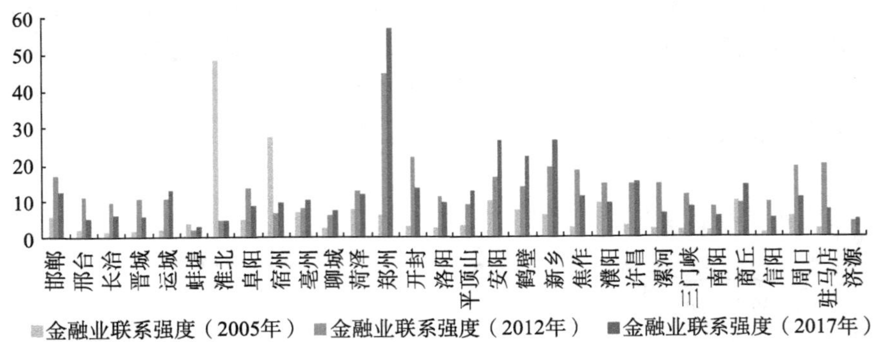

图 5-19　中原城市群各地市与其他地市金融业分工合作强度差异对比

注：限于篇幅，此图仅展示 2005 年、2012 年、2017 年金融业联系强度值并进行对比分析，其他年份数据和各地市的具体数据可以向笔者索取。

为了对中原城市群各地市间金融业平均联系强度进行详细分析，本书增加了对 2005—2017 年 30 个地市两两间金融业平均联系强度的分析，两地市间平均联系强度数据按照式（5.3）计算得出，具体如表 5-11 所示。从地市间联系的紧密程度来看，中原城市群 30 个地市中各地市及与其联系最紧密的地市分别为：邯郸与邢台、邢台与邯郸、长治与邯郸、晋城与焦作、运城与三门峡、蚌埠与宿州、淮北与宿州、阜阳与周口、宿州与淮北、亳州与商丘、聊城与邯郸、菏泽与濮阳、郑州与新乡、开封与郑州、洛阳与郑州、平顶山与许昌、安阳与鹤壁、鹤壁与安阳、新乡与郑州、焦作与郑州、濮阳与菏泽、许昌与郑州、漯河与周口、三门峡与运城、南阳与平顶山、商丘与亳州、信阳与驻马店、周口与漯河、驻马店与周口、济源与洛阳。其中，邯郸与邢台、运城与三门峡、淮北与宿州、开封与郑州、焦作与郑州、许昌与郑州、郑州与新乡、安阳与鹤壁这 8 对地市，是金融联系最强的地市组合，形成的金融业合作最紧密。

2. 中原城市群各地市银行业合作强度的发展演化

根据式（5.4）计算出能够反映中原城市群各地市与其他地市银行业分工合作强度的指数，并对具有代表性的 2005 年、2012 年、2017 年三年数据用柱形图的方式进行对比分析，如图 5-20 所示。中原城市群各地市与其他地市的银行业合作联系强度呈现明显差异性：从各年份的对比来看，聊城、安阳、许昌、南阳、驻马店 5 个地市与其他地市的银行业合作联系强度呈现逐年上升的趋势，占比为 16.67%；蚌埠、淮北、阜阳、宿州、亳州、菏泽、郑州、开封、洛阳、平顶山、鹤壁、新乡、商丘、济源 14 个地市与其他地市银行业

表 5-11　2005—2017 年中原城市群 30 个地市间金融业平均联系强度

地市	邯郸	邢台	长治	晋城	运城	蚌埠	淮北	阜阳	宿州	亳州	聊城	菏泽	郑州	开封	洛阳
邯郸	0.000	172.429	29.033	9.178	3.778	1.691	3.506	4.420	3.312	4.968	26.714	21.260	35.596	7.848	5.308
邢台	172.429	0.000	10.997	4.153	1.707	0.742	1.871	1.883	1.227	1.806	12.909	8.756	13.276	3.229	1.833
长治	29.033	10.997	0.000	23.681	5.455	0.678	1.445	2.521	1.040	2.516	5.110	9.027	20.377	6.766	9.404
晋城	9.178	4.153	23.681	0.000	6.419	0.657	1.207	2.332	1.112	2.263	3.219	6.693	44.952	7.718	24.216
运城	3.778	1.707	5.455	6.419	0.000	0.523	1.030	2.119	0.926	1.258	1.755	2.732	17.502	2.579	17.034
蚌埠	1.691	0.742	0.678	0.657	0.523	0.000	13.353	17.559	23.687	7.337	1.494	4.318	4.401	1.524	0.976
淮北	3.506	1.871	1.445	1.207	1.030	13.353	0.000	20.941	175.667	31.827	4.169	12.694	8.209	3.998	1.922
阜阳	4.420	1.883	2.521	2.332	2.119	17.559	20.941	0.000	24.658	25.506	2.720	8.843	20.556	5.099	3.261
宿州	3.312	1.227	1.040	1.112	0.926	23.687	175.667	24.658	0.000	22.073	2.515	9.473	8.061	3.354	1.582
亳州	4.968	1.806	2.516	2.263	1.258	7.337	31.827	25.506	22.073	0.000	3.656	11.535	21.261	6.539	2.429
聊城	26.714	12.909	5.110	3.219	1.755	1.494	4.169	2.720	2.515	3.656	0.000	22.117	12.619	4.355	1.969
菏泽	21.260	8.756	9.027	6.693	2.732	4.318	12.694	8.843	9.473	11.535	22.117	0.000	53.203	21.138	5.580
郑州	35.596	13.276	20.377	44.952	17.502	4.401	8.209	20.556	8.061	21.261	12.619	53.203	0.000	183.502	77.229
开封	7.848	3.229	6.766	7.718	2.579	1.524	3.998	5.099	3.354	6.539	4.355	21.138	183.502	0.000	5.181
洛阳	5.308	1.833	9.404	24.216	17.034	0.976	1.922	3.261	1.582	2.429	1.969	5.580	77.229	5.181	0.000
平顶山	4.206	2.110	3.339	4.386	4.837	1.685	2.706	7.177	2.505	4.914	2.151	5.920	56.028	9.744	17.394
安阳	123.873	21.886	21.647	9.313	2.348	1.161	2.565	3.124	2.283	3.473	11.937	20.392	33.077	8.875	3.491
鹤壁	49.328	12.538	18.827	8.679	2.233	0.792	1.409	1.512	1.401	1.796	5.628	8.201	21.578	5.720	3.907
新乡	29.084	9.385	26.769	34.460	5.776	1.957	4.534	5.703	4.213	6.664	6.844	27.479	236.146	57.592	18.097
焦作	11.858	3.192	20.898	93.726	5.893	0.671	1.997	2.139	1.398	2.735	2.579	7.055	151.298	12.098	22.749
濮阳	29.981	7.164	6.687	4.007	1.278	1.087	3.539	3.451	2.927	5.413	19.169	93.632	25.755	14.359	3.222
许昌	5.462	2.212	3.737	4.863	4.197	1.787	3.004	7.918	2.982	9.029	1.979	11.288	97.796	23.841	12.729
漯河	3.294	1.277	1.664	2.533	2.230	1.138	2.827	8.225	2.892	7.267	1.723	5.877	28.897	6.913	5.713
三门峡	1.747	0.906	2.880	4.826	173.186	0.374	0.632	0.766	0.556	0.560	0.632	1.168	10.034	0.910	8.293
南阳	2.539	1.090	3.244	4.131	5.173	1.648	2.732	5.869	2.283	3.054	1.605	3.104	27.453	2.751	5.973
商丘	8.780	3.448	3.180	2.546	2.116	5.799	23.855	24.366	16.069	97.563	9.679	70.762	22.410	19.194	3.927
信阳	1.789	1.068	1.774	2.018	1.822	2.644	3.416	15.106	3.654	4.570	1.459	2.891	13.160	1.374	2.721
周口	5.012	1.898	4.122	4.129	2.673	4.149	9.225	31.914	8.801	34.493	3.897	12.789	52.981	14.154	4.879
驻马店	3.645	1.878	2.736	3.227	3.266	3.316	4.797	18.115	5.147	7.587	2.237	4.941	28.522	4.839	5.616
济源	2.754	1.150	4.588	22.675	4.926	0.316	0.529	0.922	0.484	0.612	0.758	1.082	20.766	2.073	37.550

续表

地市	平顶山	安阳	鹤壁	新乡	焦作	濮阳	许昌	漯河	三门峡	南阳	商丘	信阳	周口	驻马店	济源
邯郸	4.206	123.873	49.328	29.084	11.858	29.981	5.462	3.294	1.747	2.539	8.780	1.789	5.012	3.645	2.754
邢台	2.110	21.886	12.538	9.385	3.192	7.164	2.212	1.277	0.906	1.090	3.448	1.068	1.898	1.878	1.150
长治	3.339	21.647	18.827	26.769	20.898	6.687	3.737	1.664	2.880	3.244	3.180	1.774	4.122	2.736	4.588
晋城	4.386	9.313	8.679	34.460	93.726	4.007	4.863	2.533	4.826	4.131	2.546	2.018	4.129	3.227	22.675
运城	4.837	2.348	2.233	5.776	5.893	1.278	4.197	2.230	173.186	5.173	2.116	1.822	2.673	3.266	4.926
蚌埠	1.685	1.161	0.792	1.957	0.671	1.087	1.787	1.138	0.374	1.648	5.799	2.644	4.149	3.316	0.316
淮北	2.706	2.565	1.409	4.534	1.997	3.539	3.004	2.827	0.632	2.732	23.855	3.416	9.225	4.797	0.529
阜阳	7.177	3.124	1.512	5.703	2.139	3.451	7.918	8.225	0.766	5.869	24.366	15.106	31.914	18.115	0.922
宿州	2.505	2.283	1.401	4.213	1.398	2.927	2.982	2.892	0.556	2.283	16.069	3.654	8.801	5.147	0.484
亳州	4.914	3.473	1.796	6.664	2.735	5.413	9.029	7.267	0.560	3.054	97.563	4.570	34.493	7.587	0.612
聊城	2.151	11.937	5.628	6.844	2.579	19.169	1.979	1.723	0.632	1.605	9.679	1.459	3.897	2.237	0.758
菏泽	5.920	20.392	8.201	27.479	7.055	93.632	11.288	5.877	1.168	3.104	70.762	2.891	12.789	4.941	1.082
郑州	56.028	33.077	21.578	236.146	151.298	25.755	97.796	28.897	10.034	27.453	22.410	13.160	52.981	28.522	20.766
开封	9.744	8.875	5.720	57.592	12.098	14.359	23.841	6.913	0.910	2.751	19.194	1.374	14.154	4.839	2.073
洛阳	17.394	3.491	3.907	18.097	22.749	3.222	12.729	5.713	8.293	5.973	3.927	2.721	4.879	5.616	37.550
平顶山	0.000	3.439	2.129	11.350	8.904	3.331	57.945	43.145	2.728	31.663	4.171	9.331	22.635	23.676	2.846
安阳	3.439	0.000	240.881	31.504	10.605	36.233	4.728	2.809	1.172	1.921	6.427	1.375	3.954	2.675	2.093
鹤壁	2.129	240.881	0.000	35.310	9.189	23.161	3.270	1.562	0.704	1.670	4.883	0.886	3.053	1.421	0.954
新乡	11.350	31.504	35.310	0.000	74.768	21.074	17.196	6.736	2.791	5.608	14.690	3.362	13.707	6.724	7.346
焦作	8.904	10.605	9.189	74.768	0.000	4.833	9.938	2.395	2.714	3.669	5.054	1.966	4.489	3.885	15.375
濮阳	3.331	36.233	23.161	21.074	4.833	0.000	4.406	2.248	0.963	1.789	10.142	1.698	3.742	3.348	1.421
许昌	57.945	4.728	3.270	17.196	9.938	4.406	0.000	61.479	2.170	14.908	8.607	8.242	47.274	27.535	3.266
漯河	43.145	2.809	1.562	6.736	2.395	2.248	61.479	0.000	1.169	11.219	9.084	8.912	79.234	51.951	1.013
三门峡	2.728	1.172	0.704	2.791	2.714	0.963	2.170	1.169	0.000	2.229	1.205	0.714	1.442	1.569	2.189
南阳	31.663	1.921	1.670	5.608	3.669	1.789	14.908	11.219	2.229	0.000	4.563	9.758	8.312	19.479	1.756
商丘	4.171	6.427	4.883	14.690	5.054	10.142	8.607	9.084	1.205	4.563	0.000	5.420	22.414	9.784	1.324
信阳	9.331	1.375	0.886	3.362	1.966	1.698	8.242	8.912	0.714	9.758	5.420	0.000	10.506	38.150	0.741
周口	22.635	3.954	3.053	13.707	4.489	3.742	47.274	79.234	1.442	8.312	22.414	10.506	0.000	51.973	1.775
驻马店	23.676	2.675	1.421	6.724	3.885	3.348	27.535	51.951	1.569	19.479	9.784	38.150	51.973	0.000	1.150
济源	2.846	2.093	0.954	7.346	15.375	1.421	3.266	1.013	2.189	1.756	1.324	0.741	1.775	1.150	0.000

合作联系强度呈现先降后升趋势，占比 48.28%；邯郸、邢台、濮阳、漯河、信阳、周口 6 个地市银行业合作联系强度呈现先升后降的趋势，占比 20.69%。长治、晋城、运城、焦作、三门峡 5 个地市与其他地市银行业合作联系强度呈现逐年下降的趋势，占比 16.67%，意味着这些地市 13 年来与其他地市进行银行业合作与分工的联系较少，这也成为限制这些地市发展的瓶颈之一。

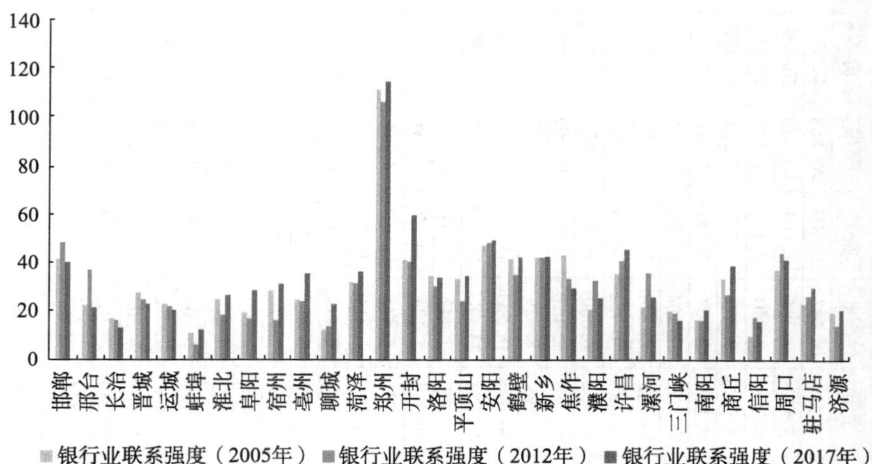

图 5-20　中原城市群各地市与其他地市银行业分工合作强度差异对比

注：限于篇幅，此图仅展示 2005 年、2012 年、2017 年银行业联系强度值并进行对比分析，其他年份数据和各地市的具体数据可以向笔者索取。

为了对中原城市群各地市间银行业平均联系强度进行详细分析，本书增加了对 2005—2017 年 30 个地市两两间银行业平均联系强度的分析，两地市间平均联系强度数据按照式（5.3）计算得出，具体如表 5-12 所示。从地市间联系的紧密程度来看，中原城市群 30 个地市中各地市及与其联系最紧密的地市分别为：邯郸与邢台、邢台与邯郸、长治与郑州、晋城与焦作、运城与三门峡、蚌埠与宿州、淮北与宿州、阜阳与周口、宿州与淮北、亳州与商丘、聊城与邯郸、菏泽与濮阳、郑州与开封、开封与郑州、洛阳与济源、平顶山与许昌、安阳与鹤壁、鹤壁与安阳、新乡与郑州、焦作与郑州、濮阳与菏泽、许昌与郑州、漯河与周口、三门峡与运城、南阳与平顶山、商丘与亳州、信阳与驻马店、周口与漯河、驻马店与漯河、济源与洛阳。其中，邯郸与邢台、郑州与开封、运城与三门峡、淮北与宿州、安阳与鹤壁、新乡与郑州、焦作与郑州、许昌与郑州这 8 对地市是银行业联系最强的地市组合，形成的银行业合作最紧密。

表 5-12 2005—2017 年中原城市群 30 个地市间银行业平均联系强度

地市	邯郸	邢台	长治	晋城	运城	蚌埠	淮北	阜阳	宿州	亳州	聊城	菏泽	郑州	开封	洛阳
邯郸	0.000	376.339	57.996	28.804	9.058	4.606	8.355	10.521	8.537	13.828	67.868	46.788	47.145	27.127	11.088
邢台	376.339	0.000	23.781	12.867	5.331	2.557	4.282	5.520	4.284	6.663	41.620	20.309	28.512	12.059	7.520
长治	57.996	23.781	0.000	41.973	9.800	1.394	2.006	4.228	2.640	4.133	9.774	14.127	60.343	14.646	23.015
晋城	28.804	12.867	41.973	0.000	16.789	1.323	1.336	4.942	2.750	4.551	7.229	15.152	127.800	21.063	75.396
运城	9.058	5.331	9.800	16.789	0.000	1.357	1.842	4.123	2.267	3.755	3.681	5.540	29.829	6.513	48.270
蚌埠	4.606	2.557	1.394	1.323	1.357	0.000	19.615	36.873	71.194	15.886	4.414	8.836	10.589	4.136	3.343
淮北	8.355	4.282	2.006	1.336	1.842	19.615	0.000	34.765	281.970	42.405	8.517	22.977	18.742	7.895	4.832
阜阳	10.521	5.520	4.228	4.942	4.123	36.873	34.765	0.000	41.452	67.188	8.598	20.094	41.284	14.430	10.338
宿州	8.537	4.284	2.640	2.750	2.267	71.194	281.970	41.452	0.000	30.620	8.929	18.523	23.683	7.441	5.124
亳州	13.828	6.663	4.133	4.551	3.755	15.886	42.405	67.188	30.620	0.000	11.772	43.860	54.045	20.593	10.359
聊城	67.868	41.620	9.774	7.229	3.681	4.414	8.517	8.598	8.929	11.772	0.000	43.162	26.416	13.928	6.531
菏泽	46.788	20.309	14.127	15.152	5.540	8.836	22.977	20.094	18.523	43.860	43.162	0.000	93.840	60.647	13.872
郑州	47.145	28.512	60.343	127.800	29.829	10.589	18.742	41.284	23.683	54.045	26.416	93.840	0.000	489.211	145.119
开封	27.127	12.059	14.646	21.063	6.513	4.136	7.895	14.430	7.441	20.593	13.928	60.647	489.211	0.000	25.841
洛阳	11.088	7.520	23.015	75.396	48.270	3.343	4.832	10.338	5.124	10.359	6.531	13.872	145.119	25.841	0.000
平顶山	9.197	4.728	5.367	11.136	10.024	3.508	4.443	13.981	4.875	11.918	4.288	12.212	138.866	26.127	44.907
安阳	318.540	58.333	46.956	27.111	6.475	3.123	5.887	6.812	4.814	9.670	31.856	38.451	77.659	25.041	13.324
鹤壁	131.270	30.541	30.604	15.417	4.158	1.396	1.708	3.795	2.492	3.667	15.084	28.542	66.901	18.061	13.726
新乡	45.478	19.347	44.565	68.702	9.969	3.763	6.763	10.279	6.253	14.604	15.579	38.337	458.025	113.213	34.610
焦作	23.656	10.946	41.048	224.622	13.028	2.192	3.478	5.493	2.974	6.527	6.691	16.838	352.005	30.546	62.551
濮阳	81.853	26.631	13.546	11.001	4.186	2.953	6.203	7.461	4.898	10.270	50.242	197.453	70.780	26.932	11.153
许昌	13.611	7.500	9.128	15.731	9.392	4.682	6.587	19.879	7.280	20.456	5.897	19.041	313.750	49.288	36.847
漯河	7.350	3.829	3.633	5.506	3.944	3.129	4.125	18.014	5.302	13.091	3.625	10.493	74.142	14.077	17.159
三门峡	5.726	3.175	4.657	8.466	387.190	0.797	0.880	2.339	1.012	1.728	2.147	3.591	27.581	3.661	38.371
南阳	6.215	4.750	7.106	12.398	14.614	4.713	5.857	17.471	6.508	12.893	4.251	8.539	53.323	13.032	23.486
商丘	20.109	10.609	8.185	9.000	4.450	14.043	50.315	39.733	29.019	200.734	20.126	100.883	76.573	37.545	12.211
信阳	5.136	2.952	2.974	4.381	4.068	6.192	6.026	35.139	7.234	13.223	3.225	6.476	27.323	6.477	9.892
周口	13.030	7.520	8.528	12.582	6.591	12.598	21.715	71.778	20.124	94.789	9.012	24.949	116.728	42.590	20.700
驻马店	9.178	5.204	5.627	7.994	6.627	7.531	9.505	40.365	8.781	24.253	5.286	10.532	72.665	14.763	19.044
济源	9.188	4.435	12.068	66.063	13.263	0.821	0.892	2.558	1.161	2.054	2.896	5.593	80.123	8.044	173.179

续表

地市	平顶山	安阳	鹤壁	新乡	焦作	濮阳	许昌	漯河	三门峡	南阳	商丘	信阳	周口	驻马店	济源
邯郸	9.197	318.540	131.270	45.478	23.656	81.853	13.611	7.350	5.726	6.215	20.109	5.136	13.030	9.178	9.188
邢台	4.728	58.333	30.541	19.347	10.946	26.631	7.500	3.829	3.175	4.750	10.609	2.952	7.520	5.204	4.435
长治	5.367	46.956	30.604	44.565	41.048	13.546	9.128	3.633	4.657	7.106	8.185	2.974	8.528	5.627	12.068
晋城	11.136	27.111	15.417	68.702	224.622	11.001	15.731	5.506	8.466	12.398	9.000	4.381	12.582	7.994	66.063
运城	10.024	6.475	4.158	9.969	13.028	4.186	9.392	3.944	387.190	14.614	4.450	4.068	6.591	6.627	13.263
蚌埠	3.508	3.123	1.396	3.763	2.192	2.953	4.682	3.129	0.797	4.713	14.043	6.192	12.598	7.531	0.821
淮北	4.443	5.887	1.708	6.763	3.478	6.203	6.587	4.125	0.880	5.857	50.315	6.026	21.715	9.505	0.892
阜阳	13.981	6.812	3.795	10.279	5.493	7.461	19.879	18.014	2.339	17.471	39.733	35.139	71.778	40.365	2.558
宿州	4.875	4.814	2.492	6.253	2.974	4.898	7.280	5.302	1.012	6.508	29.019	7.234	20.124	8.781	1.161
亳州	11.918	9.670	3.667	14.604	6.527	10.270	20.456	13.091	1.728	12.893	200.734	13.223	94.789	24.253	2.054
聊城	4.288	31.856	15.084	15.579	6.691	50.242	5.897	3.625	2.147	4.251	20.126	3.225	9.012	5.286	2.896
菏泽	12.212	38.451	28.542	38.337	16.838	197.453	19.041	10.493	3.591	8.539	100.883	6.476	24.949	10.532	5.593
郑州	138.866	77.659	66.901	458.025	352.005	70.780	313.750	74.142	27.581	53.323	76.573	27.323	116.728	72.665	80.123
开封	26.127	25.041	18.061	113.213	30.546	26.932	49.288	14.077	3.661	13.032	37.545	6.477	42.590	14.763	8.044
洛阳	44.907	13.324	13.726	34.610	62.551	11.153	36.847	17.159	38.371	23.486	12.211	9.892	20.700	19.044	173.179
平顶山	0.000	7.306	4.865	18.566	14.103	6.423	155.959	78.294	6.032	76.581	13.639	18.224	55.244	61.482	8.912
安阳	7.306	0.000	667.389	57.628	18.735	79.873	11.017	4.798	3.672	6.019	13.085	3.343	8.878	5.438	6.786
鹤壁	4.865	667.389	0.000	75.537	21.834	39.897	6.740	2.341	2.093	5.412	10.519	2.500	8.477	4.175	2.796
新乡	18.566	57.628	75.537	0.000	120.021	44.414	27.679	11.347	6.627	10.495	19.377	5.984	21.104	10.015	19.737
焦作	14.103	18.735	21.834	120.021	0.000	10.534	17.736	6.553	7.017	9.903	9.702	4.484	11.576	7.471	51.124
濮阳	6.423	79.873	39.897	44.414	10.534	0.000	10.383	3.905	1.922	5.963	24.162	3.551	11.947	6.052	3.073
许昌	155.959	11.017	6.740	27.679	17.736	10.383	0.000	115.962	4.982	30.677	21.414	15.472	114.466	44.299	8.342
漯河	78.294	4.798	2.341	11.347	6.553	3.905	115.962	0.000	2.367	27.823	14.815	17.761	160.683	96.926	2.711
三门峡	6.032	3.672	2.093	6.627	7.017	1.922	4.982	2.367	0.000	10.851	2.704	2.870	4.664	4.091	7.380
南阳	76.581	6.019	5.412	10.495	9.903	5.963	30.677	27.823	10.851	0.000	9.538	32.258	22.403	51.311	8.391
商丘	13.639	13.085	10.519	19.377	9.702	24.162	21.414	14.815	2.704	9.538	0.000	8.238	44.841	13.019	3.781
信阳	18.224	3.343	2.500	5.984	4.484	3.551	15.472	17.761	2.870	32.258	8.238	0.000	26.754	80.470	2.520
周口	55.244	8.878	8.477	21.104	11.576	11.947	114.466	160.683	4.664	22.403	44.841	26.754	0.000	86.475	6.213
驻马店	61.482	5.438	4.175	10.015	7.471	6.052	44.299	96.926	4.091	51.311	13.019	80.470	86.475	0.000	4.695
济源	8.912	6.786	2.796	19.737	51.124	3.073	8.342	2.711	7.380	8.391	3.781	2.520	6.213	4.695	0.000

3. 中原城市群各地市证券业合作强度的发展演化

根据式（5.4）计算出能够反映中原城市群各地市与其他地市证券业分工合作强度的指数，并对具有代表性的 2005 年、2012 年、2017 年三年数据用柱形图的方式进行对比分析，如图 5-21 所示。中原城市群各地市与其他地市的证券业合作联系强度呈现明显差异性：从各年份的对比来看，郑州、开封两个地市与其他地市的证券业合作联系强度呈现逐年上升的趋势，占比为 6.67%；邯郸、邢台、长治、晋城、运城、蚌埠、阜阳、亳州、聊城、菏泽、洛阳、平顶山、安阳、鹤壁、新乡、焦作、濮阳、许昌、漯河、三门峡、南阳、商丘、信阳、周口、驻马店、济源 26 个地市与其他地市的证券业合作联系强度呈现先升后降的趋势，占比为 86.67%；淮北、宿州两个地市与其他地市的证券业合作联系强度呈现逐年下降的趋势，占比为 6.67%。可以看出中原城市群大部分地市在 2012 年证券业合作强度达到最高，之后合作强度逐渐降低。从各地市与其他地市证券业分工合作强度的值来看，郑州与其他地市证券业发展的联系强度最大，这也说明郑州证券业发展的带动作用最强，发挥了城市群中心作用。

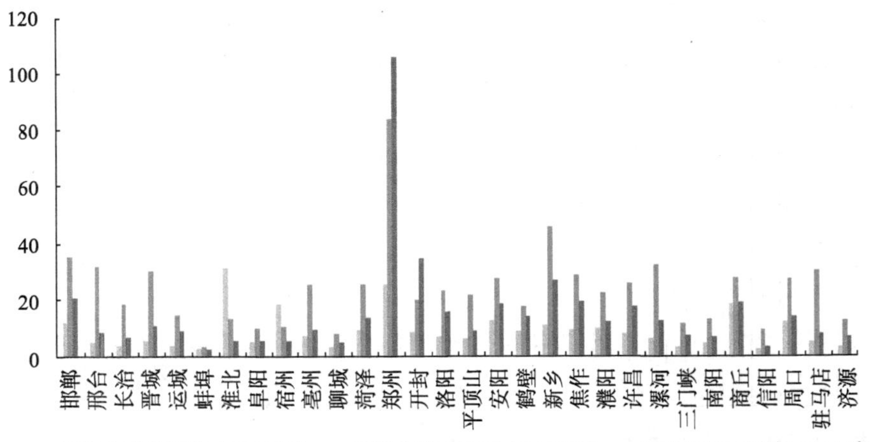

图 5-21　中原城市群各地市与其他地市证券业分工合作强度差异对比

注：限于篇幅，此图仅展示 2005 年、2012 年、2017 年证券业联系强度值并进行对比分析，其他年份数据和各地市的具体数据可以向笔者索取。

为了对中原城市群各地市间证券业平均联系强度进行详细分析，本书增加了对 2005—2017 年 30 个地市两两间证券业平均联系强度的分析，两地市间平均联系强度数据按照式（5.3）计算得出，具体如表 5-13 所示。

表 5-13　2005—2017 年中原城市群 30 个地市间证券业平均联系强度

地市	邯郸	邢台	长治	晋城	运城	蚌埠	淮北	阜阳	宿州	亳州	聊城	菏泽	郑州	开封	洛阳
邯郸	0.000	299.439	53.965	23.083	6.683	3.517	7.435	5.593	6.070	7.773	37.261	21.512	44.160	14.509	7.655
邢台	299.439	0.000	21.259	10.034	3.542	1.606	3.519	2.495	2.593	3.218	19.630	9.973	22.181	6.299	4.885
长治	53.965	21.259	0.000	41.277	9.917	1.082	2.177	3.047	1.806	2.338	8.195	10.656	54.041	10.536	20.772
晋城	23.083	10.034	41.277	0.000	15.930	1.129	1.626	3.495	2.067	2.129	5.463	9.952	114.904	14.876	60.879
运城	6.683	3.542	9.917	15.930	0.000	0.778	1.550	1.507	1.111	1.804	1.794	2.554	25.454	2.593	28.478
蚌埠	3.517	1.606	1.082	1.129	0.778	0.000	17.215	15.412	31.775	7.273	2.403	5.007	9.226	2.257	2.156
淮北	7.435	3.519	2.177	1.626	1.550	17.215	0.000	21.634	261.416	29.617	5.972	16.588	17.361	6.137	3.747
阜阳	5.593	2.495	3.047	3.495	1.507	15.412	21.634	0.000	22.571	32.753	3.101	7.337	25.265	4.739	4.473
宿州	6.070	2.593	1.806	2.067	1.111	31.775	261.416	22.571	0.000	21.585	4.943	10.349	16.765	4.007	3.429
亳州	7.773	3.218	2.338	2.129	1.804	7.273	29.617	32.753	21.585	0.000	5.062	17.250	32.087	8.625	5.251
聊城	37.261	19.630	8.195	5.463	1.794	2.403	5.972	3.101	4.943	5.062	0.000	20.032	14.785	5.794	2.593
菏泽	21.512	9.973	10.656	9.952	2.554	5.007	16.588	7.337	10.349	17.250	20.032	0.000	53.453	21.130	6.039
郑州	44.160	22.181	54.041	114.904	25.454	9.226	17.361	25.265	16.765	32.087	14.785	53.453	0.000	320.115	100.633
开封	14.509	6.299	10.536	14.876	2.593	2.257	6.137	4.739	4.007	8.625	5.794	21.130	320.115	0.000	13.533
洛阳	7.655	4.885	20.772	60.879	28.478	2.156	3.747	4.473	3.429	5.251	2.593	6.039	100.633	13.533	0.000
平顶山	6.302	2.868	4.943	8.215	5.963	1.989	3.949	7.312	3.163	5.443	2.535	6.648	85.050	13.614	25.287
安阳	221.867	37.529	41.459	21.907	2.971	1.612	4.142	2.550	2.960	4.890	16.115	19.348	56.617	10.765	7.513
鹤壁	70.070	16.062	18.934	9.388	1.876	0.592	1.296	1.509	1.200	1.389	8.450	11.684	45.459	6.635	6.992
新乡	35.334	15.399	48.004	66.104	5.282	2.509	6.127	4.834	4.503	8.944	8.678	22.456	415.814	54.620	26.072
焦作	17.075	6.938	34.478	172.033	6.671	1.055	2.516	2.375	1.971	3.356	3.229	8.502	233.838	15.400	34.440
濮阳	69.852	21.105	13.575	10.074	2.242	1.543	5.762	3.624	3.492	6.209	33.230	120.684	66.902	18.304	8.631
许昌	9.044	4.148	8.357	13.040	4.349	2.517	5.727	9.114	4.784	11.292	2.732	11.805	188.261	28.479	20.346
漯河	5.631	2.770	3.612	5.085	2.356	1.797	3.652	9.404	3.489	8.002	2.615	6.916	65.479	9.638	12.380
三门峡	3.584	1.898	4.029	6.392	210.773	0.400	0.684	1.045	0.647	0.778	1.171	1.676	19.990	1.834	23.174
南阳	4.278	2.753	6.449	9.814	6.392	2.752	4.299	6.148	3.799	6.187	1.740	3.085	37.662	4.793	13.295
商丘	19.902	9.746	10.231	10.427	2.648	10.616	58.059	24.371	27.217	156.047	14.834	88.347	79.157	29.868	10.565
信阳	2.958	1.619	2.600	3.278	2.013	3.670	4.545	12.156	4.498	5.960	1.519	2.529	19.098	2.533	4.897
周口	10.117	4.989	8.645	11.122	3.074	7.268	18.019	28.283	13.326	50.898	4.916	12.818	94.968	18.782	13.083
驻马店	5.161	2.688	4.433	6.222	2.606	4.236	7.122	17.087	5.605	11.202	2.537	4.091	42.927	5.120	10.668
济源	5.082	2.372	7.480	38.483	5.663	0.359	0.564	1.007	0.625	0.792	1.349	2.399	49.505	3.371	84.767

续表

地市	平顶山	安阳	鹤壁	新乡	焦作	濮阳	许昌	漯河	三门峡	南阳	商丘	信阳	周口	驻马店	济源
邯郸	6. 302	221. 867	70. 070	35. 334	17. 075	69. 852	9. 044	5. 631	3. 584	4. 278	19. 902	2. 958	10. 117	5. 161	5. 082
邢台	2. 868	37. 529	16. 062	15. 399	6. 938	21. 105	4. 148	2. 770	1. 898	2. 753	9. 746	1. 619	4. 989	2. 688	2. 372
长治	4. 943	41. 459	18. 934	48. 004	34. 478	13. 575	8. 357	3. 612	4. 029	6. 449	10. 231	2. 600	8. 645	4. 433	7. 480
晋城	8. 215	21. 907	9. 388	66. 104	172. 033	10. 074	13. 040	5. 085	6. 392	9. 814	10. 427	3. 278	11. 122	6. 222	38. 483
运城	5. 963	2. 971	1. 876	5. 282	6. 671	2. 242	4. 349	2. 356	210. 773	6. 392	2. 648	2. 013	3. 074	2. 606	5. 663
蚌埠	1. 989	1. 612	0. 592	2. 509	1. 055	1. 543	2. 517	1. 797	0. 400	2. 752	10. 616	3. 670	7. 268	4. 236	0. 359
淮北	3. 949	4. 142	1. 296	6. 127	2. 516	5. 762	5. 727	3. 652	0. 684	4. 299	58. 059	4. 545	18. 019	7. 122	0. 564
阜阳	7. 312	2. 550	1. 509	4. 834	2. 375	3. 624	9. 114	9. 404	1. 045	6. 148	24. 371	12. 156	28. 283	17. 087	1. 007
宿州	3. 163	2. 960	1. 200	4. 503	1. 971	3. 492	4. 784	3. 489	0. 647	3. 799	27. 217	4. 498	13. 326	5. 605	0. 625
亳州	5. 443	4. 890	1. 389	8. 944	3. 356	6. 209	11. 292	8. 002	0. 778	6. 187	156. 047	5. 960	50. 898	11. 202	0. 792
聊城	2. 535	16. 115	8. 450	8. 678	3. 229	33. 230	2. 732	2. 615	1. 171	1. 740	14. 834	1. 519	4. 916	2. 537	1. 349
菏泽	6. 648	19. 348	11. 684	22. 456	8. 502	120. 684	11. 805	6. 916	1. 676	3. 085	88. 347	2. 529	12. 818	4. 091	2. 399
郑州	85. 050	56. 617	45. 459	415. 814	233. 838	66. 902	188. 261	65. 479	19. 990	37. 662	79. 157	19. 098	94. 968	42. 927	49. 505
开封	13. 614	10. 765	6. 635	54. 620	15. 400	18. 304	28. 479	9. 638	1. 834	4. 793	29. 868	2. 533	18. 782	5. 120	3. 371
洛阳	25. 287	7. 513	6. 992	26. 072	34. 440	8. 631	20. 346	12. 380	23. 174	13. 295	10. 565	4. 897	13. 083	10. 668	84. 767
平顶山	0. 000	4. 866	2. 740	14. 145	9. 445	5. 198	90. 209	55. 880	3. 499	44. 197	13. 338	10. 237	37. 671	36. 639	4. 583
安阳	4. 866	0. 000	301. 811	33. 337	12. 703	50. 865	5. 616	3. 559	1. 909	2. 523	9. 496	1. 472	4. 642	2. 837	3. 471
鹤壁	2. 740	301. 811	0. 000	40. 927	10. 654	17. 336	4. 236	1. 112	0. 760	2. 376	6. 418	1. 050	3. 903	1. 649	1. 187
新乡	14. 145	33. 337	40. 927	0. 000	90. 721	29. 269	18. 034	7. 982	3. 912	5. 594	14. 470	2. 988	10. 567	4. 873	11. 635
焦作	9. 445	12. 703	10. 654	90. 721	0. 000	8. 297	9. 201	4. 880	4. 121	5. 291	8. 554	2. 131	7. 960	4. 562	23. 543
濮阳	5. 198	50. 865	17. 336	29. 269	8. 297	0. 000	7. 262	2. 870	1. 139	3. 770	15. 073	2. 134	7. 302	3. 638	1. 891
许昌	90. 209	5. 616	4. 236	18. 034	9. 201	7. 262	0. 000	82. 397	3. 331	16. 680	19. 014	8. 006	60. 133	27. 871	4. 918
漯河	55. 880	3. 559	1. 112	7. 982	4. 880	2. 870	82. 397	0. 000	1. 547	18. 057	11. 892	11. 091	115. 422	57. 770	1. 501
三门峡	3. 499	1. 909	0. 760	3. 912	4. 121	1. 139	3. 331	1. 547	0. 000	5. 997	2. 042	1. 183	2. 741	2. 118	3. 062
南阳	44. 197	2. 523	2. 376	5. 594	5. 291	3. 770	16. 680	18. 057	5. 997	0. 000	7. 189	12. 138	11. 179	20. 868	3. 937
商丘	13. 338	9. 496	6. 418	14. 470	8. 554	15. 073	19. 014	11. 892	2. 042	7. 189	0. 000	6. 860	32. 070	12. 029	2. 767
信阳	10. 237	1. 472	1. 050	2. 988	2. 131	2. 134	8. 006	11. 091	1. 183	12. 138	6. 860	0. 000	12. 305	36. 352	1. 120
周口	37. 671	4. 642	3. 903	10. 567	7. 960	7. 302	60. 133	115. 422	2. 741	11. 179	32. 070	12. 305	0. 000	44. 542	3. 386
驻马店	36. 639	2. 837	1. 649	4. 873	4. 562	3. 638	27. 871	57. 770	2. 118	20. 868	12. 029	36. 352	44. 542	0. 000	1. 996
济源	4. 583	3. 471	1. 187	11. 635	23. 543	1. 891	4. 918	1. 501	3. 062	3. 937	2. 767	1. 120	3. 386	1. 996	0. 000

从地市间联系的紧密程度来看，中原城市群30个地市中各地市及与其联系最紧密的地市分别为：邯郸与邢台、邢台与邯郸、长治与郑州、晋城与焦作、运城与三门峡、蚌埠与宿州、淮北与宿州、阜阳与亳州、宿州与淮北、亳州与商丘、聊城与邯郸、菏泽与濮阳、郑州与新乡、开封与郑州、洛阳与郑州、平顶山与许昌、安阳与鹤壁、鹤壁与安阳、新乡与郑州、焦作与郑州、濮阳与菏泽、许昌与郑州、漯河与周口、三门峡与运城、南阳与平顶山、商丘与亳州、信阳与驻马店、周口与漯河、驻马店与漯河、济源与洛阳。其中，邯郸与邢台、运城与三门峡、淮北与宿州、郑州与新乡、安阳与鹤壁、开封与郑州、焦作与郑州、许昌与郑州这8对地市是证券业联系最强的地市组合，形成的证券业合作最紧密。

4. 中原城市群各地市保险业合作强度的发展演化

根据式（5.4）计算出能够反映中原城市群各地市与其他地市保险业分工合作强度的指数，并对具有代表性的2005年、2012年、2017年三年数据用柱形图的方式进行对比分析，如图5-22所示。中原城市群各地市与其他地市的保险业合作联系强度呈现明显差异性：从各年份的对比来看，运城、三门峡两个地市与其他地市的保险业合作联系强度呈现逐年上升的趋势，占比6.67%；长治、阜阳、亳州、郑州、开封、洛阳、平顶山、安阳、新乡、许昌、南阳、商丘、信阳、周口、驻马店15个地市与其他地市保险业合作联系强度呈现先降后升趋势，占比50%；邢台、淮北、聊城、濮阳、漯河5个地市与其他地市保险业合作联系强度呈现先升后降的趋势，占比16.67%；邯郸、晋城、蚌埠、宿州、菏泽、鹤壁、焦作、济源8个地市与其他地市保险业合作联系强度呈现逐年下降的趋势，占比26.67%。从各地市与其他地市保险业分工合作强度的值来看，郑州与其他地市保险业发展的联系强度最大，其次是邯郸、安阳、新乡、周口，但是与郑州的差距依然很大，说明中原城市群保险业主要依靠郑州带领发展。

为了对中原城市群各地市间保险业平均联系强度进行详细分析，本书增加了对2005—2017年30个地市两两间保险业平均联系强度的分析，两地市间平均联系强度数据按照式（5.3）计算得出，具体如表5-14所示。从地市间联系的紧密程度来看，中原城市群30个地市中各地市及与其联系最紧密的地市分别为：邯郸与邢台、邢台与邯郸、长治与邯郸、晋城与焦作、运城与三门峡、蚌埠与宿州、淮北与宿州、阜阳与周口、宿州与淮北、亳州与商丘、聊城与邯郸、菏泽与濮阳、郑州与新乡、开封与郑州、洛阳与济源、平顶山与郑州、安阳与鹤壁、鹤壁与安阳、新乡与郑州、焦作与郑州、濮阳与菏泽、许昌与郑州、漯河与周口、三门峡与运城、南阳与平顶山、商丘与亳州、信阳与驻马店、周口与漯河、驻马店与漯河、济源与洛阳。其中，邯郸与邢台、运城与三门峡、淮北与宿州、菏泽与濮阳、郑州与新乡、开封与郑州、安阳与鹤壁、漯河与周口这 9 对地市是保险业联系最强的地市组合，形成的保险业合作最紧密。

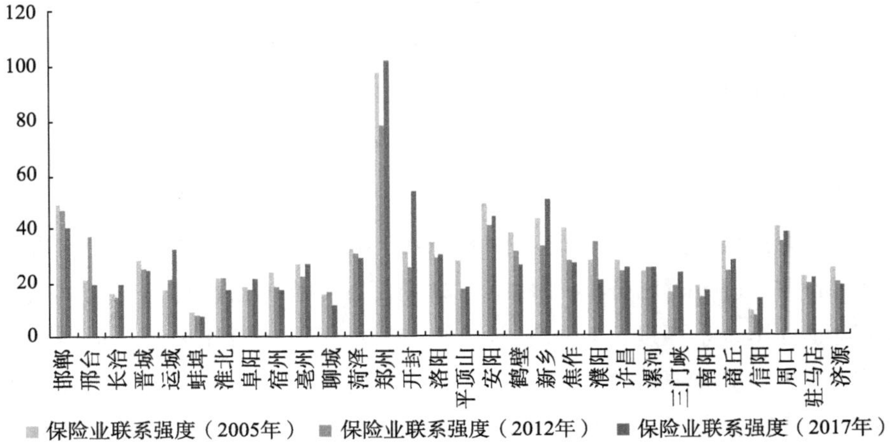

图 5-22　中原城市群各地市与其他地市保险业分工合作强度差异对比

注：限于篇幅，此图仅展示 2005 年、2012 年、2017 年保险业联系强度值并进行对比分析，其他年份数据和各地市的具体数据可以向笔者索取。

表 5-14　2005—2017 年中原城市群 30 个地市间保险业平均联系强度

地市	邯郸	邢台	长治	晋城	运城	蚌埠	淮北	阜阳	宿州	亳州	聊城	菏泽	郑州	开封	洛阳
邯郸	0.000	447.240	75.941	40.502	11.995	4.970	10.143	12.012	8.947	16.018	58.020	52.701	45.714	25.562	12.066
邢台	447.240	0.000	34.168	18.612	6.970	2.648	5.305	6.447	4.275	7.498	37.645	25.389	33.354	11.367	10.551
长治	75.941	34.168	0.000	48.338	10.310	1.069	1.752	5.635	2.634	4.856	11.389	18.983	62.968	15.279	29.458
晋城	40.502	18.612	48.338	0.000	20.239	1.257	1.305	6.755	3.277	6.014	9.119	19.973	137.048	24.373	100.516
运城	11.995	6.970	10.310	20.239	0.000	1.300	2.028	4.142	2.009	3.722	4.088	7.525	38.809	6.978	67.771
蚌埠	4.970	2.648	1.069	1.257	1.300	0.000	17.414	44.574	59.012	16.752	3.981	10.385	10.489	3.812	3.509
淮北	10.143	5.305	1.752	1.305	2.028	17.414	0.000	42.878	319.530	57.301	9.502	30.521	18.354	8.896	5.770
阜阳	12.012	6.447	5.635	6.755	4.142	44.574	42.878	0.000	41.958	71.061	9.640	24.561	45.535	15.779	14.273
宿州	8.947	4.275	2.634	3.277	2.009	59.012	319.530	41.958	0.000	37.196	8.184	19.712	22.168	6.862	6.141
亳州	16.018	7.498	4.856	6.014	3.722	16.752	57.301	71.061	37.196	0.000	11.725	52.015	57.395	24.172	13.615
聊城	58.020	37.645	11.389	9.119	4.088	3.981	9.502	9.640	8.184	11.725	0.000	53.855	23.805	11.868	6.468
菏泽	52.701	25.389	18.983	19.973	7.525	10.385	30.521	24.561	19.712	52.015	53.855	0.000	93.706	63.458	17.472
郑州	45.714	33.354	62.968	137.048	38.809	10.489	18.354	45.535	22.168	57.395	23.805	93.706	0.000	416.504	103.619
开封	25.562	11.367	15.279	24.373	6.978	3.812	8.896	15.779	6.862	24.172	11.868	63.458	416.504	0.000	25.034
洛阳	12.066	10.551	29.458	100.516	67.771	3.509	5.770	14.273	6.141	13.615	6.468	17.472	103.619	25.034	0.000
平顶山	8.707	4.525	5.697	12.904	10.309	2.688	4.661	18.576	5.041	14.440	4.327	13.201	101.163	18.464	32.991
安阳	284.562	55.586	46.785	30.190	6.415	2.500	5.911	8.032	4.681	10.861	27.907	46.398	60.881	20.376	11.265
鹤壁	133.489	31.740	23.744	13.255	4.286	1.027	1.520	4.903	2.680	4.661	15.391	33.348	52.948	16.880	12.896
新乡	43.576	20.114	48.852	83.007	9.922	3.477	7.503	11.609	6.330	16.598	14.743	44.950	432.357	93.500	35.951
焦作	27.828	12.787	39.874	224.032	14.407	1.930	3.577	8.431	3.963	9.283	7.800	22.130	262.188	32.059	66.762
濮阳	104.039	32.238	13.175	10.325	3.929	2.378	6.256	8.962	5.571	12.518	51.474	264.453	61.891	35.606	12.589
许昌	10.268	5.537	8.368	17.179	8.379	3.814	7.213	22.218	7.102	22.531	4.823	20.490	197.430	37.830	23.972
漯河	9.087	4.262	3.298	5.297	4.099	2.867	4.334	22.608	5.370	15.031	4.135	14.381	68.695	16.955	20.154
三门峡	7.781	4.319	4.507	8.805	502.735	0.660	0.850	4.019	1.527	2.736	2.472	5.500	25.391	4.941	52.360
南阳	7.178	5.636	10.593	18.224	21.328	5.961	7.710	19.790	7.122	15.522	4.858	9.271	53.496	12.615	34.013
商丘	20.369	9.991	10.383	12.513	5.917	15.850	67.776	42.528	33.497	231.065	19.613	107.171	73.155	40.630	13.660
信阳	5.633	3.473	4.256	6.231	5.665	7.343	7.751	35.131	7.592	14.497	4.002	7.961	28.299	5.666	11.392
周口	16.557	9.332	12.833	18.255	10.587	16.145	28.945	86.885	23.169	111.483	11.936	32.748	131.439	45.834	28.566
驻马店	9.634	5.645	7.816	11.419	8.885	9.081	11.900	48.700	10.803	28.655	6.458	13.792	63.391	13.584	22.094
济源	12.725	6.258	15.906	84.603	20.665	1.040	1.119	4.570	1.921	3.506	3.580	8.682	79.174	11.206	235.393

续表

地市	平顶山	安阳	鹤壁	新乡	焦作	濮阳	许昌	漯河	三门峡	南阳	商丘	信阳	周口	驻马店	济源
邯郸	8.707	284.562	133.489	43.576	27.828	104.039	10.268	9.087	7.781	7.178	20.369	5.633	16.557	9.634	12.725
邢台	4.525	55.586	31.740	20.114	12.787	32.238	5.537	4.262	4.319	5.636	9.991	3.473	9.332	5.645	6.258
长治	5.697	46.785	23.744	48.852	39.874	13.175	8.368	3.298	4.507	10.593	10.383	4.256	12.833	7.816	15.906
晋城	12.904	30.190	13.255	83.007	224.032	10.325	17.179	5.297	8.805	18.224	12.513	6.231	18.255	11.419	84.603
运城	10.309	6.415	4.286	9.922	14.407	3.929	8.379	4.099	502.735	21.328	5.917	5.665	10.587	8.885	20.665
蚌埠	2.688	2.500	1.027	3.477	1.930	2.378	3.814	2.867	0.660	5.961	15.850	7.343	16.145	9.081	1.040
淮北	4.661	5.911	1.520	7.503	3.577	6.256	7.213	4.334	0.850	7.710	67.776	7.751	28.945	11.900	1.119
阜阳	18.576	8.032	4.903	11.609	8.431	8.962	22.218	22.608	4.019	19.790	42.528	35.131	86.885	48.700	4.570
宿州	5.041	4.681	2.680	6.330	3.963	5.571	7.102	5.370	1.527	7.122	33.497	7.592	23.169	10.803	1.921
亳州	14.440	10.861	4.661	16.598	9.283	12.518	22.531	15.031	2.736	15.522	231.065	14.497	111.483	28.655	3.506
聊城	4.327	27.907	15.391	14.743	7.800	51.474	4.823	4.135	2.472	4.858	19.613	4.002	11.936	6.458	3.580
菏泽	13.201	46.398	33.348	44.950	22.130	264.453	20.490	14.381	5.500	9.271	107.171	7.961	32.748	13.792	8.682
郑州	101.163	60.881	52.948	432.357	262.188	61.891	197.430	68.695	25.391	53.496	73.155	28.299	131.439	63.391	79.174
开封	18.464	20.376	16.880	93.500	32.059	35.606	37.830	16.955	4.941	12.615	40.630	5.666	45.834	13.584	11.206
洛阳	32.991	11.265	12.896	35.951	66.762	12.589	23.972	20.154	52.360	34.013	13.660	11.392	28.566	22.094	235.393
平顶山	0.000	4.516	4.687	14.590	12.627	5.766	87.620	76.711	7.020	78.113	13.610	18.716	63.505	65.861	12.446
安阳	4.516	0.000	597.286	33.586	18.251	87.426	5.391	5.582	4.299	6.335	14.673	3.499	13.607	6.627	10.353
鹤壁	4.687	597.286	0.000	75.526	18.594	36.021	6.302	1.994	1.566	6.110	12.059	2.784	10.609	4.948	3.597
新乡	14.590	33.586	75.526	0.000	125.922	44.682	21.872	12.560	8.480	12.175	21.314	5.864	25.714	11.944	30.745
焦作	12.627	18.251	18.594	125.922	0.000	9.566	12.589	6.642	7.626	13.561	11.872	5.116	18.714	10.352	75.360
濮阳	5.766	87.426	36.021	44.682	9.566	0.000	9.172	3.843	2.437	8.246	34.396	4.471	19.540	7.943	5.295
许昌	87.620	5.391	6.302	21.872	12.589	9.172	0.000	115.701	5.421	30.152	19.965	14.186	112.736	49.497	12.392
漯河	76.711	5.582	1.994	12.560	6.642	3.843	115.701	0.000	2.600	39.465	20.242	21.308	254.391	134.340	4.205
三门峡	7.020	4.299	1.566	8.480	7.626	2.437	5.421	2.600	0.000	17.076	3.882	3.928	7.434	6.308	9.598
南阳	78.113	6.335	6.110	12.175	13.561	8.246	30.152	39.465	17.076	0.000	7.535	29.600	22.089	41.741	13.236
商丘	13.610	14.673	12.059	21.314	11.872	34.396	19.965	20.242	3.882	7.535	0.000	8.164	39.590	13.185	6.142
信阳	18.716	3.499	2.784	5.864	5.116	4.471	14.186	21.308	3.928	29.600	8.164	0.000	24.679	58.672	4.029
周口	63.505	13.607	10.609	25.714	18.714	19.540	112.736	254.391	7.434	22.089	39.590	24.679	0.000	65.760	10.626
驻马店	65.861	6.627	4.948	11.944	10.352	7.943	49.497	134.340	6.308	41.741	13.185	58.672	65.760	0.000	7.095
济源	12.446	10.353	3.597	30.745	75.360	5.295	12.392	4.205	9.598	13.236	6.142	4.029	10.626	7.095	0.000

第六章　中原城市群产业与金融联动发展状况分析

中原城市群产业发展基础相对于东部沿海地区较差，城市群内各地市之间的产业分工还处于产业间分工的初级阶段。2012 年中原经济区的设立与 2016 年中原城市群的形成，使各地市之间产业关联网有了很快的发展，但依然存在各地市在产业发展中定位不清、主导产业不固定及地市间产业关联网络不成体系的问题。现代经济发展离不开金融发展，金融发展对优化和改善城市群产业发展中存在的问题具有很强的能动作用。但鉴于中原城市群经济基础的局限性，金融发展近年来虽有很大提升，但仍存在城市群金融中心辐射能力不足、资源配置低效、地市间金融关联网络尚未形成等问题，严重制约着城市群金融发展对产业发展推动作用的发挥。由此可见，若要对城市群产业发展的状态进行优化和改进，需要从重构产业与金融两者的联动机理出发，着重研究城市群产业与金融发展过程中的相互作用、相互影响的模式和机制，探究产业对金融发展的拉动作用以及金融对产业发展推动作用中存在的不足之处，通过对两者联动关系的重构，从而取长补短、化解障碍。这样不仅能够实现产业与金融两方面的发展，而且能提高金融对产业的推动作用。因此，本章着力分析中原城市群产业和金融业之间的集聚与联动特征，为重构两者的联动关系提供重要的研究支撑。

一、中原城市群产业联动发展状况分析

现代经济的发展离不开金融的支持，金融的发展现状与支撑效率关系着区域经济、产业的发展潜力与成长空间。对于金融发展对产业发展的支撑效率，可以从产业与金融业发展“耦合”与“互嵌”两个角度进行研究。产业与金融发展的耦合情况，主要用于判断两者之间相互关联度的强弱，但耦合无法判断两者的相互关联是在什么状态下达成的，而产业与金融发展互嵌，就是用来考察两者之间相互作用是如何产生的。因此，从城市群产业发展与金融发展之间的“耦合”状态与“互嵌”状态两个方面研究两者的联动关系，是研究金融支持产业发展效率，以及其作用机制的突破口。所以，在对

中原城市群产业与金融业集聚发展演化特征与集聚特征进行详尽分析的基础上，主要考察中原城市群产业发展与金融业发展的“耦合”状态，并引入灰色关联度进行测算和分析。

（一）灰色关联度的测算方法

前文已经对地市产业集聚度、金融业集聚度进行了测算，在城市群“点”层面分析了产业的集中程度，本节将采用灰色关联度，对各产业间、地市间的关联度进行测算，使各分散的“点”连成“线”，实现从点到线的研究，对于厘清产业发展与金融发展的空间关联网具有十分重要的意义。

灰色关联是灰色系统理论的重要组成部分，用于评价和描述两个系统的系统行为随时间、空间等发生变化时呈现的关联性大小。灰色关联的内涵是：两系统运行状态发展变化过程中，若代表系统主要特征，并能够引起系统变化的序参量因素的变化趋势具有一致性，呈现同步变化，则称两系统的关联度较高，即耦合度高；反之，则称两系统的关联度较低，耦合度低。城市群产业发展与金融发展耦合度的高低与灰色关联度的大小呈正相关关系，灰色关联度越高，则意味着城市群产业发展与金融发展耦合度越高；灰色关联度越低，则意味着城市群产业发展与金融发展耦合度越低。灰色关联度的具体测算步骤如下：

1. 确定参考序列与比较序列

本书考察产业发展与金融发展的联动关系的目的是更好地发挥金融支持产业发展的效率和能力，所以本书将能代表各层级产业发展特征的数据系列作为参考序列，记为 C_k^i，$i=1$，2，…，22，当 $i=1$ 时，C_k^1 表示城市群整体产业的发展状况，$i=2$，3，4 时，C_k^i 分别表示城市群第一、第二、第三产业的发展状况；$i=5$，6，7，…，22 时，C_k^i 分别表示第二产业与第三产业的 18 个子行业，行业的排序与第三章表 3-1 指标体系中的顺序相同。

至于比较序列的选择，根据研究意义，本书将能够表征城市群各层次金融发展状况的数据序列作为比较序列，记为 C_k^j，$j=1$，2，…，4。当 $j=1$，2，3，4 时，C_k^j 分别表示城市群整体金融业、银行业、证券业、保险业的发展状况。

2. 数据选择与无量纲处理

由于能够表征金融业发展特征的金融业增加值数据并不完整，所以本书选用之前章节计算的整体金融业、银行业、证券业、保险业的综合评价值来表征其发展状态。

为了与金融业的表征方法相同，城市群产业发展中整体产业发展、第一产业发展、第二产业发展、第三产业发展，同样选择能够表征各自发展程度的综合评价值。由于第二产业与第三产业 18 个子行业指标体系的构成，只是用单个指标进行表征而非多指标体系，无法得到综合评价值，所以，18 个子行业的发展程度仍然用其单个指标进行表征。

从各体系数据序列的选择可以看出，大部分序列的单位和性质并不相同，为了能够进行直接的对比、计算和分析，我们需要对 22 个各层次产业发展序列与 4 个金融发展序列进行无量纲化处理。本书进行无量纲化处理选用的指标为某指标某年的值与该指标各年均值之比，具体计算公式如式（6.1）所示。

$$c_k = c_k / \bar{c}_k \tag{6.1}$$

3. 地市灰色关联度的计算

在以上数据处理过程的基础上，可以计算城市群产业与金融业的灰色关联度，其计算公式如式（6.2）所示。

$$p_{ij}(k) = \frac{\min_k \min_j |c_k^i - c_k^j| + \rho \max_k \max_j |c_k^i - c_k^j|}{|c_k^i - c_k^j| + \rho \max_k \max_j |c_k^i - c_k^j|} \tag{6.2}$$

其中，k 表示地市 k，i 表示参照序列中的 22 种类型，j 表示比较序列中的 4 个序列；C_k^i 代表城市群地市 k 产业 i 发展状况数据，为经过无量纲化处理的序列；C_k^j 代表城市群地市 k 金融业层次 j 发展状况数据，为经过无量纲化处理的序列；$\min_k \min_j$ 表示产业发展序列与金融发展序列差值中的最小值；$\max_k \max_j$ 表示城市群产业发展序列与金融发展序列差值中的最大值；ρ 为分辨系数，且 $\rho \in (0, 1)$，本书假定产业系统与金融业系统具有同等重要的地位，所以本书在计算灰色关联度时系数 ρ 取 0.5。p_{ij}（k）表示地市 k 产业发展与金融发展的灰色关联度。

4. 城市群灰色关联度的计算

了解产业与金融业在地市层面的灰色关联度，是厘清城市群内部各地市间产业与金融发展的关联关系网的关键，关系网的起点应该是整个城市群产业发展与金融发展的灰色关联度。本书将整个城市群产业发展与金融发展的灰色关联度定义为城市群各地市灰色关联度的均值，即在获得各地市的灰色关联度的基础上，通过计算各地市的算数平均值来获得整个城市群的灰色关联度。具体的计算公式如式（6.3）所示。

$$r_{ij} = \frac{1}{n}\sum_{k=1}^{n} p_{ij}(k) \tag{6.3}$$

其中，r_{ij}表示城市群产业 i 与金融 j 之间的灰色关联度；n 为地市个数，p_{ij} (k)表示地市 k 产业 i 与金融 j 之间的灰色关联度。

（二）中原城市群整体产业融合发展状况分析

1. 中原城市群整体产业融合发展状态演变分析

根据式（6.3）计算出2005—2017年中原城市群整体产业关联度及其增速，并将其绘制成折线图以便对其发展演变状况进行分析，如图6-1所示，2005—2017年中原城市群整体产业关联度除在2013年经历了一次较明显下跌外，其他年份均呈现缓慢上升的态势，但增长并不明显。从2005—2017年整体产业关联度增速的曲线走势来看，在研究区间内城市群整体产业关联度增速在2013年经历了较大的负增长，2014年又经历了较大的正增长，其他年份增速均稳定在0左右。增速曲线的情况与位置再次证明，2005—2017年中原城市群整体产业关联度并没有发生特别大的改变或转折。从城市群整体产业关联度的大小来看，除2013年的异常值外，城市群整体产业关联度在［0.75，0.80］变动，这说明城市群产业发展整体融合度较高，但融合发展水平提高速度较慢。

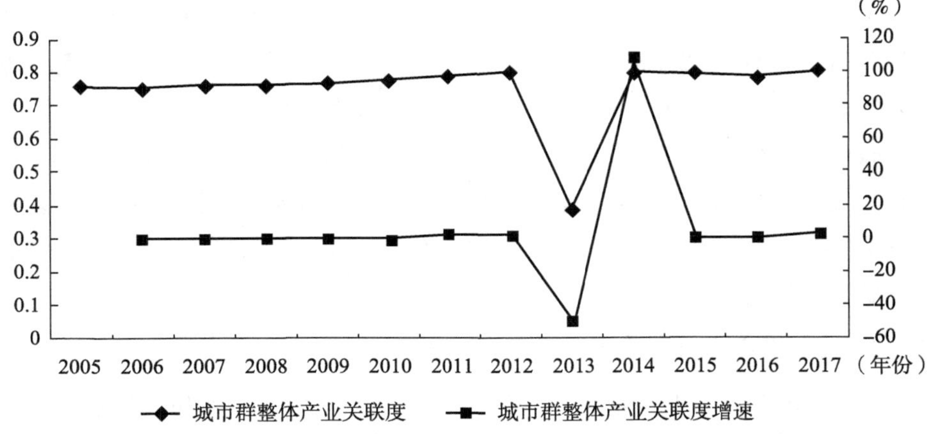

图6-1　2005—2017年中原城市群整体产业关联度与增速变化趋势

2. 中原城市群各地市整体产业融合发展状态与演变特征

如表6-1所示，从2005—2017年中原城市群30个地市整体产业与其他地市的平均关联度来看，有显著差异。中原城市群30个地市整体产业融合发展程度在［0.412，0.835］变动，极差为0.423，融合发展程度差距较大。中原城市群30个地市中，邢台和焦作与其他地市的平均关联度最大，意味着这两个地市整体产业发展与其他地市的融合度最高；郑州与其他地市整体产业发展的平均关联度最小，意味着郑州整体产业发展与其他地市融合度较低，这可能是在整个城市群中郑州经济发展“一枝独秀”，与其他地市经济发展差距较大造成的。根据各地市整体产业平均关联度指数的分布区间，可以将各地市整体产业与其他地市平均融合程度分为5个区间：关联度在［0.4，0.5）范围的地市有1个，占比3.33%；关联度在［0.5，0.6）范围的地市为0，占比为0；关联度在［0.6，0.7）范围的地市有1个，占比3.33%；关联度在［0.7，0.8）范围的地市有12个，占比40%；关联度在［0.8，1.0）范围的地市有16个，占比53.33%。就各地市整体产业的平均融合程度而言，半数以上的地市融合程度较高，有93.33%的地市整体产业融合发展程度在70%以上，只有两个地市融合发展程度较低，分别为郑州和南阳。

从中原城市群30个地市整体产业融合发展程度的演变来看，各地市整体产业融合发展演变历程不尽相同。邯郸、亳州、平顶山、安阳、新乡5个地市，整体产业融合发展程度经历持续上升过程；邢台、长治、晋城、运城、蚌埠、淮北、宿州、聊城、郑州、开封、洛阳、焦作、漯河、三门峡、商丘、信阳、周口、驻马店18个地市，整体产业融合发展程度经历了先升后降的发展过程；阜阳、菏泽、鹤壁、濮阳、许昌、南阳、济源7个地市，整体产业融合发展程度经历了先升后降再升的发展过程。整体产业融合发展演变3种特征地市的占比分别为16.67%、60%、23.33%，从演变特征来看，中原城市群各地市整体产业融合发展大部分呈现上升特征。到2017年，中原城市群30个地市中，除郑州、南阳整体产业关联度分别为0.399、0.698之外，关联度在［0.7，0.8）范围的地市数量由平均关联度的12个变为6个，占比20%；关联度在［0.8，1）范围的地市数量，由平均关联度的16个变为22个，占比73.33%。各区间地市个数的变化再次证明城市群各地市整体产业融合程度呈现加深趋势。

表 6-1　2005—2017 年中原城市群 30 个地市整体产业与其他地市的平均关联度与均值

年份	2005	2006	2007	2008	2009	2010	2011	2012	2013	2014	2015	2016	2017	平均关联度
邯郸	0.625	0.621	0.647	0.658	0.683	0.697	0.738	0.736	0.729	0.737	0.768	0.780	0.827	0.711
邢台	0.817	0.817	0.821	0.819	0.826	0.828	0.846	0.852	0.851	0.852	0.841	0.837	0.841	0.835
长治	0.816	0.819	0.812	0.816	0.822	0.824	0.846	0.859	0.851	0.851	0.838	0.835	0.848	0.834
晋城	0.784	0.790	0.799	0.806	0.806	0.812	0.830	0.837	0.841	0.841	0.829	0.823	0.842	0.818
运城	0.817	0.819	0.820	0.820	0.826	0.829	0.843	0.859	0.839	0.843	0.826	0.823	0.839	0.831
蚌埠	0.732	0.729	0.739	0.744	0.734	0.750	0.785	0.815	0.806	0.812	0.797	0.796	0.813	0.773
淮北	0.770	0.765	0.767	0.761	0.765	0.777	0.795	0.808	0.818	0.813	0.781	0.771	0.797	0.784
阜阳	0.803	0.806	0.811	0.814	0.814	0.820	0.836	0.838	0.821	0.828	0.816	0.818	0.840	0.820
宿州	0.791	0.793	0.792	0.790	0.780	0.785	0.808	0.820	0.828	0.829	0.782	0.782	0.798	0.798
亳州	0.699	0.696	0.716	0.719	0.716	0.739	0.757	0.776	0.785	0.789	0.782	0.782	0.807	0.751
聊城	0.808	0.812	0.820	0.816	0.825	0.828	0.847	0.859	0.850	0.851	0.841	0.839	0.849	0.834
菏泽	0.806	0.812	0.815	0.818	0.825	0.824	0.844	0.858	0.848	0.847	0.837	0.839	0.847	0.832
郑州	0.421	0.422	0.416	0.415	0.413	0.430	0.415	0.400	0.405	0.404	0.407	0.407	0.399	0.412
开封	0.810	0.812	0.814	0.810	0.824	0.829	0.846	0.859	0.851	0.851	0.841	0.838	0.847	0.833
洛阳	0.683	0.679	0.692	0.691	0.705	0.718	0.727	0.758	0.767	0.777	0.781	0.783	0.774	0.733
平顶山	0.741	0.735	0.735	0.732	0.747	0.761	0.797	0.815	0.831	0.831	0.830	0.836	0.843	0.787
安阳	0.767	0.759	0.766	0.776	0.783	0.797	0.795	0.820	0.831	0.827	0.824	0.831	0.847	0.802

续表

年份	2005	2006	2007	2008	2009	2010	2011	2012	2013	2014	2015	2016	2017	平均关联度
鹤壁	0.702	0.708	0.721	0.723	0.730	0.754	0.773	0.789	0.787	0.792	0.782	0.780	0.802	0.757
新乡	0.753	0.753	0.766	0.777	0.766	0.783	0.816	0.849	0.771	0.778	0.802	0.809	0.824	0.788
焦作	0.816	0.819	0.821	0.820	0.827	0.829	0.847	0.859	0.849	0.848	0.839	0.837	0.844	0.835
濮阳	0.814	0.819	0.821	0.820	0.826	0.827	0.842	0.848	0.846	0.847	0.836	0.833	0.847	0.833
许昌	0.803	0.806	0.814	0.815	0.814	0.819	0.843	0.847	0.850	0.852	0.841	0.839	0.849	0.830
漯河	0.739	0.748	0.755	0.757	0.755	0.774	0.792	0.804	0.805	0.807	0.799	0.798	0.822	0.781
三门峡	0.791	0.790	0.792	0.789	0.785	0.798	0.821	0.828	0.815	0.817	0.799	0.788	0.805	0.801
南阳	0.572	0.557	0.559	0.561	0.571	0.599	0.586	0.633	0.691	0.674	0.675	0.686	0.698	0.620
商丘	0.784	0.788	0.800	0.800	0.810	0.815	0.838	0.850	0.836	0.817	0.798	0.774	0.731	0.803
信阳	0.779	0.774	0.771	0.779	0.790	0.799	0.831	0.848	0.819	0.818	0.815	0.817	0.820	0.805
周口	0.746	0.753	0.761	0.766	0.774	0.786	0.820	0.841	0.796	0.793	0.798	0.793	0.793	0.786
驻马店	0.809	0.808	0.813	0.808	0.811	0.819	0.838	0.857	0.825	0.814	0.798	0.808	0.804	0.816
济源	0.801	0.798	0.804	0.814	0.818	0.675	0.711	0.754	0.739	0.747	0.736	0.734	0.761	0.761

（三）中原城市群整体产业与三次产业间联动发展状况分析

1. 中原城市群整体产业与三次产业间联动发展状况演变分析

根据式（6.3）计算出2005—2017年中原城市群整体产业与三次产业关联度及其增速，并将其绘制成折线图以便对其发展演变状况进行分析，具体情况如图6-2所示。

从整体产业与第一产业总体关联度曲线走势可以看出，2005—2017年，中原城市群整体产业与第一产业总体关联度分别在2009年、2012年、2015年经历了较大幅度的下跌，在2011年、2013年、2017年经历了较大幅度的上涨，变化较为剧烈，但整体呈上涨态势。从2005—2017年整体产业与第一产业总体关联度增速的曲线走势来看，在研究区间内城市群整体产业与第一产业总体关联度增速在2009年、2012年、2015年经历了较大的负增长，在2011年、2013年、2017年又经历了较大的正增长。从城市群整体产业与第一产业总体关联度的大小来看，除2011年增长到0.78以外，城市群整体产业与第一产业总体关联度在［0.66，0.76］变动，这说明城市群产业整体与第一产业总体发展融合度并不高，而且融合发展状况变化较大。

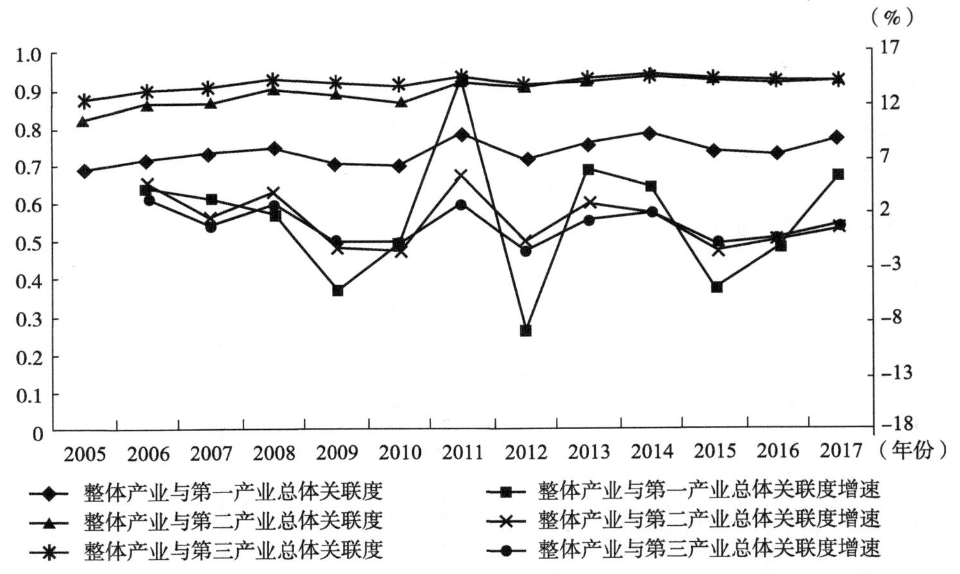

图6-2　2005—2017年中原城市群整体产业与三次产业总体关联度与增速对比

从整体产业与第二产业总体关联度曲线走势可以看出，2005—2017年，中原城市群整体产业与第二产业总体关联度波动幅度不大，仅在2011年出现了略明显的增长，其他年份呈现缓慢上升和下降的态势。从2005—2017年整体产业与第二产业总体关联度增速的曲线走势来看，在研究区间内城市群整体产业与第二产业总体关联度增速在2009年、2012年经历了较大的负增长，2011年经历了较大的正增长，其他年份增速与相邻年份相差基本在3%以内。增速曲线的情况与位置再次证明，2005—2017年中原城市群整体产业与第二产业总体关联度并没有发生特别大的改变或转折，但是小幅波动还是有的。从城市群整体产业与第二产业总体关联度的大小来看，城市群整体产业与第二产业关联度在［0.82，0.94］变动，这说明城市群整体产业与第二产业总体发展融合度较高，且融合发展改善速度较快。

从整体产业与第三产业总体关联度曲线走势可以看出，2005—2017年，中原城市群整体产业与第三产业总体关联度分别在2009年、2012年经历了较强下跌，在2011年经历了较强的上涨，其他年份呈现缓慢上升或下降的过程，但整体呈增长态势，并且这种态势不是很明显。从2005—2017年整体产业与第三产业总体关联度增速的曲线走势来看，在研究区间内城市群整体产业关联度增速在2009年、2012年经历了较大的负增长，2011年又经历一个较大的正增长，其他年份增速与相邻年份相差基本在3%以内，增速曲线的情况与位置再次证明，2005—2017年中原城市群整体产业与第三产业总体关联度并没有发生特别大的改变或转折，但是有小幅波动。从城市群整体产业与第三产业总体关联度的大小来看，城市群整体产业与第三产业总体关联度在［0.87，0.93］变动，这说明中原城市群整体产业与第三产业总体发展融合度较高，但融合发展改善速度较慢，并且趋于稳定。

比较整体产业与第一、第二、第三产业总体关联度曲线的走势可以发现，平均来看，整体产业与第三产业总体关联度最大，与第一产业总体关联度最小。2005—2017年中原城市群整体产业与三次产业的关联度，除2013—2015年为第二产业最大外，其他年份均为第三产业最大。说明中原城市群整体产业与第三产业总体联动发展较好，与第一产业联动发展较差。

2. 中原城市群各地市整体产业与三次产业联动发展状况演变分析

（1）中原城市群各地市整体产业与第一产业联动发展状况演变分析

表6-2展示了中原城市群30个地市整体产业与第一产业2005—2017年总体关联度数据。从13年来中原城市群30个地市间整体产业与第一产业平均关联度来看，中原城市群30个地市间整体产业与第一产业关联度具有显著差异。中原城市群30个地市整体产业与第一产业关联度在［0.407，0.912］

变动，极差为0.505，融合发展程度差距较大。中原城市群30个地市中鹤壁与其他地市的平均关联度最大，意味着鹤壁整体产业与第一产业总体发展同其他地市的融合度最深；郑州与其他地市平均关联度最小，意味着郑州整体产业与第一产业总体发展同其他地市融合度较低，这是由郑州经济发展在整个城市群中“一枝独秀”，与其他地市经济发展差距较大造成的。根据各地市整体产业与第一产业总体平均关联度指数的分布区间，可以将各地市整体产业与第一产业总体发展同其他地市平均融合程度分为5个区间：关联度落在［0.4，0.5）范围的地市有3个，占比10%；关联度落在［0.5，0.6）范围的地市有2个，占比6.67%；关联度落在［0.6，0.7）范围的地市有4个，占比13.33%；关联度落在［0.7，0.8）范围的地市有10个，占比33.33%；关联度落在［0.8，1.0］范围的地市有11个，占比36.67%。就各地市整体产业与第一产业总体的平均融合程度而言，有半数以上的地市融合程度较高，有70%的地市整体产业与第一产业总体融合发展程度在70%以上，有30%的地市融合发展程度较低。融合发展程度最低的三个地市分别为郑州、南阳和周口，这说明中原城市群整体产业与第一产业总体融合发展程度与经济发展负相关，即意味着当前整体产业与第一产业总体融合发展程度呈现随经济规模递减的规律。

从关联度变化趋势来看，邯郸、蚌埠、淮北、宿州、聊城、郑州、开封、平顶山、信阳、周口、济源11个地市大致呈现波动上升的状态；邢台、菏泽、开封、安阳、濮阳5个地市大致呈现先降后升的状态；长治、晋城、阜阳、南阳、驻马店5个地市大致呈现先升后降的状态；运城、鹤壁、新乡、焦作、许昌、商丘6个地市大致呈现波动下降的状态；亳州、漯河、三门峡3个地市表现相对稳定。整体产业与第一产业总体融合发展演变5种特征地市的占比分别为36.67%、16.67%、16.67%、20%和10%，从演变特征来看，中原城市群各地市整体产业与第一产业总体融合发展大部分呈现出上升特征。相比2005年，30个地市整体产业与第一产业关联度在［0.3，0.6）范围的数量由10个变为4个，融合发展程度在［0.6，0.7）范围的数量由5个变为4个，关联度在［0.7，0.8）范围的地市数量由6个变为9个，关联度在［0.8，1.0］范围的地市数量9个变为13个。基于以上特征分析，再次证明城市群各地市整体产业与第一产业总体融合程度呈现加深趋势。

表 6-2 2005—2017 年中原城市群各地市整体产业与第一产业关联度

年份	2005	2006	2007	2008	2009	2010	2011	2012	2013	2014	2015	2016	2017	平均关联度
邯郸	0.571	0.573	0.607	0.659	0.654	0.602	0.335	0.654	0.697	0.727	0.899	0.973	0.750	0.669
邢台	0.819	0.846	0.876	0.879	0.776	0.720	0.802	0.702	0.791	0.800	0.854	0.846	0.974	0.822
长治	0.828	0.829	0.830	0.884	0.898	0.959	0.890	0.796	0.892	0.923	0.890	0.777	0.741	0.857
晋城	0.753	0.775	0.795	0.821	0.818	0.815	0.853	0.863	0.917	0.956	0.863	0.761	0.699	0.822
运城	0.900	0.864	0.853	0.824	0.969	0.981	0.983	0.677	0.726	0.827	0.663	0.570	0.690	0.810
蚌埠	0.507	0.597	0.713	0.716	0.866	0.884	1.000	0.781	0.827	0.838	0.848	0.896	0.940	0.801
淮北	0.617	0.659	0.698	0.741	0.704	0.678	0.791	0.747	0.765	0.797	0.801	0.787	0.803	0.738
阜阳	0.699	0.696	0.815	0.839	0.877	0.896	0.998	0.908	0.859	0.873	0.678	0.585	0.591	0.793
宿州	0.376	0.406	0.446	0.596	0.534	0.500	0.721	0.588	0.575	0.743	0.712	0.909	0.780	0.607
亳州	0.827	0.842	0.874	0.907	0.833	0.813	0.871	0.870	0.842	0.859	0.860	0.843	0.862	0.854
聊城	0.559	0.603	0.670	0.702	0.673	0.665	0.726	0.679	0.734	0.816	0.803	0.753	0.772	0.704
菏泽	0.752	0.914	0.859	0.820	0.801	0.822	0.939	0.704	0.755	0.861	0.975	0.912	0.807	0.840
郑州	0.334	0.351	0.378	0.458	0.392	0.339	0.413	0.334	0.423	0.458	0.407	0.487	0.513	0.407
开封	0.945	0.979	0.870	0.861	0.521	0.468	0.658	0.480	0.948	0.936	0.947	0.741	0.842	0.784
洛阳	0.614	0.581	0.642	0.646	0.610	0.587	0.688	0.640	0.715	0.731	0.717	0.738	0.813	0.671
平顶山	0.499	0.532	0.565	0.632	0.614	0.551	0.681	0.627	0.696	0.729	0.674	0.694	0.737	0.633
安阳	0.666	0.718	0.693	0.663	0.623	0.599	0.729	0.649	0.744	0.796	0.752	0.736	0.806	0.706

续表

年份	2005	2006	2007	2008	2009	2010	2011	2012	2013	2014	2015	2016	2017	平均关联度
鹤壁	0.955	0.964	0.957	0.944	1.000	0.921	0.933	0.948	0.853	0.879	0.850	0.812	0.836	0.912
新乡	0.789	0.738	0.713	0.645	0.691	0.635	0.874	0.663	0.798	0.786	0.649	0.645	0.685	0.716
焦作	0.982	0.939	0.965	0.982	0.731	0.577	0.804	0.688	0.766	0.816	0.666	0.733	0.721	0.798
濮阳	0.737	0.656	0.686	0.689	0.647	0.627	0.758	0.691	0.753	0.788	0.740	0.692	0.708	0.706
许昌	0.851	0.879	0.847	0.830	0.696	0.665	0.786	0.863	0.773	0.802	0.675	0.620	0.647	0.764
漯河	0.701	0.778	0.806	0.754	0.741	0.702	0.802	0.811	0.796	0.816	0.746	0.709	0.715	0.760
三门峡	0.790	0.847	0.864	0.868	0.903	0.844	0.862	0.861	0.912	0.942	0.910	0.899	0.865	0.874
南阳	0.397	0.502	0.531	0.576	0.458	0.418	0.698	0.475	0.421	0.419	0.333	0.372	0.334	0.456
商丘	0.918	0.912	0.973	0.871	0.662	0.847	0.856	0.858	0.850	0.825	0.668	0.603	0.729	0.813
信阳	0.431	0.510	0.511	0.546	0.467	0.435	0.640	0.418	0.608	0.644	0.605	0.815	0.921	0.581
周口	0.347	0.338	0.335	0.334	0.338	0.353	0.518	0.774	0.333	0.334	0.513	0.406	0.994	0.455
驻马店	0.496	0.527	0.551	0.687	0.670	0.720	0.884	0.554	0.690	0.645	0.416	0.334	0.454	0.587
济源	0.687	0.736	0.752	0.671	0.634	0.905	0.933	0.877	0.931	0.937	0.881	0.998	1.000	0.842

（2）中原城市群各地市整体产业与第二产业联动发展状况演变分析

表6-3展示了2005—2017年中原城市群30个地市整体产业与第二产业总体关联度数据。从13年来中原城市群30个地市间整体产业与第二产业平均关联度来看，中原城市群30个地市间整体产业与第二产业融合发展程度并无显著差异。中原城市群30个地市整体产业与第二产业关联度在［0.803，0.963］变动，极差为0.160，融合发展程度差距不大。中原城市群30个地市中，洛阳与其他地市的平均关联度最大，意味着洛阳整体产业与第二产业总体发展同其他地市的融合度最深；菏泽与其他地市的平均关联度最小，意味着菏泽整体产业与第二产业总体发展同其他地市融合度较低。根据各地市整体产业与第二产业总体平均关联度的分布区间，可以将各地市整体产业与第二产业总体发展同其他地市平均融合程度分为2个区间：关联度落在［0.8，0.9）范围的地市有15个，占比50%；关联度落在［0.9，1.0）范围的地市有15个，占比50%。就各地市整体产业与第二产业总体的平均融合程度而言，融合程度较高，50%的地市整体产业融合发展程度在90%以上，融合发展程度相对较低的两个地市分别是菏泽和郑州。

从中原城市群30个地市整体产业与第二产业总体融合发展程度的演变来看，各地市整体产业与第二产业总体融合发展演变历程表现不尽相同。平顶山、信阳、商丘、淮北、濮阳5个地市，整体产业与第二产业总体融合发展程度经历持续上升过程；菏泽、周口、焦作、驻马店、晋城、邢台、长治、邯郸、漯河、南阳、济源、蚌埠、聊城13个地市，整体产业与第二产业总体融合发展程度经历了先升后降的发展历程；郑州、安阳、阜阳、鹤壁、亳州、开封、宿州、新乡、运城、三门峡、许昌、洛阳12个地市，整体产业与第二产业总体融合发展程度经历了先升后降再升的发展历程。整体产业与第二产业总体融合发展演变3种特征地市的占比分别为16.67%、43.33%、40%，从演变特征来看，中原城市群各地市整体产业与第二产业总体融合发展大部分呈现上升特征。相比13年平均数，2017年30个地市整体产业与第二产业关联度在［0.8，0.9）范围的地市数量由15个变为11个，占比36.67%；在［0.9，1.0）范围的地市数量由15个变为19个，占比63.33%。再次证明城市群各地市整体产业与第二产业总体融合程度在较高的水平上缓慢上升。

表 6-3　2005—2017 年中原城市群各地市整体产业与第二产业关联度

年份	2005	2006	2007	2008	2009	2010	2011	2012	2013	2014	2015	2016	2017	平均关联度
邯郸	0.817	0.862	0.912	0.990	0.962	0.918	0.897	0.890	0.961	0.953	0.936	0.943	0.854	0.915
邢台	0.849	0.863	0.870	0.902	0.908	0.879	0.913	0.977	0.926	0.927	0.915	0.902	0.855	0.899
长治	0.812	0.843	0.821	0.863	0.866	0.842	0.948	0.963	0.973	0.989	0.982	0.981	0.978	0.912
晋城	0.855	0.863	0.870	0.882	0.857	0.838	0.906	0.912	0.926	0.941	0.917	0.903	0.908	0.891
运城	0.977	0.980	0.957	0.950	0.941	0.937	0.917	0.997	0.862	0.908	0.887	0.865	0.878	0.928
蚌埠	0.895	0.923	0.914	0.936	0.936	0.938	0.984	1.000	0.969	0.979	0.974	0.972	0.963	0.953
淮北	0.778	0.786	0.821	0.848	0.782	0.762	0.873	0.861	0.896	0.916	0.925	0.931	0.937	0.855
阜阳	0.774	0.815	0.825	0.867	0.859	0.852	0.900	0.857	0.883	0.888	0.871	0.853	0.867	0.855
宿州	0.878	0.939	0.931	0.947	0.966	0.932	0.966	0.943	0.953	0.960	0.797	0.769	0.938	0.917
亳州	0.853	0.875	0.892	0.915	0.906	0.899	0.931	0.906	0.918	0.925	0.914	0.897	0.910	0.903
聊城	0.974	0.993	1.000	1.000	0.988	0.991	0.971	0.937	0.940	0.942	0.943	0.917	0.908	0.962
菏泽	0.703	0.730	0.761	0.783	0.772	0.760	0.851	0.807	0.847	0.871	0.861	0.844	0.841	0.803
郑州	0.690	0.798	0.797	0.860	0.841	0.836	0.785	0.659	0.806	0.854	0.834	0.867	0.871	0.807
开封	0.835	0.870	0.843	0.951	0.821	0.837	0.891	0.866	0.979	0.997	0.979	0.936	0.948	0.904
洛阳	0.914	0.912	0.925	0.924	0.969	0.980	0.984	0.997	0.970	0.980	0.989	0.986	0.993	0.963
平顶山	0.691	0.738	0.758	0.793	0.789	0.760	0.875	0.851	0.936	0.940	0.927	0.929	0.938	0.840
安阳	0.739	0.743	0.758	0.794	0.786	0.769	0.837	0.839	0.893	0.897	0.867	0.851	0.887	0.820

续表

年份	2005	2006	2007	2008	2009	2010	2011	2012	2013	2014	2015	2016	2017	平均关联度
鹤壁	0.838	0.859	0.868	0.886	0.857	0.829	0.912	0.900	0.928	0.932	0.914	0.906	0.920	0.888
新乡	0.970	0.995	0.961	0.972	0.943	0.920	0.985	1.000	0.851	0.867	0.848	0.835	0.861	0.924
焦作	0.772	0.818	0.864	0.891	0.873	0.908	0.916	0.898	0.954	0.957	0.915	0.883	0.876	0.887
濮阳	0.799	0.882	0.845	0.933	0.903	0.870	0.922	0.906	0.905	0.924	0.918	0.909	0.926	0.896
许昌	0.942	1.000	0.993	0.992	0.955	0.962	0.972	0.980	0.935	0.953	0.937	0.892	0.904	0.955
漯河	0.873	0.891	0.920	0.923	0.907	0.885	0.943	0.921	0.944	0.955	0.923	0.911	0.896	0.915
三门峡	0.802	0.853	0.879	0.913	0.913	0.893	0.937	0.957	0.999	1.000	1.000	0.985	0.994	0.933
南阳	0.862	0.918	0.923	0.939	0.931	0.906	0.936	0.991	0.916	0.920	0.899	0.906	0.858	0.916
商丘	0.684	0.738	0.769	0.813	0.810	0.780	0.875	0.844	0.926	0.965	0.979	0.952	0.957	0.853
信阳	0.735	0.777	0.797	0.837	0.821	0.794	0.863	0.808	0.895	0.907	0.916	0.915	0.926	0.846
周口	0.663	0.701	0.727	0.764	0.759	0.731	0.820	0.792	0.930	0.961	0.982	0.993	0.988	0.832
驻马店	0.731	0.763	0.801	0.861	0.859	0.861	0.895	0.886	0.965	0.988	0.967	0.992	0.962	0.887
济源	0.920	0.957	0.974	0.972	0.977	0.948	0.956	0.903	0.956	0.962	0.954	0.951	0.951	0.952

（3）中原城市群各地市整体产业与第三产业联动发展状况演变分析

表6-4展示了2005—2017年中原城市群30个地市整体产业与第三产业总体关联度数据。从13年来中原城市群30个地市间整体产业与第三产业平均关联度来看，中原城市群30个地市间整体产业与第三产业总体融合发展程度并无显著差异。中原城市群30个地市整体产业与第三产业关联度在［0.828，0.976］变动，极差为0.148，融合发展程度差距不大。中原城市群30个地市中，洛阳与其他地市的平均关联度最大，意味着洛阳整体产业与第三产业总体发展同其他地市的融合度最深；菏泽与其他地市的平均关联度最小，意味着菏泽整体产业与第三产业总体发展同其他地市融合度较低。根据各地市整体产业与第三产业总体平均关联度的分布区间，可以将各地市整体产业与第三产业总体发展同其他地市平均融合程度分为两个区间：关联度落在［0.8，0.9］范围的地市有9个，占比30%；关联度指数落在［0.9，1.0］范围的地市有21个，占比70%。就各地市整体产业与第三产业总体的平均融合程度而言，2/3以上的地市融合程度非常高，有70%的地市整体产业与第三产业总体融合发展程度在90%以上，融合发展程度相对较低的两个地市仍然为菏泽和郑州。

从中原城市群30个地市整体产业与第三产业总体融合发展程度的演变来看，各地市整体产业与第三产业总体融合发展演变历程表现不尽相同。信阳、淮北两个地市，整体产业与第三产业总体融合发展程度经历持续上升过程；菏泽、周口、焦作、邢台、驻马店、邯郸、长治、漯河、运城、南阳、聊城、蚌埠12个地市，整体产业与第三产业总体融合发展程度经历了先升后降的发展历程；郑州、安阳、平顶山、阜阳、商丘、鹤壁、晋城、亳州、濮阳、开封、新乡、宿州、三门峡、许昌、济源、洛阳16个地市，整体产业与第三产业总体融合发展程度经历了先升后降再升的发展历程。整体产业与第三产业总体融合发展演变3种特征地市的占比分别为6.67%、40%、53.33%，从演变特征来看，中原城市群各地市整体产业与第三产业总体融合发展大部分呈现上升特征。相比13年平均数，2017年30个地市中整体产业与第三产业关联度在［0.8，0.9）范围的地市数量由9个变为10个，占比33.33%；关联度在［0.9，1）范围的地市数量由21个变为20个，占比66.67%。各区间地市个数的变化再次证明城市群各地市整体产业与第三产业总体融合程度在较高的水平上逐渐趋于平稳。

表 6-4　2005—2017 年中原城市群各地市整体产业与第三产业关联度

年份	2005	2006	2007	2008	2009	2010	2011	2012	2013	2014	2015	2016	2017	平均关联度
邯郸	0.874	0.910	0.946	1.000	0.966	0.930	0.943	0.892	0.953	0.945	0.933	0.943	0.858	0.930
邢台	0.882	0.894	0.897	0.923	0.928	0.903	0.921	0.974	0.917	0.917	0.912	0.902	0.858	0.910
长治	0.860	0.885	0.863	0.896	0.900	0.879	0.958	0.969	0.971	0.988	0.981	0.980	0.977	0.931
晋城	0.897	0.903	0.904	0.913	0.894	0.878	0.922	0.921	0.919	0.935	0.914	0.902	0.909	0.908
运城	0.987	0.992	0.972	0.966	0.959	0.956	0.929	0.998	0.852	0.900	0.886	0.867	0.882	0.934
蚌埠	0.942	0.959	0.943	0.959	0.956	0.958	0.987	0.998	0.964	0.974	0.973	0.972	0.964	0.965
淮北	0.839	0.843	0.868	0.888	0.834	0.816	0.894	0.875	0.888	0.909	0.924	0.932	0.939	0.881
阜阳	0.832	0.865	0.867	0.901	0.895	0.888	0.914	0.868	0.873	0.878	0.869	0.856	0.872	0.875
宿州	0.943	0.988	0.973	0.972	0.991	0.966	0.978	0.956	0.955	0.959	0.792	0.769	0.938	0.937
亳州	0.885	0.903	0.915	0.934	0.928	0.921	0.939	0.912	0.908	0.916	0.910	0.896	0.911	0.914
聊城	1.000	0.984	0.991	0.992	0.986	0.989	0.969	0.937	0.930	0.934	0.940	0.916	0.909	0.960
菏泽	0.761	0.788	0.813	0.832	0.824	0.811	0.872	0.824	0.835	0.857	0.857	0.844	0.843	0.828
郑州	0.782	0.875	0.866	0.910	0.898	0.897	0.828	0.691	0.797	0.848	0.834	0.871	0.876	0.844
开封	0.874	0.902	0.876	0.961	0.873	0.888	0.914	0.887	0.976	0.996	0.978	0.937	0.950	0.924
洛阳	0.950	0.951	0.955	0.952	0.990	1.000	0.995	0.990	0.963	0.975	0.991	0.985	0.992	0.976
平顶山	0.769	0.806	0.819	0.845	0.842	0.818	0.899	0.868	0.933	0.936	0.927	0.931	0.941	0.872
安阳	0.804	0.803	0.814	0.845	0.839	0.823	0.863	0.856	0.885	0.889	0.864	0.853	0.890	0.848

续表

年份	2005	2006	2007	2008	2009	2010	2011	2012	2013	2014	2015	2016	2017	平均关联度
鹤壁	0.877	0.893	0.898	0.912	0.891	0.869	0.925	0.908	0.922	0.926	0.912	0.907	0.922	0.905
新乡	0.984	0.992	0.963	0.969	0.953	0.933	0.986	0.993	0.838	0.856	0.845	0.837	0.865	0.924
焦作	0.824	0.859	0.896	0.916	0.899	0.922	0.924	0.901	0.952	0.954	0.914	0.885	0.880	0.902
濮阳	0.852	0.923	0.888	0.957	0.936	0.909	0.938	0.918	0.898	0.919	0.917	0.911	0.929	0.915
许昌	0.954	1.000	1.000	0.998	0.976	0.983	0.981	0.984	0.930	0.950	0.938	0.895	0.908	0.961
漯河	0.914	0.925	0.945	0.947	0.936	0.919	0.956	0.930	0.941	0.951	0.922	0.912	0.900	0.931
三门峡	0.853	0.892	0.910	0.936	0.938	0.923	0.949	0.963	1.000	1.000	0.999	0.985	0.994	0.949
南阳	0.926	0.961	0.959	0.967	0.968	0.951	0.938	0.995	0.919	0.922	0.904	0.912	0.866	0.938
商丘	0.751	0.795	0.818	0.856	0.847	0.824	0.889	0.857	0.920	0.963	0.976	0.949	0.957	0.877
信阳	0.813	0.842	0.855	0.886	0.876	0.853	0.890	0.834	0.890	0.902	0.916	0.915	0.927	0.877
周口	0.756	0.787	0.808	0.839	0.831	0.802	0.855	0.809	0.940	0.973	0.986	1.000	0.988	0.875
驻马店	0.805	0.828	0.856	0.900	0.899	0.899	0.912	0.903	0.965	0.991	0.973	1.000	0.967	0.915
济源	0.951	0.979	0.989	0.988	0.990	0.966	0.964	0.912	0.952	0.958	0.953	0.951	0.952	0.962

（4）中原城市群各地市整体产业与三次产业联动发展状况对比分析

表 6-5 给出了 2017 年中原城市群 30 个地市整体产业与三次产业关联度。从中原城市群 30 个地市整体产业与三次产业关联度大小来看，整体产业与第一产业关联度最大的是济源，最小的是南阳；整体产业与第二产业关联度最大的是三门峡，最小的是菏泽；整体产业与第三产业关联度最大的是三门峡，最小的是菏泽。说明济源整体产业与第一产业融合度最高，南阳的整体产业与第一产业融合度最低；三门峡整体产业与第二产业融合度最高，菏泽整体产业与第二产业融合度最低；三门峡整体产业与第三产业融合度最高，菏泽整体产业与第三产业融合度最低。

表 6-5　2017 年中原城市群 30 个地市整体产业与三次产业关联度对比分析

地市	整体产业与第一产业	整体产业与第二产业	整体产业与第三产业	关联度最大的产业
邯郸	0.750	0.854	0.858	第三产业
邢台	0.974	0.855	0.858	第一产业
长治	0.741	0.978	0.977	第二产业
晋城	0.699	0.908	0.909	第三产业
运城	0.690	0.878	0.882	第三产业
蚌埠	0.940	0.963	0.964	第三产业
淮北	0.803	0.937	0.939	第三产业
阜阳	0.591	0.867	0.872	第三产业
宿州	0.780	0.938	0.938	第二、第三产业
亳州	0.862	0.910	0.911	第三产业
聊城	0.772	0.908	0.909	第三产业
菏泽	0.807	0.841	0.843	第三产业
郑州	0.513	0.871	0.876	第三产业
开封	0.842	0.948	0.950	第三产业
洛阳	0.813	0.993	0.992	第二产业
平顶山	0.737	0.938	0.941	第三产业
安阳	0.806	0.887	0.890	第三产业
鹤壁	0.836	0.920	0.922	第三产业

续表

地市	整体产业与第一产业	整体产业与第二产业	整体产业与第三产业	关联度最大的产业
新乡	0.685	0.861	0.865	第三产业
焦作	0.721	0.876	0.880	第三产业
濮阳	0.708	0.926	0.929	第三产业
许昌	0.647	0.904	0.908	第三产业
漯河	0.715	0.896	0.900	第三产业
三门峡	0.865	0.994	0.994	第二、第三产业
南阳	0.334	0.858	0.866	第三产业
商丘	0.729	0.957	0.957	第二、第三产业
信阳	0.921	0.926	0.927	第三产业
周口	0.994	0.988	0.988	第一产业
驻马店	0.454	0.962	0.967	第三产业
济源	1.000	0.951	0.952	第一产业
关联度最大地市	济源	三门峡	三门峡	—
关联度最小地市	南阳	菏泽	菏泽	—

从中原城市群30个地市整体产业与三次产业关联度最大的产业来看，可以分为三类：整体产业与第一产业关联度最大的有济源、周口、邢台3个地市；整体产业与第二、第三产业关联度最大的包括宿州、三门峡、商丘3个地市；整体产业与第二产业关联度最大的包括长治、洛阳两个地市；整体产业与第三产业关联度最大的包括邯郸、晋城、运城、蚌埠、阜阳、亳州、聊城、菏泽、郑州、开封、平顶山、安阳、鹤壁、新乡、焦作、濮阳、许昌、漯河、南阳、信阳、驻马店、淮北22个地市。从整体产业与三次产业关联度最大情况来看，中原城市群大部分地市与第三产业关联度最大，其次是第二产业和第一产业。

（四）中原城市群三次产业间联动发展状况分析

1. 中原城市群三次产业间联动发展状况演变分析

根据式（6.3）计算出2005—2017年中原城市群三次产业两两之间总体

关联度及其增速，并将其绘制成折线图以便对其发展演变状况进行分析，具体情况如图 6-3 所示。

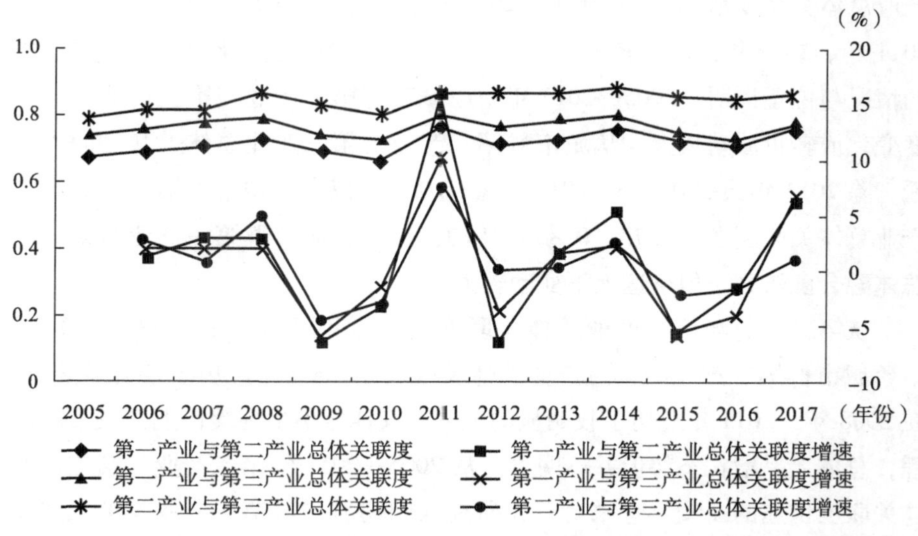

图 6-3 2005—2017 年中原城市群三次产业两两间总体关联度与增速对比

从第一产业与第二产业总体关联度曲线走势可以看出，2005—2017 年，中原城市群第一产业与第二产业总体关联度在 2009 年、2012 年、2015 年经历了较明显的下跌，在 2011 年、2014 年、2017 年经历了较明显的上涨，其他年份呈现缓慢上升或下降的过程，但总体呈增长态势。从 2005—2017 年第一产业与第二产业总体关联度增速的曲线走势来看，在研究区间内城市群第一产业与第二产业总体关联度增速在 2009 年、2012 年、2015 年经历了较大的负增长，在 2011 年、2014 年、2017 年经历了较大的正增长，其他年份增速变化较小，基本稳定在较小的范围内。增速曲线的情况与位置证明，2005—2017 年中原城市群第一产业与第二产业总体关联度上下波动较大。从城市群第一产业与第二产业总体关联度的大小来看，除 2010 年和 2011 年的异常值，城市群第一产业与第二产业总体关联度在［0.68，0.77］变动，这说明城市群第一产业与第二产业总体融合度并不高，虽然整体在增加，但增速上下波动较大。

从第一产业与第三产业总体关联度曲线走势可以看出，2005—2017 年，中原城市群第一产业与第三产业总体关联度在 2009 年、2012 年、2015 年经历了较明显的下跌，在 2011 年、2017 年经历了较明显的上升，其他年份呈现缓慢上升或下降的过程，但态势并不明显。从2005—2017年第一产业与第三产业总体关联度增速的曲线走势来看，在研究区间内城市群第一产业与第三产业总体关联度增速在2009年、2012年、2015年经历了较大的负增长，在2011年、2017年经历了较大的正增长，其他年份增速变化也较大。增速曲线的情况与位置证明，2005—2017年中原城市群第一产业与第三产业总体关联度变化或转折波动较大。从城市群第一产业与第三产业总体关联度的大小来看，除2011年最高0.806，2016年最低0.729以外，城市群第一产业与第三产业总体关联度在［0.73，0.80］变动，这说明城市群第一产业与第三产业总体融合度较高，但增速上下变动较大。

从第二产业与第三产业总体关联度曲线走势可以看出，2005—2017年，中原城市群第二产业与第三产业总体关联度在2009年经历了较明显的下降，在2008年、2011年经历了较明显的上升，其他年份呈现缓慢上升或下降的过程，总体上呈增长态势但并不明显。从2005—2017年第二产业与第三产业总体关联度增速的曲线走势来看，在研究区间内城市群第二产业与第三产业总体关联度增速在2009年、2012年、2015年经历了较大的负增长，在2008年、2011年经历了较大的正增长，其他年份增速变化也较大。增速曲线的情况与位置证明，2005—2017年中原城市群第二产业与第三产业总体关联度变化或转折波动较大。从城市群第二产业与第三产业总体关联度的大小来看，除2014年最高0.885，2005年最低0.792以外，城市群第二产业与第三产业总体关联度在［0.80，0.865］变动，这说明城市群第二产业与第三产业总体融合度较高，但增速上下变动较大。

对比三次产业间的总体关联度可以发现，平均来看第一产业与第二产业总体关联度最低，第二产业与第三产业总体关联度最高，且二者差距较为明显。从时间趋势来看，历年第二产业与第三产业总体关联度都是最高的，并且优势明显。这两点均说明中原城市群第一产业与第二产业总体融合度最低，第二产业与第三产业总体融合度最高。

2. 中原城市群各地市三次产业间联动发展状况演变分析

（1）中原城市群各地市第一产业与第二产业联动发展状况演变分析

如表6-6所示，从2005—2017年中原城市群30个地市第一产业与第二产业发展同其他地市的平均关联度来看，中原城市群30个地市间第一产业与第二产业融合发展程度具有显著差异。中原城市群30个地市第一产业与第二产业关联度在［0.399，0.953］变动，极差为0.554，融合发展程度差距较大。中原城市群30个地市中，亳州与其他地市的平均关联度最大，意味着亳州第一产业与第二产业发展同其他地市的融合度最深；郑州与其他地市的平均关联度最小，意味着郑州第一产业与第二产业发展同其他地市融合度较低，这是由在整个城市群中郑州经济发展与其他地市经济发展差距较大造成的。根据各地市第一产业与第二产业平均关联度的分布区间，可以将各地市第一产业与第二产业发展同其他地市平均融合程度分为5个区间：关联度在［0.3，0.5）范围的地市有3个，占比10%；关联度在［0.5，0.6）范围的地市有3个，占比10%；关联度在［0.6，0.7）范围的地市有6个，占比20%；关联度在［0.7，0.8）范围的地市有11个，占比36.67%；关联度在［0.8，1.0］范围的地市有7个，占比23.33%。就各地市第一产业与第二产业的平均融合程度而言，60%的地市的第一产业与第二产业融合发展程度在70%以上，而融合发展程度较低的三个地市分别是郑州、周口、南阳。

从中原城市群30个地市第一产业与第二产业融合发展程度的演变来看，各地市第一产业与第二产业融合发展演变历程表现不尽相同。郑州、周口、信阳、平顶山、宿州、安阳、淮北、洛阳、济源9个地市，第一产业与第二产业融合发展程度大致呈现为持续上升过程；南阳、邯郸、新乡、焦作、晋城、长治、三门峡、邢台、亳州9个地市，第一产业与第二产业融合发展程度经历了先升后降的发展历程；驻马店、濮阳、阜阳、漯河、聊城、许昌、运城、商丘、开封、菏泽、蚌埠、鹤壁12个地市，第一产业与第二产业融合发展程度经历了先升后降再升的发展历程。第一产业与第二产业融合发展演变3种特征地市的占比分别为30%、30%、40%，从演变特征来看，中原城市群各地市第一产业与第二产业融合发展大部分呈现上升特征。相比13年平均数，2017年中原城市群30个地市中，关联度在［0.7，0.8）范围的地市数量由11个变为7个，占比23.33%；关联度在［0.8，1.0］范围的地市数量由7个变为12个，占比40%。各区间地市个数的变化再次证明城市群各地市第一产业与第二产业融合程度呈现加深趋势。

表 6-6　2005—2017 年中原城市群各地市第一产业与第二产业关联度

年份	2005	2006	2007	2008	2009	2010	2011	2012	2013	2014	2015	2016	2017	平均关联度
邯郸	0.569	0.574	0.615	0.690	0.704	0.668	0.336	0.756	0.726	0.761	0.961	0.926	0.684	0.690
邢台	0.990	1.000	1.000	0.984	0.863	0.824	0.882	0.758	0.850	0.861	0.931	0.940	0.888	0.905
长治	0.752	0.755	0.737	0.804	0.800	0.815	0.856	0.810	0.875	0.916	0.910	0.797	0.772	0.815
晋城	0.727	0.730	0.744	0.771	0.738	0.717	0.794	0.831	0.860	0.905	0.941	0.838	0.771	0.797
运城	0.921	0.870	0.845	0.818	0.909	0.910	0.943	0.723	0.659	0.768	0.625	0.528	0.649	0.782
蚌埠	0.541	0.617	0.705	0.717	0.825	0.835	0.985	0.817	0.855	0.860	0.874	0.928	0.983	0.811
淮北	0.588	0.607	0.646	0.690	0.616	0.581	0.722	0.715	0.711	0.747	0.763	0.750	0.777	0.686
阜阳	0.643	0.647	0.730	0.774	0.780	0.782	0.904	0.823	0.779	0.790	0.629	0.537	0.563	0.722
宿州	0.414	0.445	0.475	0.615	0.554	0.506	0.716	0.622	0.569	0.726	0.616	0.841	0.838	0.611
亳州	0.996	0.983	0.987	1.000	0.925	0.912	0.942	0.965	0.915	0.929	0.941	0.942	0.951	0.953
聊城	0.614	0.662	0.711	0.737	0.711	0.700	0.758	0.757	0.778	0.867	0.852	0.816	0.852	0.755
菏泽	0.954	0.724	0.713	0.704	0.671	0.669	0.816	0.656	0.673	0.993	0.887	0.927	0.961	0.796
郑州	0.342	0.368	0.385	0.465	0.396	0.342	0.385	0.333	0.393	0.431	0.390	0.458	0.498	0.399
开封	0.920	0.921	0.977	0.920	0.499	0.454	0.624	0.503	0.970	0.945	0.969	0.711	0.818	0.787
洛阳	0.643	0.599	0.651	0.651	0.626	0.601	0.694	0.692	0.740	0.749	0.723	0.754	0.834	0.689
平顶山	0.468	0.498	0.522	0.582	0.557	0.495	0.635	0.620	0.673	0.702	0.653	0.665	0.720	0.599
安阳	0.603	0.623	0.609	0.605	0.562	0.532	0.653	0.632	0.692	0.734	0.687	0.658	0.747	0.641

续表

年份	2005	2006	2007	2008	2009	2010	2011	2012	2013	2014	2015	2016	2017	平均关联度
鹤壁	0.917	0.922	0.923	0.951	0.876	0.780	0.863	0.883	0.806	0.830	0.796	0.755	0.793	0.854
新乡	0.822	0.790	0.771	0.694	0.750	0.703	0.898	0.712	0.708	0.707	0.595	0.577	0.637	0.720
焦作	0.836	0.901	0.858	0.925	0.840	0.645	0.882	0.788	0.747	0.791	0.640	0.674	0.673	0.785
濮阳	0.684	0.650	0.650	0.692	0.631	0.594	0.725	0.695	0.706	0.745	0.706	0.653	0.688	0.678
许昌	0.939	0.915	0.863	0.849	0.696	0.665	0.780	0.874	0.741	0.776	0.659	0.582	0.626	0.767
漯河	0.697	0.748	0.784	0.742	0.710	0.661	0.776	0.797	0.767	0.790	0.714	0.669	0.679	0.733
三门峡	0.721	0.774	0.801	0.828	0.838	0.774	0.824	0.859	0.915	0.944	0.915	0.919	0.883	0.846
南阳	0.432	0.530	0.552	0.594	0.475	0.426	0.750	0.530	0.415	0.410	0.334	0.362	0.335	0.473
商丘	0.705	0.728	0.783	0.758	0.808	0.925	0.984	0.781	0.803	0.806	0.690	0.628	0.772	0.783
信阳	0.431	0.495	0.496	0.533	0.456	0.416	0.596	0.435	0.577	0.610	0.587	0.890	1.000	0.579
周口	0.347	0.340	0.336	0.336	0.334	0.336	0.481	0.694	0.334	0.335	0.522	0.409	0.999	0.446
驻马店	0.480	0.503	0.528	0.656	0.630	0.662	0.811	0.574	0.682	0.645	0.424	0.336	0.467	0.569
济源	0.708	0.750	0.769	0.694	0.650	0.859	0.901	0.835	0.897	0.905	0.853	0.962	0.959	0.826

（2）中原城市群各地市第一产业与第三产业联动发展状况演变分析

如表 6-7 所示，从 2005—2017 年中原城市群 30 个地市第一产业与第三产业发展同其他地市的平均关联度来看，中原城市群 30 个地市间第一产业与第三产业融合发展程度具有显著差异。中原城市群 30 个地市第一产业与第三产业关联度在［0.47，0.93］变动，极差为 0.46，融合发展程度差距较大。中原城市群 30 个地市中，三门峡与其他地市的平均关联度最大，意味着三门峡第一产业与第三产业发展同其他地市的融合度最深；郑州与其他地市的平均关联度最小，意味着郑州第一产业与第三产业发展同其他地市融合度较低，这可能是由在整个城市群中郑州经济发展与其他地市经济发展差距较大造成的。根据各地市第一产业与第三产业平均关联度的分布区间，可以将各地市第一产业与第三产业发展同其他地市平均融合程度分为 5 个区间：关联度在［0.4，0.5）范围的地市有两个，占比 6.67%；关联度在［0.5，0.6）范围的地市有 1 个，占比 3.33%；关联度在［0.6，0.7）范围的地市有 4 个，占比 13.33%；关联度在［0.7，0.8）范围的地市有 8 个，占比 26.67%；关联度在［0.8，1.0］范围的地市有 15 个，占比 50%。就各地市第一产业与第三产业的平均融合程度而言，半数以上的地市融合程度较高，76.67%的地市的第一产业与第三产业融合发展程度在 70%以上，而融合发展程度较低的两个地市分别为郑州和南阳。

从关联度变化趋势来看，蚌埠、淮北、宿州、聊城、郑州、平顶山、信阳、周口、济源 9 个地市大致呈现波动上升的状态；邢台、开封、洛阳、安阳、新乡、焦作、濮阳 7 个地市大致呈现先降后升的状态；晋城、阜阳、菏泽、鹤壁、驻马店 5 个地市大致呈现先升后降的状态；邯郸、长治、运城、许昌、三门峡、南阳、商丘 7 个地市大致呈现波动下降的状态；亳州、漯河两个地市表现相对稳定。第一产业与第三产业总体融合发展演变 5 种特征地市的占比分别为 30%、23.33%、16.67%、23.33%和 6.67%，从演变特征来看，中原城市群各地市第一产业与第三产业总体融合发展大部分呈现上升特征。相比 13 年平均值，2017 年中原城市群 30 个地市中关联度在［0.7，0.8）范围的地市数量由 8 个变为 11 个，占比 36.67%；关联度在［0.8，1.0］范围的地市数量由 15 个变为 14 个，占比 46.67%。各区间地市个数的变化再次证明城市群各地市第一产业与第三产业融合程度呈现加深趋势。

表 6-7 2005—2017 年中原城市群各地市第一产业与第三产业关联度

年份	2005	2006	2007	2008	2009	2010	2011	2012	2013	2014	2015	2016	2017	平均关联度
邯郸	0.685	0.663	0.672	0.694	0.664	0.597	0.357	0.659	0.683	0.703	0.852	0.978	0.871	0.698
邢台	0.793	0.801	0.822	0.844	0.749	0.684	0.762	0.735	0.745	0.751	0.798	0.781	0.849	0.778
长治	0.989	0.959	0.969	0.995	1.000	0.930	0.937	0.849	0.920	0.939	0.881	0.772	0.745	0.914
晋城	0.873	0.884	0.892	0.911	0.920	0.935	0.931	0.945	1.000	0.983	0.807	0.709	0.671	0.882
运城	0.950	0.907	0.898	0.873	0.994	0.985	0.920	0.723	0.837	0.917	0.736	0.631	0.779	0.858
蚌埠	0.588	0.669	0.782	0.772	0.917	0.935	0.996	0.815	0.808	0.823	0.836	0.880	0.915	0.826
淮北	0.759	0.800	0.814	0.845	0.842	0.825	0.887	0.865	0.853	0.873	0.865	0.843	0.862	0.841
阜阳	0.864	0.826	0.948	0.941	0.984	1.000	0.927	0.962	0.984	0.998	0.766	0.656	0.668	0.886
宿州	0.444	0.462	0.498	0.645	0.574	0.541	0.750	0.657	0.601	0.775	0.882	0.721	0.758	0.639
亳州	0.801	0.804	0.833	0.874	0.794	0.768	0.833	0.835	0.783	0.801	0.802	0.774	0.808	0.809
聊城	0.623	0.644	0.703	0.732	0.689	0.677	0.722	0.699	0.704	0.776	0.774	0.710	0.733	0.707
菏泽	0.670	0.890	0.953	0.993	0.973	0.994	0.935	0.858	0.891	0.758	0.846	0.787	0.719	0.867
郑州	0.427	0.422	0.446	0.520	0.447	0.383	0.469	0.448	0.483	0.507	0.457	0.531	0.576	0.470
开封	0.877	0.901	0.802	0.856	0.600	0.530	0.719	0.568	0.930	0.935	0.931	0.787	0.894	0.795
洛阳	0.697	0.656	0.704	0.704	0.649	0.619	0.708	0.686	0.704	0.722	0.734	0.736	0.820	0.703
平顶山	0.651	0.666	0.688	0.750	0.725	0.660	0.754	0.740	0.741	0.775	0.724	0.739	0.790	0.723
安阳	0.847	0.909	0.852	0.787	0.738	0.718	0.840	0.772	0.830	0.891	0.861	0.852	0.907	0.831

续表

年份	2005	2006	2007	2008	2009	2010	2011	2012	2013	2014	2015	2016	2017	平均关联度
鹤壁	0. 886	0. 883	0. 881	0. 886	0. 890	0. 953	1. 000	0. 965	0. 923	0. 951	0. 931	0. 895	0. 912	0. 920
新乡	0. 850	0. 769	0. 729	0. 669	0. 690	0. 627	0. 870	0. 709	0. 946	0. 913	0. 748	0. 745	0. 785	0. 773
焦作	0. 859	0. 839	0. 943	0. 919	0. 697	0. 573	0. 766	0. 690	0. 804	0. 857	0. 722	0. 818	0. 816	0. 793
濮阳	0. 892	0. 747	0. 787	0. 745	0. 709	0. 699	0. 813	0. 778	0. 830	0. 854	0. 803	0. 750	0. 767	0. 783
许昌	0. 865	0. 896	0. 874	0. 857	0. 739	0. 703	0. 814	0. 899	0. 827	0. 845	0. 719	0. 676	0. 713	0. 802
漯河	0. 807	0. 871	0. 872	0. 817	0. 806	0. 776	0. 847	0. 889	0. 843	0. 858	0. 806	0. 768	0. 794	0. 827
三门峡	0. 952	0. 970	0. 959	0. 940	0. 969	0. 925	0. 916	0. 911	0. 916	0. 948	0. 914	0. 893	0. 870	0. 930
南阳	0. 471	0. 570	0. 589	0. 627	0. 502	0. 459	0. 681	0. 531	0. 447	0. 441	0. 358	0. 391	0. 373	0. 495
商丘	0. 855	0. 899	0. 864	0. 992	0. 618	0. 729	0. 784	0. 999	0. 922	0. 859	0. 670	0. 589	0. 723	0. 808
信阳	0. 542	0. 621	0. 605	0. 627	0. 537	0. 503	0. 712	0. 513	0. 667	0. 700	0. 654	0. 764	0. 869	0. 639
周口	0. 451	0. 425	0. 407	0. 393	0. 397	0. 417	0. 586	0. 959	0. 349	0. 343	0. 531	0. 411	0. 984	0. 512
驻马店	0. 628	0. 649	0. 651	0. 776	0. 754	0. 809	0. 976	0. 643	0. 716	0. 657	0. 434	0. 338	0. 483	0. 655
济源	0. 770	0. 797	0. 793	0. 712	0. 672	0. 950	0. 977	0. 967	0. 979	0. 982	0. 926	0. 957	0. 956	0. 880

（3）中原城市群各地市第二产业与第三产业联动发展状况演变分析

如表 6-8 所示，从 2005—2017 年中原城市群 30 个地市第二产业与第三产业发展同其他地市的平均关联度来看，中原城市群 30 个地市间第二产业与第三产业融合发展程度具有显著差异。中原城市群 30 个地市第二产业与第三产业关联度在［0.714，0.948］变动，极差为 0.234，融合发展程度差距不是很大。中原城市群 30 个地市中，洛阳与其他地市的平均关联度最大，意味着洛阳第二产业与第三产业发展同其他地市的融合度最深；菏泽与其他地市的平均关联度最小，意味着菏泽第二产业与第三产业发展同其他地市融合度较低。根据各地市第二产业与第三产业平均关联度的分布区间，可以将各地市第二产业与第三产业发展同其他地市平均融合程度分为 3 个区间：关联度在［0.7，0.8）范围的地市有 9 个，占比 30%；关联度在［0.8，0.9）范围的地市有 15 个，占比 50%；关联度在［0.9，1.0］范围的地市有 6 个，占比 20%。就各地市第二产业与第三产业的平均融合程度而言，半数以上的地市融合程度较高，30 个地市第二产业与第三产业融合发展程度均在 70%以上，融合发展程度相对较低的两个地市是菏泽和郑州。

从中原城市群 30 个地市第二产业与第三产业融合发展程度的演变来看，各地市第二产业与第三产业融合发展演变历程表现不尽相同。蚌埠、淮北、宿州、聊城、郑州、平顶山、信阳、周口、济源 9 个地市大致呈现波动上升的状态；邢台、开封、洛阳、安阳、新乡、焦作、濮阳 7 个地市大致呈现先降后升的状态；晋城、阜阳、菏泽、鹤壁、驻马店 5 个地市大致呈现先升后降的状态；邯郸、长治、运城、许昌、三门峡、南阳、商丘 7 个地市大致呈现波动下降的状态；亳州、漯河 2 个地市表现相对稳定。第二产业与第三产业总体融合发展演变 5 种特征地市的占比分别为 30%、23.33%、16.67%、23.33%和 6.67%，从演变特征来看，中原城市群各地市第二产业与第三产业总体融合发展大部分呈现上升特征。相比 13 年平均值，2017 年中原城市群 30 个地市中关联度在［0.8，0.9）范围的地市数量由 15 个变为 13 个，占比 43.33%；关联度在［0.9，1.0］范围的地市数量由 6 个变为 9 个，占比 30%。各区间地市个数的变化再次证明城市群各地市第二产业与第三产业融合程度呈现加深趋势。

表 6-8　2005—2017 年中原城市群各地市第二产业与第三产业关联度

年份	2005	2006	2007	2008	2009	2010	2011	2012	2013	2014	2015	2016	2017	平均关联度
邯郸	0.786	0.823	0.884	1.000	0.923	0.856	0.859	0.837	0.921	0.906	0.884	0.900	0.764	0.872
邢台	0.815	0.813	0.817	0.862	0.852	0.807	0.854	0.961	0.860	0.858	0.849	0.829	0.764	0.841
长治	0.774	0.792	0.759	0.812	0.802	0.763	0.916	0.947	0.949	0.978	0.966	0.969	0.959	0.876
晋城	0.830	0.819	0.822	0.839	0.790	0.760	0.849	0.873	0.861	0.887	0.851	0.829	0.843	0.835
运城	0.992	0.973	0.940	0.935	0.901	0.890	0.865	1.000	0.757	0.829	0.805	0.770	0.800	0.881
蚌埠	0.891	0.903	0.883	0.918	0.894	0.893	0.974	0.998	0.938	0.955	0.952	0.953	0.934	0.930
淮北	0.736	0.726	0.762	0.795	0.698	0.667	0.801	0.805	0.811	0.842	0.866	0.879	0.891	0.791
阜阳	0.728	0.759	0.765	0.819	0.793	0.777	0.838	0.797	0.790	0.795	0.780	0.752	0.783	0.783
宿州	0.879	0.937	0.920	0.937	0.945	0.894	0.949	0.921	0.916	0.924	0.672	0.631	0.891	0.878
亳州	0.820	0.828	0.847	0.881	0.850	0.835	0.884	0.862	0.845	0.857	0.846	0.819	0.847	0.848
聊城	1.000	0.977	0.990	0.999	0.960	0.961	0.945	0.903	0.882	0.885	0.895	0.853	0.844	0.930
菏泽	0.639	0.656	0.686	0.711	0.685	0.663	0.768	0.735	0.734	0.765	0.764	0.736	0.743	0.714
郑州	0.642	0.754	0.744	0.820	0.780	0.770	0.688	0.566	0.678	0.745	0.726	0.775	0.789	0.729
开封	0.799	0.823	0.783	0.931	0.750	0.765	0.831	0.816	0.959	0.994	0.961	0.887	0.910	0.862
洛阳	0.913	0.888	0.902	0.902	0.948	0.961	0.980	0.989	0.938	0.957	0.981	0.978	0.986	0.948
平顶山	0.635	0.671	0.687	0.726	0.708	0.667	0.806	0.793	0.881	0.886	0.870	0.875	0.894	0.777
安阳	0.688	0.673	0.684	0.728	0.704	0.676	0.751	0.777	0.806	0.810	0.773	0.749	0.813	0.741

续表

年份	2005	2006	2007	2008	2009	2010	2011	2012	2013	2014	2015	2016	2017	平均关联度
鹤壁	0.804	0.809	0.816	0.842	0.789	0.747	0.857	0.855	0.866	0.871	0.847	0.835	0.863	0.831
新乡	0.984	0.985	0.936	0.956	0.898	0.860	0.973	0.993	0.739	0.761	0.745	0.724	0.774	0.871
焦作	0.722	0.758	0.812	0.849	0.806	0.842	0.859	0.848	0.915	0.916	0.850	0.799	0.797	0.829
濮阳	0.759	0.847	0.793	0.914	0.854	0.804	0.876	0.867	0.826	0.857	0.854	0.841	0.874	0.844
许昌	0.938	0.995	0.992	0.997	0.925	0.932	0.957	0.970	0.878	0.910	0.888	0.814	0.840	0.926
漯河	0.855	0.855	0.890	0.897	0.858	0.822	0.910	0.886	0.896	0.912	0.863	0.844	0.827	0.870
三门峡	0.762	0.804	0.834	0.881	0.864	0.832	0.898	0.937	1.000	1.000	1.000	0.978	0.988	0.906
南阳	0.855	0.900	0.903	0.927	0.900	0.862	0.888	0.998	0.854	0.856	0.829	0.840	0.772	0.876
商丘	0.620	0.665	0.695	0.749	0.726	0.684	0.799	0.780	0.863	0.933	0.959	0.913	0.924	0.793
信阳	0.690	0.719	0.737	0.786	0.752	0.711	0.791	0.742	0.812	0.829	0.853	0.850	0.873	0.780
周口	0.609	0.636	0.660	0.702	0.681	0.638	0.732	0.716	0.883	0.938	0.971	1.000	0.978	0.780
驻马店	0.682	0.701	0.740	0.814	0.795	0.790	0.833	0.841	0.935	0.979	0.946	0.999	0.937	0.846
济源	0.918	0.944	0.968	0.971	0.955	0.907	0.928	0.860	0.916	0.924	0.916	0.914	0.914	0.926

（4）中原城市群各地市三次产业间联动发展状况对比分析

表6-9给出了2017年中原城市群30个地市三次产业间关联度。从中原城市群30个地市三次产业相互间关联度大小来看，第一产业与第二产业总体关联度最大的是信阳，最小的是南阳；第一产业与第三产业总体关联度最大的是周口，最小的是南阳；第二产业与第三产业总体关联度最大的是三门峡，最小的是菏泽。这说明，信阳第一产业与第二产业融合度最高，南阳第一产业与第二产业融合度最低；周口第一产业与第三产业融合度最高，南阳第一产业与第三产业融合度最低；三门峡第二产业与第三产业融合度最高，菏泽第二产业与第三产业融合度最低。

表6-9　2017年中原城市群30个地市三次产业关联度对比

地市	第一产业与第二产业总体关联度	第一产业与第三产业总体关联度	第二产业与第三产业总体关联度	关联度最大产业
邯郸	0. 684	0. 871	0. 764	第一与第三产业
邢台	0. 888	0. 849	0. 764	第一与第二产业
长治	0. 772	0. 745	0. 959	第二与第三产业
晋城	0. 771	0. 671	0. 843	第二与第三产业
运城	0. 649	0. 779	0. 800	第二与第三产业
蚌埠	0. 983	0. 915	0. 934	第一与第二产业
淮北	0. 777	0. 862	0. 891	第二与第三产业
阜阳	0. 563	0. 668	0. 783	第二与第三产业
宿州	0. 838	0. 758	0. 891	第二与第三产业
亳州	0. 951	0. 808	0. 847	第一与第二产业
聊城	0. 852	0. 733	0. 844	第一与第二产业
菏泽	0. 961	0. 719	0. 743	第一与第二产业
郑州	0. 498	0. 576	0. 789	第二与第三产业
开封	0. 818	0. 894	0. 910	第二与第三产业
洛阳	0. 834	0. 820	0. 986	第二与第三产业
平顶山	0. 720	0. 790	0. 894	第二与第三产业
安阳	0. 747	0. 907	0. 813	第一与第三产业
鹤壁	0. 793	0. 912	0. 863	第一与第三产业
新乡	0. 637	0. 785	0. 774	第一与第三产业
焦作	0. 673	0. 816	0. 797	第一与第三产业
濮阳	0. 688	0. 767	0. 874	第二与第三产业
许昌	0. 626	0. 713	0. 840	第二与第三产业
漯河	0. 679	0. 794	0. 827	第二与第三产业
三门峡	0. 883	0. 870	0. 988	第二与第三产业

续表

地市	第一产业与第二产业总体关联度	第一产业与第三产业总体关联度	第二产业与第三产业总体关联度	关联度最大产业
南阳	0.335	0.373	0.772	第二与第三产业
商丘	0.772	0.723	0.924	第二与第三产业
信阳	1.000	0.869	0.873	第一与第二产业
周口	0.999	0.984	0.978	第一与第二产业
驻马店	0.467	0.483	0.937	第二与第三产业
济源	0.959	0.956	0.914	第一与第二产业
关联度最大地市	信阳	周口	三门峡	—
关联度最小地市	南阳	南阳	菏泽	—

从中原城市群30个地市三次产业相互间关联度最大的产业角度，可以分为三类：第一产业与第二产业关联度最大的包括邢台、蚌埠、亳州、聊城、菏泽、信阳、周口、济源8个地市；第一产业与第三产业关联度最大的包括邯郸、安阳、鹤壁、新乡、焦作5个地市；第二产业与第三产业关联度最大的包括长治、晋城、运城、淮北、阜阳、宿州、郑州、开封、洛阳、平顶山、濮阳、许昌、漯河、三门峡、南阳、商丘、驻马店17个地市。三次产业相互间关联度最大的三种情况分别占比26.67%、16.67%、56.67%。从三次产业相互间关联度最大情况来看，中原城市群大部分地市第二产业与第三产业关联度最大。

二、中原城市群金融业联动发展状况分析

（一）中原城市群金融业各行业自身联动发展状况

1. 中原城市群整体金融业联动发展状况与演变特征

根据式（6.3）计算出2005—2017年中原城市群金融业整体关联度及其增速，并将其绘制成折线图以便对其发展演变状况进行分析，具体情况如图6-4所示。整体来看，2005—2017年中原城市群金融业整体关联度在［0.75，0.88］变动，中原城市群金融业整体关联度较高，城市群金融业融合发展较好，而且关联度呈现不断增长的趋势。

从城市群金融业整体关联度曲线走势来看，2005—2017年金融业整体关联度呈现增长的态势。根据2005—2017年金融业整体关联度增速的曲线走势，将研究区间具体分为“突降—上升—缓降”三个阶段：第一阶段，2005—2007年，中原城市群金融业整体关联度急剧下降，2007年关联度增速达到-7.6%，意味着这一阶段城市群金融业进行融合发展状况比较差；第二阶段，2008—2015年，城市群金融业整体关联度呈现持续增长的趋势，2008

年全球金融危机后，金融监管加强，给中原城市群金融业带来了融合发展的机遇，2009 年关联度增速进一步上升，虽然在 2010 年有所下降，但 2011—2015 年中原城市群从筹划到准备的过程中，其金融业整体关联度增速都维持在 2%左右；第三阶段，2016—2017 年城市群金融业整体关联度开始出现缓慢下降的趋势，由于中原城市群经济进入转型时期，金融业也随之进行调整，城市群金融业之间融合发展模式开始进入缓慢调整期。

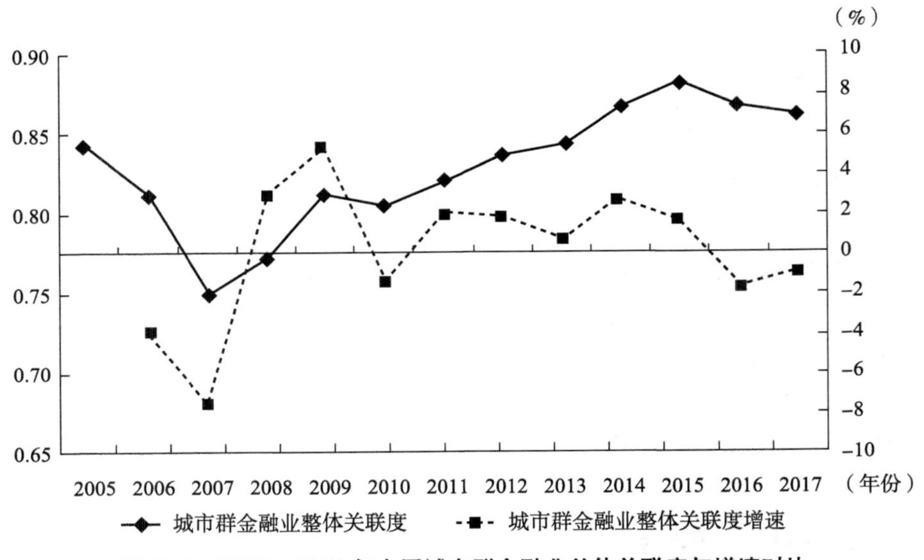

图 6-4　2005—2017 年中原城市群金融业总体关联度与增速对比

2. 中原城市群各地市整体金融业联动发展状况与演变特征

如表 6-10 所示，从 2005—2017 年中原城市群 30 个地市与其他地市的金融业平均关联度来看，中原城市群 30 个地市间金融业融合发展程度具有显著差异。中原城市群 30 个地市金融业平均关联度在［0.410，0.873］变动，极差为 0.463，意味着地市间金融业融合发展程度差距较大。其中，周口与其他地市的金融业平均关联度最大，意味着周口金融业发展与其他地市的融合度最深；郑州与其他地市金融业平均关联度最小，意味着郑州金融业发展与其他地市融合度较低，这一方面是由郑州作为中原城市群的中心地市，在经济和金融发展上与其他地市差距较大造成的，另一方面是由于金融本身具有的特点，证券业普及度低、门槛高，郑州金融业在城市群中已经形成了绝对优势，与其他地市很难形成融合发展。根据各地市金融业平均关联度的分布区间，可以将各地市金融业发展与其他地市平均融合程度分为 5 个区间：关联度在［0.4，0.5）

表 6-10 2005—2017 年中原城市群各地市金融业关联度

年份	2005	2006	2007	2008	2009	2010	2011	2012	2013	2014	2015	2016	2017	平均关联度
邯郸	0.789	0.841	0.488	0.423	0.753	0.849	0.850	0.860	0.814	0.833	0.817	0.796	0.859	0.767
邢台	0.900	0.860	0.810	0.840	0.699	0.747	0.875	0.755	0.884	0.902	0.903	0.906	0.900	0.845
长治	0.900	0.686	0.637	0.837	0.842	0.585	0.873	0.822	0.861	0.910	0.914	0.912	0.903	0.822
晋城	0.892	0.818	0.628	0.621	0.705	0.853	0.879	0.796	0.888	0.879	0.918	0.912	0.898	0.822
运城	0.895	0.788	0.816	0.732	0.865	0.831	0.875	0.867	0.855	0.910	0.903	0.901	0.875	0.855
蚌埠	0.898	0.849	0.813	0.805	0.840	0.794	0.878	0.835	0.885	0.897	0.906	0.892	0.883	0.860
淮北	0.393	0.845	0.541	0.816	0.865	0.848	0.879	0.876	0.871	0.906	0.901	0.906	0.877	0.810
阜阳	0.871	0.818	0.743	0.842	0.857	0.838	0.864	0.878	0.816	0.834	0.908	0.788	0.744	0.831
宿州	0.900	0.801	0.817	0.834	0.864	0.854	0.879	0.829	0.888	0.908	0.915	0.911	0.894	0.869
亳州	0.847	0.837	0.822	0.755	0.866	0.782	0.872	0.883	0.887	0.898	0.901	0.899	0.892	0.857
聊城	0.890	0.868	0.788	0.837	0.799	0.850	0.715	0.838	0.888	0.898	0.866	0.877	0.853	0.843
菏泽	0.891	0.868	0.811	0.828	0.853	0.853	0.866	0.859	0.885	0.889	0.897	0.830	0.898	0.864
郑州	0.534	0.402	0.418	0.477	0.401	0.402	0.392	0.392	0.391	0.378	0.379	0.380	0.379	0.410
开封	0.863	0.807	0.774	0.780	0.851	0.790	0.817	0.824	0.861	0.897	0.877	0.888	0.894	0.840
洛阳	0.839	0.868	0.735	0.799	0.795	0.796	0.850	0.853	0.850	0.844	0.879	0.827	0.859	0.830
平顶山	0.882	0.698	0.823	0.664	0.821	0.852	0.877	0.882	0.887	0.874	0.916	0.902	0.905	0.845
安阳	0.900	0.869	0.713	0.767	0.865	0.853	0.878	0.879	0.885	0.910	0.918	0.907	0.902	0.865

续表

年份	2005	2006	2007	2008	2009	2010	2011	2012	2013	2014	2015	2016	2017	平均关联度
鹤壁	0.836	0.811	0.790	0.745	0.843	0.789	0.805	0.768	0.767	0.833	0.904	0.818	0.827	0.810
新乡	0.886	0.818	0.821	0.842	0.864	0.853	0.559	0.880	0.865	0.904	0.919	0.911	0.905	0.848
焦作	0.900	0.869	0.821	0.841	0.865	0.850	0.796	0.869	0.854	0.877	0.917	0.909	0.884	0.866
濮阳	0.897	0.867	0.814	0.842	0.865	0.805	0.849	0.876	0.886	0.903	0.917	0.903	0.889	0.870
许昌	0.900	0.861	0.804	0.806	0.834	0.816	0.718	0.883	0.878	0.909	0.895	0.907	0.905	0.855
漯河	0.821	0.794	0.744	0.779	0.772	0.832	0.850	0.866	0.772	0.817	0.889	0.873	0.819	0.818
三门峡	0.874	0.787	0.765	0.781	0.815	0.819	0.809	0.830	0.887	0.910	0.898	0.870	0.839	0.837
南阳	0.887	0.865	0.818	0.829	0.863	0.849	0.874	0.883	0.850	0.852	0.914	0.893	0.898	0.867
商丘	0.836	0.849	0.797	0.825	0.857	0.853	0.841	0.879	0.853	0.842	0.919	0.911	0.902	0.859
信阳	0.868	0.842	0.783	0.833	0.864	0.834	0.865	0.869	0.856	0.906	0.892	0.902	0.904	0.863
周口	0.900	0.865	0.822	0.837	0.858	0.853	0.867	0.882	0.865	0.886	0.907	0.909	0.902	0.873
驻马店	0.883	0.875	0.792	0.849	0.846	0.840	0.883	0.856	0.867	0.910	0.922	0.913	0.906	0.872
济源	0.774	0.740	0.766	0.712	0.736	0.744	0.785	0.810	0.782	0.874	0.826	0.898	0.847	0.792

范围的地市有1个，占比3.33%；关联度在［0.5，0.7）范围的地市为0，占比为0；关联度在［0.7，0.8）范围的地市有2个，占比6.67%；关联度在［0.8，0.9）范围的地市有27个，占比90%；关联度在［0.9，1.0］范围的地市数量为0，占比为0。就各地市金融业平均融合程度而言，有90%的地市金融业融合发展程度在80%以上，济源和邯郸金融关联度也达到75%以上，只有郑州融合发展程度较低。这说明中原城市群金融业融合发展仅在金融发展程度较为相似的地区出现，而中原城市群大多地市金融业发展缓慢，仅有郑州金融业较为发达，但依然无法融合发展，说明作为城市群"领头羊"的郑州没有在地市间金融业融合发展方面发挥作用。

从中原城市群30个地市金融业融合发展程度的演变来看，各地市整体金融业融合发展演变历程表现不尽相同。除了淮北波动上升和郑州波动下降之外，其他28个地市金融业融合发展均经历了不同程度的先降后升的过程，且下降的区间基本在2005—2008年，上升区间基本在2009—2017年，其总体趋势能够体现出中原城市群大部分地市金融业融合发展有了明显的提升。2017年，中原城市群各地市金融业关联度，除郑州为0.379、阜阳为0.744外，其他地市均在0.8以上。另外，2005—2017年，中原城市群30个地市中金融业关联度在［0.8，0.9）的地市数量由19个变为18个，但是关联度在［0.9，1.0］的地市数量则由7个变为10个。综上可知，整体上中原城市群各地市金融业融合程度是在不断加深的。

3. 中原城市群各地市金融业各子行业联动发展状况与演变特征

（1）中原城市群金融业各子行业联动发展状况演变分析

根据式（6.3）计算出2005—2017年中原城市群金融业各子行业关联度，结果如图6-5所示。图中给出了中原城市群2005—2017年银行业、证券业、保险业以及整体金融业关联度及其增速，具体分析如下：

首先，从2005—2017年中原城市群金融业各子行业总体关联度的具体数值来看，银行业关联度在［0.777，0.834］变动，证券业关联度在［0.761，0.902］变动，保险业关联度在［0.747，0.821］变动，并且对每年金融业三个子行业关联度进行对比，其中证券业有9年是最大关联度的行业，银行业有4年是最大关联度的行业。由此可以看出，中原城市群金融业三个子行业融合发展程度都比较高，而且证券业融合发展程度最高，银行业次之。

其次，从中原城市群金融业各子行业总体关联度的走势来看，三个子行业关联度的整体趋势和金融业整体关联度的发展趋势大致相同，呈现不断增长的趋势，可以分为三个阶段：2005—2007 年缓慢下降阶段，2008—2014 年持续上升阶段，2015—2017 年波动阶段（这一阶段银行业、保险业、证券业关联度发展趋势有所差异，且波动较为明显）。从图 6-5 来看，2015—2017 年，证券业关联度呈现持续上升的趋势，银行业增长缓慢，保险业呈下降的趋势，意味着整体金融业关联度这一阶段呈现的增长趋势主要是靠证券业关联度的上升推动的。

最后，从中原城市群金融业各子行业总体关联度的增速来看，由图 6-5 中关联度增速曲线位置可以很明显地看出，证券业关联度增速波动最大，最高达到 9.35%，而最低到-11.58%，其次是保险业，最后是银行业。联系中原城市群的实际发展情况，城市群各地市银行业发展程度是高于证券业和保险业的，银行业已经开始从发展走向成熟，所以各地市的关联度相对较为稳定。相对而言，城市群其他金融子行业，尤其是证券业起步晚、基础差、发展相对落后，城市群之间的融合发展依然处于调整阶段，所以这两个子行业关联度增速波动相对较大。

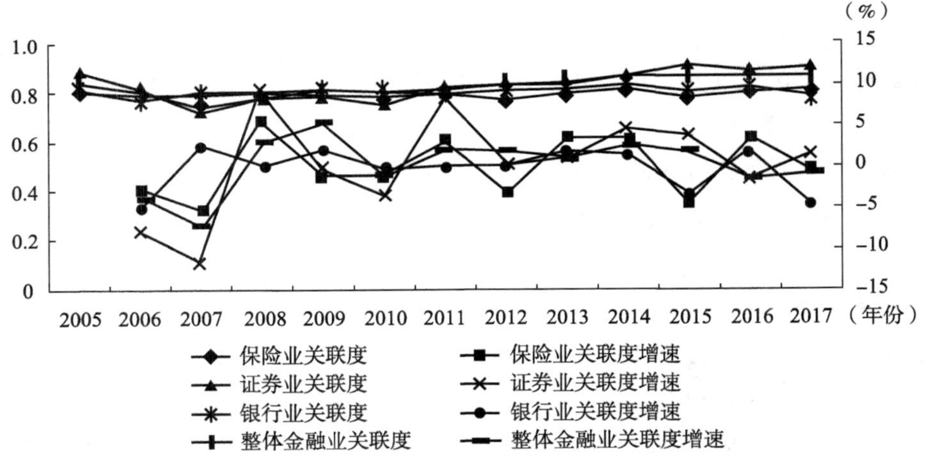

图 6-5　2005—2017 年中原城市群金融业各子行业总体关联度与增速变化趋势

（2）中原城市群各地市金融业整体与各子行业联动发展状况演变分析

如表 6-11 所示，从中原城市群 30 个地市与其他地市银行业、证券业、保险业的关联度来看，各地市之间金融业各子行业的关联度存在明显的差异。首先，从金融业与三个子行业平均关联度各地市分布情况来看，可以将 2005—2017 年各地市与其他地市平均融合程度分为 5 个区间：平均关联度在［0.4，0.5），银行业、证券业、保险业分别有 1 个地市，即郑州，各自占比都是3.33%；平均关联度在［0.5，0.7），保险业有1个地市，占比3.33%，银行业和证券业均没有；平均关联度在［0.7，0.8），银行业有6个地市，占比20%，证券业有2个地市，占比6.67%，保险业有8个地市，占比26.67%；平均关联度在［0.8，0.9），银行业有23个地市，占比76.67%，证券业有27个地市，占比90%，保险业有20个地市，占比66.7%；金融三个子行业平均关联度均没有在［0.9，1.0］的地市。由此可以看出，城市群大部分地市证券业关联发展程度比银行业、保险业更高，相比较而言，保险业的关联发展水平较为落后。其次，从各地市最大关联度行业来看，有6个地市以银行业为最大关联度行业，占比20%，而以证券业为最大关联度行业的地市有24个，占比80%。另外，从2017年金融业各子行业关联度区间分布来看，证券业有24个地市关联度上升至［0.9，1.0］，说明各地市证券业融合发展状况在进一步加深。

表6-11　中原城市群各地市典型年份金融业各子行业关联度数据

地市	金融业（2017年）	银行业（2017年）	证券业（2017年）	保险业（2017年）	关联度最大行业（2017年）	金融业（13年均值）	银行业（13年均值）	证券业（13年均值）	保险业（13年均值）	关联度最大行业（13年均值）
邯郸	0.859	0.752	0.894	0.797	证券业	0.767	0.711	0.790	0.666	证券业
邢台	0.900	0.816	0.919	0.839	证券业	0.845	0.815	0.847	0.792	证券业
长治	0.903	0.838	0.938	0.821	证券业	0.822	0.835	0.801	0.827	银行业
晋城	0.898	0.834	0.937	0.859	证券业	0.822	0.838	0.801	0.824	银行业
运城	0.875	0.840	0.923	0.657	证券业	0.855	0.839	0.856	0.786	证券业
蚌埠	0.883	0.827	0.939	0.844	证券业	0.860	0.821	0.861	0.834	证券业
淮北	0.877	0.837	0.931	0.818	证券业	0.810	0.848	0.797	0.813	银行业
阜阳	0.744	0.590	0.938	0.715	证券业	0.831	0.785	0.877	0.774	证券业
宿州	0.894	0.750	0.928	0.854	证券业	0.869	0.840	0.858	0.840	证券业
亳州	0.892	0.783	0.925	0.855	证券业	0.857	0.830	0.858	0.817	证券业
聊城	0.853	0.679	0.926	0.856	证券业	0.843	0.805	0.855	0.816	证券业
菏泽	0.898	0.794	0.936	0.853	证券业	0.864	0.810	0.870	0.799	证券业
郑州	0.379	0.409	0.370	0.406	银行业	0.410	0.403	0.435	0.424	证券业
开封	0.894	0.840	0.928	0.858	证券业	0.840	0.834	0.862	0.802	证券业
洛阳	0.859	0.763	0.882	0.797	证券业	0.830	0.764	0.829	0.742	证券业
平顶山	0.905	0.796	0.915	0.848	证券业	0.845	0.830	0.838	0.832	证券业
安阳	0.902	0.825	0.939	0.836	证券业	0.865	0.843	0.863	0.840	证券业
鹤壁	0.827	0.790	0.870	0.720	证券业	0.810	0.798	0.828	0.716	证券业

续表

地市	金融业（2017年）	银行业（2017年）	证券业（2017年）	保险业（2017年）	关联度最大行业（2017年）	金融业（13年均值）	银行业（13年均值）	证券业（13年均值）	保险业（13年均值）	关联度最大行业（13年均值）
新乡	0.905	0.837	0.938	0.780	证券业	0.848	0.842	0.840	0.830	银行业
焦作	0.884	0.821	0.938	0.835	证券业	0.866	0.842	0.861	0.837	证券业
濮阳	0.889	0.803	0.937	0.846	证券业	0.870	0.818	0.876	0.831	证券业
许昌	0.905	0.814	0.933	0.846	证券业	0.855	0.845	0.841	0.841	银行业
漯河	0.819	0.712	0.884	0.758	证券业	0.818	0.768	0.832	0.758	证券业
三门峡	0.839	0.793	0.902	0.794	证券业	0.837	0.834	0.854	0.816	证券业
南阳	0.898	0.815	0.925	0.833	证券业	0.867	0.830	0.873	0.802	证券业
商丘	0.902	0.839	0.856	0.858	保险业	0.859	0.850	0.831	0.841	银行业
信阳	0.904	0.840	0.929	0.846	证券业	0.863	0.844	0.862	0.836	证券业
周口	0.902	0.836	0.938	0.859	证券业	0.873	0.852	0.872	0.837	证券业
驻马店	0.906	0.835	0.935	0.857	证券业	0.872	0.851	0.862	0.834	证券业
济源	0.847	0.803	0.911	0.762	证券业	0.792	0.776	0.836	0.719	证券业
关联度最大的地市	驻马店	开封、运城、信阳	蚌埠、安阳	晋城、周口	—	周口	周口	阜阳	商丘、许昌	—
关联度最小的地市	郑州	郑州	郑州	郑州	—	郑州	郑州	郑州	郑州	—

从中原城市群30个地市金融子行业的关联度来看，各地市之间的关联度也存在着明显的差异。首先，从2017年金融业与各子行业关联度最大的地市来看，整体金融业关联度最大的地市是驻马店，银行业关联度最大的地市是开封、运城、信阳，证券业关联度最大的地市是蚌埠、安阳，保险业关联度最大的地市是晋城、周口。从13年平均关联度来看，整体金融业平均关联度最大的地市是周口，银行业平均关联度最大的是周口，证券业平均关联度最大的是阜阳，保险业平均关联度最大的是商丘、许昌。其次，从城市群金融各行业关联度最小的地市来看，根据2005—2017年数据可以得到，郑州在整体金融业、银行业、证券业、保险业均是最小关联度地市。这意味着金融业与各子行业融合发展最好的地市一直在发生变化，而郑州始终是城市群中金融业与各子行业最难以融合发展的地市，郑州在城市群经济金融层面一直处于绝对领先位置，但却没有发挥引领城市群其他地市融合发展的作用。

（二）中原城市群整体金融业与三个子行业间联动发展状况

1. 中原城市群整体金融业与三个子行业间联动发展状况

根据式（6.3）计算出 2005—2017 年中原城市群金融业与三个子行业关联度，结果如图 6-6 所示。图中给出了中原城市群 2005—2017 年金融业与银行业、金融业与证券业、金融业与保险业关联度及其增速。

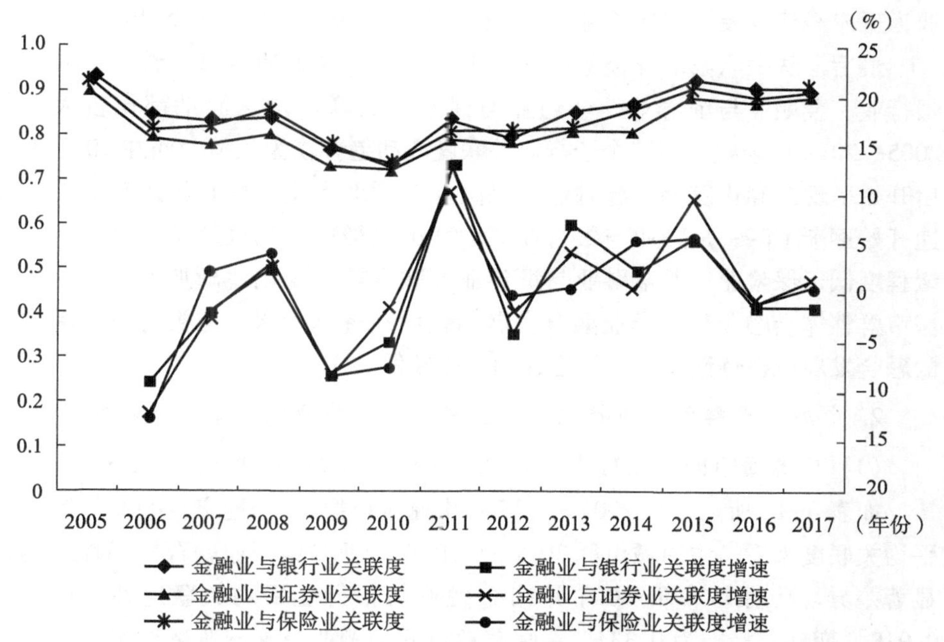

图 6-6　2005—2017 年中原城市群金融业与三个子行业总体关联度与增速变化趋势

首先，从 2005—2017 年中原城市群金融业与各子行业关联度的具体数值来看，金融业与银行业关联度在［0.735，0.919］变动，金融业与证券业关联度在［0.719，0.907］变动，金融业与保险业关联度在［0.723，0.923］变动，而且在每年金融业与各子行业关联度对比中，金融业与银行业关联度有 9 年是最大的，金融业与保险业关联度有 4 年是最大的。由此可以看出，中原城市群金融业与三个子行业关联度指数都比较高，相比较而言，金融业与银行业融合发展程度最高，然后是金融业与保险业，金融业与证券业融合发展程度最低。

其次，从中原城市群金融业与三个子行业关联度的走势来看，金融业与三个子行业关联度的整体趋势趋同，基本上可以分为两个阶段：第一阶段是 2005—2010 年，金融业与三个子行业的关联度缓慢下降，虽然在 2008 年有小幅上升，但之后又呈现下降的趋势，其原因是城市群经历了金融危机，整体金融业发展受阻，一定程度上促进了金融行业的融合发展，但是依然未形成稳定的融合发展状态；第二阶段是2011—2017年，金融业与分行业关联度持续上升，在这一阶段，完成了中原经济区的筹备和建立，到2016年又设立了中原城市群，促进区域合作的经济、金融等政策效应的叠加推动了城市群金融业与子行业的进一步融合发展。另外，这一阶段属于经济转型时期，金融业为适应经济发展，加强了与三个子行业的融合发展，以便服务于经济转型。

最后，从中原城市群金融业与三个子行业关联度的增速来看，金融业与银行业、金融业与证券业、金融业与保险业关联度增速波动都比较大。在2005—2012年金融业与三个子行业关联度波动趋势较为相似，而在2013年之后开始呈现差异化发展，金融业与保险业关联度增速变化开始逐渐变缓，增速开始逐渐下降；金融业与银行业关联度虽然增速变化也开始趋缓，但是趋缓程度低于保险业；而金融业与证券业关联度增速变化逐渐加大。这意味着城市群整体金融业与证券业融合发展的程度在逐渐加深，与银行业、保险业的融合发展也在逐渐增长，但增速相对比较低。

2. 中原城市群各地市整体金融业与三个子行业间联动发展状况

（1）中原城市群各地市整体金融业与银行业联动发展状况演变分析

如表6-12所示，从2005—2017年中原城市群30个地市金融业与银行业平均关联度来看，中原城市群30个地市间金融业与银行业融合发展程度具有显著差异。中原城市群30个地市金融业与银行业平均关联度在［0.584，0.918］变动，极差为0.334，意味着地市间金融业与银行业融合发展程度差距较大。其中周口与其他地市金融业与银行业平均关联度最大，意味着周口金融业与银行业的融合发展程度最深；而郑州与其他地市金融业与银行业平均关联度最小，意味着郑州金融业与银行业未形成较好的融合发展。根据各地市金融业与银行业平均关联度的分布区间，可以将各地市金融业与银行业平均融合程度分为5个区间：关联度在［0.4，0.5）范围的地市数量为0；关联度在［0.5，0.7）范围的地市有1个，占比3.33%；关联度在［0.7，0.8）范围的地市有2个，占比6.67%；关联度在［0.8，0.9）范围的地市有25个，占比83.33%；关联度在［0.9，1）范围的地市有2个，占比6.67%。就各地市金融业与银行业平均融合程度而言，有90%的地市的金融业与银行业融合发展程度在80%以上，只有郑州的金融业和银行业融合发展程度较低，但是平均关联度也达到了0.584。这说明中原城市群金融业与银行业融合发展程度比较深。

表 6-12　2005—2017 年中原城市群各地市整体金融业与银行业关联度

年份	2005	2006	2007	2008	2009	2010	2011	2012	2013	2014	2015	2016	2017	平均关联度
邯郸	0.827	0.730	0.590	0.446	0.500	0.696	0.854	0.623	0.980	0.771	0.846	0.864	0.895	0.740
邢台	0.926	0.975	0.961	0.750	0.703	0.652	0.889	0.568	0.850	0.974	0.977	0.972	0.947	0.857
长治	0.910	0.629	0.654	0.750	0.704	0.523	0.911	0.683	0.723	0.891	1.000	0.937	0.879	0.784
晋城	0.923	0.930	0.838	0.617	0.386	0.818	0.837	0.673	0.851	0.925	0.911	0.967	0.970	0.819
运城	1.000	0.668	0.876	0.950	0.801	1.000	0.877	0.830	0.766	0.909	0.914	0.847	0.824	0.866
蚌埠	0.949	0.847	0.974	0.939	0.884	0.462	1.000	0.899	0.822	0.946	0.827	0.950	0.991	0.884
淮北	0.402	0.990	0.336	0.756	0.949	0.972	0.779	0.880	0.826	0.967	0.934	0.835	0.930	0.812
阜阳	0.944	0.799	0.922	0.974	0.859	0.902	0.946	0.846	0.715	0.874	0.955	0.745	0.815	0.869
宿州	0.950	0.546	0.942	0.859	0.839	0.709	0.928	0.912	0.950	0.865	0.875	0.983	0.808	0.859
亳州	0.972	0.944	0.908	0.930	0.910	0.802	0.830	0.846	0.739	0.951	0.997	0.905	0.877	0.893
聊城	0.988	0.774	0.908	0.744	0.920	0.759	0.732	0.858	0.921	0.803	0.922	0.911	0.784	0.848
菏泽	0.919	0.819	0.701	0.771	0.529	0.749	0.709	0.758	0.944	0.852	0.930	0.970	0.886	0.811
郑州	0.803	0.489	0.843	0.557	0.784	0.746	0.514	0.472	0.634	0.451	0.445	0.425	0.431	0.584
开封	0.947	0.956	0.797	0.959	0.740	0.808	0.935	0.795	0.765	0.967	0.947	0.921	0.940	0.883
洛阳	0.920	0.799	0.892	0.817	0.808	0.581	0.780	0.787	0.852	0.828	0.902	0.947	0.920	0.833
平顶山	0.905	0.958	0.676	0.733	0.732	0.724	0.801	0.932	0.876	0.827	0.928	0.905	0.846	0.834
安阳	0.993	0.791	0.828	0.977	0.773	0.689	0.778	0.750	0.977	0.905	0.965	0.960	0.914	0.869

续表

年份	2005	2006	2007	2008	2009	2010	2011	2012	2013	2014	2015	2016	2017	平均关联度
鹤壁	0.940	0.818	0.722	0.956	0.698	0.707	0.845	0.833	0.936	0.792	0.918	0.917	0.916	0.846
新乡	0.986	0.649	0.838	0.869	0.823	0.704	0.396	0.812	0.875	0.847	1.000	0.949	0.889	0.818
焦作	0.941	0.747	0.749	0.870	0.827	0.561	0.925	0.941	0.892	0.988	0.967	0.988	0.990	0.876
濮阳	0.901	0.978	1.000	0.877	0.861	0.761	0.916	0.778	0.813	0.856	0.948	0.930	0.929	0.888
许昌	0.977	0.993	0.971	0.833	0.729	0.907	0.686	0.889	0.885	0.927	0.939	0.791	0.898	0.879
漯河	0.995	1.000	0.875	1.000	0.961	0.479	0.802	0.762	0.838	0.926	0.921	0.901	0.954	0.878
三门峡	0.932	0.855	0.902	0.879	0.817	0.615	0.913	0.741	0.905	0.930	0.971	0.889	0.938	0.868
南阳	0.914	0.953	0.758	0.920	0.741	0.648	0.898	0.965	0.875	0.893	0.939	0.983	0.953	0.880
商丘	0.965	0.869	0.932	0.815	0.745	0.820	0.882	0.912	0.735	0.920	0.918	0.950	0.927	0.876
信阳	0.949	0.934	0.888	0.994	0.783	0.876	0.899	0.730	0.840	0.984	0.962	0.936	0.990	0.905
周口	0.983	0.995	0.890	0.907	0.863	0.772	0.928	0.885	0.934	0.887	0.971	0.975	0.945	0.918
驻马店	0.959	0.738	0.821	0.983	0.832	0.918	0.820	0.657	0.955	0.755	0.841	0.940	0.909	0.856
济源	0.981	0.978	0.742	0.903	0.657	0.703	0.918	0.898	0.901	0.690	0.997	0.985	0.941	0.869

从中原城市群30个地市金融业与银行业融合发展程度的演变来看，各地市金融业与银行业融合发展演变历程表现不尽相同。除了淮北波动上升和郑州波动下降之外，其他28个地市金融业与银行业融合发展状况均经历了不同程度的先降后升再降的过程，且下降的区间基本在2005—2010年，上升区间基本在2010—2015年，再降区间在2015—2017年，基本在总体趋势上能够体现出中原城市群大部分地市金融业与银行业的融合发展有了一定的提升，但2015—2017年又呈现不断下降的趋势。2017年，中原城市群各地市金融业与银行业融合发展程度，除郑州为0.431、聊城为0.784外，其他地市均在0.8以上。另外，2005—2017年，中原城市群30个地市金融业与银行业关联度在［0.8，0.9）的地市数量由2个变为10个，但是关联度在［0.9，1.0］的地市数量则由27个变为18个。综上可知，整体上中原城市群各地市金融业与银行业融合度有一定程度上的提升，但之后又呈现下降的趋势。

（2）中原城市群各地市整体金融业与证券业联动发展状况演变分析

如表6-13所示，从2005—2017年中原城市群30个地市金融业与证券业平均关联度来看，中原城市群30个地市间金融业与证券业融合发展程度具有显著差异。中原城市群30个地市金融业与证券业平均关联度在［0.457，0.919］变动，极差为0.462，意味着地市间金融业与证券业融合发展程度差距较大。其中濮阳与其他地市的金融业与证券业平均关联度最大，意味着濮阳金融业与证券业发展融合度最深；而郑州与其他地市的金融业与证券业平均关联度最小，意味着郑州金融业与证券业发展融合度最弱，很大程度上是因为证券业在金融子行业中普及度低、门槛高，而且郑州在证券业上发展具有绝对优势，很难与金融业形成联动发展。根据各地市金融业与证券业平均关联度的分布区间，可以将各地市金融业与证券业平均融合程度分为5个区间：关联度在［0.4，0.5）范围的地市有1个，占比3.33%；关联度在［0.5，0.7）范围的地市数量为0，占比为0；关联度在［0.7，0.8）范围的地市有10个，占比33.33%；关联度在［0.8，0.9）范围的地市有18个，占比60%；关联度在［0.9，1.0］范围的地市有1个，占比3.33%。就各地市金融业与证券业平均融合程度而言，90%地市的金融业与证券业融合发展程度在70%以上，说明城市群金融业与证券业能够达到联动发展的状态，但同金融业与银行业的联动发展比较，金融业与证券业联动发展没有银行业的深入。

表 6-13　2005—2017 年中原城市群各地市整体金融业与证券业关联度

年份	2005	2006	2007	2008	2009	2010	2011	2012	2013	2014	2015	2016	2017	平均关联度
邯郸	0.917	0.862	0.528	0.335	0.550	0.776	0.851	0.700	0.800	0.838	0.819	0.895	0.962	0.756
邢台	0.952	0.956	0.901	0.823	0.911	0.775	0.925	0.609	0.964	0.941	0.865	0.937	0.998	0.889
长治	0.902	0.585	0.609	0.813	0.602	0.445	0.843	0.607	0.701	0.910	0.983	0.867	0.903	0.752
晋城	0.867	0.723	0.699	0.584	0.333	0.766	0.826	0.692	0.760	0.971	0.834	0.966	0.979	0.769
运城	0.906	0.924	0.974	0.718	0.928	0.768	0.769	0.861	0.520	0.671	0.808	1.000	0.900	0.827
蚌埠	0.994	0.840	0.987	0.996	0.960	0.428	0.894	0.927	0.790	0.844	0.814	0.930	0.939	0.873
淮北	0.334	0.770	0.397	0.688	0.789	0.717	0.855	0.839	0.849	0.802	0.958	0.828	0.988	0.755
阜阳	0.894	0.578	0.525	0.780	0.751	0.982	0.782	0.750	0.656	0.652	0.888	0.673	0.624	0.734
宿州	0.908	0.576	0.907	0.766	0.845	0.680	0.874	0.795	0.818	0.788	0.896	0.954	0.779	0.814
亳州	0.898	0.723	0.673	0.858	0.983	0.699	0.724	0.998	0.712	0.762	0.879	0.816	0.768	0.807
聊城	0.902	0.754	0.952	0.779	0.736	0.874	0.621	0.543	0.934	0.716	0.809	0.903	0.839	0.797
菏泽	0.856	0.642	0.726	0.748	0.506	0.540	0.696	0.894	0.812	0.768	0.792	0.739	0.893	0.739
郑州	0.831	0.335	0.618	0.757	0.452	0.497	0.372	0.335	0.413	0.335	0.334	0.334	0.334	0.457
开封	0.947	0.913	0.842	0.863	0.711	0.910	0.918	0.736	0.749	0.933	0.988	0.964	0.885	0.874
洛阳	0.942	0.995	0.797	0.855	0.969	0.776	0.875	0.954	0.772	0.831	0.952	0.879	0.991	0.891
平顶山	0.880	0.843	0.790	0.660	0.561	0.713	0.848	0.840	0.736	0.840	0.984	0.882	0.788	0.797
安阳	0.968	0.844	0.697	0.918	0.712	0.723	0.780	0.874	0.954	0.922	0.995	0.931	0.968	0.868

续表

年份	2005	2006	2007	2008	2009	2010	2011	2012	2013	2014	2015	2016	2017	平均关联度
鹤壁	0.917	0.772	0.688	0.868	0.615	0.650	0.835	0.774	0.881	0.768	0.856	0.910	0.913	0.804
新乡	0.958	0.615	0.783	0.870	0.801	0.738	0.337	0.771	0.812	0.812	0.914	0.907	0.916	0.787
焦作	0.958	0.754	0.746	0.774	0.822	0.523	0.918	0.797	0.903	0.914	0.973	0.895	0.948	0.840
濮阳	0.961	0.912	0.991	0.988	0.706	0.891	0.990	0.864	0.990	0.838	0.950	0.938	0.923	0.919
许昌	0.995	0.943	0.863	0.823	0.644	0.962	0.605	0.847	0.917	0.864	0.972	0.832	0.968	0.864
漯河	0.977	0.872	0.866	0.836	0.800	0.537	0.988	0.807	0.910	0.839	0.995	0.805	0.997	0.864
三门峡	0.898	0.966	0.826	0.887	0.828	0.664	0.904	0.679	0.598	0.980	0.970	0.947	0.991	0.857
南阳	0.925	0.974	0.816	0.838	0.699	0.593	0.817	0.883	0.909	0.866	0.920	0.966	0.965	0.859
商丘	0.885	0.849	0.884	0.850	0.666	0.963	0.792	0.933	0.691	0.772	0.978	0.852	0.792	0.839
信阳	0.938	0.801	0.816	0.773	0.676	0.748	0.829	0.678	0.820	0.892	0.806	0.935	0.862	0.813
周口	0.978	0.898	0.857	0.911	0.798	0.804	0.756	0.757	0.994	0.856	0.900	0.944	0.968	0.878
驻马店	0.947	0.720	0.826	0.749	0.742	0.645	0.682	0.681	0.837	0.684	0.839	0.987	0.929	0.790
济源	0.975	0.935	0.709	0.887	0.833	0.788	0.904	0.818	0.985	0.641	0.986	0.979	0.991	0.879

从中原城市群30个地市金融业与证券业融合发展程度的演变来看，各地市金融业与证券业融合发展演变历程表现不尽相同。与银行业的情况相似，除了淮北波动上升和郑州波动下降之外，其他28个地市金融业与证券业融合发展状况均经历了不同程度的先降后升的过程，且下降的区间基本在2005—2010年，上升区间基本在2010—2017年，在总体趋势上基本能够体现出中原城市群大部分地市金融业与证券业的融合发展有了明显的提升。2017年，中原城市群各地市中金融业与证券业关联度在0.8以下的地市数量有6个。另外，2005—2017年，中原城市群30个地市金融业与证券业融合发展关联度在［0.8，0.9）的地市数量由8个变为4个，关联度在［0.9，1.0］的地市数量则由21个变为20个，说明中原城市群各地市金融业与证券业融合程度在2017年有小幅度的下降。综上可知，整体上中原城市群各地市金融业与证券业融合度有一定程度上的提升。

（3）中原城市群各地市整体金融业与保险业联动发展状况演变分析

如表6-14所示，从2005—2017年中原城市群30个地市金融业与保险业平均关联度来看，中原城市群30个地市间金融业与保险业联动发展程度具有显著差异。中原城市群30个地市金融业与保险业平均关联度在［0.495，0.914］变动，极差为0.419，意味着地市间金融业与保险业融合发展程度差距较大。其中鹤壁与其他地市的金融业与保险业平均关联度最大，意味着鹤壁金融业与保险业融合发展程度最深；而郑州与其他地市的金融业与保险业平均关联度最小，意味着郑州金融业与保险业融合发展最弱，可能是因为保险业在其他金融子行业中从无到有，经历的波动较大，郑州的保险业发展对于其他行业来说发展较慢，很难与金融业形成联动发展。根据各地市金融业与保险业平均关联度的分布区间，可以将各地市金融业与保险业平均融合程度分为5个区间：关联度在［0.4，0.5）范围的地市有1个，占比3.33%；关联度在［0.5，0.7）范围的地市数量为0，占比为0；关联度在［0.7，0.8）范围的地市有2个，占比6.67%；关联度在［0.8，0.9）范围的地市有26个，占比86.67%；关联度在［0.9，1.0］范围的地市有1个，占比3.33%。就各地市金融业与保险业平均融合程度而言，90%地市的金融业与保险业融合发展程度在80%以上，说明城市群金融业与保险业能够达到联动发展的状态，与前文中金融业与银行业、金融业与证券业联动发展比较，金融业与保险业联动发展程度虽没有金融业与银行业深入，但比金融业与证券业的联动发展状况要好。

表 6-14　2005—2017 年中原城市群各地市整体金融业与保险业关联度

年份	2005	2006	2007	2008	2009	2010	2011	2012	2013	2014	2015	2016	2017	平均关联度
邯郸	0.877	0.587	0.806	0.444	0.558	0.462	0.632	0.695	0.959	0.922	0.971	0.884	0.933	0.748
邢台	0.938	0.818	0.911	0.963	0.950	0.982	0.786	0.584	0.815	0.902	0.904	0.896	0.927	0.875
长治	0.917	0.620	0.765	0.883	0.724	0.344	0.722	0.681	0.871	0.965	0.954	0.985	0.859	0.792
晋城	0.930	0.893	0.715	0.591	0.490	0.922	0.733	0.691	0.669	0.992	0.933	0.944	0.930	0.802
运城	0.974	0.948	0.979	0.915	0.962	0.616	0.784	1.000	0.848	0.681	0.759	0.822	0.660	0.842
蚌埠	0.921	0.969	0.928	0.895	0.828	0.480	0.906	0.905	0.771	0.811	0.908	0.874	0.972	0.859
淮北	0.383	0.804	0.512	0.810	0.978	0.984	0.908	0.946	0.815	0.884	0.956	0.868	0.977	0.833
阜阳	0.981	0.960	0.639	0.945	0.759	0.834	0.782	0.581	0.593	0.792	0.960	0.837	0.970	0.818
宿州	0.940	0.674	0.943	0.954	1.000	0.652	0.925	0.782	0.864	0.834	0.930	0.920	0.864	0.868
亳州	0.977	0.679	0.604	0.909	0.826	0.851	0.931	0.870	0.795	0.844	0.863	0.958	0.961	0.851
聊城	0.912	0.923	0.906	0.919	0.912	0.706	0.613	0.845	0.837	1.000	0.936	0.892	0.853	0.866
菏泽	0.971	0.747	0.831	0.960	0.795	0.583	0.932	0.865	0.607	0.874	0.815	0.725	0.993	0.823
郑州	0.838	0.420	0.568	0.949	0.370	0.432	0.429	0.383	0.335	0.390	0.398	0.411	0.509	0.495
开封	0.960	0.791	0.885	0.794	0.952	0.796	0.889	0.893	0.998	0.833	0.955	0.986	0.890	0.894
洛阳	0.873	0.660	0.859	0.694	0.775	0.747	0.753	0.756	0.768	0.849	0.990	0.924	0.933	0.814
平顶山	0.947	0.556	0.967	0.697	0.755	0.662	0.848	0.934	0.864	0.900	0.952	0.975	0.890	0.842
安阳	0.916	0.895	0.653	0.893	0.724	0.736	0.965	0.729	0.911	0.896	0.978	0.964	0.823	0.853

续表

年份	2005	2006	2007	2008	2009	2010	2011	2012	2013	2014	2015	2016	2017	平均关联度
鹤壁	0.993	0.970	0.920	0.914	0.839	0.947	0.956	0.960	0.903	0.768	0.848	0.968	0.892	0.914
新乡	0.918	0.886	0.774	0.912	0.789	0.739	0.413	0.985	0.802	0.901	0.839	0.905	0.767	0.818
焦作	0.926	0.955	0.834	0.862	0.577	0.774	0.798	0.804	0.815	0.887	0.891	0.963	1.000	0.853
濮阳	0.923	0.949	0.996	0.996	0.712	0.821	0.826	0.727	0.994	0.902	0.878	0.832	0.990	0.888
许昌	0.987	0.909	0.824	0.875	0.753	0.802	0.589	0.948	0.965	0.965	0.940	0.888	0.879	0.871
漯河	0.972	0.866	0.960	0.909	0.832	0.530	0.999	0.639	0.790	0.890	0.981	0.913	0.981	0.866
三门峡	0.962	0.816	0.723	0.823	0.700	0.954	0.841	0.970	0.974	0.927	0.912	0.972	0.970	0.888
南阳	0.919	0.683	0.826	0.793	0.775	0.737	0.796	0.735	1.000	0.930	0.888	0.863	0.915	0.835
商丘	0.925	0.722	0.783	0.892	0.716	0.841	0.955	0.977	0.745	0.796	0.951	0.984	0.931	0.863
信阳	0.972	0.774	0.805	0.754	0.814	0.645	0.861	0.993	0.582	0.895	0.997	0.850	0.884	0.833
周口	0.970	0.942	0.911	0.891	0.837	0.583	0.860	0.963	0.747	0.863	0.951	0.884	0.951	0.873
驻马店	0.974	0.924	0.907	0.777	0.906	0.701	0.996	0.610	0.955	0.904	0.956	0.971	0.983	0.889
济源	0.991	0.870	0.937	0.985	0.856	0.822	0.993	0.835	0.814	0.686	0.957	0.989	0.930	0.897

从中原城市群30个地市金融业与保险业融合发展程度的演变来看，各地市金融业与保险业融合发展演变历程表现不尽相同。与前文对金融业与银行业、证券业融合发展的分析相同，除了淮北波动上升和郑州波动下降之外，其他28个地市金融业与保险业融合发展状况均经历了不同程度的先降后升的过程，且下降的区间基本在2005—2010年，上升区间基本在2010—2017年，在总体趋势上基本能够体现出中原城市群大部分地市金融业与保险业的融合发展有了明显的提升。2017年，中原城市群各地市中金融业与保险业关联度，除了运城0.66、郑州0.509、新乡0.767外，其他地市均在0.8以上。另外，2005—2017年，中原城市群30个地市金融业与保险业关联度在［0.8，0.9）的地市数量由3个变为9个，但是关联度在［0.9，1.0］的地市数量则由26个变为18个，说明2017年中原城市群金融业与保险业融合程度略有降低。综上可知，整体上中原城市群各地市金融业与保险业融合程度进一步提升。

（4）中原城市群各地市整体金融业与三个子行业联动发展状况对比分析

表6-15给出了中原城市群各地市金融业与三个子行业2017年关联度和2005—2017年平均关联度的具体数据，根据表中数据可以得到：

从中原城市群30个地市金融业与银行业、金融业与证券业、金融业与保险业的关联度来看，各地市之间金融业与三个子行业的关联度指数存在明显的差异。首先，从2005—2017年金融业与三个子行业平均关联度在各地市的分布情况来看，可以将各地市与其他地市平均融合程度分为5个区间：平均关联度在［0.4，0.5），金融业与证券业、金融业与保险业分别有1个地市，即郑州，各自占比都是3.33%；平均关联度在［0.5，0.7），金融业与银行业有1个地市，占比3.33%，金融业与证券业、金融业与保险业均没有；平均关联度在［0.7，0.8），金融业与银行业有2个地市，占比6.67%，金融业与证券业有10个地市，占比33.33%，金融业与保险业有2个地市，占比6.67%；平均关联度在［0.8，0.9），金融业与银行业有25个地市，占比83.33%，金融业与证券业有18个地市，占比60%，金融业与保险业有26个地市，占比86.67%；平均关联度在［0.9，1.0），金融业与银行业有2个地市，占比6.67%，金融业与证券业有1个地市，占比3.33%，金融业与保险业有1个地市，占比3.33%。由此看出，城市群大部分地市金融业与银行业联动发展状况比较好，其次是金融业与保险业，金融业与证券业联动发展较为落后。其次，从平均关联度来看，有15个地市的金融业与银行业的联动发展程度相对于其他两行业更深，占比50%，而金融业与证券业联动发展程度最深的地市有5个，占比16.67%；金融业与保险业联动发展程度最深的地市有12个，占比40%。

表 6-15　2017 年中原城市群各地市金融业与三个子行业关联度及历年均值水平

地市	金融业与银行业（2017 年）	金融业与证券业（2017 年）	金融业与保险业（2017 年）	关联度最大行业（2017 年）	金融业与银行业（13 年均值）	金融业与证券业（13 年均值）	金融业与保险业（13 年均值）	关联度最大行业（13 年均值）
邯郸	0.895	0.962	0.933	金融业与证券业	0.740	0.756	0.748	金融业与证券业
邢台	0.947	0.998	0.927	金融业与证券业	0.857	0.889	0.875	金融业与证券业
长治	0.879	0.903	0.859	金融业与证券业	0.784	0.752	0.792	金融业与保险业
晋城	0.970	0.979	0.930	金融业与证券业	0.819	0.769	0.802	金融业与银行业
运城	0.824	0.900	0.660	金融业与证券业	0.866	0.827	0.842	金融业与银行业
蚌埠	0.991	0.939	0.972	金融业与银行业	0.884	0.873	0.859	金融业与银行业
淮北	0.930	0.988	0.977	金融业与证券业	0.812	0.755	0.833	金融业与保险业
阜阳	0.815	0.624	0.970	金融业与保险业	0.869	0.734	0.818	金融业与银行业
宿州	0.808	0.779	0.864	金融业与保险业	0.859	0.814	0.868	金融业与保险业
亳州	0.877	0.768	0.961	金融业与保险业	0.893	0.807	0.851	金融业与银行业
聊城	0.784	0.839	0.853	金融业与保险业	0.848	0.797	0.866	金融业与保险业
菏泽	0.886	0.893	0.993	金融业与保险业	0.811	0.739	0.823	金融业与保险业
郑州	0.431	0.334	0.509	金融业与保险业	0.584	0.457	0.495	金融业与银行业
开封	0.940	0.885	0.890	金融业与银行业	0.883	0.874	0.894	金融业与保险业
洛阳	0.920	0.991	0.933	金融业与证券业	0.833	0.891	0.814	金融业与证券业
平顶山	0.846	0.788	0.890	金融业与保险业	0.834	0.797	0.842	金融业与保险业
安阳	0.914	0.968	0.823	金融业与证券业	0.869	0.868	0.853	金融业与银行业
鹤壁	0.916	0.913	0.892	金融业与银行业	0.846	0.804	0.914	金融业与保险业

续表

地市	金融业与银行业（2017 年）	金融业与证券业（2017 年）	金融业与保险业（2017 年）	关联度最大行业（2017 年）	金融业与银行业（13 年均值）	金融业与证券业（13 年均值）	金融业与保险业（13 年均值）	关联度最大行业（13 年均值）
新乡	0.889	0.916	0.767	金融业与证券业	0.818	0.787	0.818	金融业与银行业、保险业
焦作	0.990	0.948	1.000	金融业与保险业	0.876	0.840	0.853	金融业与银行业
濮阳	0.929	0.923	0.990	金融业与保险业	0.888	0.919	0.888	金融业与证券业
许昌	0.898	0.968	0.879	金融业与证券业	0.879	0.864	0.871	金融业与银行业
漯河	0.954	0.997	0.981	金融业与证券业	0.878	0.864	0.866	金融业与银行业
三门峡	0.938	0.991	0.970	金融业与证券业	0.868	0.857	0.888	金融业与保险业
南阳	0.953	0.965	0.915	金融业与证券业	0.880	0.859	0.835	金融业与银行业
商丘	0.927	0.792	0.931	金融业与保险业	0.876	0.839	0.863	金融业与银行业
信阳	0.990	0.862	0.884	金融业与银行业	0.905	0.813	0.833	金融业与银行业
周口	0.945	0.968	0.951	金融业与证券业	0.918	0.878	0.873	金融业与银行业
驻马店	0.909	0.929	0.983	金融业与保险业	0.856	0.790	0.889	金融业与保险业
济源	0.941	0.991	0.930	金融业与证券业	0.869	0.879	0.897	金融业与保险业
关联度最大的地市	蚌埠	邢台	焦作	—	周口	濮阳	鹤壁	—
关联度最小的地市	郑州	郑州	郑州	—	郑州	郑州	郑州	—

其中新乡金融业与银行业、保险业联动发展状况相对一致。另外，从2017年金融业与三个子行业关联度区间分布来看，金融业与银行业关联度落入［0.9，1.0］的地市有18个，金融业与证券业关联度落入［0.9，1.0］的地市有20个，金融业与保险业关联度落入［0.9，1.0］的地市有18个；从2017年各地市与金融业关联度最大的行业来说，银行业为最大联合发展行业的地市缩减到4个，证券业为最大联合发展行业的地市增至15个，保险业为最大联合发展行业的地市为11个。由此说明，城市群金融业与三个子行业的联动发展正在不断深入，但增长较为明显的是金融业与证券业的联动发展。

从中原城市群30个地市金融业与三个不同行业的关联度来看，各地市之间的关联度也存在着明显的差异。首先，从2017年金融业与三个子行业关联度最大的地市来看，金融业与银行业联动发展程度最深的地市是蚌埠，金融业与证券业联动发展程度最深的地市是邢台，金融业与保险业联动发展程度最深的地市是焦作。而从13年平均关联度来看，金融业与银行业联动发展程度最深的地市是周口，金融业与证券业联动发展程度最深的地市是濮阳，金融业与保险业联动发展程度最深的地市是鹤壁。其次，从城市群金融业与三个子行业关联度最小的地市来看，根据2005—2017年数据可以得到，郑州始终是金融业与银行业、证券业、保险业联合发展程度最低的地市。这意味着金融业与三个子行业联动发展最好的地市一直在发生变化，而郑州始终是城市群中金融业与三个子行业联动发展较差的地市，说明郑州在金融发展方面，没有注重金融子行业的联动发展，还未形成稳定的联动发展状态。

（三）中原城市群金融业三个子行业间联动发展状况

1. 中原城市群金融业三个子行业间联动发展状况演变分析

根据式（6.3）计算出2005—2017年中原城市群金融业三个子行业两两之间的关联度指数，结果如图6-7所示。图中给出了中原城市群2005—2017年银行业与证券业、银行业与保险业、证券业与保险业关联度及其增速，具体分析如下：

首先，从2005—2017年中原城市群金融业三个子行业相互关联度的具体数值来看，银行业与证券业关联度在［0.687，0.909］变动，银行业与保险业关联度在［0.820，0.977］变动，证券业与保险业关联度在［0.683，0.911］变动，而且从每年金融业三个子行业相互关联度对比发现，银行业与保险业的关联度始终是最大的，而银行业与证券业、证券业与保险业关联度极为接近，相差不大，详细来看，银行业与证券业关联度有8年略高于证券业与保险业。由此可以看出，中原城市群金融业三个子行业相互关联度都比较高，尤其是银行业与保险业的联动发展程度较深，银行业与证券业次之，证券业与保险业最低，但后两者关联度差距不大。

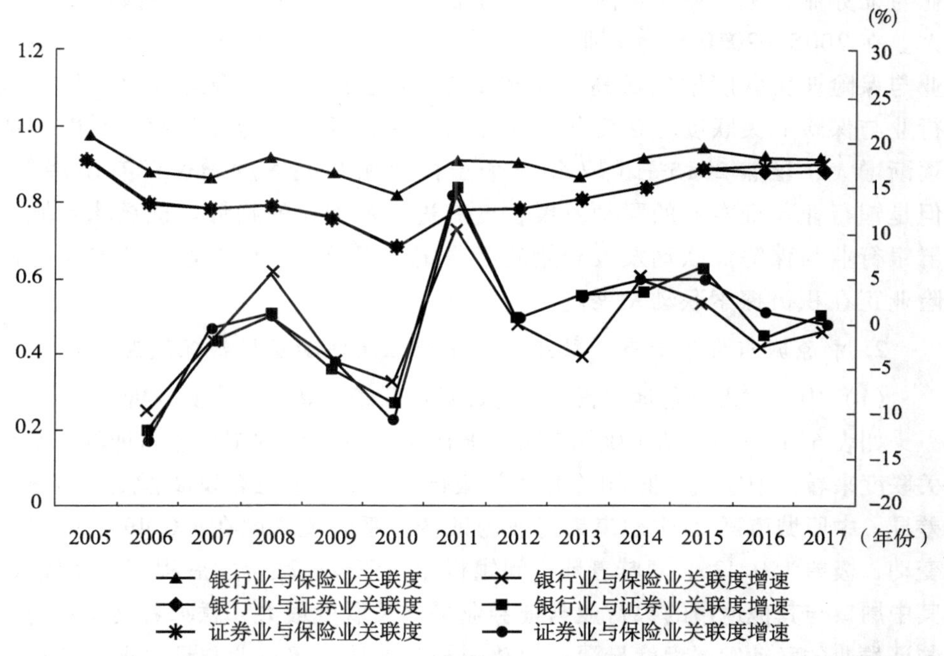

图 6-7　2005—2017 年中原城市群金融业三个子行业关联度与增速变化趋势

其次，从中原城市群金融业三个子行业相互关联度的走势来看，金融业三个子行业关联度的整体趋势趋同，基本上变化不大，但在各阶段出现的增长幅度有所差异：银行业与保险业联动发展程度是比较高的，在 13 年间出现了三次小幅增长。第一次增长是在 2007 年之后，全球金融危机导致金融业整体受阻，反而加强了行业之间的联动发展，尤其银行业与保险业关联度增长的幅度要大于银行业与证券业、证券业与保险业；第二次增长是在 2011 年，在 2008 年之后经历了连续两年的下降，到 2011 年迎来了增速较大的上升；第三次增长是 2014—2015 年，在 2013 年银行业与保险业关联度有所回落后，又开始呈现缓慢增长，这一阶段是中原经济区初建立时期，同时经济转型升级，银行业与保险业的联动发展受到了经济方面的刺激，同时银保合作进一步加强，也反作用于城市群经济的发展。而银行业与证券业、证券业与保险业关联度的差距非常小，整体走势和银行业与保险业关联度走势较为相似，出现差异是在 2011 年之后，银行业与证券业、证券业与保险业关联度呈现持续增长的态势，而且在 2017 年逼近银行业与保险业的关联度。由此可见，证券业与保险业、银行业与证券业联动发展程度正在逐步加深。

最后，从中原城市群金融业三个子行业相互关联度的增速来看，银行业与证券业、银行业与保险业、证券业与保险业的关联度增速波动都比较大。在 2005—2010 年金融业三个子行业相互关联度增速中，始终是银行业与保险业关联度增速最高。而在 2010 年之后开始呈现差异化发展，银行业与保险业关联度增速变化开始逐渐变缓，证券业与保险业关联度增速逐渐增大，虽然 2015—2017 年三个子行业相互关联度增速都有所降低，但是银行业与证券业的联动发展程度有进一步加深的趋势。这意味着城市群银行业与保险业联动发展开始趋于稳定，银行业与证券业、证券业与保险业正在积极探索联动发展。

2. 中原城市群各地市金融业三个子行业间联动发展状况演变分析

（1）中原城市群各地市银行业与证券业联动发展状况演变分析

如表 6-16 所示，从中原城市群 30 个地市 13 年间的银行业与证券业平均关联度来看，中原城市群 30 个地市间银行业与证券业融合发展程度具有显著差异。中原城市群 30 个地市银行业与证券业平均关联度在［0.494，0.919］变动，极差为 0.425，意味着地市间银行业与证券业融合发展程度差距较大。其中周口与其他地市的银行业与证券业平均关联度最大，意味着周口银行业与证券业的联动发展程度最深；而郑州与其他地市银行业与证券业关联度最小，意味着郑州银行业与证券业未形成较好的联动发展。根据各地市银行业与证券业平均关联度的分布区间，可以将各地市银行业与证券业平均融合程度分为 5 个区间：关联度在［0.4，0.5）范围的地市有 1 个，占比 3.33%，即郑州；关联度在［0.5，0.7）范围的地市为 0；关联度在［0.7，0.8）范围的地市有 8 个，占比 26.67%；关联度在［0.8，0.9）范围的地市有 19 个，占比 63.33%；关联度在［0.9，1.0］范围的地市有 2 个，占比 6.67%。就各地市银行业与证券业平均融合程度而言，90%地市的银行业与证券业融合发展程度在 70%以上，只有郑州的银行业和证券业联动发展程度较低。这说明中原城市群银行业与证券业联动发展程度比较深。

从中原城市群 30 个地市银行业与证券业融合发展程度的演变来看，各地市银行业与证券业融合发展演变历程表现不尽相同。除了淮北波动上升和郑州波动下降之外，其他 28 个地市银行业与证券业融合发展状况均经历了不同程度的先降后升的过程，且下降的区间基本在 2005—2010 年，上升区间基本在 2010—2017 年，在总体趋势上基本能够体现出中原城市群大部分地市银行业

表 6-16　2005—2017 年中原城市群各地市银行业与证券业关联度

年份	2005	2006	2007	2008	2009	2010	2011	2012	2013	2014	2015	2016	2017	平均关联度
邯郸	0.858	0.766	0.523	0.335	0.500	0.678	0.829	0.633	0.859	0.782	0.811	0.860	0.916	0.719
邢台	0.933	1.000	0.914	0.746	0.853	0.652	0.887	0.938	0.926	0.949	0.905	0.979	0.968	0.896
长治	0.898	0.570	0.597	0.740	0.628	0.425	0.854	0.616	0.676	0.886	0.991	0.884	0.985	0.750
晋城	0.885	0.792	0.733	0.549	0.336	0.739	0.806	0.657	0.774	0.938	0.853	1.000	0.997	0.774
运城	0.947	0.750	0.939	0.830	0.852	0.851	0.794	0.977	0.580	0.822	0.925	0.903	0.944	0.855
蚌埠	0.977	0.826	0.993	0.967	0.918	0.389	0.939	0.899	0.776	0.935	0.799	0.928	0.971	0.871
淮北	0.342	0.864	0.334	0.675	0.900	0.776	0.789	0.842	0.811	0.861	0.936	0.808	0.966	0.762
阜阳	0.911	0.638	0.683	0.838	0.921	0.957	0.890	0.924	0.647	0.821	0.908	0.674	0.668	0.806
宿州	0.923	0.523	0.907	0.774	0.832	0.637	0.881	0.832	0.858	0.805	0.869	0.983	0.763	0.814
亳州	0.928	0.849	0.745	0.868	0.963	0.692	0.744	0.910	0.690	0.874	0.929	0.837	0.791	0.832
聊城	0.938	0.738	0.973	0.719	0.874	0.762	0.639	0.639	0.911	0.733	0.843	0.891	0.782	0.803
菏泽	0.876	0.690	0.682	0.717	0.493	0.569	0.671	0.801	0.909	0.787	0.837	0.842	0.872	0.750
郑州	0.801	0.361	0.803	0.592	0.550	0.713	0.399	0.367	0.460	0.357	0.352	0.339	0.334	0.494
开封	0.942	0.929	0.794	0.936	0.708	0.809	0.909	0.742	0.724	0.940	0.960	0.931	0.964	0.868
洛阳	0.925	0.874	0.930	0.802	0.875	0.606	0.800	0.891	0.934	0.999	0.968	0.955	0.958	0.886
平顶山	0.883	0.886	0.698	0.647	0.614	0.662	0.798	0.868	0.770	0.814	0.946	0.876	0.788	0.789
安阳	0.979	0.795	0.728	0.931	0.725	0.649	0.751	0.787	0.955	0.901	0.974	0.934	0.967	0.852

续表

年份	2005	2006	2007	2008	2009	2010	2011	2012	2013	2014	2015	2016	2017	平均关联度
鹤壁	0.922	0.771	0.673	0.888	0.634	0.620	0.815	0.781	0.889	0.757	0.870	0.899	0.901	0.801
新乡	0.970	0.596	0.784	0.841	0.800	0.664	0.334	0.770	0.816	0.810	0.950	0.914	0.984	0.787
焦作	0.945	0.723	0.718	0.784	0.814	0.483	0.903	0.846	0.992	0.958	0.997	0.928	0.964	0.850
濮阳	0.924	0.969	0.987	0.930	0.761	0.771	0.958	0.934	0.887	0.829	1.000	0.922	0.914	0.907
许昌	0.993	0.981	0.896	0.794	0.664	0.896	0.610	0.851	0.881	0.880	0.947	0.785	0.921	0.854
漯河	0.985	0.931	0.849	0.889	0.901	0.448	0.864	0.762	0.948	0.864	0.957	0.828	0.973	0.862
三门峡	0.907	0.898	0.840	0.856	0.811	0.580	0.889	0.684	0.685	0.972	0.964	0.903	0.959	0.842
南阳	0.912	0.963	0.758	0.850	0.702	0.561	0.832	0.950	0.871	0.863	0.918	0.968	0.953	0.854
商丘	0.917	0.843	0.969	0.798	0.684	0.909	0.810	0.910	0.677	0.821	0.937	0.882	0.831	0.845
信阳	0.939	0.846	0.827	0.841	0.708	0.756	0.840	0.678	0.803	0.925	0.860	0.924	0.920	0.836
周口	0.979	0.940	0.852	1.000	0.956	0.980	0.808	0.796	0.952	0.855	0.923	0.951	0.950	0.919
驻马店	0.949	0.699	0.798	0.838	0.771	0.703	0.714	0.643	0.872	0.692	0.820	0.955	0.906	0.797
济源	0.976	0.984	0.695	0.871	0.854	0.687	0.892	0.839	0.948	0.944	0.988	0.997	0.971	0.896

与证券业的融合发展有了明显的提升。2017 年，中原城市群各地市银行业与证券业关联度，在 0.8 以下的城市数目为 6 个。另外，2005—2017 年，中原城市群 30 个地市银行业与证券业关联度在［0.8，0.9）的地市数量由 6 个变为 2 个，关联度在［0.9，1.0）的地市数量则由 23 个变为 22 个，说明 2017 年中原城市群银行业与证券业融合程度有所减弱。综上可知，整体上中原城市群各地市银行业与证券业融合发展有一定程度的减缓。

（2）中原城市群各地市银行业与保险业联动发展状况演变分析

如表 6-17 所示，从中原城市群 30 个地市 13 年间的银行业与保险业平均关联度来看，中原城市群 30 个地市间银行业与保险业融合发展程度差异比较小。中原城市群 30 个地市银行业与保险业平均关联度在［0.758，0.941］变动，极差仅为 0.183，意味着地市间银行业与保险业融合发展程度差距很小。其中，洛阳的银行业与保险业平均关联度最大，意味着洛阳银行业与保险业的联动发展程度最深；银行业与保险业关联度最小的地市是郑州，但关联度也达到了 0.758。根据各地市银行业与保险业平均关联度的分布区间，可以将各地市银行业与保险业平均融合程度仅分为 3 个区间：关联度在［0.7，0.8）范围的地市有 1 个，占比 3.33%；关联度在［0.8，0.9）范围的地市有 8 个，占比 26.67%；关联度在［0.9，1.0］范围的地市有 21 个，占比 70%。这说明中原城市群银行业与保险业联动发展程度很深，而且地市之间银行业与保险业联动发展差距很小。

从中原城市群 30 个地市银行业与保险业融合发展程度的演变来看，各地市银行业与保险业融合发展演变历程表现大致相同。30 个地市银行业与保险业融合发展程度整体上均经历了先降后升再降的发展历程。与前文中整个中原城市群银行业与保险业融合发展程度的变动趋势较为相似。此外，2017 年，30 个地市中银行业与保险业关联度在［0.6，0.7）范围的地市仅有运城，成为银行业与保险业联动发展最差的地市；关联度在［0.7，0.8）范围的地市有 2 个，为聊城和新乡；虽然郑州银行业与保险业关联度落在了［0.8，0.9）区间，与平均关联度相比有所提升，但相对于 2016 年仍然下降了；相比 13 年平均值，关联度在［0.9，1.0］范围的地市个数减少到 19 个，占比 63.33%。由此可见城市群各地市银行业与保险业联动发展开始停滞不前并逐渐稳定。

表 6-17　2005—2017 年中原城市群各地市银行业与保险业关联度

年份	2005	2006	2007	2008	2009	2010	2011	2012	2013	2014	2015	2016	2017	平均关联度
邯郸	0.966	0.845	0.649	0.996	0.904	0.695	0.812	0.917	0.959	0.895	0.921	0.855	0.976	0.876
邢台	0.995	0.906	0.969	0.849	0.835	0.731	0.925	0.974	0.971	0.957	0.955	0.952	0.989	0.924
长治	0.998	0.999	0.889	0.892	0.985	0.625	0.862	0.998	0.879	0.955	0.970	0.971	0.848	0.913
晋城	0.998	0.986	0.896	0.960	0.771	0.931	0.915	0.979	0.843	0.949	0.987	0.946	0.942	0.931
运城	0.988	0.802	0.936	0.979	0.867	0.708	0.931	0.893	0.776	0.756	0.808	0.810	0.696	0.842
蚌埠	0.929	0.894	0.937	0.896	0.847	0.962	0.946	0.997	0.765	0.857	0.848	0.950	0.991	0.909
淮北	0.938	0.888	0.633	0.951	0.989	0.947	0.908	0.959	0.991	0.950	0.935	0.829	0.946	0.913
阜阳	0.959	0.858	0.726	0.984	0.794	0.958	0.833	0.663	0.857	0.811	0.998	0.761	0.868	0.851
宿州	0.996	0.839	1.000	0.936	0.909	0.940	1.000	0.909	0.886	0.979	0.964	0.941	0.810	0.931
亳州	1.000	0.766	0.760	0.988	0.948	0.968	0.933	0.983	0.947	0.880	0.913	0.918	0.904	0.916
聊城	0.958	0.901	0.889	0.787	0.914	0.675	0.871	0.991	0.940	0.880	0.991	0.987	0.789	0.890
菏泽	0.971	0.946	0.888	0.866	0.614	0.817	0.842	0.918	0.704	0.986	0.921	0.805	0.926	0.862
郑州	0.975	0.844	0.647	0.688	0.560	0.489	0.822	0.787	0.548	0.838	0.868	0.957	0.827	0.758
开封	0.995	0.896	0.935	0.840	0.862	1.000	0.972	0.823	0.848	0.881	0.996	0.943	0.968	0.920
洛阳	0.972	0.875	0.977	0.885	0.978	0.817	0.977	0.973	0.931	0.985	0.947	0.924	0.993	0.941
平顶山	0.976	0.700	0.799	0.961	0.984	0.936	0.965	1.000	0.991	0.949	0.929	0.957	0.847	0.922
安阳	0.958	0.931	0.845	0.947	0.960	0.957	0.878	0.980	0.929	0.886	0.993	0.998	0.845	0.931

续表

年份	2005	2006	2007	2008	2009	2010	2011	2012	2013	2014	2015	2016	2017	平均关联度
鹤壁	0.963	0.876	0.783	0.974	0.747	0.759	0.877	0.877	0.979	0.980	0.952	0.931	0.888	0.891
新乡	0.963	0.721	0.947	0.970	0.978	0.971	0.947	0.894	0.943	0.857	0.899	0.972	0.797	0.912
焦作	0.993	0.863	0.929	0.996	0.779	0.775	0.913	0.909	0.827	0.924	0.916	0.969	0.996	0.907
濮阳	0.904	0.993	0.990	0.926	0.765	0.737	0.846	0.728	0.884	0.970	0.898	0.859	0.953	0.881
许昌	0.997	0.946	0.906	0.969	0.983	0.929	0.882	0.904	0.906	0.978	1.000	0.813	0.870	0.930
漯河	0.990	0.922	0.946	0.945	0.887	0.899	0.869	0.878	0.785	0.894	0.964	0.891	0.986	0.912
三门峡	0.984	0.979	0.865	0.958	0.904	0.744	0.952	0.851	0.957	1.000	0.964	0.948	0.982	0.930
南阳	1.000	0.813	0.942	0.906	0.975	0.907	0.927	0.816	0.918	0.977	0.967	0.905	0.977	0.925
商丘	0.978	0.889	0.828	0.942	0.977	0.781	0.899	0.962	0.990	0.915	0.980	0.959	1.000	0.931
信阳	0.989	0.895	0.939	0.838	0.981	0.806	0.976	0.823	0.650	0.926	0.974	0.941	0.923	0.897
周口	0.995	0.968	0.882	0.875	0.841	0.606	0.956	0.952	0.803	0.984	0.989	0.914	0.998	0.905
驻马店	0.994	0.800	0.939	0.840	0.954	0.836	0.893	0.940	1.000	0.803	0.879	0.946	0.936	0.905
济源	0.997	0.914	0.803	0.927	0.841	0.703	0.957	0.956	0.831	0.998	0.971	0.998	0.925	0.909

（3）中原城市群各地市证券业与保险业联动发展状况演变分析

如表 6-18 所示，从中原城市群 30 个地市 13 年间的证券业与保险业平均关联度来看，中原城市群 30 个地市间证券业与保险业融合发展程度具有显著差异。中原城市群 30 个地市证券业与保险业平均关联度在［0.439，0.939］变动，极差为 0.5，意味着地市间证券业与保险业融合发展程度差距较大。其中濮阳的证券业与保险业平均关联度最大，意味着濮阳证券业与保险业的联动发展程度最深；而郑州证券业与保险业关联度最小，意味着郑州证券业与保险业没有形成较好的联动发展。根据各地市证券业与保险业平均关联度的分布区间，可以将各地市证券业与保险业平均融合程度分为 5 个区间：关联度在［0.4，0.5）范围的地市有 1 个，占比 3.33%，即郑州；关联度在［0.5，0.7）范围的地市数量为 0；关联度在［0.7，0.8）范围的地市有 6 个，占比 20%；关联度在［0.8，0.9）范围的地市有 20 个，占比 66.67%；关联度在［0.9，1.0］范围的地市有 3 个，占比 10%。就各地市证券业与保险业平均融合程度而言，90%的地市的证券业与保险业融合发展程度在 70%以上，仅郑州的证券业和保险业融合发展程度较低。这说明中原城市群证券业与保险业融合发展程度比较深。

从中原城市群 30 个地市证券业与保险业融合发展程度的演变来看，各地市证券业与保险业融合发展演变历程表现不尽相同。除了淮北波动上升和郑州波动下降之外，其他 28 个地市证券业与保险业融合发展状况均经历了不同程度的先降后升的过程，且下降的区间基本在 2005—2010 年，上升区间基本在 2010—2017 年，在总体趋势上基本能够体现出中原城市群大部分地市证券业与保险业的融合发展有了明显的提升。2017 年，中原城市群各地市证券业与保险业关联度，除了运城 0.728、阜阳 0.746、郑州 0.36 外，其他地市均在 0.8 以上。另外，相比 2005 年，2017 年中原城市群 30 个地市证券业与保险业关联度在［0.8，0.9）的地市数量仍为 6 个，关联度在［0.9，1.0）的地市数量则由 23 个变为 21 个，但关联度的增长速度却不断加快。综上可知，整体上中原城市群各地市证券业与保险业融合程度得到进一步加深。

表 6-18　2005—2017 年中原城市群各地市证券业与保险业关联度

年份	2005	2006	2007	2008	2009	2010	2011	2012	2013	2014	2015	2016	2017	平均关联度
邯郸	0.887	0.667	0.729	0.334	0.531	0.520	0.694	0.672	0.892	0.862	0.873	0.993	0.939	0.738
邢台	0.940	0.916	0.888	0.862	0.982	0.865	0.826	0.963	0.900	0.909	0.868	0.973	0.955	0.911
长治	0.902	0.566	0.646	0.815	0.637	0.337	0.749	0.615	0.746	0.926	0.961	0.909	0.861	0.744
晋城	0.888	0.776	0.675	0.535	0.374	0.788	0.748	0.666	0.676	0.990	0.864	0.946	0.947	0.760
运城	0.933	0.931	0.997	0.847	0.986	0.626	0.748	0.913	0.697	0.649	0.758	0.888	0.728	0.823
蚌埠	0.952	0.925	0.943	0.927	0.921	0.397	0.994	0.902	0.983	0.808	0.934	0.885	0.982	0.889
淮北	0.334	0.980	0.414	0.700	0.886	0.818	0.859	0.874	0.804	0.823	0.999	0.969	0.981	0.803
阜阳	0.951	0.719	0.542	0.824	0.739	0.909	0.754	0.629	0.583	0.689	0.910	0.855	0.746	0.758
宿州	0.917	0.586	0.908	0.819	0.913	0.608	0.879	0.767	0.964	0.790	0.899	0.925	0.932	0.839
亳州	0.930	0.669	0.603	0.856	0.909	0.714	0.788	0.925	0.718	0.780	0.854	0.905	0.866	0.809
聊城	0.899	0.811	0.912	0.895	0.803	0.865	0.583	0.635	0.861	0.815	0.850	0.880	0.992	0.831
菏泽	0.902	0.659	0.746	0.808	0.719	0.502	0.769	0.863	0.658	0.797	0.781	0.700	0.939	0.757
郑州	0.820	0.337	0.558	0.810	0.383	0.406	0.367	0.334	0.333	0.334	0.334	0.334	0.360	0.439
开封	0.949	0.830	0.841	0.793	0.802	0.802	0.884	0.884	0.831	0.934	0.965	0.988	0.999	0.885
洛阳	0.898	0.770	0.952	0.725	0.853	0.707	0.783	0.868	0.996	0.987	0.978	0.885	0.966	0.875
平顶山	0.905	0.637	0.848	0.630	0.623	0.629	0.824	0.869	0.765	0.852	0.982	0.913	0.922	0.800
安阳	0.936	0.854	0.642	0.882	0.700	0.674	0.840	0.774	0.972	0.984	0.982	0.937	0.872	0.850

续表

年份	2005	2006	2007	2008	2009	2010	2011	2012	2013	2014	2015	2016	2017	平均关联度
鹤壁	0.959	0.875	0.828	0.865	0.811	0.778	0.923	0.879	0.871	0.744	0.833	0.964	0.987	0.870
新乡	0.932	0.782	0.750	0.865	0.782	0.683	0.341	0.848	0.778	0.938	0.858	0.890	0.809	0.789
焦作	0.936	0.824	0.760	0.780	0.658	0.566	0.830	0.779	0.832	0.886	0.919	0.957	0.970	0.823
濮阳	0.980	0.987	0.998	0.999	1.000	0.954	0.881	0.768	0.998	0.852	0.899	0.927	0.960	0.939
许昌	0.998	0.919	0.819	0.817	0.675	0.830	0.563	0.936	0.969	0.899	0.947	0.958	0.943	0.867
漯河	0.973	0.855	0.893	0.842	0.804	0.475	0.996	0.688	0.820	0.964	0.993	0.922	0.989	0.863
三门峡	0.923	0.872	0.742	0.823	0.743	0.730	0.849	0.778	0.707	0.970	0.930	0.951	0.979	0.846
南阳	0.915	0.781	0.796	0.779	0.718	0.599	0.779	0.781	0.945	0.882	0.889	0.933	0.930	0.825
商丘	0.896	0.756	0.806	0.842	0.671	0.856	0.893	0.944	0.681	0.761	0.956	0.917	0.833	0.832
信阳	0.951	0.763	0.784	0.722	0.722	0.635	0.821	0.794	0.774	1.000	0.881	0.873	0.852	0.813
周口	0.972	0.982	0.963	0.877	0.805	0.618	0.778	0.830	0.837	0.842	0.913	0.961	0.954	0.872
驻马店	0.9569	0.8563	0.8424	0.7212	0.8046	0.6134	0.783	0.6171	0.8714	0.8351	0.9244	0.9908	0.9679	0.830
济源	0.982	0.8909	0.8373	0.9381	0.9887	0.9791	0.9309	0.8071	0.8707	0.947	0.9837	0.9949	0.9536	0.931

（4）中原城市群各地市金融业三个子行业间联动发展状况对比分析

表 6-19 给出了中原城市群各地市金融业三个子行业间 2017 年关联度和 2005—2017 年平均关联度的具体数据，根据表中数据可以得到：

从中原城市群 30 个地市银行业与证券业、银行业与保险业、证券业与保险业的关联度来看，各地市之间金融业三个子行业间的关联度存在明显的差异。首先，从金融业三个子行业间平均关联度在各地市的分布情况来看，可以将各地市与其他地市平均融合程度分为 5 个区间：平均关联度在［0.4，0.5），银行业与证券业、证券业与保险业分别有 1 个地市，即郑州，各自占比都是 3.33%，银行业与保险业没有地市落入这个区间；平均关联度在［0.5，0.7），三个子行业间均没有；平均关联度在［0.7，0.8），银行业与证券业有 8 个地市，占比 26.67%，证券业与保险业有 6 个地市，占比 20%，银行业与保险业有 1 个地市，占比 3.33%；平均关联度在［0.8，0.9），银行业与证券业有 19 个地市，占比 63.33%，银行业与保险业有 8 个地市，占比 26.67%，证券业与保险业有 20 个地市，占比 66.67%；平均关联度在［0.9，1.0］，银行业与证券业有 2 个地市，占比 6.67%，银行业与保险业有 21 个地市，占比 70%，证券业与保险业有 3 个地市，占比 10%。由此可以看出，城市群大部分地市银行业与保险业联动发展比较好，然后是证券业与保险业，银行业与证券业联动发展较为落后。其次，从各地市金融业三个子行业间最深联动发展子行业来看，有 2 个地市的银行业与证券业的联动发展程度相对于其他两个金融子行业要深，占比 6.67%，而证券业与保险业联动发展程度最深的地市也仅有 2 个，占比 6.67%；银行业与保险业联动发展程度最深的地市有 26 个，占比 86.7%。这进一步验证了城市群银行业与保险业联动发展程度最深，具有绝对优势。

另外，从 2017 年金融业三个子行业关联度区间分布来看，银行业与证券业关联度落入［0.9，1.0］的地市有 22 个，银行业与保险业关联度落在这一区间的地市有 19 个，证券业与保险业关联度落在这一区间的地市有 21 个；从 2017 年各地市金融业三个子行业间最深联动发展子行业来看，银行业与证券业为最深联动发展子行业的地市有 6 个，银行业与保险业为最深联动发展子行业的地市有 13 个，证券业与保险业为最深联动发展子行业的地市有 11 个。由此说明，城市群银行业与保险业的联动发展受阻，而证券业与保险业、银行业与证券业在城市群地市间不断加深联动发展进程。

表 6-19　2017 年中原城市群各地市金融业三个子行业关联度及历年均值水平

地市	银行业与证券业（2017 年）	银行业与保险业（2017 年）	证券业与保险业（2017 年）	关联度最大行业（2017 年）	银行业与证券业（13 年均值）	银行业与保险业（13 年均值）	证券业与保险业（13 年均值）	关联度最大行业（13 年均值）
邯郸	0.916	0.976	0.939	银行业与保险业	0.719	0.876	0.738	银行业与保险业
邢台	0.968	0.989	0.955	银行业与保险业	0.896	0.924	0.911	银行业与保险业
长治	0.985	0.848	0.861	银行业与证券业	0.750	0.913	0.744	银行业与保险业
晋城	0.997	0.942	0.947	银行业与证券业	0.774	0.931	0.760	银行业与保险业
运城	0.944	0.696	0.728	银行业与证券业	0.855	0.842	0.823	银行业与证券业
蚌埠	0.971	0.991	0.982	银行业与保险业	0.871	0.909	0.889	银行业与保险业
淮北	0.966	0.946	0.981	证券业与保险业	0.762	0.913	0.803	银行业与保险业
阜阳	0.668	0.868	0.746	银行业与保险业	0.806	0.851	0.758	银行业与保险业
宿州	0.763	0.810	0.932	证券业与保险业	0.814	0.931	0.839	银行业与保险业
亳州	0.791	0.904	0.866	银行业与保险业	0.832	0.916	0.809	银行业与保险业
聊城	0.782	0.789	0.992	证券业与保险业	0.803	0.890	0.831	银行业与保险业
菏泽	0.872	0.926	0.939	证券业与保险业	0.750	0.862	0.757	银行业与保险业
郑州	0.334	0.827	0.360	银行业与保险业	0.494	0.758	0.439	银行业与保险业
开封	0.964	0.968	0.999	证券业与保险业	0.868	0.920	0.885	银行业与保险业
洛阳	0.958	0.993	0.966	银行业与保险业	0.886	0.941	0.875	银行业与保险业
平顶山	0.788	0.847	0.922	证券业与保险业	0.789	0.922	0.800	银行业与保险业
安阳	0.967	0.845	0.872	银行业与证券业	0.852	0.931	0.850	银行业与保险业
鹤壁	0.901	0.888	0.987	证券业与保险业	0.801	0.891	0.870	银行业与保险业
新乡	0.984	0.797	0.809	银行业与证券业	0.787	0.912	0.789	银行业与保险业

续表

地市	银行业与证券业（2017 年）	银行业与保险业（2017 年）	证券业与保险业（2017 年）	关联度最大行业（2017 年）	银行业与证券业（13 年均值）	银行业与保险业（13 年均值）	证券业与保险业（13 年均值）	关联度最大行业（13 年均值）
焦作	0.964	0.996	0.970	银行业与保险业	0.850	0.907	0.823	银行业与保险业
濮阳	0.914	0.953	0.960	证券业与保险业	0.907	0.881	0.939	证券业与保险业
许昌	0.921	0.870	0.943	证券业与保险业	0.854	0.930	0.867	银行业与保险业
漯河	0.973	0.986	0.989	证券业与保险业	0.862	0.912	0.863	银行业与保险业
三门峡	0.959	0.982	0.979	银行业与保险业	0.842	0.930	0.846	银行业与保险业
南阳	0.953	0.977	0.930	银行业与保险业	0.854	0.925	0.825	银行业与保险业
商丘	0.831	1.000	0.833	银行业与保险业	0.845	0.931	0.832	银行业与保险业
信阳	0.920	0.923	0.852	银行业与保险业	0.836	0.897	0.813	银行业与保险业
周口	0.950	0.998	0.954	银行业与保险业	0.919	0.905	0.872	银行业与证券业
驻马店	0.906	0.936	0.968	证券业与保险业	0.797	0.905	0.830	银行业与保险业
济源	0.971	0.925	0.954	证券业与证券业	0.896	0.909	0.931	证券业与保险业
关联度最大的地市	晋城	商丘	开封	—	周口	洛阳	濮阳	—
关联度最小的地市	郑州	运城	郑州	—	郑州	郑州	郑州	—

从中原城市群30个地市金融业三个不同子行业间的关联度来看，各地市之间存在着明显的差异。首先，从2017年金融业三个子行业间关联度最大的地市来看，银行业与证券业联动发展程度最深的地市是晋城，银行业与保险业联动发展程度最深的地市是商丘，证券业与保险业联动发展程度最深的地市是开封。从13年平均关联度来看，银行业与证券业联动发展程度最深的地市是周口，银行业与保险业联动发展程度最深的地市是洛阳，证券业与保险业联动发展程度最深的地市是濮阳。其次，从城市群金融业三个子行业13年平均关联度最小的地市来看，郑州是银行业与证券业、银行业与保险业、证券业与保险业平均关联度最小的地市，而在2017年，运城是银行业与保险业联动发展最差的地市，其余仍是郑州。这意味着金融业三个子行业间联动发展最好的地市一直在发生变化，而郑州始终是城市群中金融业三个子行业间联动发展较差的地市，说明郑州金融业三个子行业未形成联动发展，很可能成为郑州金融进一步发展的阻碍。

三、中原城市群产业与金融业联动发展状况分析

（一）中原城市群整体产业与整体金融业间联动发展状况

1. 中原城市群整体产业与整体金融业联动发展状态与演变特征

根据式（6.3）计算出2005—2017年中原城市群产业与金融业关联度及其增速，并将其绘制成折线图以便对其发展演变状况进行分析。如图6-8所示，整体来看，中原城市群产业与金融业关联度在［0.62，0.89］变动，关联度比较高，融合发展较好，但关联度不稳定，整体呈现波动下降的趋势。

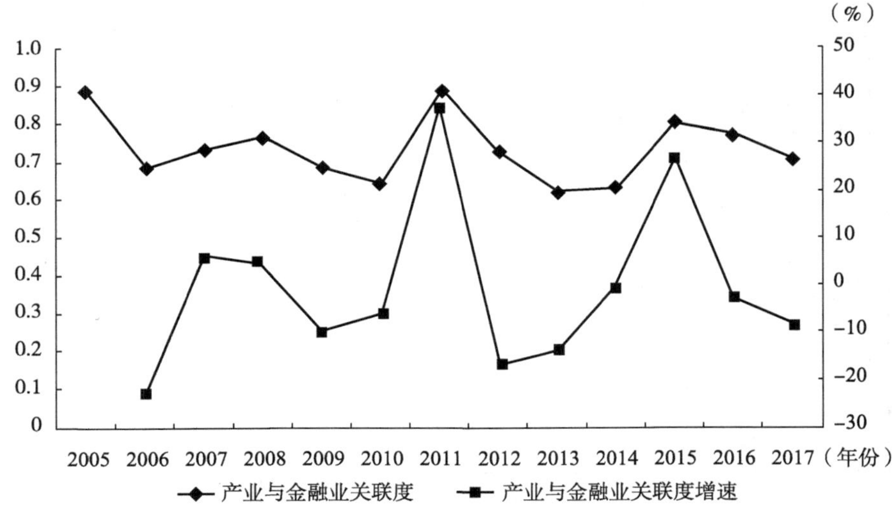

图6-8　2005—2017年中原城市群产业与金融业关联度与增速变化趋势

对城市群产业与金融业关联度曲线走势进行分析，2005—2017 年产业与金融业关联度整体呈现波动下降的态势。根据 2005—2017 年产业与金融业关联度增速的曲线走势，可将研究区间具体分为“下降—上升—再降—上升—缓降”五个阶段：第一阶段（2005—2010 年），中原城市群产业与金融业关联度呈现下降的态势，虽然 2006—2008 年有小幅上升，但未改变这一阶段不断下降的整体趋势，这主要是由于这一阶段经济增长较快，而中原城市群金融基础薄弱，很难满足经济增长的需求，又受到金融危机的冲击，在这一阶段城市群产业与金融业融合发展状况比较差；第二阶段（2011 年），关联度出现较大幅度的增长，这是因为在金融危机后，金融业服务于经济发展的作用有所提升；第三阶段（2012—2014 年），城市群产业与金融业关联度又呈现不断下降的趋势，2012 年中原经济区的成立并未对产业与金融业的融合产生促进作用，而且这一阶段中原城市群经济进入转型时期，2014 年又刷新了第一阶段的最低值，但 2013 年到 2014 年下降的幅度有所减缓；第四阶段（2015 年），出现新一轮的增长；第五阶段（2016—2017 年），产业与金融业关联度呈下降趋势，但下降得比较慢，相对于前期下降趋势而言，这一阶段产业与金融业融合发展比较稳定，而且产业与金融业融合发展已经达到了比较高的水平。

2. 中原城市群各地市整体产业与整体金融业间联动发展状态与演变特征

（1）中原城市群各地市产业与金融业整体联动发展历年对比分析

图 6-9 给出了中原城市群 30 个地市 2005 年、2012 年、2017 年产业与金融业关联度，以及 2005—2017 年平均关联度的对比。由图形可以看出，各地市产业与金融业关联度呈现差异：从各年份关联度的对比来看，只有淮北 1 个地市产业与金融业的关联度呈现逐渐上升的趋势，占比 3.33%；邯郸、邢台、长治、晋城、聊城、菏泽、开封、洛阳、平顶山、安阳、鹤壁、濮阳、许昌、漯河、三门峡、南阳、济源 17 个地市产业与金融业的关联度呈现先降后升的趋势，占比 56.67%；蚌埠、宿州、驻马店 3 个地市产业与金融业的关联度呈现先升后降的趋势，占比 10%；运城、阜阳、亳州、郑州、新乡、焦作、商丘、信阳、周口 9 个地市产业与金融业的关联度呈现逐渐下降的趋势，占比 30%。从这四种演变特征可以看出，60%的地市产业与金融业关联度整体呈现增长的趋势，说明城市群产业与金融业联动发展趋势向好。

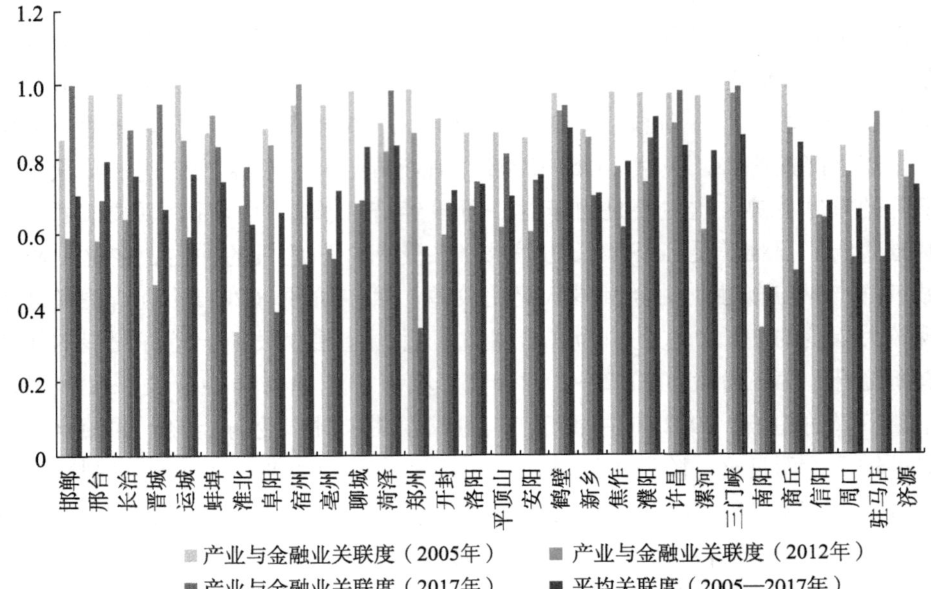

图 6-9　中原城市群各地市产业与金融业关联度典型年份对比

注：共有 13 年中原城市群各地市产业与金融业关联度数据，限于篇幅，本图只展示 2005 年、2012 年、2017 年三个年份关联度，以及 2005—2017 年的平均关联度，其余年份数据和各地市具体数据可以向笔者索取。

从各地市产业与金融业平均关联度的位置来看，各地市产业与金融业关联程度可以分为 5 个区间：平均关联度在［0.4，0.5），只有南阳，占比 3.33%；平均关联度在［0.5，0.6），只有郑州，占比 3.33%；平均关联度在［0.6，0.7），有 7 个地市，占比 23.33%；平均关联度在［0.7，0.8），有 13 个地市，占比 43.33%；平均关联度在［0.8，1.0］，有 8 个地市，占比 26.67%。由此可以看出，地市间产业与金融业关联度存在着两极分化的趋势，南阳和郑州的产业与金融业融合程度比较低，而 70%的地市关联度在 70%以上，意味着中原城市群产业与金融业融合发展要更关注融合程度较低的地区，尤其是郑州，将其作为城市群产业与金融业进一步融合发展的突破口。

（2）中原城市群各地市产业与金融业联动程度地市分布演变分析

表 6-20 给出了 2005—2017 年中原城市群产业与金融业关联度前八位的地市以及具体的关联度。由表 6-20 可知，产业与金融业关联度前八位的地市一直处于变动中，并不稳定。但就排名地市具体的关联度的演变而言，位于第一位地市产业与金融业的关联度都达到了 1；位于第八位地市产业与金融业

表 6-20 2005—2017 年中原城市群产业与金融业关联度前八位地市变化

年份	第一位	第二位	第三位	第四位	第五位	第六位	第七位	第八位
2005	运城	三门峡	商丘	郑州	聊城	长治	焦作	邢台
	1.000	1.000	0.991	0.982	0.982	0.976	0.974	0.973
2006	濮阳	新乡	商丘	焦作	聊城	淮北	鹤壁	漯河
	1.000	0.969	0.940	0.934	0.898	0.893	0.888	0.858
2007	运城	邢台	宿州	安阳	聊城	商丘	郑州	鹤壁
	1.000	0.982	0.948	0.938	0.931	0.901	0.873	0.867
2008	安阳	鹤壁	濮阳	邢台	亳州	漯河	聊城	焦作
	1.000	1.000	0.989	0.954	0.951	0.932	0.928	0.908
2009	濮阳	菏泽	邯郸	阜阳	商丘	长治	三门峡	运城
	1.000	0.920	0.908	0.906	0.890	0.867	0.864	0.818
2010	三门峡	鹤壁	商丘	亳州	聊城	菏泽	焦作	运城
	1.000	0.912	0.907	0.867	0.862	0.835	0.752	0.749
2011	濮阳	三门峡	许昌	聊城	邢台	鹤壁	济源	焦作
	1.000	0.999	0.995	0.994	0.980	0.974	0.965	0.960
2012	宿州	三门峡	鹤壁	驻马店	蚌埠	许昌	商丘	郑州
	1.000	0.973	0.924	0.919	0.917	0.892	0.877	0.871
2013	信阳	濮阳	邢台	济源	许昌	聊城	商丘	晋城
	1.000	0.958	0.837	0.808	0.783	0.773	0.770	0.744
2014	长治	濮阳	商丘	许昌	漯河	聊城	菏泽	邢台
	1.000	0.963	0.952	0.918	0.892	0.854	0.848	0.829
2015	濮阳	邯郸	漯河	济源	信阳	晋城	菏泽	三门峡
	1.000	0.993	0.949	0.943	0.943	0.932	0.917	0.913
2016	许昌	漯河	三门峡	洛阳	长治	邢台	蚌埠	邯郸
	1.000	0.973	0.964	0.960	0.956	0.924	0.919	0.909
2017	邯郸	三门峡	菏泽	许昌	晋城	鹤壁	长治	濮阳
	1.000	0.988	0.977	0.976	0.949	0.940	0.879	0.850

关联度所处的区间为［0.744，0.973］，极差为 0.229，相对较小，但是第八位地市对应的关联度呈现下降的趋势。由此说明城市群 2005—2017 年产业与金融业融合发展水平比较高，但地市间产业与金融业的关联度的差异呈现上升的趋势。从前八位地市产业与金融业关联度的演变来看，相比 2005 年，2017 年排名前八位的除了长治、三门峡以外，其余地市都是从排名后二十二位的地市中突围而出的，意味着大部分地市产业与金融业的融合发展有一定

程度的加深；但2005年处于第一位的运城在2017年退出了前八位，说明运城产业与金融业的融合发展状况不断变差；位于第二位的三门峡，在2005—2017年排名有所波动，但到2017年份暂时稳固在第二位，而从具体关联度来说，三门峡产业与金融业的融合发展程度有小幅下降。对于中心地市郑州，2005—2017年仅有3次进入前八位，第一次在2005年（排在第四位），第二次在2007年（排在第七位），第三次在2012年（排在第八位），其余年份均在前八名以外。由此看出，中原城市群整体产业与金融业融合发展程度较深，但是对于各地市而言，地市间产业与金融业关联度差异愈来愈大，不断更替的前八位地市对于城市群产业与金融业进一步融合发展很难起到推动作用。

（二）中原城市群三次产业与整体金融业联动发展状况

1. 中原城市群三次产业与整体金融业之间联动关系分析

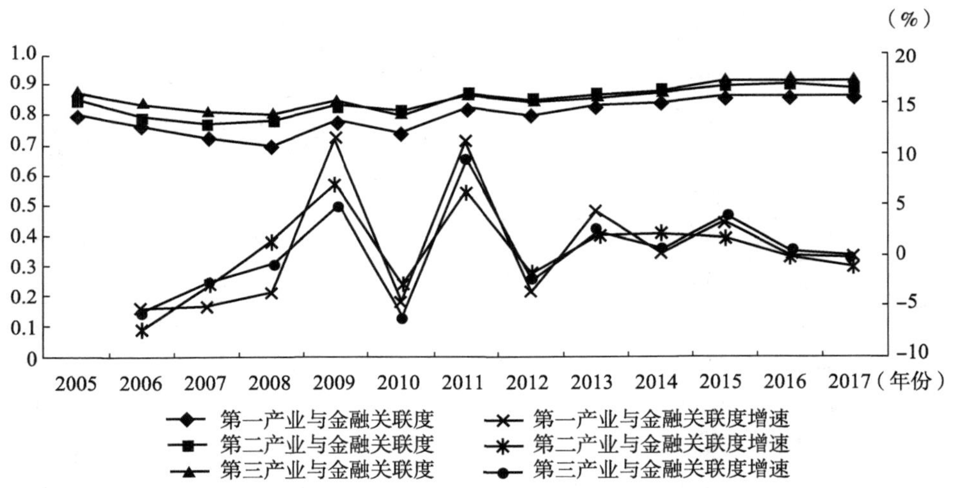

图6-10　2005—2017年中原城市群金融业与三次产业关联度与增长率变化趋势图

如图6-10所示，根据式（6.3）计算出2005—2017年中原城市群三次产业与金融业关联度及其增速，并将其绘制成折线图以便对其发展联动关系进行分析。从三次产业与金融业关联度曲线走势可以看出，2005—2017年中原城市群三次产业与金融业关联度整体呈现缓慢上升的过程，但增长态势并不明显，2010年三次产业与金融业关联度经历了一个明显的下降过程，并且能够看到三次产业与金融业关联度曲线具有一致的走势，说明三次产业与金融业之间的联动关系较密切。从2005—2017年三次产业与金融业关联度增速的曲线走势来看，在研究区间内城市群三次产业与金融业关联度增速在2009年经历了较大的正增长，2010年经历了较大的负增长，2011年又经历了较大的正增长，其他年份增速呈现轻微波动上升态势，由2006年最初的负增长到2013年以后逐渐稳定在0左右，增速曲线的情况与位置证明，城市群三次产业与金融业关联度在受到经济危机冲击后，发生较大的波动，但经过几年调整后联动情况好转。从城市群三次产业与金融业关联度指数的大小来看，城市群三次产业与金融业关联度变化区间为［0.69，0.92］，这说明城市群三次产业与金融业发展整体关联度较高，但增速较慢。

2. 中原城市群各地市三次产业与整体金融业联动关系分析

（1）中原城市群各地市第一产业与整体金融业联动关系演变

如图6-11所示，根据式（6.3）计算出具有代表性的三个年份中原城市群各地市第一产业与金融业的关联度及13年平均关联度，并将其绘制成柱形图以便对其发展联动关系进行分析。从城市群各地市第一产业与金融业关联度可以看出，郑州第一产业与整体金融业关联度明显低于其他各地市，说明郑州第一产业与整体金融业之间的联动性较弱；从中原城市群各地市第一产业与金融业关联度的大小可以看出，第一产业与金融业关联度均在0.8以上的地市有14个，占比为46.67%。另外，在研究区间内，2017年城市群各地市第一产业与金融业关联度大于2005年和2012年的地市有16个，占比为53.33%，说明随着时间的推移中原城市群大多数地市第一产业与整体金融业

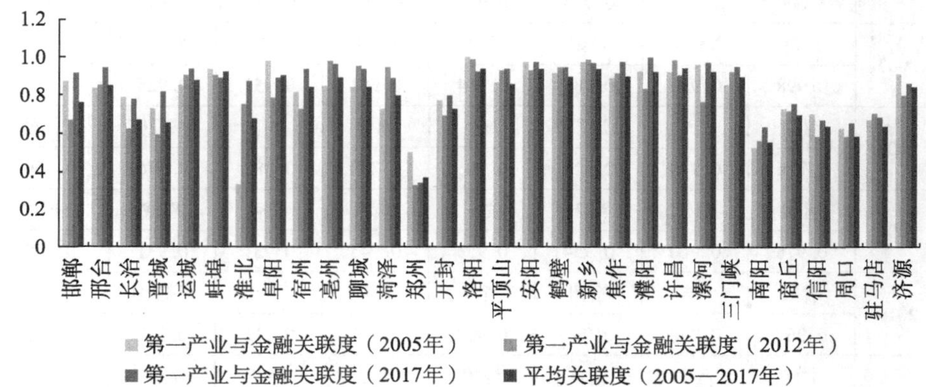

图6-11 中原城市群各地市第一产业与金融业关联度典型年份对比

注：共有13年中原城市群各地市第一产业与金融业关联度数据，限于篇幅，本图只展示2005年、2012年、2017年三个年份关联度，以及2005—2017年的平均关联度，其余年份数据和各地市具体数据可以向笔者索取。

关联度都有增加。

如表 6-21 所示，从 2005—2017 年中原城市群各地市第一产业与金融业关联度第一位地市变化来看，第一位地市不断变动，但也集中在洛阳、许昌、濮阳、鹤壁、漯河 5 个地市，它们在 2005—2017 年占据第一位的次数均为两次。城市群第一产业与金融业关联度第一位地市的关联度在［0.967，1.000］变动，极差为 0.033，融合发展程度较高，并且发展差距较小。其中宿州、许昌分别在 2006 年和 2014 年的关联度最大，关联度为 1，意味着 2006 年的宿州和 2014 年的许昌第一产业与金融业的联动关系最紧密；郑州作为中原城市群的核心城市历年来均未出现在城市群各地市第一产业与金融业关联度前八位地市数据表中，意味着郑州第一产业与金融业的联动关系较弱，这可能是郑州产业演变升级，金融业已经从与第一产业的发展有关逐渐转变为与第二、第三产业的发展有关。前八位地市第一产业与金融业的关联度分布区间在［0.866，1.000］，极差为 0.134，说明前八位地市第一产业与金融业的关联度差距也不明显。

表 6-21　2005—2017 年中原城市群各地市第一产业与金融业关联度前八位地市变化

年份	第一位	第二位	第三位	第四位	第五位	第六位	第七位	第八位
2005	洛阳	阜阳	安阳	新乡	漯河	蚌埠	濮阳	许昌
	0.991	0.979	0.976	0.973	0.959	0.941	0.923	0.918
2006	宿州	蚌埠	许昌	安阳	漯河	阜阳	三门峡	济源
	1.000	1.000	0.984	0.978	0.947	0.943	0.940	0.906
2007	许昌	洛阳	阜阳	漯河	蚌埠	濮阳	平顶山	新乡
	0.998	0.989	0.983	0.964	0.961	0.953	0.925	0.921
2008	漯河	蚌埠	许昌	新乡	鹤壁	洛阳	安阳	三门峡
	0.976	0.940	0.928	0.906	0.888	0.882	0.876	0.866
2009	运城	亳州	洛阳	安阳	蚌埠	漯河	聊城	三门峡
	0.978	0.960	0.954	0.953	0.945	0.931	0.931	0.909
2010	濮阳	阜阳	宿州	新乡	洛阳	安阳	平顶山	运城
	0.967	0.938	0.935	0.927	0.927	0.915	0.909	0.899
2011	漯河	运城	新乡	蚌埠	洛阳	许昌	安阳	濮阳
	0.999	0.993	0.984	0.983	0.981	0.961	0.960	0.950
2012	洛阳	新乡	许昌	亳州	菏泽	聊城	鹤壁	安阳
	0.986	0.984	0.980	0.974	0.948	0.947	0.941	0.932

续表

年份	第一位	第二位	第三位	第四位	第五位	第六位	第七位	第八位
2013	鹤壁	焦作	安阳	洛阳	阜阳	亳州	许昌	漯河
	0.994	0.992	0.984	0.974	0.969	0.963	0.950	0.938
2014	许昌	阜阳	运城	蚌埠	漯河	安阳	焦作	平顶山
	1.000	0.990	0.981	0.977	0.970	0.968	0.963	0.959
2015	平顶山	濮阳	安阳	三门峡	洛阳	菏泽	焦作	许昌
	0.998	0.985	0.977	0.965	0.962	0.950	0.949	0.943
2016	鹤壁	安阳	三门峡	濮阳	亳州	运城	漯河	菏泽
	0.994	0.991	0.987	0.982	0.978	0.973	0.965	0.960
2017	濮阳	焦作	漯河	新乡	亳州	安阳	三门峡	鹤壁
	0.998	0.978	0.969	0.968	0.968	0.965	0.955	0.951

从中原城市群30个地市第一产业与金融业融合发展程度的演变来看，各地市第一产业与金融业融合发展演变历程表现不尽相同。从演变特征来看，中原城市群第一产业与金融业融合发展大部分呈现上升特征。2005年，城市群各地市第一产业与金融业关联度第一位地市——洛阳的第一产业与金融业关联度为0.991；2017年，城市群各地市第一产业与金融业关联度第一位地市——濮阳的第一产业与金融业关联度为0.998，城市群各地市第一产业与金融业关联度第一位地市间的关联度增加了0.007。2005年，城市群各地市第一产业与金融业关联度第八位地市——许昌的第一产业与金融业关联度为0.918；2017年，城市群各地市第一产业与金融业关联度第八位地市——鹤壁的第一产业与金融业关联度为0.951，城市群各地市第一产业与金融业关联度第八位地市间的关联度增加了0.033。由城市群各地市第一产业与金融业关联度前八位的数据的变化可以看出，城市群各地市第一产业与金融业融合程度整体呈现加深趋势。

（2）中原城市群各地市第二产业与整体金融业联动关系演变

如图6-12所示，根据式（6.3）计算出具有代表性的三个年份中原城市群各地市第二产业与金融业的关联度及13年平均关联度，并将其绘制成柱形图，以便对其发展联动关系进行分析。中原城市群各地市第二产业与金融业关联度，除2005年的淮北外，其他各地市各年的第二产业与金融业关联度基本上都在0.6以上，有差距但并不明显，说明城市群各地市第二产业与金融业的联动状况整体较好，且各地市差距并不明显；从中原城市群各地市第二产业与金融业关联度的大小可以看出，第二产业与整体金融业关联度在 0.8 以上的地市有 15 个，占 50%。在研究区间内，城市群各地市第二产业与金融业的关联度，2017 年大于 2005 年和 2012 年的地市有 13 个，占 43.33%，说明随着时间的推移，中原城市群有接近一半的地市第二产业与金融业的关联度在增加。

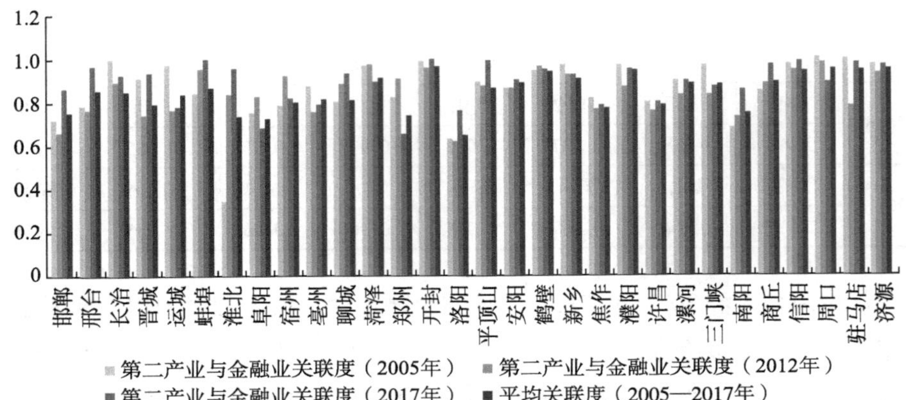

图 6-12　中原城市群各地市第二产业与金融业关联度典型年份对比

注：共有 13 年中原城市群各地市第二产业与金融业关联度数据，限于篇幅，本图只展示 2005 年、2012 年、2017 年三个年份关联度，以及 2005—2017 年的平均关联度，其余年份数据和各地市具体数据可以向笔者索取。

如表 6-22 所示，从 2005—2017 年中原城市群各地市第二产业与金融业关联度第一位地市变化来看，其变化较大，但也集中在周口、濮阳、信阳、开封 4 个地市，它们在 2005—2017 年占据第一位的次数均为两次。城市群第二产业与金融业关联度第一位地市的关联度在［0.980，1.000］变动，极差为 0.02，融合发展程度较高，并且发展差距较小。其中周口、信阳、漯河、商丘分别在 2005 年、2010 年、2015 年、2016 年的关联度最大（为 1），意味着在这些年份中，这几个地市的第二产业与金融业的联动关系最紧密；郑州作为中原城市群的核心领导地市，历年来均未出现在城市群各地市第二产业与金融业关联度前八位地市数据表中，意味着郑州第二产业与金融业的联动关系较弱。前八位地市第二产业与金融业的关联度的分布区间在［0.894，1.000］，极差为 0.106，说明前八位地市第二产业与金融业的关联度差距也不明显。

表 6-22 2005—2017 年中原城市群各地市第二产业与金融业关联度前八位地市变化

年份	第一位	第二位	第三位	第四位	第五位	第六位	第七位	第八位
2005	周口	驻马店	长治	开封	新乡	济源	运城	信阳
	1.000	0.999	0.995	0.988	0.974	0.974	0.973	0.973
2006	濮阳	信阳	开封	周口	菏泽	济源	鹤壁	驻马店
	0.983	0.981	0.951	0.942	0.935	0.934	0.927	0.903
2007	运城	周口	安阳	开封	驻马店	济源	鹤壁	信阳
	0.981	0.980	0.956	0.951	0.946	0.926	0.899	0.894
2008	鹤壁	濮阳	长治	济源	开封	信阳	菏泽	安阳
	0.988	0.969	0.947	0.943	0.942	0.929	0.927	0.924
2009	信阳	开封	驻马店	周口	濮阳	济源	菏泽	商丘
	0.990	0.977	0.965	0.943	0.942	0.941	0.934	0.914
2010	信阳	济源	周口	驻马店	开封	鹤壁	菏泽	运城
	1.000	0.995	0.992	0.968	0.953	0.946	0.940	0.905
2011	开封	周口	驻马店	信阳	濮阳	济源	鹤壁	邢台
	0.995	0.994	0.993	0.991	0.976	0.975	0.974	0.930
2012	周口	菏泽	鹤壁	开封	蚌埠	信阳	济源	新乡
	0.980	0.975	0.963	0.960	0.953	0.945	0.931	0.927
2013	开封	濮阳	新乡	邢台	济源	三门峡	平顶山	驻马店
	0.999	0.998	0.997	0.982	0.980	0.975	0.967	0.963
2014	濮阳	长治	周口	三门峡	鹤壁	开封	邢台	蚌埠
	0.999	0.999	0.999	0.999	0.972	0.968	0.954	0.945
2015	漯河	驻马店	济源	商丘	周口	濮阳	鹤壁	晋城
	1.000	0.988	0.986	0.984	0.982	0.968	0.950	0.945
2016	商丘	菏泽	驻马店	蚌埠	邢台	安阳	漯河	邯郸
	1.000	0.990	0.990	0.986	0.982	0.961	0.961	0.942
2017	蚌埠	开封	平顶山	信阳	驻马店	邢台	商丘	济源
	0.999	0.997	0.991	0.989	0.981	0.971	0.970	0.970

从中原城市群 30 个地市第二产业与金融业融合发展程度的演变来看，各地市第二产业与整体金融业融合发展演变历程表现不尽相同。从演变特征来看，中原城市群第二产业与金融业融合发展情况较复杂，没有呈现明显的上升或下降特征。2005 年，城市群各地市第二产业与金融业关联度第一位地市——周口的第二产业与金融业关联度为 1.000；2017 年，城市群各地市第二产业与金融业关联度第一位地市——蚌埠的第二产业与金融业关联度为

0.999，城市群各地市第二产业与金融业关联度第一位地市间的关联度下降了0.001。2005年，城市群各地市第二产业与金融业关联度第八位地市——信阳的第二产业与金融业关联度为0.973；2017年，城市群各地市第二产业与金融业关联度第八位地市——济源的第二产业与金融业关联度为0.970，城市群各地市第二产业与金融业关联度第八位地市间的关联度下降了0.003。由城市群各地市第二产业与金融业关联度前八位的数据的变化可以看出，城市群各地市第二产业与整体金融业融合程度没有加深。

（3）中原城市群各地市第三产业与整体金融业联动关系演变

如图6-13所示，根据式（6.3）计算出具有代表性的三个年份中原城市群各地市第三产业与金融业的关联度及13年平均关联度，并将其绘制成柱形图，以便对其发展联动关系进行分析。从整体城市群各地市第三产业与金融业关联度所绘制成的柱形图可以看出，中原城市群各地市第三产业与金融业关联度，除2005年的淮北外，其余各年各地市第三产业与金融业之间的关联度都在0.4以上，联动性较强，但是容易看出中原城市群各地市第三产业与金融业之间的联动关系发展差距明显；从中原城市群各地市第三产业与金融业关联度的大小可以看出，中原城市群第三产业与金融业关联度在0.8以上的地市有21个，占比为70%，说明城市群第三产业与金融业整体联动关系较强。从第三产业与金融业关联度来看，在研究区间内，城市群各地市第三产业与金融业的关联度，2017年大于2005年和2012年的地市有13个，占比为43.33%，说明随着时间的推移，中原城市群有近一半地市第三产业与整体金融业的关联度都在增加。

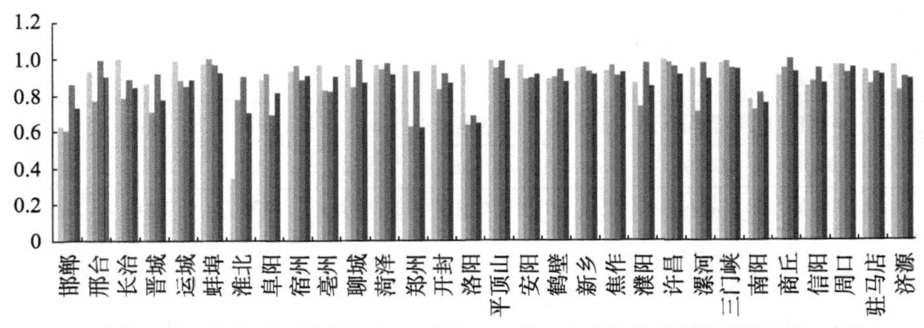

图6-13 中原城市群各地市第三产业与金融业关联度典型年份对比

注：共有13年中原城市群各地市第三产业与金融业关联度数据，限于篇幅，本图只展示2005年、2012年、2017年三个年份关联度，以及2005—2017年的平均关联度，其余年份数据和各地市具体数据可以向笔者索取。

如表 6-23 所示，从 2005—2017 年中原城市群各地市第三产业与金融业关联度第一位地市变化来看，其变化较大，但也集中在许昌、商丘、蚌埠、邢台 4 个地市，它们在 2005—2017 年占据第一位的次数均为两次。城市群第三产业与金融业关联度第一位地市的关联度在［0.987，1.000］变动，极差为 0.013，融合发展程度较高，并且发展差距较小。其中，商丘、长治、蚌埠、亳州、许昌、邢台分别在 2007 年和 2017 年、2008 年、2009 年和 2012 年、2010 年、2011 年、2013 年的关联度最大（为 1），意味着在这些年份中，这几个地市第三产业与金融业的联动关系最紧密。前八位地市第三产业与金融业的关联度分布区间在［0.893，1.000］，极差为 0.107，说明前八位地市第三产业与金融业的关联度差距也不明显。

表 6-23　2005—2017 年中原城市群各地市第三产业与金融业关联度前八位地市变化

年份	第一位	第二位	第三位	第四位	第五位	第六位	第七位	第八位
2005	许昌	长治	平顶山	运城	蚌埠	三门峡	安阳	亳州
	0.999	0.997	0.991	0.988	0.973	0.971	0.970	0.970
2006	驻马店	亳州	安阳	周口	济源	蚌埠	商丘	漯河
	0.998	0.991	0.990	0.988	0.978	0.976	0.945	0.930
2007	商丘	邯郸	蚌埠	运城	宿州	菏泽	漯河	三门峡
	1.000	0.988	0.977	0.974	0.962	0.954	0.945	0.945
2008	长治	商丘	驻马店	三门峡	焦作	周口	蚌埠	菏泽
	1.000	0.979	0.978	0.965	0.964	0.960	0.953	0.934
2009	蚌埠	阜阳	聊城	三门峡	周口	商丘	漯河	宿州
	1.000	1.000	0.979	0.972	0.951	0.949	0.949	0.942
2010	亳州	周口	三门峡	平顶山	菏泽	商丘	新乡	濮阳
	1.000	0.977	0.958	0.920	0.917	0.913	0.894	0.893
2011	许昌	长治	周口	运城	亳州	焦作	新乡	平顶山
	1.000	0.996	0.993	0.986	0.986	0.981	0.976	0.970
2012	蚌埠	三门峡	许昌	宿州	焦作	周口	新乡	平顶山
	1.000	0.994	0.983	0.970	0.969	0.965	0.956	0.952
2013	邢台	平顶山	安阳	漯河	新乡	许昌	鹤壁	济源
	1.000	0.996	0.988	0.975	0.966	0.966	0.959	0.923
2014	邢台	信阳	驻马店	运城	长治	周口	开封	安阳
	0.990	0.989	0.972	0.967	0.960	0.952	0.927	0.926

续表

年份	第一位	第二位	第三位	第四位	第五位	第六位	第七位	第八位
2015	宿州	三门峡	周口	邢台	亳州	驻马店	济源	菏泽
	0.988	0.978	0.973	0.970	0.960	0.957	0.956	0.953
2016	鹤壁	邢台	三门峡	濮阳	宿州	许昌	商丘	蚌埠
	0.987	0.985	0.981	0.981	0.976	0.964	0.963	0.959
2017	商丘	聊城	邢台	平顶山	濮阳	菏泽	漯河	蚌埠
	1.000	0.995	0.993	0.993	0.981	0.980	0.978	0.970

从中原城市群30个地市第三产业与整体金融业融合发展程度的演变来看，各地市第三产业与整体金融业融合发展演变历程表现不尽相同。从演变特征来看，中原城市群第三产业与整体金融业融合发展变化不大。2005年，城市群各地市第三产业与金融业关联度第一位地市——许昌的第三产业与金融业关联度为0.999；2017年，城市群各地市第三产业与金融业关联度第一位地市——商丘的第三产业与金融业关联度为1.000，城市群各地市第三产业与金融业关联度第一位地市间的关联度增加了0.001。2005年，城市群各地市第三产业与金融业关联度第八位地市——亳州的第三产业与金融业关联度为0.970；2017年，城市群各地市第三产业与金融业关联度第八位地市——蚌埠的第三产业与金融业关联度为0.970，城市群各地市第三产业与金融业关联度第八位地市间的关联度没有变化。由各地市第三产业与金融业关联度前八位的数据的变化可以看出，中原城市群各地市第三产业与金融业联动发展整体呈现加深趋势。

（三）中原城市群三次产业与银行业联动发展状况

1. 中原城市群三次产业与银行业联动关系分析

如图6-14所示，根据式（6.3）计算出2005—2017年中原城市群三次产业与银行业关联度及其增速，并将其绘制成折线图，以便对其发展联动关系进行分析。从三次产业与银行业关联度曲线走势可以看出，2005—2017年，除2006年、2011年外，其余年份中原城市群银行业与三次产业关联度均呈现缓慢上升的态势，但增长并不明显。从图中能够看到，三次产业与银行业关联度曲线具有一致的走势，说明三次产业与银行业之间的联动关系趋同。从2005—2017年三次产业与银行业关联度增速的曲线走势来看，在研究区间内城市群三次产业与银行业关联度增速在2007年经历了较大的正增长；2007—

2011 年呈现缓慢下降态势，增速又逐渐降为负值，2012 年经历了较小的正增长，2013—2017 年增速呈现轻微波动下降态势，并最终降至负值。由三次产业与银行业的关联度曲线和其增长率变化图位置可知，三次产业与银行业的关联度与增长率呈现相反的走势。从城市群三次产业与银行业关联度的大小来看，城市群三次产业与银行业关联度在［0.7，0.9］变动，这说明城市群银行业与三次产业发展整体联动关系较强，但增速较慢。

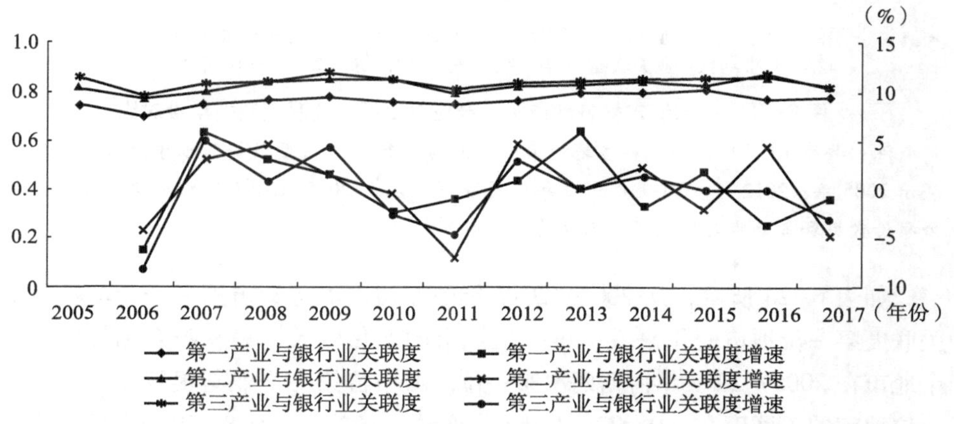

图 6-14　2005—2017 年中原城市群三次产业与银行业关联度与增长率变化趋势

2. 中原城市群各地市三次产业与银行业联动关系分析

(1) 中原城市群各地市第一产业与银行业联动关系演变

如图 6-15 所示，根据式（6.3）计算出具有代表性的三个年份中原城市群各地市第一产业与银行业的关联度及 13 年平均关联度，并将其绘制成柱形图，以便对其发展联动关系进行分析。由图可以看出，中原城市群中，郑州第一产业与银行业关联度明显低于其他地市，说明郑州第一产业与银行业之间的联动性较弱；从中原城市群各地市第一产业与银行业关联度的大小可以看出，中原城市群第一产业与银行业关联度历年均在 0.8 以上的地市有 8 个，占比为 26.67%，说明城市群整体第一产业与银行业联动关系较松散。从三年关联度来看，在研究区间内，城市群各地市第一产业与银行业的关联度，2017 年大于 2005 年和 2012 年的地市有 12 个，占比为 40%，说明随着时间的推移，中原城市群大多数地市第一产业与银行业的关联度没有增加，城市群第一产业与银行业联动关系发展不明显。

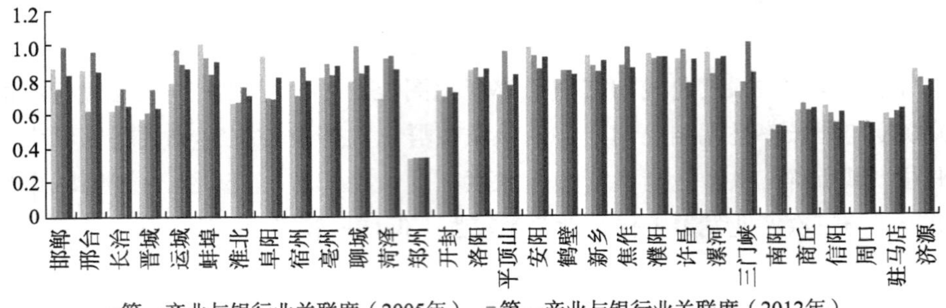

图 6-15　中原城市群各地市第一产业与银行业关联度典型年份对比

注：共有 13 年中原城市群各地市第一产业与银行业关联度数据，限于篇幅，本图只展示 2005 年、2012 年、2017 年三个年份关联度，以及 2005—2017 年的平均关联度，其余年份数据和各地市具体数据可以向笔者索取。

如表 6-24 所示，从 2005—2017 年中原城市群各地市第一产业与银行业关联度第一位地市变化来看，第一位地市的变化较大，只有新乡和蚌埠这两个地市在 2005—2017 年占据两次第一位。城市群第一产业与银行业关联度第一位地市的关联度在［0.972，1.000］变动，极差为 0.028，融合发展程度较高，并且发展差距较小。其中蚌埠在 2005 年和 2011 年的关联度最大（为 1），意味着蚌埠在 2005 年和 2011 年第一产业与银行业的联动关系最密切；郑州作为中原城市群的核心领导地市，历年均未出现在城市群各地市第一产业与银行业关联度前八位地市数据表中，意味着郑州第一产业与银行业的联动关系较弱，这可能是郑州产业演变升级，银行业已经从与第一产业的发展逐渐转变为与第二、第三产业的发展有关。前八位地市第一产业与银行业的关联度的分布区间在［0.835，1.000］，极差为 0.165，说明前八位地市第一产业与银行业的关联度差距也不明显。

表 6-24　2005—2017 年中原城市群各地市第一产业与银行业关联度前八位地市变化

年份	第一位	第二位	第三位	第四位	第五位	第六位	第七位	第八位
2005	蚌埠	安阳	漯河	濮阳	新乡	阜阳	许昌	邯郸
	1.000	0.977	0.946	0.936	0.931	0.930	0.914	0.866
2006	许昌	漯河	洛阳	济源	蚌埠	聊城	安阳	邯郸
	0.989	0.926	0.925	0.890	0.885	0.882	0.861	0.835
2007	新乡	许昌	漯河	亳州	洛阳	濮阳	蚌埠	阜阳
	0.974	0.964	0.961	0.953	0.948	0.940	0.933	0.919

续表

年份	第一位	第二位	第三位	第四位	第五位	第六位	第七位	第八位
2008	漯河	邯郸	新乡	濮阳	洛阳	聊城	安阳	许昌
	0.984	0.983	0.968	0.948	0.940	0.933	0.916	0.915
2009	新乡	许昌	安阳	菏泽	亳州	漯河	濮阳	蚌埠
	0.972	0.966	0.942	0.937	0.923	0.912	0.901	0.898
2010	焦作	漯河	邢台	蚌埠	聊城	安阳	新乡	亳州
	0.978	0.963	0.963	0.934	0.932	0.918	0.917	0.897
2011	蚌埠	亳州	漯河	聊城	三门峡	运城	新乡	许昌
	1.000	0.958	0.941	0.918	0.901	0.887	0.886	0.881
2012	聊城	运城	许昌	平顶山	安阳	蚌埠	菏泽	濮阳
	0.993	0.972	0.967	0.953	0.932	0.926	0.917	0.914
2013	濮阳	新乡	安阳	焦作	鹤壁	平顶山	邢台	济源
	0.989	0.987	0.972	0.968	0.966	0.958	0.949	0.914
2014	菏泽	濮阳	焦作	许昌	鹤壁	平顶山	蚌埠	运城
	0.979	0.977	0.960	0.958	0.948	0.948	0.940	0.924
2015	运城	菏泽	安阳	许昌	聊城	邯郸	漯河	濮阳
	0.998	0.992	0.992	0.982	0.970	0.966	0.966	0.954
2016	平顶山	安阳	新乡	菏泽	焦作	三门峡	鹤壁	濮阳
	0.984	0.980	0.975	0.964	0.927	0.916	0.911	0.909
2017	三门峡	邯郸	焦作	邢台	菏泽	濮阳	漯河	运城
	0.999	0.989	0.979	0.959	0.932	0.921	0.904	0.886

从中原城市群30个地市第一产业与银行业融合发展程度的演变来看，各地市第一产业与银行业融合发展演变历程表现不尽相同。从演变特征来看，中原城市群第一产业与银行业融合发展大部分地市呈现上升特征。2005年，城市群各地市第一产业与银行业关联度第一位的地市——蚌埠的第一产业与银行业关联度为1.000；2017年，城市群各地市第一产业与银行业关联度第一位地市——三门峡的第一产业与银行业关联度为0.999，城市群各地市第一产业与银行业关联度第一位地市间的关联度下降了0.001。2005年，城市群各地市第一产业与银行业关联度第八位地市——邯郸的第一产业与银行业关联度为0.866；2017年，城市群各地市第一产业与银行业关联度第八位地市——运城的第一产业与银行业关联度为0.886，城市群各地市第一产业与银行业关联度第八位地市间的关联度增加了0.02。由城市群各地市第一产业与银行业关联度前八位的数据的变化可以看出，城市群各地市第一产业与

银行业融合程度整体呈现加深趋势，并且各地市第一产业与银行业融合程度差距在缩小。

（2）中原城市群各地市第二产业与银行业联动关系演变

如图6-16所示，根据式（6.3）计算出具有代表性的三个年份中原城市群各地市第二产业与银行业的关联度及13年平均关联度，并将其绘制成柱形图，以便对其发展联动关系进行分析。由图6-16可知，除2012年的邢台、2017年的阜阳、2005年的洛阳外，中原城市群其余各地市各年的第二产业与银行业关联度都在0.6以上，各地市间有差距但是差距并不明显，说明城市群各地市第二产业与银行业的联动状况整体比较强，且各地市差距并不明显；从中原城市群各地市第二产业与银行业关联度的大小可以看出，中原城市群第二产业与银行业关联度在0.8以上的地市有13个，占比为43.33%。从关联度来看，城市群各地市第二产业与银行业关联度2017年大于2005年和2012年的地市有15个，占比为50%，说明随着时间的推移，中原城市群一半的地市第二产业与银行业的关联度在增加。

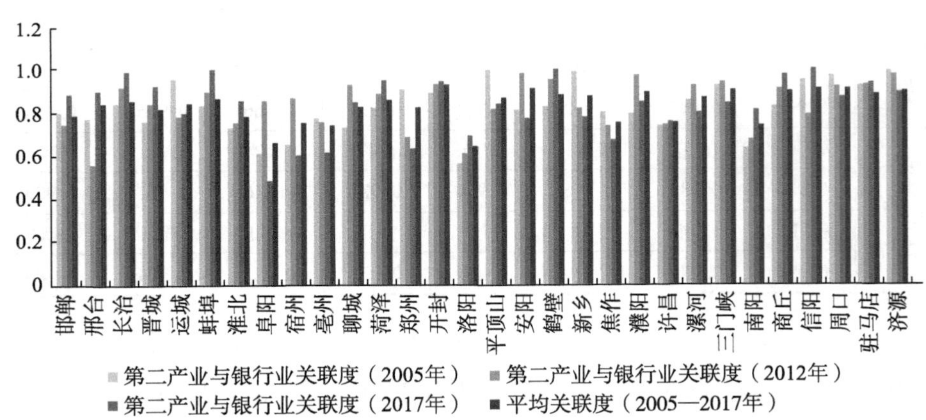

图6-16 中原城市群各地市第二产业与银行业关联度典型年份对比

注：共有13年中原城市群各地市第二产业与银行业关联度数据，限于篇幅，本图只展示2005年、2012年、2017年三个年份关联度，以及2005—2017年的平均关联度，其余年份数据和各地市具体数据可以向笔者索取。

如表6-25所示，从2005—2017年中原城市群各地市第二产业与银行业关联度第一位地市变化来看，第一位地市的变化较大，只有鹤壁在2005—2017年占据两次第一位。城市群第二产业与银行业关联度第一位地市的关联度在［0.959，1.000］变动，极差为0.041，融合发展程度较高，并且发展差距较小。其中新乡、邢台、鹤壁分别在2008年、2016年、2017年的关联度最大（为1），意味着在此期间，这几个地市第二产业与银行业的联动关系最密切。前八位地市第二产业与银行业的关联度的分布区间在［0.861，1.000］，极差为0.139，说明前八位地市第二产业与银行业的关联度差距也不明显。

表 6-25　2005—2017 年中原城市群各地市第二产业与银行业关联度前八位地市变化

年份	第一位	第二位	第三位	第四位	第五位	第六位	第七位	第八位
2005	平顶山	济源	新乡	周口	运城	信阳	驻马店	三门峡
	0.998	0.994	0.988	0.968	0.959	0.947	0.923	0.919
2006	濮阳	运城	信阳	安阳	开封	周口	商丘	蚌埠
	0.997	0.995	0.979	0.970	0.967	0.916	0.905	0.900
2007	信阳	新乡	周口	运城	驻马店	安阳	开封	平顶山
	0.959	0.955	0.955	0.946	0.936	0.933	0.912	0.905
2008	新乡	周口	郑州	济源	鹤壁	商丘	信阳	邢台
	1.000	0.999	0.994	0.965	0.954	0.951	0.936	0.922
2009	周口	邯郸	濮阳	运城	晋城	商丘	驻马店	长治
	0.999	0.998	0.997	0.985	0.980	0.966	0.961	0.954
2010	郑州	新乡	邢台	开封	三门峡	商丘	信阳	菏泽
	0.998	0.990	0.964	0.954	0.953	0.945	0.935	0.933
2011	开封	安阳	济源	焦作	信阳	邢台	鹤壁	聊城
	0.978	0.976	0.916	0.899	0.898	0.892	0.862	0.861
2012	安阳	济源	濮阳	鹤壁	三门峡	聊城	开封	驻马店
	0.980	0.974	0.970	0.952	0.938	0.930	0.929	0.928
2013	三门峡	驻马店	长治	安阳	郑州	新乡	济源	鹤壁
	0.990	0.981	0.964	0.956	0.955	0.953	0.937	0.923
2014	漯河	蚌埠	三门峡	长治	开封	周口	南阳	邢台
	0.969	0.961	0.957	0.943	0.940	0.932	0.928	0.927
2015	鹤壁	济源	开封	平顶山	周口	邯郸	三门峡	安阳
	0.973	0.964	0.941	0 936	0.927	0.921	0.919	0.916
2016	邢台	蚌埠	开封	安阳	漯河	菏泽	商丘	信阳
	1.000	0.978	0.976	0 974	0.969	0.955	0.951	0.947
2017	鹤壁	蚌埠	信阳	长治	商丘	菏泽	开封	驻马店
	1.000	1.000	0.998	0.990	0.972	0.948	0.943	0.933

从中原城市群30个地市第二产业与银行业融合发展程度的演变来看，各地市第二产业与银行业融合发展演变历程表现不尽相同。从演变特征来看，

中原城市群第二产业与银行业融合发展呈现上升特征。2005 年，城市群各地市第二产业与银行业关联度第一位地市——平顶山的第二产业与银行业关联度为 0.998；2017 年，城市群各地市第二产业与银行业关联度第一位地市——鹤壁的第二产业与银行业关联度为 1，城市群各地市第二产业与银行业关联度第一位地市间的关联度上升了 0.002。2005 年，城市群各地市第二产业与银行业关联度第八位地市——三门峡的第二产业与银行业关联度为 0.919；2017 年，城市群各地市第二产业与银行业关联度第八位地市——驻马店的第二产业与银行业关联度为 0.933，城市群各地市第二产业与银行业关联度第八位地市间的关联度上升了 0.014。由城市群各地市第二产业与银行业关联度前八位的数据的变化可以看出，城市群各地市第二产业与银行业融合程度整体呈现加深趋势。

（3）中原城市群各地市第三产业与银行业联动关系演变

如图 6-17 所示，根据式（6.3）计算出具有代表性的三个年份中原城市群各地市第三产业与银行业的关联度及 13 年平均关联度，并将其绘制成柱形图，以便对其发展联动关系进行分析。由图可知，郑州第三产业与银行业关联度明显低于其他各地市第三产业与银行业的关联度，说明郑州第三产业与银行业的联动性较弱，并且能够明显看出中原城市群各地市第三产业与银行业之间的联动关系发展差距明显；从中原城市群各地市第三产业与银行业关联度的大小可以看出，中原城市群第三产业与银行业关联度在 0.8 以上的地

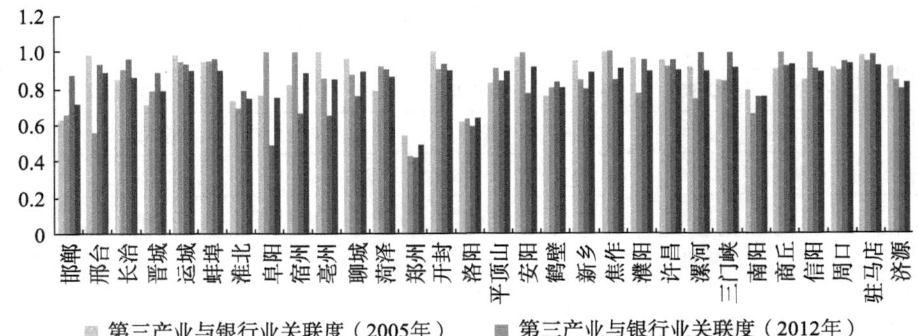

图 6-17　中原城市群各地市第三产业与银行业关联度典型年份对比

注：共有 13 年中原城市群各地市第三产业与银行业关联度数据，限于篇幅，本图只展示 2005 年、2012 年、2017 年三个年份关联度，以及 2005—2017 年的平均关联度，其余年份数据和各地市具体数据可以向笔者索取。

市有 12 个，占比为 40%，联动关系较强的地市占不到一半。从关联度来看，中原城市群各地市第三产业与银行业关联度 2017 年大于 2005 年和 2012 年的地市有 10 个，占比为 33.33%，说明随着时间的推移，中原城市群各地市中第三产业与银行业关联度增加的地市数量占总数的 1/3。

如表 6-26 所示，从 2005—2017 年中原城市群各地市第三产业与银行业关联度第一位地市变化来看，第一位地市的变化较大，只有开封、三门峡这两个地市在 2005—2017 年占据两次第一位。中原城市群第三产业与银行业关联度第一位地市的关联度在［0.993，1.000］变动，极差为 0.007，融合发展程度较高，并且发展差距较小。其中，三门峡、开封、商丘、焦作、安阳、信阳、聊城、邢台分别在 2006 年和 2007 年、2009 年、2010 年、2012 年、2013 年、2014 年、2015 年、2016 年的关联度最大（为 1）。前八位地市第三产业与银行业的关联度分布区间在［0.886，1.000］，极差为 0.114，说明前八位地市第三产业与银行业的关联度差距也不明显。

表 6-26　2005—2017 年中原城市群各地市第三产业与银行业关联度前八位地市变化

年份	第一位	第二位	第三位	第四位	第五位	第六位	第七位	第八位
2005	开封	焦作	亳州	邢台	运城	驻马店	安阳	聊城
	0.999	0.998	0.995	0.984	0.983	0.973	0.968	0.964
2006	三门峡	济源	运城	周口	商丘	亳州	聊城	宿州
	1.000	0.988	0.980	0.977	0.974	0.973	0.968	0.953
2007	三门峡	宿州	周口	焦作	许昌	开封	蚌埠	商丘
	1.000	0.992	0.974	0.963	0.953	0.951	0.947	0.940
2008	新乡	亳州	驻马店	聊城	周口	许昌	三门峡	焦作
	0.993	0.973	0.966	0.957	0.954	0.930	0.926	0.920
2009	开封	长治	平顶山	周口	宿州	聊城	焦作	漯河
	1.000	0.995	0.995	0.993	0.992	0.991	0.988	0.961
2010	商丘	蚌埠	濮阳	菏泽	新乡	安阳	邢台	平顶山
	1.000	0.994	0.988	0.956	0.950	0.945	0.942	0.936
2011	长治	三门峡	濮阳	安阳	漯河	平顶山	邢台	周口
	0.999	0.990	0.955	0.933	0.924	0.917	0.897	0.886
2012	焦作	宿州	阜阳	安阳	商丘	信阳	蚌埠	运城
	1.000	0.996	0.994	0.992	0.989	0.989	0.949	0.945
2013	安阳	开封	新乡	商丘	漯河	济源	平顶山	长治
	1.000	0.992	0.986	0.970	0.957	0.956	0.954	0.938

续表

年份	第一位	第二位	第三位	第四位	第五位	第六位	第七位	第八位
2014	信阳	周口	运城	邢台	菏泽	平顶山	濮阳	许昌
	1.000	0.999	0.994	0.971	0.964	0.943	0.942	0.941
2015	聊城	邯郸	平顶山	周口	菏泽	商丘	濮阳	安阳
	1.000	0.998	0.991	0.991	0.987	0.984	0.961	0.941
2016	邢台	运城	驻马店	蚌埠	宿州	濮阳	安阳	菏泽
	1.000	0.994	0.982	0.980	0.978	0.968	0.957	0.939
2017	漯河	三门峡	驻马店	蚌埠	长治	濮阳	许昌	周口
	0.993	0.991	0.977	0.964	0.960	0.957	0.954	0.944

从中原城市群30个地市第三产业与银行业融合发展程度的演变来看，各地市第三产业与银行业融合发展演变历程表现不尽相同。从演变特征来看，中原城市群第三产业与银行业融合发展呈现降低趋势。2005年，城市群各地市第三产业与银行业关联度第一位地市——开封的第三产业与银行业关联度为0.999；2017年，城市群各地市第三产业与银行业关联度第一位地市——漯河的第三产业与银行业关联度为0.993，城市群各地市第三产业与银行业关联度第一位地市间的关联度下降了0.006。2005年，城市群各地市第三产业与银行业关联度第八位地市——聊城的第三产业与银行业关联度为0.964；2017年，城市群各地市第三产业与银行业关联度第八位地市——周口的第三产业与银行业关联度为0.944，城市群各地市第三产业与银行业关联度第八位地市间的关联度下降了0.02。由城市群各地市第三产业与银行业关联度前八位的数据的变化可以看出，城市群各地市第三产业与银行业联动发展整体呈现减缓趋势。

（四）中原城市群三次产业与证券业联动发展状况

1. 中原城市群三次产业与证券业联动关系分析

如图6-18所示，根据式（6.3）计算出2005—2017年中原城市群三次产业与证券业关联度及其增速，并将其绘制成折线图，以便对其发展联动关系进行分析。从三次产业与证券业关联度曲线走势可以看出，2005—2017年中原城市群三次产业与证券业关联度经历了“下降—缓慢上升—下降—上升”四个阶段，2005—2007年为下降阶段，缓慢上升发生在2008—2009年，随后2010年又发生一次下降，2011年后三次产业与证券业关联度呈现上升的态势；同时，能够看到三次产业与证券业关联度曲线具有一致的走势，说明三次产业与证券业之间的联动关系趋同。从2005—2017年三次产业与证券业关联度增速的曲线走势来看，在研究区间内，城市群三次产业与证券业关联度增速在2010年经历了较大的负增长，2011年又经历了较大的正增长，其余年份三次产业与证券业关联度增速都呈缓慢增长态势，且有放缓的趋势。由三次产业与证券业的关联度曲线和其增长率曲线位置可知，三次产业与证券业的关联度与增加率由线走势一致。从城市群三次产业与证券业关联度的大小来看，城市群三次产业与证券业关联度在［0.70，0.93］变动，这说明城市群三次产业与证券业发展整体联动关系较强，但增速较慢。

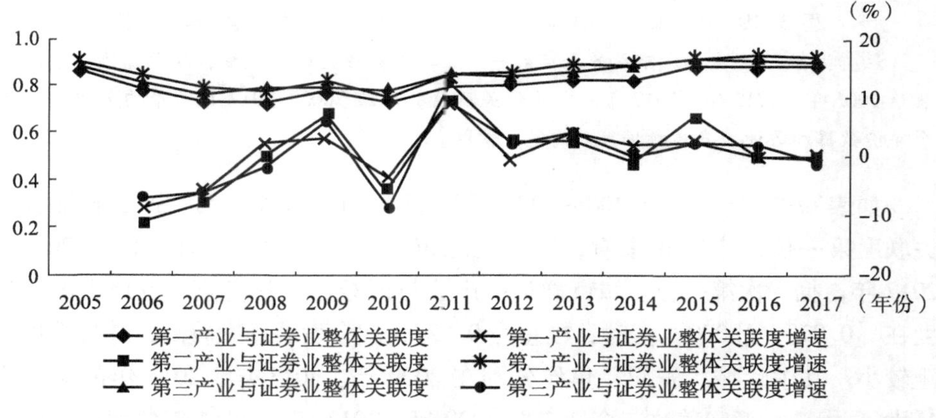

图6-18　2005—2017年中原城市群三次产业与证券业关联度与增长率变化趋势

2. 中原城市群各地市三次产业与证券业联动关系分析

（1）中原城市群各地市第一产业与证券业联动关系演变

如图6-19所示，根据式（6.3）计算出具有代表性的三个年份中原城市群各地市第一产业与证券业的关联度及13年平均关联度。由图可知，除2005年外，郑州其余两个年份第一产业与证券业关联度明显低于其他各地市，说明郑州第一产业与证券业之间的联动性较弱；从中原城市群各地市第一产业与证券业关联度的大小可以看出，中原城市群第一产业与证券业的关联度历年均在0.8以上的地市有14个，占比为46.67%。从关联度来看，中原城市群各地市第一产业与证券业的关联度，2017年大于2005年和2012年的地市有10个，占比为33.33%，说明随着时间的推移，中原城市群大多数地市第一产业与证券业的关联度都没有提升，城市群第一产业与证券业联动关系不明显。

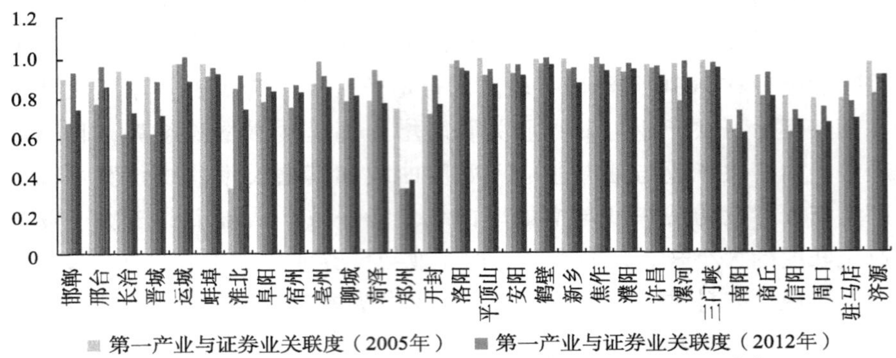

图 6-19　中原城市群各地市第一产业与证券业关联度典型年份对比

注：共有 13 年中原城市群各地市第一产业与证券业关联度数据，限于篇幅，本图只展示 2005 年、2012 年、2017 年三个年份关联度，以及 2005—2017 年的平均关联度，其余年份数据和各地市具体数据可以向笔者索取。

如表 6-27 所示，从 2005—2017 年中原城市群各地市第一产业与证券业关联度第一位地市变化来看，第一位地市的变化较大，只有焦作在 2005—2017 年占据 3 次第一位。城市群第一产业与证券业关联度第一位地市的关联度在［0. 973，1. 000］变动，极差为 0. 027，融合发展程度较高，并且发展差距较小。其中运城、安阳、焦作分别在 2009 年、2013 年、2014 年的关联度最大（为 1），意味着这三个地市在 2009 年、2013 年和 2014 年的第一产业与证券业的联动关系紧密；郑州作为中原城市群的核心领导地市，历年来均未出现在城市群各地市第一产业与证券业关联度前八位地市数据表中，意味着郑州第一产业与证券业的联动关系较弱，这可能与郑州产业演变升级以及证券业已经从与第一产业的联动发展逐渐转变为与第二、第三产业的联动发展有关。前八位地市第一产业与证券业的关联度分布区间在［0. 872，1. 000］，极差为 0. 128，说明前八位地市第一产业与证券业的关联度差距也不明显。

表 6-27　2005—2017 年中原城市群各地市第一产业与证券业关联度前八位地市变化

年份	第一位	第二位	第三位	第四位	第五位	第六位	第七位	第八位
2005	平顶山	鹤壁	新乡	三门峡	运城	蚌埠	洛阳	济源
	0. 995	0. 993	0. 989	0. 985	0. 975	0. 975	0. 972	0. 972
2006	焦作	许昌	鹤壁	三门峡	济源	蚌埠	安阳	濮阳
	0. 994	0. 990	0. 980	0. 971	0. 961	0. 938	0. 926	0. 922

续表

年份	第一位	第二位	第三位	第四位	第五位	第六位	第七位	第八位
2007	三门峡	濮阳	鹤壁	蚌埠	焦作	平顶山	济源	许昌
	0.993	0.967	0.960	0.958	0.955	0.947	0.945	0.941
2008	鹤壁	三门峡	焦作	蚌埠	济源	濮阳	漯河	安阳
	0.987	0.986	0.961	0.954	0.938	0.890	0.880	0.872
2009	运城	鹤壁	三门峡	洛阳	焦作	蚌埠	亳州	济源
	1.000	0.996	0.987	0.976	0.973	0.971	0.966	0.961
2010	濮阳	鹤壁	三门峡	洛阳	平顶山	阜阳	宿州	济源
	0.984	0.977	0.976	0.968	0.950	0.935	0.908	0.908
2011	鹤壁	濮阳	三门峡	蚌埠	济源	平顶山	漯河	洛阳
	0.973	0.965	0.964	0.958	0.948	0.938	0.925	0.921
2012	焦作	亳州	洛阳	运城	鹤壁	许昌	新乡	菏泽
	0.999	0.986	0.982	0.976	0.969	0.943	0.937	0.937
2013	安阳	蚌埠	许昌	焦作	鹤壁	商丘	濮阳	邢台
	1.000	0.993	0.986	0.977	0.968	0.961	0.952	0.924
2014	焦作	安阳	漯河	新乡	许昌	蚌埠	平顶山	濮阳
	1.000	0.999	0.967	0.965	0.955	0.933	0.920	0.914
2015	三门峡	平顶山	濮阳	安阳	焦作	晋城	漯河	洛阳
	0.994	0.990	0.987	0.984	0.982	0.959	0.957	0.956
2016	濮阳	运城	许昌	三门峡	淮北	鹤壁	安阳	邯郸
	0.989	0.982	0.977	0.972	0.972	0.971	0.968	0.965
2017	运城	鹤壁	漯河	濮阳	三门峡	安阳	焦作	邢台
	0.994	0.994	0.982	0.970	0.969	0.965	0.965	0.961

从中原城市群30个地市第一产业与证券业融合发展程度的演变来看，各地市第一产业与证券业融合发展演变历程表现不尽相同。从演变特征来看，中原城市群第一产业与证券业融合发展趋势不明显。2005年，城市群各地市第一产业与证券业关联度第一位地市——平顶山的第一产业与证券业关联度为0.995；2017年，城市群各地市第一产业与证券业关联度第一位地市——运城的第一产业与证券业关联度为0.994，城市群各地市第一产业与证券业关联度第一位地市间的关联度下降了0.001。2005年，城市群各地市第一产业与证券业关联度第八位地市——济源的第一产业与证券业关联度为0.972；2017年，城市群各地市第一产业与证券业关联度第八位地市——邢台的第一产业与证券业关联度为0.961，城市群各地市第一产业与证券业关联度第八位

地市间的关联度下降了 0.011。由各地市第一产业与证券业关联度前八位的数据的变化可以看出，中原城市群各地市第一产业与证券业融合程度演变较复杂，没有呈现明显的加深趋势。

（2）中原城市群各地市第二产业与证券业联动关系演变

根据式（6.3）计算出具有代表性的三个年份中原城市群各地市第二产业与证券业的关联度及 13 年平均关联度，如图 6-20 所示。中原城市群各地市第二产业与证券业关联度，除 2005 年的淮北、2017 年的郑州外，其余各地市各年的第二产业与证券业关联度都在 0.5 以上，各地市间有差距但是差距并不明显，说明城市群各地市第二产业与证券业的联动关系整体比较强，且各地市差距并不明显。从关联度来看，中原城市群各地市第二产业与证券业的关联度，2017 年大于 2005 年和 2012 年的地市有 10 个，占比为 33.33%，说明中原城市群各地市中，第二产业与证券业关联度随着时间的推移而增大的地市数量相对较少，联动关系并不明显。

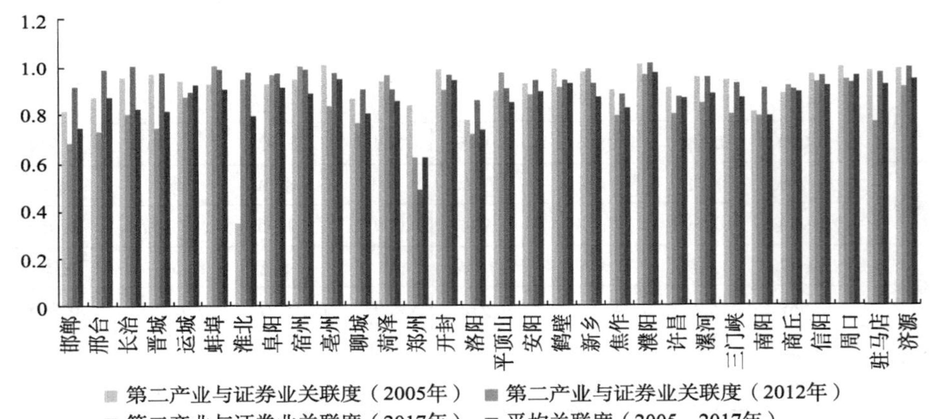

图 6-20　中原城市群各地市第二产业与证券业关联度典型年份对比

注：共有 13 年中原城市群各地市第二产业与证券业关联度数据，限于篇幅，本图只展示 2005 年、2012 年、2017 年三个年份关联度，以及 2005—2017 年的平均关联度，其余年份数据和各地市具体数据可以向笔者索取。

如表 6-28 所示，从 2005—2017 年中原城市群各地市第二产业与证券业关联度第一位地市变化来看，第一位地市的变化较大，只有亳州、周口、运城在 2005—2017 年分别占据两次第一位。城市群第二产业与证券业关联度第一位地市的关联度在［0.995，1.000］变动，极差为 0.005，融合发展程度较高，并且发展差距较小。其中，周口、运城、亳州、济源、驻马店、濮阳分别在2006年和2008年、2007年、2010年、2015年、2016年、2017年的关联度最大（为1），意味着在此期间，这几个地市第二产业与证券业的联动关系最紧密。前八位地市第二产业与证券业的关联度分布区间在［0.889，1.000］，极差为0.111，说明前八位地市第二产业与证券业的关联度差距也不明显。

表6-28　2005—2017年中原城市群各地市第二产业与证券业关联度前八位地市变化

年份	第一位	第二位	第三位	第四位	第五位	第六位	第七位	第八位
2005	亳州	濮阳	周口	鹤壁	开封	济源	驻马店	新乡
	0.995	0.993	0.988	0.978	0.975	0.973	0.972	0.965
2006	周口	濮阳	亳州	鹤壁	驻马店	开封	济源	信阳
	1.000	0.978	0.968	0.952	0.940	0.935	0.931	0.910
2007	运城	阜阳	郑州	周口	濮阳	亳州	鹤壁	济源
	1.000	0.933	0.931	0.905	0.902	0.897	0.892	0.889
2008	周口	安阳	濮阳	亳州	许昌	宿州	鹤壁	驻马店
	1.000	0.999	0.991	0.963	0.948	0.925	0.919	0.902
2009	许昌	周口	阜阳	鹤壁	开封	济源	运城	蚌埠
	0.996	0.979	0.947	0.920	0.910	0.902	0.902	0.897
2010	亳州	运城	濮阳	开封	济源	周口	商丘	许昌
	1.000	0.985	0.934	0.922	0.920	0.912	0.903	0.899
2011	商丘	亳州	漯河	焦作	运城	济源	淮北	濮阳
	0.995	0.995	0.979	0.977	0.974	0.960	0.945	0.944
2012	蚌埠	宿州	新乡	平顶山	阜阳	菏泽	濮阳	周口
	0.997	0.991	0.978	0.964	0.958	0.955	0.954	0.934
2013	运城	濮阳	济源	晋城	邢台	淮北	南阳	安阳
	0.996	0.991	0.977	0.977	0.973	0.970	0.951	0.943
2014	开封	新乡	三门峡	信阳	蚌埠	邢台	运城	长治
	0.998	0.996	0.990	0.990	0.988	0.985	0.979	0.970
2015	济源	宿州	漯河	亳州	淮北	蚌埠	商丘	运城
	1.000	0.999	0.998	0.992	0.987	0.986	0.980	0.976
2016	驻马店	邯郸	邢台	长治	濮阳	淮北	蚌埠	晋城
	1.000	0.998	0.990	0.987	0.985	0.982	0.965	0.964
2017	濮阳	长治	邢台	宿州	济源	蚌埠	晋城	淮北
	1.000	0.993	0.984	0.980	0.978	0.977	0.968	0.968

从中原城市群30个地市第二产业与证券业融合发展程度的演变来看，各地市第二产业与证券业融合发展演变历程表现不尽相同。从演变特征来看，中原城市群第二产业与证券业融合发展程度呈现上升趋势。2005年，城市群各地市第二产业与证券业关联度第一位地市——亳州的第二产业与证券业关联度为0.995；2017年，城市群各地市第二产业与证券业关联度第一位地市——濮阳的第二产业与证券业关联度为1，城市群各地市第二产业与证券业关联度第一位地市间的关联度上升了0.005。2005年，城市群各地市第二产业与证券业关联度第八位地市——新乡的第二产业与证券业关联度为0.965；2017年，城市群各地市第二产业与证券业关联度第八位地市——淮北的第二产业与证券业关联度为0.968，城市群各地市第二产业与证券业关联度第八位地市间的关联度上升了0.003。由各地市第二产业与证券业关联度前八位的数据的变化可以看出，中原城市群各地市整体第二产业与证券业融合程度呈现加深趋势。

（3）中原城市群各地市第三产业与证券业联动关系演变

根据式（6.3）计算出具有代表性的三个年份中原城市群各地市第三产业与证券业的关联度及13年平均关联度，如图6-21所示。由图可知，中原城市群各地市中，除2005年淮北的第三产业与证券业关联度低于0.4外，其余各地市各年份的第三产业与证券业关联度均在0.4以上，说明中原城市群第三产业与证券业联动关系较强，且中原城市群各地市第三产业与证券业之间的联动关系发展差距不太明显；从中原城市群各地市第三产业与证券业关联

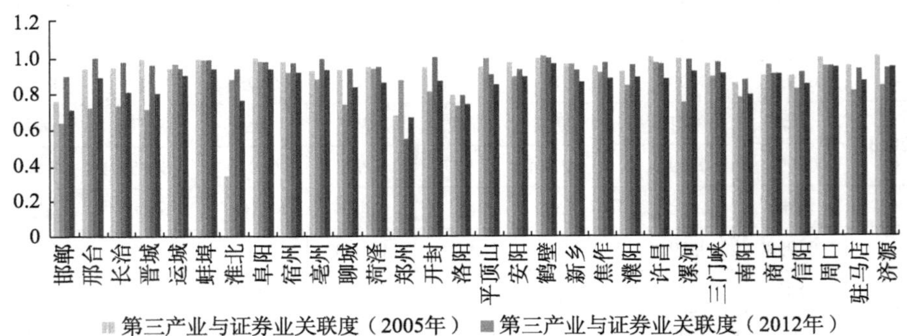

图6-21　中原城市群各地市第三产业与证券业关联度典型年份对比

注：共有13年中原城市群各地市第三产业与证券业关联度数据，限于篇幅，本图只展示2005年、2012年、2017年三个年份关联度，以及2005—2017年的平均关联度，其余年份数据和各地市具体数据可以向笔者索取。

度的大小可以看出，中原城市群第三产业与证券业关联度在 0.8 以上的地市有 20 个，占比为 66.67%，城市群第三产业与证券业整体联动关系较强的地市占比超过一半。从关联度来看，中原城市群各地市第三产业与证券业的关联度，2017 年大于 2005 年和 2012 年的地市有 13 个，占比为 43.33%，说明随着时间的推移，中原城市群各地市中近半数地市能够有效提升第三产业与证券业的关联度。

如表 6-29 所示，从 2005—2017 年中原城市群各地市第三产业与证券业关联度第一位地市变化来看，第一位地市的变化较大，只有济源、宿州这两个地市在 2005—2017 年占据 3 次第一位。城市群第三产业与证券业关联度第一位地市的关联度在［0.987，1.000］变动，极差为 0.013，融合发展程度较高，并且发展差距较小。其中济源、宿州、鹤壁、三门峡分别在 2005 年、2011 年、2012 年、2015 年的关联度最大（为 1），意味着在此期间，这几个地市第三产业与证券业的联动关系最紧密。前八位地市第三产业与证券业的关联度分布区间在［0.824，1.000］，极差为 0.176，说明前八位地市第三产业与证券业的关联度差距也不明显。

表 6-29　2005—2017 年中原城市群各地市第三产业与证券业关联度前八位地市变化

年份	第一位	第二位	第三位	第四位	第五位	第六位	第七位	第八位
2005	济源	许昌	阜阳	周口	晋城	鹤壁	蚌埠	漯河
	1.000	0.996	0.996	0.994	0.993	0.992	0.991	0.990
2006	漯河	鹤壁	济源	周口	蚌埠	阜阳	安阳	三门峡
	0.999	0.996	0.990	0.971	0.954	0.952	0.933	0.932
2007	济源	漯河	鹤壁	蚌埠	运城	商丘	宿州	亳州
	0.993	0.984	0.979	0.970	0.960	0.935	0.918	0.903
2008	漯河	济源	周口	蚌埠	鹤壁	阜阳	三门峡	商丘
	0.996	0.992	0.968	0.963	0.963	0.923	0.905	0.889
2009	济源	蚌埠	漯河	鹤壁	周口	运城	三门峡	聊城
	0.998	0.990	0.974	0.973	0.972	0.931	0.922	0.921
2010	鹤壁	济源	商丘	周口	三门峡	濮阳	亳州	平顶山
	0.987	0.963	0.947	0.902	0.882	0.869	0.868	0.824
2011	宿州	鹤壁	阜阳	济源	晋城	商丘	濮阳	亳州
	1.000	1.000	0.997	0.980	0.965	0.960	0.950	0.924
2012	鹤壁	平顶山	蚌埠	阜阳	许昌	运城	新乡	商丘
	1.000	0.988	0.986	0.974	0.969	0.961	0.956	0.950

续表

年份	第一位	第二位	第三位	第四位	第五位	第六位	第七位	第八位
2013	许昌	晋城	鹤壁	漯河	邢台	亳州	宿州	信阳
	0.999	0.997	0.996	0.992	0.986	0.985	0.981	0.980
2014	宿州	长治	亳州	新乡	邢台	蚌埠	漯河	安阳
	0.999	0.999	0.997	0.997	0.990	0.984	0.982	0.970
2015	三门峡	蚌埠	濮阳	阜阳	济源	运城	亳州	晋城
	1.000	0.991	0.987	0.973	0.968	0.966	0.966	0.964
2016	宿州	焦作	邯郸	淮北	邢台	长治	鹤壁	亳州
	0.999	0.997	0.994	0.992	0.988	0.983	0.975	0.975
2017	开封	鹤壁	邢台	蚌埠	亳州	漯河	阜阳	长治
	0.999	0.998	0.997	0.994	0.991	0.985	0.974	0.971

从中原城市群30个地市第三产业与证券业融合发展程度的演变来看，各地市第三产业与证券业融合发展演变历程表现不尽相同。从演变特征来看，中原城市群第三产业与证券业融合发展程度呈现下降趋势。2005年，城市群各地市第三产业与证券业关联度第一位地市——济源的第三产业与证券业关联度为1.000；2017年，城市群各地市第三产业与证券业关联度第一位地市——开封的第三产业与证券业关联度为0.999，城市群各地市第三产业与证券业关联度第一位地市间的关联度下降了0.001。2005年，城市群各地市第三产业与证券业关联度第八位地市——漯河的第三产业与证券业关联度为0.990；2017年，城市群各地市第三产业与证券业关联度第八位地市——长治的第三产业与证券业关联度为0.971，城市群各地市第三产业与证券业关联度第八位地市间的关联度下降了0.019。由城市群各地市第三产业与证券业关联度前八位的数据的变化可以看出，城市群各地市整体第三产业与证券业联动发展呈现分散趋势。

（五）中原城市群三次产业与保险业联动发展状况

1. 中原城市群三次产业与保险业联动关系分析

根据式（6.3）计算出2005年至2017年中原城市群三次产业与保险业关联度及其增速，如图6-22所示。从三次产业与保险业关联度曲线走势可以看出，2005—2017年中原城市群三次产业与保险业关联度呈现平稳增长的态势，并且能够看到保险业与第二、第三产业之间的关联度较高，与第一产业之间的关联度较低，但三次产业与保险业关联度整体呈现一致的发展趋势，说明三次产业与保险业之间的联动关系趋同，保险业与第一产业联动情况较其他两个产业差。从 2005—2017 年三次产业与保险业关联度增速的曲线走势来看，在研究区间内，城市群三次产业与保险业关联度增速除 2016 年外均经历了较大的正增长，其余年份的增长率围绕 0 上下波动并且波动幅度较小。由三次产业与保险业的关联度曲线和其增长率曲线位置可知，三次产业与保险业的关联度与增加率曲线走势一致。从城市群三次产业与保险业关联度的大小来看，城市群三次产业与保险业关联度在［0.72，0.87］变动，这说明中原城市群三次产业与保险业发展整体联动关系较强，但增速较慢。

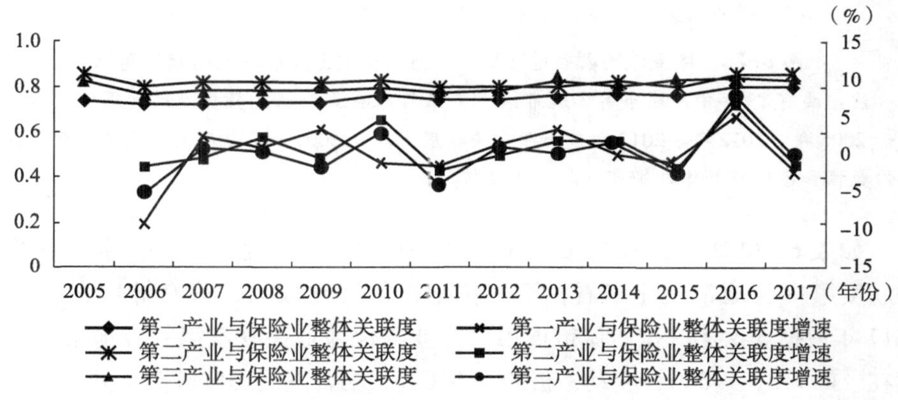

图 6-22　2005—2017 年中原城市群三次产业与保险业关联度与增长率变化趋势

2. 中原城市群各地市三次产业与保险业联动关系分析

（1）中原城市群各地市第一产业与保险业联动关系演变

根据式（6.3）计算出具有代表性的三个年份中原城市群各地市第一产业与保险业的关联度及 13 年平均关联度，如图 6-23 所示。由图可知，郑州第一产业与保险业关联度明显低于其他各地市，说明郑州第一产业与保险业之间的联动性较弱；从中原城市群各地市第一产业与保险业关联度的大小可以看出，中原城市群第一产业与保险业关联度历年均在 0.8 以上的地市有 7 个，占比为 23.33%，说明城市群整体第一产业与保险业联动关系较弱。从关联度来看，中原城市群各地市第一产业与保险业的关联度，2017 年大于 2005 年和 2012 年的地市有 19 个，占比为 63.33%，说明随着时间的推移，中原城市群大多数地市第一产业与保险业的关联度增加，城市群第一产业与保险业联动关系增强。

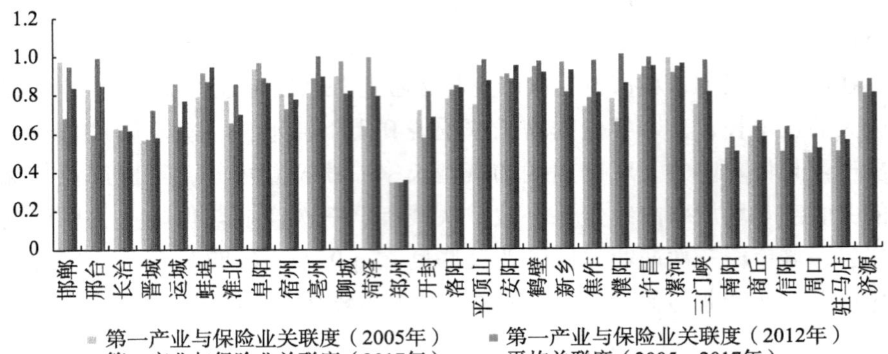

图 6-23　中原城市群各地市第一产业与保险业关联度典型年份对比

注：共有 13 年中原城市群各地市第一产业与保险业关联度数据，限于篇幅，本图只展示 2005 年、2012 年、2017 年三个年份关联度，以及 2005—2017 年的平均关联度，其余年份数据和各地市具体数据可以向笔者索取。

如表 6-30 所示，从 2005—2017 年中原城市群各地市第一产业与保险业关联度第一位地市变化来看，第一位地市的变化较大，只有蚌埠在 2005—2017 年占据 3 次第一位。城市群第一产业与保险业关联度第一位地市的关联度在［0.973，1.000］变动，极差为 0.027，融合发展程度较高，并且发展差距较小。其中，新乡、漯河、亳州、濮阳分别在 2008 年和 2014 年、2009 年、2016 年、2017 年的关联度最大（为 1），意味着这四个地市在此期间的第一产业与保险业的联动关系最紧密；郑州作为中原城市群的核心领导地市，历年来均未出现在城市群各地市第一产业与保险业关联度前八位地市数据表中，意味着郑州第一产业与保险业的联动关系较弱，这可能与郑州产业演变升级，保险业已经从与第一产业的联动发展逐渐转变为与第二产业、第三产业的联动发展有关。前八位地市第一产业与保险业的关联度分布区间在［0.836，1.000］，极差为 0.164，说明前八位地市第一产业与保险业的关联度差距也不明显。

表 6-30　2005—2017 年中原城市群各地市第一产业与保险业关联度前八位地市变化

年份	第一位	第二位	第三位	第四位	第五位	第六位	第七位	第八位
2005	漯河	邯郸	阜阳	许昌	聊城	鹤壁	安阳	济源
	0.989	0.974	0.933	0.896	0.894	0.888	0.885	0.851
2006	蚌埠	漯河	邯郸	阜阳	安阳	亳州	许昌	洛阳
	0.979	0.968	0.967	0.954	0.950	0.910	0.906	0.901

续表

年份	第一位	第二位	第三位	第四位	第五位	第六位	第七位	第八位
2007	蚌埠	漯河	濮阳	安阳	洛阳	新乡	平顶山	许昌
	0.999	0.982	0.949	0.945	0.925	0.918	0.893	0.866
2008	新乡	邯郸	安阳	蚌埠	许昌	漯河	邢台	濮阳
	1.000	0.992	0.984	0.956	0.945	0.936	0.870	0.836
2009	漯河	新乡	运城	许昌	蚌埠	聊城	济源	安阳
	1.000	0.990	0.989	0.978	0.972	0.947	0.910	0.881
2010	菏泽	漯河	蚌埠	安阳	濮阳	新乡	许昌	邯郸
	0.989	0.974	0.969	0.952	0.950	0.940	0.911	0.870
2011	阜阳	安阳	新乡	亳州	许昌	鹤壁	蚌埠	邢台
	0.992	0.960	0.958	0.933	0.930	0.929	0.914	0.876
2012	菏泽	聊城	阜阳	新乡	平顶山	鹤壁	许昌	漯河
	0.990	0.977	0.970	0.966	0.944	0.943	0.942	0.914
2013	安阳	蚌埠	新乡	漯河	菏泽	邢台	平顶山	许昌
	0.973	0.972	0.972	0.958	0.956	0.953	0.943	0.942
2014	新乡	平顶山	濮阳	亳州	安阳	许昌	漯河	鹤壁
	1.000	0.998	0.994	0.982	0.982	0.974	0.972	0.962
2015	蚌埠	邢台	安阳	许昌	鹤壁	亳州	聊城	平顶山
	0.991	0.989	0.987	0.976	0.965	0.954	0.941	0.914
2016	亳州	三门峡	许昌	新乡	鹤壁	安阳	漯河	阜阳
	1.000	0.998	0.995	0.982	0.981	0.981	0.973	0.964
2017	濮阳	亳州	许昌	邢台	平顶山	焦作	鹤壁	三门峡
	1.000	0.994	0.993	0.987	0.982	0.972	0.967	0.966

从中原城市群30个地市第一产业与保险业融合发展程度的演变来看，各地市第一产业与保险业融合发展演变历程表现不尽相同。从演变特征来看，中原城市群第一产业与保险业融合发展程度呈现上升态势。2005年，城市群各地市第一产业与保险业关联度第一位地市——漯河的第一产业与保险业关联度为0.989；2017年，城市群各地市第一产业与保险业关联度第一位地市——濮阳的第一产业与保险业关联度为1，城市群各地市第一产业与保险业关联度第一位地市间的关联度上升了0.011。2005年，城市群各地市第一产业与保险业关联度第八位地市——济源的第一产业与保险业关联度为0.851；2017年，城市群各地市第一产业与保险业关联度第八位的地市——三门峡的第一产业与保险业关联度为0.966，城市群各地市第一产业与保险业关联度第

八位地市间的关联度上升了 0. 115。由各地市第一产业与保险业关联度前八位的数据的变化可以看出，中原城市群各地市整体第一产业与保险业融合程度呈现明显的加深趋势。

（2）中原城市群各地市第二产业与保险业联动关系演变

根据式（6. 3）计算出具有代表性的三个年份中原城市群各地市第二产业与保险业的关联度及 13 年平均关联度，如图 6-24 所示。由图可知，中原城市群各地市第二产业与保险业关联度，除 2012 年的邢台、2017 年的运城、2012 年的阜阳、2012 年的郑州、2005 年和 2012 年的洛阳外，其余各地市各年份的第二产业与保险业关联度都在 0. 6 以上，各地市间有明显的差距，说明城市群各地市第二产业与保险业的联动关系整体比较强，但各地市第二产业与保险业联动关系的差距明显。从中原城市群各地市第二产业与保险业关联度的大小可以看出，中原城市群第二产业与保险业关联度在 0. 8 以上的地市有 11 个，占比为 36. 67%。从关联度来看，中原城市群各地市第二产业与保险业的关联度，2017 年大于 2005 年和 2012 年的地市有 10 个，占比为 33. 33%，说明中原城市群各地市中第二产业与保险业关联度随着时间的推移而增加的地市个数并不多。

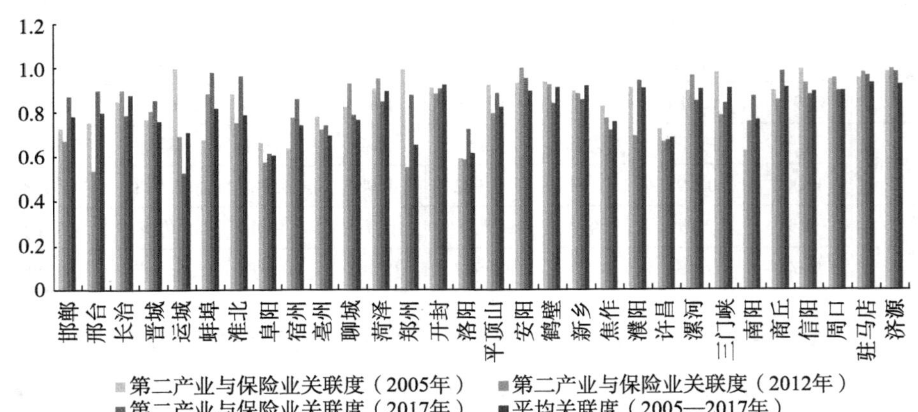

图 6-24　中原城市群各地市第二产业与保险业关联度典型年份对比

注：共有 13 年中原城市群各地市第二产业与保险业关联度数据，限于篇幅，本图只展示 2005 年、2012 年、2017 年三个年份关联度，以及 2005—2017 年的平均关联度，其余年份数据和各地市具体数据可以向笔者索取。

如表 6-31 所示，从 2005—2017 年中原城市群各地市第二产业与保险业关联度第一位地市变化来看，第一位地市的变化较小，长治在 2005—2017 年 6 次居第一位。前八位地市第二产业与保险业的关联度分布区间在［0. 470,

1.000]，极差为0.530，极差较大，说明前八位地市第二产业与保险业的关联度差距较为明显。

表6-31 2005—2017年中原城市群各地市第二产业与保险业关联度前八位地市变化

年份	第一位	第二位	第三位	第四位	第五位	第六位	第七位	第八位
2005	运城	淮北	长治	晋城	邢台	邯郸	蚌埠	阜阳
	0.998	0.880	0.849	0.771	0.754	0.727	0.679	0.665
2006	蚌埠	运城	晋城	邢台	长治	邯郸	淮北	阜阳
	0.768	0.746	0.719	0.713	0.702	0.681	0.661	0.550
2007	运城	邢台	蚌埠	邯郸	长治	晋城	淮北	阜阳
	0.986	0.813	0.773	0.701	0.677	0.631	0.532	0.493
2008	长治	邢台	晋城	淮北	蚌埠	邯郸	阜阳	运城
	0.936	0.855	0.745	0.737	0.722	0.683	0.646	0.607
2009	长治	邯郸	运城	蚌埠	晋城	阜阳	淮北	邢台
	0.957	0.896	0.844	0.763	0.751	0.679	0.674	0.658
2010	长治	蚌埠	晋城	邯郸	淮北	邢台	运城	阜阳
	0.949	0.850	0.835	0.796	0.759	0.758	0.705	0.673
2011	邢台	长治	邯郸	蚌埠	晋城	淮北	运城	阜阳
	1.000	0.945	0.772	0.732	0.711	0.696	0.659	0.559
2012	长治	蚌埠	晋城	淮北	运城	邯郸	阜阳	邢台
	0.900	0.879	0.805	0.754	0.691	0.673	0.570	0.532
2013	长治	蚌埠	邢台	淮北	邯郸	晋城	运城	阜阳
	0.932	0.859	0.858	0.768	0.759	0.703	0.696	0.470
2014	长治	邢台	淮北	蚌埠	邯郸	晋城	运城	阜阳
	0.980	0.876	0.869	0.813	0.752	0.750	0.648	0.579
2015	淮北	邯郸	长治	蚌埠	晋城	邢台	阜阳	运城
	0.951	0.871	0.869	0.868	0.796	0.751	0.683	0.494
2016	淮北	邯郸	邢台	蚌埠	长治	晋城	阜阳	运城
	0.999	0.982	0.927	0 900	0.890	0.836	0.686	0.650
2017	蚌埠	淮北	邢台	邯郸	晋城	长治	阜阳	运城
	0.980	0.958	0.897	0.869	0.853	0.787	0.608	0.525

从中原城市群30个地市第二产业与保险业融合发展程度的演变来看，各地市第二产业与保险业融合发展演变历程表现不尽相同。从演变特征来看，中原城市群第二产业与保险业融合发展呈现分散趋势。2005年，城市群各地

市第二产业与保险业关联度第一位地市——运城的第二产业与保险业关联度为0.998；2017年，城市群各地市第二产业与保险业关联度第一位地市——蚌埠的第二产业与保险业关联度为0.980，城市群各地市第二产业与保险业关联度第一位地市间的关联度下降了0.018。2005年，城市群各地市第二产业与保险业关联度第八位地市——阜阳的第二产业与保险业关联度为0.665；2017年，城市群各地市第二产业与保险业关联度第八位地市——运城的第二产业与保险业关联度为0.525，城市群各地市第二产业与保险业关联度第八位地市间的关联度下降了0.14。由各地市第二产业与保险业关联度前八位的数据的变化可以看出，中原城市群各地市第二产业与保险业融合程度未呈现加深趋势。

（3）中原城市群各地市第三产业与保险业联动关系演变

根据式（6.3）计算出具有代表性的三个年份中原城市群各地市第三产业与保险业的关联度及13年平均关联度，如图6-25所示。由图可知，郑州第三产业与保险业关联度明显低于其他各地市，其他各地市各年份的第三产业与保险业关联度均在0.4以上，说明郑州第三产业与保险业的联动能力较弱，并且能够明显看出中原城市群各地市第三产业与保险业之间的联动关系发展差距较为明显；从中原城市群各地市第三产业与保险业关联度的大小可以看出，中原城市群第三产业与保险业关联度在0.8以上的地市有17个，占比为56.67%，城市群第三产业与保险业整体联动关系较强的地市占比超过一半。

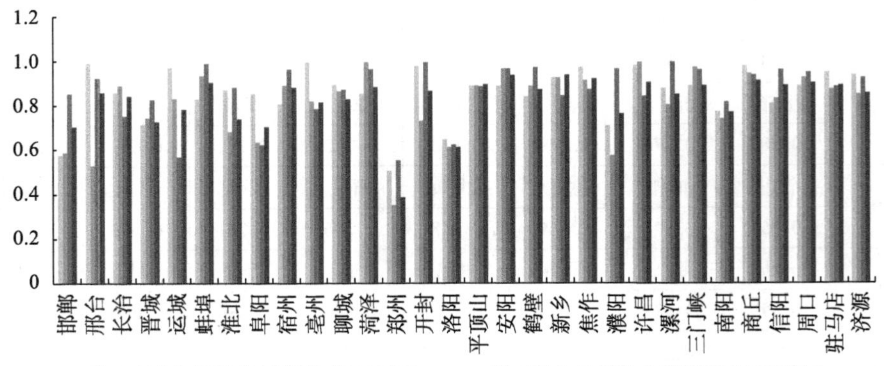

图6-25 中原城市群各地市第三产业与保险业关联度典型年份对比

注：共有13年中原城市群各地市第三产业与保险业关联度数据，限于篇幅，本图只展示2005年、2012年、2017年三个年份关联度，以及2005—2017年的平均关联度，其余年份数据和各地市具体数据可以向笔者索取。

从关联度来看，在研究区间内，城市群各地市第三产业与保险业的关联度，2017年大于2005年和2012年的地市有14个，占比为46.67%，说明随着时间的推移，中原城市群各地市中第三产业与保险业关联度有效提高的地市数量占比较小。

如表6-32所示，从2005—2017年中原城市群各地市第三产业与保险业关联度第一位地市变化来看，第一位地市较为集中，蚌埠在2005—2017年第三产业与保险业关联度居第一位次数为7次。城市群第三产业与保险业关联度第一位地市的关联度在［0.881，1.000］变动，极差为0.119，融合发展程度较高，并且发展差距较小。前八位地市第三产业与保险业的关联度分布区间在［0.508，1.000］，极差为0.492，说明前八位地市第三产业与保险业的关联度差距明显。

表6-32　2005—2017年中原城市群各地市第三产业与保险业关联度前八位地市变化

年份	第一位	第二位	第三位	第四位	第五位	第六位	第七位	第八位
2005	邢台	运城	淮北	阜阳	长治	蚌埠	晋城	邯郸
	0.996	0.973	0.876	0.860	0.859	0.829	0.712	0.575
2006	蚌埠	邢台	运城	长治	阜阳	淮北	晋城	邯郸
	1.000	0.943	0.756	0.717	0.699	0.684	0.662	0.544
2007	蚌埠	邢台	运城	邯郸	长治	晋城	阜阳	淮北
	0.985	0.952	0.945	0.847	0.679	0.601	0.574	0.542
2008	蚌埠	邢台	长治	阜阳	晋城	淮北	运城	邯郸
	0.942	0.941	0.888	0.836	0.726	0.724	0.676	0.579
2009	长治	蚌埠	运城	阜阳	邯郸	晋城	淮北	邢台
	0.986	0.894	0.859	0.853	0.735	0.720	0.646	0.615
2010	蚌埠	运城	长治	晋城	阜阳	邢台	淮北	邯郸
	0.972	0.922	0.856	0.811	0.804	0.740	0.707	0.669
2011	邢台	蚌埠	长治	运城	晋城	邯郸	阜阳	淮北
	0.994	0.797	0.781	0.774	0.668	0.650	0.641	0.639
2012	蚌埠	长治	运城	晋城	淮北	阜阳	邯郸	邢台
	0.939	0.894	0.832	0.746	0.681	0.637	0.585	0.530
2013	蚌埠	邢台	运城	长治	淮北	晋城	邯郸	阜阳
	0.881	0.880	0.831	0.811	0.683	0.677	0.624	0.508
2014	邢台	长治	蚌埠	淮北	运城	邯郸	晋城	阜阳
	0.921	0.919	0.775	0.765	0.747	0.722	0.717	0.602

续表

年份	第一位	第二位	第三位	第四位	第五位	第六位	第七位	第八位
2015	长治	淮北	蚌埠	邯郸	邢台	晋城	阜阳	运城
	0.909	0.858	0.855	0.800	0.800	0.764	0.717	0.560
2016	邯郸	蚌埠	淮北	邢台	长治	晋城	运城	阜阳
	0.970	0.941	0.926	0.923	0.898	0.821	0.728	0.713
2017	蚌埠	邢台	淮北	邯郸	晋城	长治	阜阳	运城
	0.989	0.925	0.885	0.857	0.827	0.754	0.621	0.567

从中原城市群30个地市第三产业与保险业融合发展程度的演变来看，各地市第三产业与保险业融合发展演变历程表现不尽相同。从演变特征来看，中原城市群第三产业与保险业融合发展程度呈现降低趋势。2005年，城市群各地市第三产业与保险业关联度第一位地市——邢台的第三产业与保险业关联度为0.996；2017年城市群各地市第三产业与保险业关联度第一位地市——蚌埠的第三产业与保险业关联度为0.989，城市群各地市第三产业与保险业关联度第一位地市间的关联度下降了0.007。2005年，城市群各地市第三产业与保险业关联度第八位地市——邯郸的第三产业与保险业关联度为0.575；2017年，城市群各地市第三产业与保险业关联度第八位地市——运城的第三产业与保险业关联度为0.567，城市群各地市第三产业与保险业关联度第八位地市间的关联度下降了0.008。由各地市第三产业与保险业关联度前八位的数据的变化可以看出，中原城市群各地市整体第三产业与保险业联动发展呈现分散趋势。

（六）中原城市群三次产业细分行业与金融业联动发展状况

1. 中原城市群第二、第三产业细分行业与金融业联动发展状况分析

如图6-26所示，根据式（6.3）计算出2005—2017年中原城市群第二、第三产业细分行业与金融业平均关联度及其增速，并将其绘制成折线图，以便对其发展演变状况进行分析。从第二产业细分行业与金融业平均关联度曲线走势可以看出，2005—2017年，中原城市群第二产业细分行业与金融业平均关联度在2009年经历了较强的下跌，在2011年、2014年经历了较强的上升，2005—2014年整体呈上升趋势，2014—2017年整体呈下降趋势。从2005—2017年第二产业细分行业与金融业平均关联度增速的曲线走势来看，在研究区间内城市群第二产业细分行业与金融业平均关联度增速在2009年、2012年、2015年经历了较大的负增长，2010年、2014年经历了较大的正增长，其他年份增速均稳定在0~2.5%。从城市群第二产业细分行业与金融业

平均关联度的大小来看，城市群第二产业细分行业与金融业平均关联度在［0.76，0.91］变动，这说明城市群第二产业细分行业与金融业平均融合度较高，但波动较大。

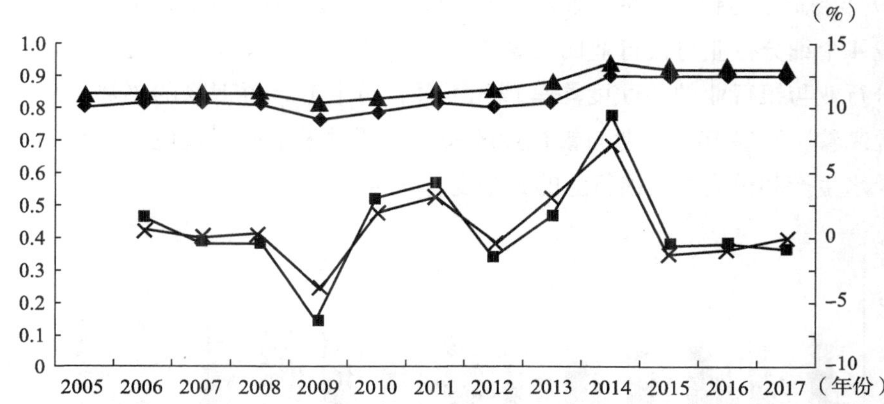

图 6-26　2005—2017 年中原城市群第二、第三产业细分行业与金融业关联度与增长率变化趋势

注：此图不包含济源数据。

从第三产业细分行业与金融业平均关联度曲线走势可以看出，2005—2017 年，中原城市群第三产业细分行业与金融业平均关联度在 2009 年经历了较强的下跌，在 2011 年、2014 年经历了较强的上升，2005—2014 年整体呈上升趋势，2014—2017 年整体呈下降趋势。从 2005—2017 年第三产业细分行业与金融业平均关联度增速的曲线走势来看，在研究区间内，城市群第三产业细分行业与金融业平均关联度增速在 2009 年、2012 年、2015 年经历了较大的负增长，2010 年、2013 年、2014 年经历了较大的正增长，其他年份增速均稳定在 0~3%。从城市群第三产业细分行业与金融业平均关联度的大小来看，城市群第三产业细分行业与金融业平均关联度在［0.81，0.95］变动，这说明城市群第三产业细分行业与金融业平均融合度较高，但波动较大。

2. 中原城市群各地市第二产业细分行业与金融业联动发展状况分析

（1）中原城市群第二产业细分行业与银行业联动发展状况分析

图 6-27 展示了中原城市群第二产业细分行业与银行业历年联动发展情况。由图 6-27 可知，第二产业 4 个细分行业中，建筑业与银行业的关联度最

高，其次是电力、热力、燃气及水生产和供应业，制造业与银行业的关联度最低，说明建筑业与银行业的联动发展状况最好，制造业与银行业的联动发展状况相对较差。从第二产业 4 个细分行业与银行业的关联度大小来看，除 2009 年制造业与银行业的关联度为 0.69 以外，其他均在 0.7 以上，说明第二产业 4 个细分行业与银行业的融合度较高。从变化趋势来看，第二产业 4 个细分行业与银行业的关联度均呈现先下降，再上升，再下降的趋势。从特殊情况来看，2014 年制造业与银行业的关联度超过采矿业以及电力、热力、燃气及水生产和供应业与银行业的关联度，跃居第二位。

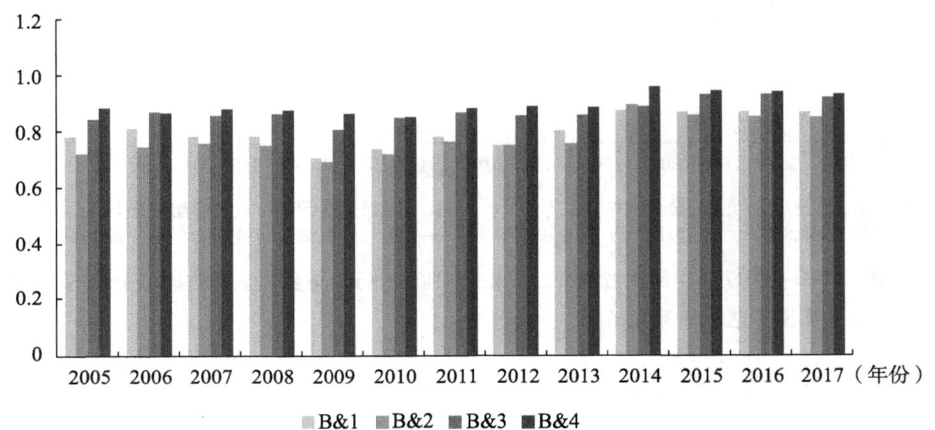

图 6-27　2005—2017 年中原城市群第二产业细分行业与银行业关联度

注：①B 表示银行业；1 表示采矿业；2 表示制造业；3 表示电力、热力、燃气及水生产和供应业；4 表示建筑业；& 表示关联。②此图不包含济源数据。

如表 6-33 所示，从 29 个地市 2017 年第二产业 4 个细分行业与银行业的关联度大小来看，采矿业与银行业的关联度最大的是南阳，最小的是晋城；制造业与银行业的关联度最大的是濮阳，最小的是阜阳；电力、热力、燃气及水生产和供应业与银行业的关联度最大的是晋城，最小的是平顶山；建筑业与银行业的关联度最大的是漯河，最小的是安阳。说明南阳采矿业与银行业的融合度最大，晋城采矿业与银行业的融合度最小；濮阳制造业与银行业的融合度最大，阜阳制造业与银行业的融合度最小；晋城电力、热力、燃气及水生产和供应业与银行业的融合度最大，平顶山电力、热力、燃气及水生产和供应业与银行业的融合度最小；漯河建筑业与银行业的融合度最大，安阳建筑业与银行业的融合度最小。

表 6-33　2017 年中原城市群各地市第二产业细分行业与银行业关联度

地市	B&1	B&2	B&3	B&4	地市	B&1	B&2	B&3	B&4
邯郸	0.933	0.930	0.866	0.957	平顶山	0.686	0.936	0.788	0.892
邢台	0.935	0.927	0.912	0.917	安阳	0.927	0.945	0.972	0.725
长治	0.643	0.953	0.949	0.906	鹤壁	0.908	0.978	0.963	0.967
晋城	0.603	0.949	0.998	0.915	新乡	0.895	0.879	0.935	0.748
运城	0.882	0.967	0.969	0.909	焦作	0.912	0.869	0.943	0.959
蚌埠	0.890	0.952	0.945	0.978	濮阳	0.852	0.993	0.811	0.912
淮北	0.704	0.912	0.917	0.917	许昌	0.874	0.954	0.926	0.908
阜阳	0.755	0.755	0.801	0.767	漯河	0.938	0.865	0.994	0.997
宿州	0.907	0.915	0.885	0.954	三门峡	0.763	0.952	0.986	0.943
亳州	0.831	0.854	0.828	0.838	南阳	0.952	0.901	0.942	0.880
聊城	0.765	0.907	0.882	0.824	商丘	0.934	0.923	0.986	0.923
菏泽	0.862	0.889	0.985	0.977	信阳	0.896	0.978	0.943	0.896
郑州	0.774	0.796	0.925	0.896	周口	0.859	0.896	0.989	0.904
开封	0.868	0.957	0.991	0.939	驻马店	0.852	0.921	0.979	0.870
洛阳	0.880	0.933	0.992	0.969	—	—	—	—	—

注：①济源数据缺失。②B 表示银行业；1 表示采矿业；2 表示制造业；3 表示电力、热力、燃气及水生产和供应业；4 表示建筑业；& 表示关联。

从中原城市群 29 个地市 2017 年第二产业 4 个细分行业与银行业的关联度中最大的行业来看，可分为 5 种类型：采矿业与银行业的关联度大的包括漯河、南阳两个地市，占比 6.90%；制造业与银行业的关联度大的包括长治、三峡门、蚌埠、运城、开封、鹤壁、濮阳、许昌、信阳 9 个地市，占比 31.03%；电力、热力、燃气及水生产和供应业与银行业的关联度大的包括晋城、运城、鹤壁、菏泽、漯河、开封、洛阳、安阳、长治、三门峡、商丘、周口、驻马店 13 个地市，占比 44.83%；建筑业与银行业的关联度大的包括菏泽、蚌埠、洛阳、鹤壁、漯河 5 个地市，占比 17.24%；电力、热力、燃气及水生产和供应业以及建筑业与银行业的关联度最大的是淮北，占比 3.45%。

（2）中原城市群第二产业细分行业与证券业联动发展状况分析

图 6-28 展示了中原城市群第二产业细分行业与证券业历年联动发展情况。第二产业 4 个细分行业中，采矿业与证券业的关联度最低，与证券业的关联度最高的行业不明显，但以制造业以及电力、热力、燃气及水生产和供应业居多，说明采矿业与证券业的联动发展状况最差。从第二产业 4 个细分

行业与证券业的关联度大小来看，均在 0.7 以上，说明第二产业 4 个细分行业与证券业的融合度较高。从变化趋势来看，第二产业 4 个细分行业与证券业的关联度均呈现波浪形发展态势，但整体上呈现上升趋势。

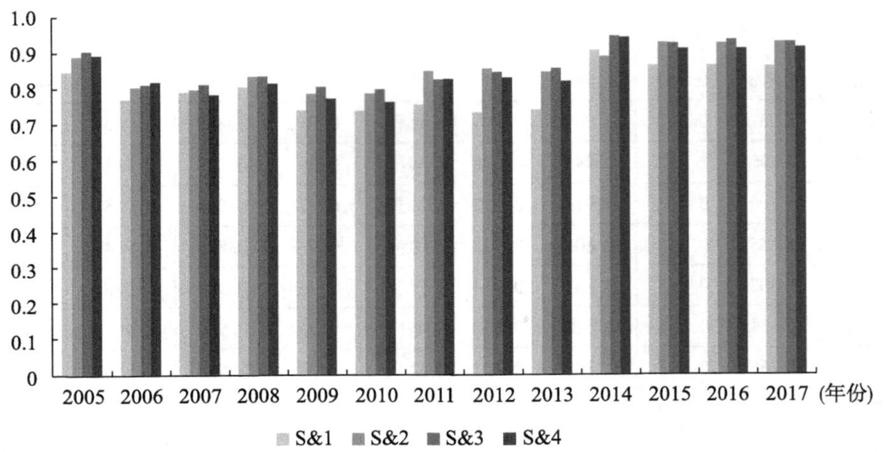

图 6-28　2005—2017 年中原城市群第二产业细分行业与证券业关联度

注：①S 表示证券业；1 表示采矿业；2 表示制造业；3 表示电力、热力、燃气及水生产和供应业；4 表示建筑业；& 表示关联。②此图不包含济源数据。

如表 6-34 所示，从中原城市群 29 个地市 2017 年第二产业 4 个细分行业与证券业的关联度大小来看，采矿业与证券业的关联度最大的是商丘，最小的是郑州；制造业与证券业的关联度最大的是商丘，最小的是郑州；电力、热力、燃气及水生产和供应业与证券业的关联度最大的是晋城，最小的是郑州；建筑业与证券业的关联度最大的是平顶山，最小的是郑州。说明商丘采矿业与证券业的融合度最大，郑州采矿业与证券业的融合度最小；商丘制造业与证券业的融合度最大，郑州制造业与证券业的融合度最小；晋城电力、热力、燃气及水生产和供应业与证券业的融合度最大，郑州电力、热力、燃气及水生产和供应业与证券业的融合度最小；平顶山建筑业与证券业的融合度最大，郑州建筑业与证券业的融合度最小。

表 6-34　2017 年中原城市群各地市第二产业细分行业与证券业关联度

地市	S&1	S&2	S&3	S&4	地市	S&1	S&2	S&3	S&4
邯郸	0.902	0.973	0.843	0.922	平顶山	0.648	0.948	0.730	0.995
邢台	0.954	0.945	0.904	0.936	安阳	0.918	0.963	0.988	0.747
长治	0.663	0.949	0.960	0.905	鹤壁	0.874	0.934	0.987	0.984

续表

地市	S&1	S&2	S&3	S&4	地市	S&1	S&2	S&3	S&4
晋城	0.621	0.950	1.000	0.919	新乡	0.895	0.892	0.946	0.766
运城	0.869	0.945	0.947	0.893	焦作	0.932	0.890	0.962	0.945
蚌埠	0.885	0.942	0.935	0.993	濮阳	0.892	0.967	0.851	0.954
淮北	0.710	0.932	0.937	0.937	许昌	0.912	0.923	0.965	0.947
阜阳	0.923	0.924	0.987	0.940	漯河	0.931	0.883	0.982	0.984
宿州	0.959	0.951	0.983	0.915	三门峡	0.763	0.974	0.968	0.965
亳州	0.932	0.959	0.929	0.941	南阳	0.976	0.889	0.926	0.870
聊城	0.861	0.972	0.999	0.930	商丘	0.977	0.989	0.907	0.989
菏泽	0.923	0.952	0.951	0.958	信阳	0.936	0.943	0.912	0.871
郑州	0.467	0.614	0.515	0.568	周口	0.887	0.883	0.966	0.890
开封	0.863	0.975	0.975	0.958	驻马店	0.897	0.887	0.937	0.842
洛阳	0.905	0.919	0.972	0.991	—	—	—	—	—

注：①济源数据缺失。②S 表示证券业；1 表示采矿业；2 表示制造业；3 表示电力、热力、燃气及水生产和供应业；4 表示建筑业；& 表示关联。

从中原城市群 29 个地市 2017 年第二产业 4 个细分行业与证券业的关联度中最大的行业来看，可分为 5 种类型：采矿业与证券业的关联度大的包括商丘和南阳两个地市，占比 6.90%；制造业与证券业的关联度最大的包括邯郸、聊城、开封、濮阳、三门峡、商丘 6 个地市，占比 20.69%；电力、热力、燃气及水生产和供应业与证券业的关联度大的包括长治、晋城、开封、阜阳、宿州、聊城、安阳、鹤壁、洛阳、焦作、许昌、周口、三峡门 13 个地市，占比 44.83%；建筑业与证券业的关联度最大的包括蚌埠、商丘、洛阳、平顶山、漯河、鹤壁 6 个地市，占比 20.69%；电力、热力、燃气及水生产和供应业以及建筑业与证券业的关联度最大的是淮北，制造业以及电力、热力、燃气及水生产和供应业与证券业的关联度最大的是开封，制造业以及建筑业与证券业的关联度最大的是商丘，占比均为 3.45%。

（3）中原城市群第二产业细分行业与保险业联动发展状况分析

图 6-29 展示了中原城市群第二产业细分行业与保险业历年联动发展情况。第二产业 4 个细分行业中，采矿业与保险业的关联度最低，与保险业的关联度最高的行业是电力、热力、燃气及水生产和供应业，说明电力、热力、燃气及水生产和供应业与保险业的联动发展状况最好，采矿业与保险业的联动发展状况最差。从第二产业 4 个细分行业与保险业的关联度大小来看，均在 0.7 以上，说明第二产业 4 个细分行业与保险业的融合度较高。从变化趋

势来看，第二产业 4 个细分行业与保险业的关联度均呈现波浪形发展趋势，但整体是在上升。

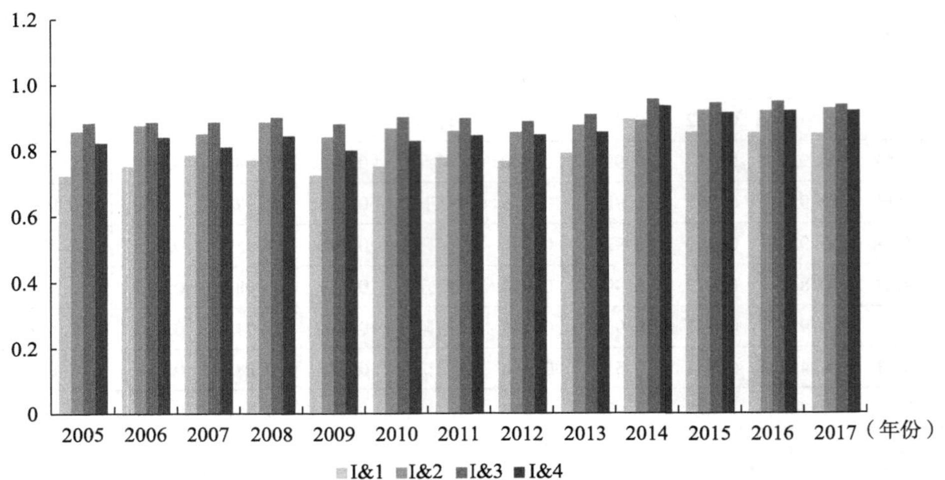

图 6-29　2005—2017 年中原城市群第二产业细分行业与保险业关联度

注：①I 表示保险业；1 表示采矿业；2 表示制造业；3 表示电力、热力、燃气及水生产和供应业；4 表示建筑业；& 表示关联。②此图不包含济源数据。

如表 6-35 所示，从中原城市群 29 个地市 2017 年第二产业 4 个细分行业与保险业的关联度大小来看，采矿业与保险业的关联度最大的是宿州，最小的是晋城；制造业与保险业的关联度最大的是濮阳和信阳，最小的是阜阳；电力、热力、燃气及水生产和供应业与保险业的关联度最大的是聊城，最小的是平顶山；建筑业与保险业的关联度最大的是漯河，最小的是运城。说明宿州采矿业与保险业的融合度最大，晋城采矿业与保险业的融合度最小；濮阳和信阳制造业与保险业的融合度最大，阜阳制造业与保险业的融合度最小；聊城电力、热力、燃气及水生产和供应业与保险业的融合度最大，平顶山电力、热力、燃气及水生产和供应业与保险业的融合度最小；漯河建筑业与保险业的融合度最大，运城建筑业与保险业的融合度最小。

表 6-35　2017 年中原城市群各地市第二产业细分行业与保险业关联度

地市	I&1	I&2	I&3	I&4	地市	I&1	I&2	I&3	I&4
邯郸	0. 925	0. 946	0. 862	0. 946	平顶山	0. 660	0. 982	0. 747	0. 970
邢台	0. 934	0. 926	0. 920	0. 917	安阳	0. 865	0. 974	0. 949	0. 782
长治	0. 692	0. 888	0. 973	0. 850	鹤壁	0. 867	0. 927	0. 980	0. 977

续表

地市	I&1	I&2	I&3	I&4	地市	I&1	I&2	I&3	I&4
晋城	0.627	0.927	0.975	0.896	新乡	0.817	0.983	0.955	0.830
运城	0.758	0.817	0.818	0.777	焦作	0.918	0.877	0.948	0.959
蚌埠	0.891	0.950	0.943	0.983	濮阳	0.875	0.985	0.835	0.936
淮北	0.702	0.940	0.945	0.944	许昌	0.936	0.898	0.992	0.974
阜阳	0.808	0.809	0.859	0.822	漯河	0.936	0.877	0.988	0.991
宿州	0.990	0.982	0.984	0.943	三门峡	0.766	0.964	0.977	0.955
亳州	0.875	0.899	0.872	0.883	南阳	0.945	0.914	0.955	0.894
聊城	0.856	0.976	0.994	0.925	商丘	0.938	0.927	0.986	0.927
菏泽	0.898	0.926	0.977	0.985	信阳	0.872	0.985	0.980	0.932
郑州	0.732	0.868	0.857	0.980	周口	0.868	0.898	0.987	0.906
开封	0.863	0.973	0.978	0.955	驻马店	0.883	0.899	0.950	0.852
洛阳	0.891	0.931	0.987	0.976	—	—	—	—	—

注：①济源数据缺失。②I 表示保险业；1 表示采矿业；2 表示制造业；3 表示电力、热力、燃气及水生产和供应业；4 表示建筑业；& 表示关联。

从中原城市群 29 个地市 2017 年第二产业 4 个细分行业与保险业的关联度中最大的行业来看，可分为 5 种类型：采矿业与保险业的关联度大的包括南阳和宿州两个地市，占比 6.90%；制造业与保险业的关联度大的包括宿州、平顶山、安阳、新乡、濮阳、信阳 6 个地市，占比 20.69%；电力、热力、燃气及水生产和供应业与保险业的关联度大的包括长治、晋城、漯河、宿州、菏泽、聊城、开封、洛阳、鹤壁、许昌、三门峡、南阳、商丘、周口、新乡 15 个地市，占比 51.72%；建筑业与保险业的关联度大的包括蚌埠、菏泽、郑州、鹤壁、漯河 5 个地市，占比 17.24%；制造业和建筑业与保险业的关联度最大的是邯郸，占比 3.45%。

3. 中原城市群各地市第三产业细分行业与金融业联动发展状况分析

（1）中原城市群第三产业细分行业与银行业联动发展状况分析

图 6-30 展示了中原城市群第三产业细分行业与银行业 2005 年、2010 年、2017 年关联度及 2005—2017 年平均关联度。从发展趋势来看，可分为两种类型：一是先降后升型，属于该种趋势的有批发和零售业与银行业的关联度，金融业与银行业的关联度，房地产业与银行业的关联度，租赁和商务服务业与银行业的关联度，水利、环境和公共设施管理业与银行业的关联度，居民服务、修理和其他服务业与银行业的关联度，教育与银行业的关联度，卫生、

社会保障和社会福利业与银行业的关联度，公共管理和社会组织与银行业的关联度，共9个细分行业与银行业的关联度。二是持续上升型，包括交通运输、仓储和邮政业与银行业的关联度，住宿和餐饮业与银行业的关联度，信息传输、计算机服务和软件业与银行业的关联度，科学研究、技术服务和地质勘查业与银行业的关联度，文化、体育和娱乐业与银行业的关联度，共5个细分行业与银行业的关联度。从平均关联度来看，房地产业与银行业的关联度最高，教育与银行业的关联度最低。

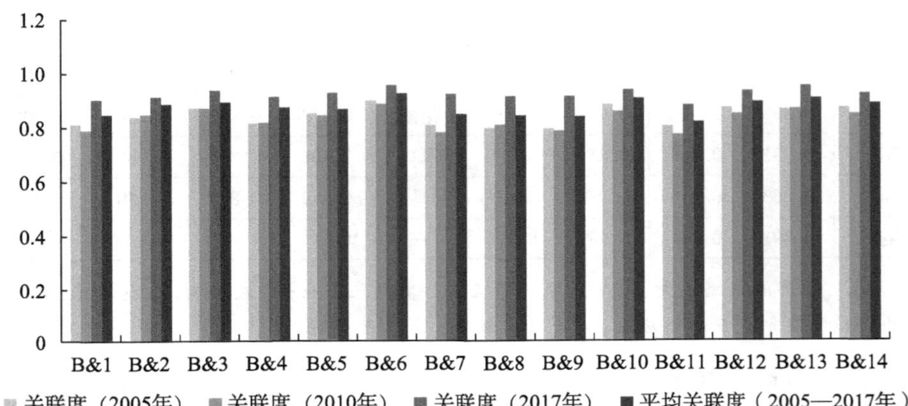

图6-30　2005—2017年中原城市群第三产业细分行业与银行业关联度

注：①共有13年中原城市群各地市第三产业细分行业与银行业关联度数据，限于篇幅，本图只展示2005年、2010年、2017年三个年份关联度，以及2005—2017年的平均关联度，其余年份数据，以及各地市具体数据可以向笔者索取。②B表示银行业；1表示批发和零售业；2表示交通运输、仓储和邮政业；3表示住宿和餐饮业；4表示信息传输、计算机服务和软件业；5表示金融业；6表示房地产业；7表示租赁和商务服务业；8表示科学研究、技术服务和地质勘查业；9表示水利、环境和公共设施管理业；10表示居民服务、修理和其他服务业；11表示教育；12表示卫生、社会保障和社会福利业；13表示文化、体育和娱乐业；14表示公共管理和社会组织；&表示关联。③此图不包含济源数据。

表6-36展示了2017年中原城市群29个地市第三产业14个细分行业与银行业关联度数据。

表6-36　2017年中原城市群各地市第三产业细分行业与银行业关联度

地市	B&1	B&2	B&3	B&4	B&5	B&6	B&7	B&8	B&9	B&10	B&11	B&12	B&13	B&14
邯郸	0.905	0.934	0.942	0.967	0.913	0.944	0.889	0.994	0.878	0.915	0.941	0.983	0.978	0.945
邢台	0.914	0.912	0.931	0.963	0.981	0.951	0.900	0.935	0.973	0.872	0.986	0.987	0.913	0.950
长治	0.929	0.998	0.950	0.981	0.932	0.930	0.968	0.962	0.861	0.885	0.994	0.999	0.967	0.974

续表

地市	B&1	B&2	B&3	B&4	B&5	B&6	B&7	B&8	B&9	B&10	B&11	B&12	B&13	B&14
晋城	0.971	0.991	0.959	0.963	0.968	0.937	0.965	0.931	0.995	0.926	0.949	0.943	0.958	0.972
运城	0.936	0.962	0.925	0.975	0.953	0.889	0.920	0.953	0.993	0.912	0.965	0.993	0.945	0.925
蚌埠	0.954	0.975	0.944	0.972	0.962	0.989	0.970	0.980	0.969	0.909	0.980	0.982	0.949	0.951
淮北	0.893	0.926	0.896	0.944	0.941	0.906	0.923	0.912	0.903	0.889	0.931	0.951	0.899	0.925
阜阳	0.791	0.847	0.753	0.796	0.914	0.770	0.750	0.763	0.783	0.735	0.848	0.837	0.766	0.815
宿州	0.527	0.911	0.749	0.825	0.930	0.917	0.994	0.971	0.901	0.333	0.914	0.910	0.699	0.870
亳州	0.876	0.936	0.874	0.869	0.936	0.887	0.844	0.855	0.933	0.838	0.916	0.889	0.861	0.868
聊城	0.833	0.924	0.873	0.846	0.929	0.850	0.813	0.811	0.875	0.787	0.884	0.909	0.849	0.920
菏泽	0.888	0.951	0.904	0.918	0.998	0.935	0.871	0.927	0.943	0.878	0.962	0.954	0.923	0.899
郑州	0.963	0.827	0.663	0.663	0.998	0.662	0.701	0.542	0.899	0.792	0.863	0.963	0.680	0.839
开封	0.953	0.969	0.919	0.979	0.932	0.974	0.958	0.997	0.999	0.930	0.984	0.974	0.975	0.978
洛阳	0.973	0.957	0.952	0.948	0.966	0.956	0.955	0.719	0.989	0.897	0.962	0.986	0.947	0.973
平顶山	0.925	0.936	0.974	0.888	0.975	0.938	0.975	0.940	0.961	0.937	0.931	0.942	0.954	0.973
安阳	0.986	0.966	0.990	0.942	0.976	0.965	0.881	0.948	0.965	0.960	0.968	0.968	0.916	0.960
鹤壁	0.944	0.943	0.960	0.950	0.948	0.964	0.933	0.938	0.986	0.926	0.951	0.955	0.936	0.965
新乡	0.996	0.973	0.955	0.951	0.994	0.956	0.965	0.934	0.968	0.938	0.950	0.960	0.984	0.931
焦作	0.984	0.832	0.982	0.970	0.926	0.975	0.944	0.958	0.967	0.944	0.999	0.991	0.980	0.953
濮阳	0.980	0.997	0.957	0.977	0.971	0.981	0.818	0.963	0.980	0.934	0.996	0.973	0.975	0.965
许昌	0.928	0.897	0.970	0.912	0.895	0.961	0.924	0.923	0.945	0.955	0.945	0.930	0.938	0.944
漯河	0.985	0.963	0.986	0.982	0.995	0.996	0.956	0.962	0.977	0.947	0.975	0.979	0.980	0.966
三门峡	0.954	0.990	0.974	0.993	0.956	0.942	0.979	0.954	0.968	0.936	0.978	0.990	0.985	1.000
南阳	0.893	0.889	0.879	1.000	0.947	0.997	0.855	0.819	0.823	0.949	0.780	0.822	0.915	0.905
商丘	0.904	0.925	0.955	0.935	0.967	0.800	0.960	0.929	0.929	0.962	0.888	0.893	0.963	0.908
信阳	0.896	0.917	0.909	0.846	0.983	0.926	0.925	0.901	0.929	0.941	0.881	0.959	0.973	0.935
周口	0.919	0.990	0.940	0.886	0.966	0.973	0.978	0.948	0.941	0.948	0.871	0.943	0.973	0.882
驻马店	0.850	0.907	0.866	0.999	0.963	0.863	0.956	0.995	0.975	0.762	0.903	0.937	0.929	0.942

注：①济源数据缺失，因此缺少济源的关联度数据。②B 表示银行业；1 表示批发和零售业；2 表示交通运输、仓储和邮政业；3 表示住宿和餐饮业；4 表示信息传输、计算机服务和软件业；5 表示金融业；6 表示房地产业；7 表示租赁和商务服务业；8 表示科学研究、技术服务和地质勘查业；9 表示水利、环境和公共设施管理业；10 表示居民服务、修理和其他服务业；11 表示教育；12 表示卫生、社会保障和社会福利业；13 表示文化、体育和娱乐业；14 表示公共管理和社会组织；& 表示关联。

从中原城市群 29 个地市第三产业 14 个细分行业与银行业关联度的大小来看，批发和零售业与银行业的关联度，新乡最大，宿州最小；交通运输、仓储和邮政业与银行业的关联度，周口最大，郑州最小；住宿和餐饮业与银行业的关联度，安阳最大，郑州最小；信息传输、计算机服务和软件业与银行业的关联度，南阳最大，郑州最小；金融业与银行业的关联度，菏泽、郑州最大，许昌最小；房地产业与银行业的关联度，南阳最大，郑州最小；租赁和商务服务业与银行业的关联度，宿州最大，郑州最小；科学研究、技术服务和地质勘查业与银行业的关联度，开封最大，郑州最小；水利、环境和公共设施管理业与银行业的关联度，开封最大，阜阳最小；居民服务、修理和其他服务业与银行业的关联度，商丘最大，宿州最小；教育与银行业的关联度，焦作最大，南阳最小；卫生、社会保障和社会福利业与银行业的关联度，长治最大，南阳最小；文化、体育和娱乐业与银行业的关联度，三门峡最大，郑州最小；公共管理和社会组织与银行业的关联度，三门峡最大，阜阳最小。

从中原城市群 29 个地市第三产业 14 个细分行业中，与银行业关联度最大的行业所在的地市来看：批发和零售业与银行业关联度最大的是新乡 1 个地市；交通运输、仓储和邮政业与银行业关联度大的有长治、周口两个地市；住宿和餐饮业与银行业关联度大的有安阳、漯河两个地市；信息传输、计算机服务和软件业与银行业关联度大的有南阳、驻马店两个地市；金融业与银行业关联度大的有新乡、漯河、菏泽、郑州、安阳、信阳 6 个地市；房地产业与银行业关联度大的有蚌埠、南阳两个地市；租赁和商务服务业与银行业关联度最大的是宿州 1 个地市；科学研究、技术服务和地质勘查业与银行业关联度最大的是开封 1 个地市；水利、环境和公共设施管理业与银行业关联度大的有晋城、开封、洛阳、运城 4 个地市；居民服务、修理和其他服务业与银行业关联度最大的是商丘 1 个地市；教育与银行业关联度最大的是焦作 1 个地市；卫生、社会保障和社会福利业与银行业关联度大的有邢台、长治、运城 3 个地市；文化、体育和娱乐业与银行业关联度最大的是三峡门 1 个地市；公共管理和社会组织与银行业关联度最大的是三门峡 1 个地市。此外，运城水利、环境和公共设施管理业及卫生、社会保障和社会福利业与银行业关联度均最大；亳州交通运输、仓储和邮政业及金融业与银行业关联度均最大；平顶山金融业及租赁和商务服务业与银行业关联度均最大。

（2）中原城市群第三产业细分行业与证券业联动发展状况分析

图 6-31 展示了中原城市群第三产业细分行业与证券业 2005 年、2010 年、2017 年关联度及 2005—2017 年平均关联度。从发展趋势来看，14 个行业与证券业的关联度均呈现先降后升的特点，且下降后的上升均高于下降前。说明第三产业 14 个细分行业与证券业的融合程度均为先下降后上升，并且上升趋势较为强劲。以是否下降到 0.8 以下为界，可分为两类：降到 0.8 以下的，

包括批发和零售业与证券业的关联度，住宿和餐饮业与证券业的关联度，房地产业与证券业的关联度，租赁和商务服务业与证券业的关联度，科学研究、技术服务和地质勘查业与证券业的关联度，水利、环境和公共设施管理业与证券业的关联度，居民服务、修理和其他服务业与证券业的关联度，教育与证券业的关联度，卫生、社会保障和社会福利业与证券业的关联度，文化、体育和娱乐业与证券业的关联度，公共管理和社会组织与证券业的关联度。虽下降但并未降到 0.8 以下的，包括交通运输、仓储和邮政业与证券业的关联度，信息传输、计算机服务和软件业与证券业的关联度，金融业与证券业的关联度。从平均关联度大小来看，金融业与证券业的关联度最高，居民服务、修理和其他服务业与证券业的关联度最低。

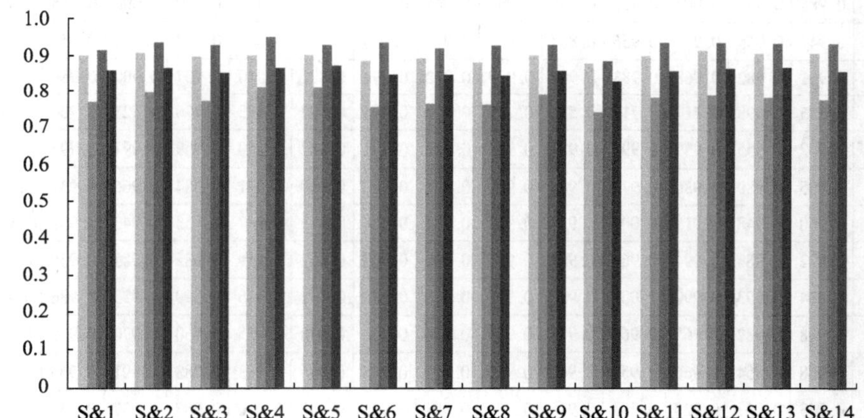

图 6-31 2005—2017 年中原城市群第三产业细分行业与证券业关联度

注：①共有 13 年中原城市群各地市第三产业细分行业与证券业关联度数据，限于篇幅，本图只展示 2005 年、2010 年、2017 年三个年份关联度，以及 2005—2017 年的平均关联度，其余年份数据，以及各地市具体数据可以向笔者索取。②济源数据缺失，因此济源的关联度数据缺少。③S 表示证券业；1 表示批发和零售业；2 表示交通运输、仓储和邮政业；3 表示住宿和餐饮业；4 表示信息传输、计算机服务和软件业；5 表示金融业；6 表示房地产业；7 表示租赁和商务服务业；8 表示科学研究、技术服务和地质勘查业；9 表示水利、环境和公共设施管理业；10 表示居民服务、修理和其他服务业；11 表示教育；12 表示卫生、社会保障和社会福利业；13 表示文化、体育和娱乐业；14 表示公共管理和社会组织；&表示关联。

表 6-37 展示了 2017 年中原城市群 29 个地市第三产业 14 个细分行业与证券业关联度数据。

表 6-37 2017 年中原城市群各地市第三产业细分行业与证券业关联度

地市	S&1	S&2	S&3	S&4	S&5	S&6	S&7	S&8	S&9	S&10	S&11	S&12	S&13	S&14
邯郸	0.947	0.903	0.985	0.990	0.884	0.986	0.863	0.954	0.853	0.958	0.908	0.945	0.980	0.912
邢台	0.933	0.931	0.950	0.980	0.967	0.969	0.920	0.953	0.960	0.892	0.972	0.997	0.932	0.939
长治	0.926	0.994	0.946	0.975	0.944	0.928	0.978	0.957	0.875	0.886	0.997	0.991	0.977	0.983
晋城	0.972	0.993	0.960	0.964	0.972	0.940	0.969	0.934	0.996	0.929	0.951	0.945	0.959	0.972
运城	0.918	0.941	0.907	0.998	0.980	0.875	0.948	0.932	0.981	0.896	0.992	0.981	0.973	0.953
蚌埠	0.944	0.990	0.935	0.960	0.978	0.996	0.959	0.995	0.984	0.903	0.968	0.970	0.939	0.942
淮北	0.914	0.946	0.917	0.963	0.961	0.927	0.943	0.933	0.924	0.910	0.951	0.970	0.920	0.945
阜阳	0.974	0.952	0.921	0.981	0.884	0.945	0.916	0.934	0.962	0.896	0.951	0.964	0.939	0.992
宿州	0.507	0.955	0.689	0.749	0.936	0.818	0.874	0.857	0.966	0.333	0.952	0.813	0.649	0.999
亳州	0.985	0.950	0.983	0.977	0.950	0.998	0.947	0.960	0.953	0.941	0.970	1.000	0.968	0.976
聊城	0.941	0.955	0.988	0.956	0.837	0.961	0.917	0.915	0.991	0.886	0.999	0.970	0.959	0.959
菏泽	0.951	0.982	0.968	0.983	0.940	0.999	0.932	0.992	0.891	0.940	0.907	0.900	0.989	0.854
郑州	0.525	0.598	0.717	0.717	0.535	0.718	0.680	0.924	0.507	0.473	0.496	0.525	0.700	0.489
开封	0.972	0.955	0.939	0.997	0.922	0.992	0.977	0.981	0.982	0.950	0.969	0.991	0.993	0.996
洛阳	0.995	0.980	0.936	0.971	0.948	0.940	0.978	0.722	0.990	0.921	0.984	0.966	0.931	0.955
平顶山	0.960	0.948	0.915	1.000	0.914	0.947	0.914	0.944	0.865	0.947	0.953	0.943	0.932	0.915
安阳	0.972	0.983	0.994	0.960	0.992	0.982	0.900	0.937	0.982	0.949	0.985	0.985	0.935	0.977
鹤壁	0.994	0.993	0.990	1.000	0.998	0.986	0.983	0.987	0.941	0.975	0.999	0.995	0.986	0.985
新乡	0.988	0.982	0.965	0.961	0.987	0.966	0.974	0.945	0.978	0.935	0.960	0.970	0.978	0.942
焦作	0.968	0.854	0.966	0.956	0.947	0.960	0.931	0.945	0.986	0.963	0.983	0.991	0.965	0.973
濮阳	0.943	0.957	0.923	0.981	0.935	0.977	0.858	0.928	0.943	0.976	0.957	0.937	0.938	0.993
许昌	0.967	0.936	0.991	0.951	0.934	0.929	0.963	0.963	0.984	0.994	0.985	0.969	0.978	0.983
漯河	0.999	0.978	0.974	0.970	0.991	0.991	0.971	0.952	0.991	0.939	0.989	0.993	0.995	0.981
三门峡	0.939	0.990	0.995	0.987	0.941	0.964	1.000	0.976	0.989	0.958	0.999	0.990	0.995	0.980
南阳	0.882	0.878	0.869	0.978	0.931	0.981	0.847	0.814	0.818	0.932	0.778	0.817	0.902	0.893
商丘	0.991	0.986	0.957	0.976	0.892	0.875	0.886	0.861	0.982	0.887	0.972	0.979	0.889	0.995
信阳	0.871	0.889	0.882	0.826	0.947	0.897	0.896	0.875	0.900	0.910	0.858	0.926	0.938	0.905
周口	0.904	0.967	0.966	0.874	0.946	0.952	0.997	0.974	0.967	0.974	0.860	0.925	0.998	0.870
驻马店	0.825	0.875	0.839	0.954	0.989	0.837	0.918	0.951	0.933	0.747	0.872	0.901	0.894	0.905

注：①济源数据缺失，因此缺少济源的关联度数据。②S 表示证券业；1 表示批发和零售业；2 表示交通运输、仓储和邮政业；3 表示住宿和餐饮业；4 表示信息传输、计算机服务和软件业；5 表示金融业；6 表示房地产业；7 表示租赁和商务服务业；8 表示科学研究、技术服务和地质勘查业；9 表示水利、环境和公共设施管理业；10 表示居民服务、修理和其他服务业；11 表示教育；12 表示卫生、社会保障和社会福利业；13 表示文化、体育和娱乐业；14 表示公共管理和社会组织；& 表示关联。

从中原城市群 29 个地市第三产业 14 个细分行业与证券业关联度的大小

来看：批发和零售业与证券业的关联度，漯河最大，宿州最小；交通运输、仓储和邮政业与证券业的关联度，长治最大，郑州最小；住宿和餐饮业与证券业的关联度，三门峡最大，宿州最小；信息传输、计算机服务和软件业与证券业的关联度，平顶山、鹤壁最大，郑州最小；金融业与证券业的关联度，鹤壁最大，郑州最小；房地产业与证券业的关联度，菏泽最大，郑州最小；租赁和商务服务业与证券业的关联度，三门峡最大，郑州最小；科学研究、技术服务和地质勘查业与证券业的关联度，蚌埠最大，洛阳最小；水利、环境和公共设施管理业与证券业的关联度，晋城最大，郑州最小；居民服务、修理和其他服务业与证券业的关联度，许昌最大，宿州最小；教育与证券业的关联度，聊城、鹤壁、三门峡最大，郑州最小；卫生、社会保障和社会福利业与证券业的关联度，亳州最大，郑州最小；文化、体育和娱乐业与证券业的关联度，周口最大，宿州最小；公共管理和社会组织与证券业的关联度，宿州最大，郑州最小。

从中原城市群 29 个地市第三产业 14 个细分行业与证券业关联度最大的行业所在的地市来看：批发和零售业与证券业关联度大的包括洛阳、鹤壁、漯河 3 个地市；交通运输、仓储和邮政业与证券业关联度最大的地市为长治 1 个地市；住宿和餐饮业与证券业关联度最大的是三峡门 1 个地市；信息传输、计算机服务和软件业与证券业关联度大的有邯郸、运城、开封、平顶山、鹤壁 5 个地市；金融业与证券业关联度大的有鹤壁、安阳两个地市；房地产业与证券业关联度大的有蚌埠、菏泽、亳州 3 个地市；租赁和商务服务业与证券业关联度最大的是三门峡 1 个地市；科学研究、技术服务和地质勘查业与证券业关联度最大的是蚌埠 1 个地市；水利、环境和公共设施管理业与证券业关联度最大的是晋城 1 个地市；居民服务、修理和其他服务业与证券业关联度最大的是许昌 1 个地市；教育与证券业关联度最大的有鹤壁、三峡门、聊城 3 个地市；卫生、社会保障和社会福利业与证券业关联度大的有邢台、鹤壁、亳州、漯河 4 个地市；文化、体育和娱乐业与证券业关联度最大的是周口 1 个地市；公共管理和社会组织与证券业关联度大的有阜阳、宿州、濮阳、商丘 4 个地市。

（3）中原城市群第三产业细分行业与保险业联动发展状况分析

图 6-32 展示了中原城市群第三产业细分行业与保险业 2005 年、2011 年、2017 年关联度及 2005—2017 年平均关联度，总结如下：

从发展趋势来看，可分为两种类型：一是先降后升型，属于该种趋势的有房地产业与保险业的关联度，居民服务、修理和其他服务业与保险业的关联度，共两个细分行业与保险业的关联度。二是持续上升型，包括批发和零售业与保险业的关联度，交通运输、仓储和邮政业与保险业的关联度，住宿和餐饮业与保险业的关联度，信息传输、计算机服务和软件业与保险业的关联度，金融业与保险业的关联度，租赁和商务服务业与保险业的关联度，科学研究、技术服务和地质勘查业与保险业的关联度，水利、环境和公共设施管理业与保险业的关联度，教育与保险业的关联度，卫生、社会保障和社会福利业与保险业的关联度，文化、体育和娱乐业与保险业的关联度，公共管理和社会组织与保险业的关联度，共12个细分行业与保险业的关联度。从平均关联度来看，金融业与保险业的关联度最高，居民服务、修理和其他服务业与保险业的关联度最低。

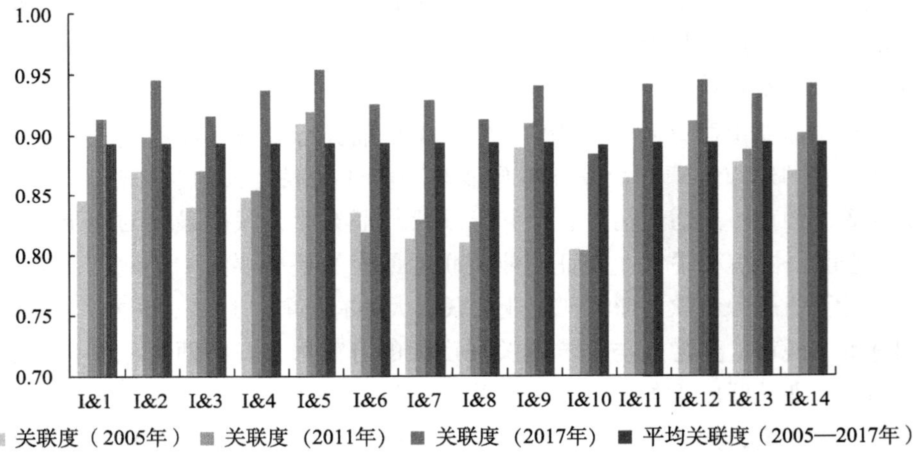

图6-32 2005—2017年中原城市群第三产业细分行业与保险业关联度

注：①共有13年中原城市群各地市第三产业细分行业与保险业关联度数据，限于篇幅，本图只展示2005年、2011年、2017年三个年份关联度，以及2005—2017年的平均关联度，其余年份数据，以及各地市具体数据可以向笔者索取。②济源数据缺失，因此缺少济源的关联度数据。③I表示保险业；1表示批发和零售业；2表示交通运输、仓储和邮政业；3表示住宿和餐饮业；4表示信息传输、计算机服务和软件业；5表示金融业；6表示房地产业；7表示租赁和商务服务业；8表示科学研究、技术服务和地质勘查业；9表示水利、环境和公共设施管理业；10表示居民服务、修理和其他服务业；11表示教育；12表示卫生、社会保障和社会福利业；13表示文化、体育和娱乐业；14表示公共管理和社会组织；&表示关联。

表6-38展示了2017年中原城市群29个地市第三产业14个细分行业与保险业关联度数据。

从中原城市群 29 个地市第三产业 14 个细分行业与保险业关联度的大小来看：批发和零售业与保险业的关联度，鹤壁最大，宿州最小；交通运输、仓储和邮政业与保险业的关联度，鹤壁、三门峡最大，运城最小；住宿和餐饮业与保险业的关联度，三门峡最大，宿州最小；信息传输、计算机服务和软件业与保险业的关联度，濮阳最大，郑州最小；金融业与保险业的关联度，漯河最大，聊城最小；房地产业与保险业的关联度，漯河最大，郑州最小；租赁和商务服务业与保险业的关联度，晋城最大，郑州最小；科学研究、技术服务和地质勘查业与保险业的关联度，鹤壁最大，郑州最小；水利、环境和公共设施管理业与保险业的关联度，宿州最大，郑州最小；居民服务、修理和其他服务业与保险业的关联度，鹤壁最大，宿州最小；教育与保险业的关联度，焦作最大，南阳最小；卫生、社会保障和社会福利业与保险业的关联度，三门峡最大，宿州最小；文化、体育和娱乐业与保险业的关联度，三门峡最大，宿州最小；公共管理和社会组织与保险业的关联度，开封最大，郑州最小。

表 6-38　2017 年中原城市群各地市第三产业细分行业与保险业关联度

地市	I&1	I&2	I&3	I&4	I&5	I&6	I&7	I&8	I&9	I&10	I&11	I&12	I&13	I&14
邯郸	0.921	0.925	0.958	0.982	0.906	0.959	0.883	0.981	0.873	0.931	0.931	0.971	0.993	0.935
邢台	0.914	0.912	0.930	0.960	0.987	0.949	0.901	0.934	0.979	0.874	0.992	0.983	0.913	0.957
长治	0.868	0.928	0.886	0.911	0.990	0.869	0.954	0.896	0.931	0.832	0.932	0.926	0.956	0.949
晋城	0.947	0.982	0.936	0.940	0.997	0.917	0.994	0.911	0.978	0.906	0.928	0.922	0.935	0.948
运城	0.795	0.813	0.787	0.856	0.873	0.763	0.901	0.807	0.843	0.779	0.864	0.844	0.879	0.897
蚌埠	0.952	0.980	0.943	0.969	0.968	0.994	0.967	0.986	0.975	0.910	0.977	0.979	0.947	0.950
淮北	0.921	0.954	0.924	0.971	0.969	0.934	0.951	0.940	0.931	0.916	0.959	0.978	0.927	0.952
阜阳	0.848	0.909	0.807	0.854	0.982	0.826	0.803	0.817	0.839	0.787	0.910	0.898	0.821	0.874
宿州	0.511	0.986	0.702	0.765	0.966	0.839	0.899	0.881	0.998	0.333	0.983	0.833	0.660	0.966
亳州	0.922	0.985	0.921	0.915	0.985	0.934	0.888	0.900	0.982	0.883	0.964	0.936	0.907	0.914
聊城	0.937	0.958	0.984	0.951	0.838	0.956	0.912	0.910	0.987	0.881	0.997	0.974	0.955	0.963
菏泽	0.925	0.989	0.941	0.956	0.966	0.973	0.907	0.964	0.913	0.914	0.930	0.923	0.961	0.874
郑州	0.888	0.903	0.719	0.719	0.916	0.718	0.761	0.585	0.836	0.747	0.806	0.888	0.737	0.787
开封	0.969	0.957	0.935	0.994	0.923	0.989	0.974	0.983	0.985	0.947	0.971	0.989	0.991	0.993
洛阳	0.980	0.965	0.949	0.956	0.962	0.953	0.963	0.727	0.995	0.907	0.969	0.981	0.944	0.969
平顶山	0.994	0.982	0.946	0.965	0.945	0.981	0.945	0.978	0.892	0.981	0.987	0.976	0.964	0.946
安阳	0.914	0.954	0.933	0.978	0.946	0.956	0.955	0.882	0.955	0.892	0.953	0.952	0.995	0.960
鹤壁	0.999	1.000	0.983	0.993	0.996	0.979	0.990	0.994	0.934	0.982	0.992	0.988	0.993	0.978
新乡	0.895	0.920	0.936	0.940	0.894	0.935	0.927	0.956	0.924	0.851	0.941	0.932	0.886	0.960

续表

地市	I&1	I&2	I&3	I&4	I&5	I&6	I&7	I&8	I&9	I&10	I&11	I&12	I&13	I&14
焦作	0.982	0.841	0.980	0.970	0.932	0.974	0.944	0.958	0.971	0.948	0.999	0.994	0.979	0.958
濮阳	0.960	0.976	0.939	1.000	0.952	0.996	0.841	0.944	0.960	0.957	0.975	0.954	0.955	0.988
许昌	0.995	0.962	0.963	0.977	0.959	0.904	0.990	0.990	0.988	0.978	0.987	0.997	0.994	0.989
漯河	0.993	0.971	0.980	0.976	0.998	0.997	0.964	0.958	0.985	0.944	0.983	0.987	0.988	0.975
三门峡	0.947	1.000	0.985	0.997	0.949	0.954	0.990	0.966	0.979	0.948	0.989	1.000	0.996	0.990
南阳	0.907	0.903	0.893	0.990	0.960	0.987	0.869	0.834	0.838	0.961	0.796	0.837	0.928	0.919
商丘	0.909	0.929	0.957	0.939	0.969	0.809	0.962	0.932	0.933	0.963	0.893	0.899	0.965	0.913
信阳	0.932	0.953	0.945	0.880	0.980	0.962	0.961	0.937	0.966	0.978	0.917	0.996	0.990	0.971
周口	0.921	0.987	0.946	0.889	0.965	0.971	0.982	0.953	0.947	0.953	0.875	0.943	0.977	0.885
驻马店	0.834	0.886	0.848	0.968	0.995	0.846	0.930	0.965	0.947	0.753	0.882	0.913	0.906	0.917

注：①济源数据缺失，因此缺少济源的关联度数据。②I 表示保险业；1 表示批发和零售业；2 表示交通运输、仓储和邮政业；3 表示住宿和餐饮业；4 表示信息传输、计算机服务和软件业；5 表示金融业；6 表示房地产业；7 表示租赁和商务服务业；8 表示科学研究、技术服务和地质勘查业；9 表示水利、环境和公共设施管理业；10 表示居民服务、修理和其他服务业；11 表示教育；12 表示卫生、社会保障和社会福利业；13 表示文化、体育和娱乐业；14 表示公共管理和社会组织；& 表示关联。

从中原城市群 29 个地市第三产业 14 个细分行业与保险业关联度最大的行业所在的地市来看：批发和零售业与保险业关联度最大的是鹤壁 1 个地市；交通运输、仓储和邮政业与保险业关联度大的有菏泽、鹤壁、三峡门 3 个地市；住宿和餐饮业与保险业关联度最大的是三峡门 1 个地市；信息传输、计算机服务和软件业与保险业关联度大的有开封、濮阳、三峡门 3 个地市；金融业与保险业关联度大的有长治、晋城、亳州、邢台、漯河、鹤壁、驻马店 7 个地市；房地产业与保险业关联度最大的是漯河 1 个地市；租赁和商务服务业与保险业关联度最大的是晋城 1 个地市；科学研究、技术服务和地质勘查业与保险业关联度最大的是鹤壁 1 个地市；水利、环境和公共设施管理业与保险业关联度大的有宿州、洛阳 2 个地市；居民服务、修理和其他服务业与保险业关联度最大是鹤壁 1 个地市；教育与保险业关联度大的是邢台、聊城、焦作 3 个地市；卫生、社会保障和社会福利业与保险业关联度大的有三峡门、许昌、信阳 3 个地市；文化、体育和娱乐业与保险业关联度最大的有三峡门、安阳 2 个地市；公共管理和社会组织与保险业关联度最大的是开封 1 个地市。此外，亳州交通运输、仓储和邮政业及金融业均与保险业关联度最大；三门峡交通运输、仓储和邮政业及卫生、社会保障和社会福利业均与保险业关联度最大。

第七章　实现城市群产业与金融联动发展的路径与策略

本章将在总结分析前文的基础上提出推动城市群产业与金融联动发展的路径，同时着重分析中原城市群产业与金融联动发展的具体策略，以此作为指导城市群产业优化发展的经验借鉴。

一、推动城市群产业与金融联动发展的路径选择

在具体阐述推动城市群产业与金融联动发展的具体策略之前，本部分先根据前文对城市群产业与金融及两者之间的联动关系和空间分异情况的分析，提出城市群产业与金融联动发展的基本路径选择，也可以概括为“一个层次、一个基础和两个统一”的原则。

（一）城市群产业与金融之间应实现高层次的联动发展

现阶段，在金融应当支持实体经济发展的大背景下，研究中原城市群产业与金融的联动机理及发展，其最终目的应当是实现产业的优化发展，进而带动经济的高质量增长，在产业与金融的联动发展中，金融是产业发展的推动力，发展金融业并非最终目的。

产业与金融发展的联动在现实中往往会出现以下几种情形：一是产业发展水平低下的同时，金融市场发展水平也相对较低，两者之间很难形成良性互动，既缺乏产业或经济发展的动力，也缺乏产业创新发展和产业结构优化的基础；二是产业发展水平远远高于金融发展水平，但是产业的形式往往停留在相对传统的模式上，发展潜力有限，也难以利用或者难以依托金融市场优化资源配置的功能而实现产业的变革和创新发展，从而难以实现产业与金融的良性互动；三是产业发展水平远远低于金融发展水平，金融业对产业的发展支持力度远远不够，实体经济发展动力不足，脱实向虚的经济发展模式主导区域经济发展，而其中往往会蕴含一定程度上的金融风险。以上几种情形都难以实现产业与金融的联动发展，往往存在某一方面内生动力不足问题，所以本书探讨的是要在高层次上实现产业与金融的联动发展，是要将产业的

良性发展与金融的创新发展相结合，这就要求实现产业结构优化升级和促进金融的高质量发展，并发挥金融优化资源配置的作用，提升区域特定产业的市场竞争力，进而促进区域经济的高质量发展。

（二）城市群产业与金融的联动发展应建立在空间异质性基础上

城市群往往由众多的地级市组成，现实中，在将城市群作为一个整体的情况下，城市群内部不同区域的产业发展特征、发展阶段和发展层次都有着很大的差异。同时不同区域的自然资源、劳动力资源等的禀赋各有不同，生产技术和资金供给状况也千差万别，因此要实现城市群产业与金融的联动发展，不是一项政策或一个变革就能够完全实现的。要实现城市群产业与金融的高效联动，就必须接受、认清和把握城市群内部不同区域的多元化异质性特征，在此基础上结合城市群产业的总体发展战略规划和区域政策目标，基于区域发展差异并使其成为产业结构调整、产业集聚、产业转移和产业分工的依据，也使其成为最大限度地发挥金融优化资源配置作用的动力。

（三）城市群产业与金融的联动发展应是协调和共生发展的统一

城市群产业与金融的联动发展实质上也是产业与金融的协调和共生发展的统一。本书提出的协调发展，指的是在区域经济发展过程中，产业和金融的发展相结合，两者互相促进，即在产业发展过程中进行产业结构调整和优化升级、产业集聚与产业转移以及产业分工，金融能够在正确的政策导向下或在市场机制发挥作用的前提下，为产业提供优质的金融服务。同时，产业发展又能够为金融市场的发展提供基础，创造更多的有效金融需求，以产业创新引导金融创新，进一步激活金融市场活力。另外，本书提倡的共生发展，指的是城市群的产业与金融，应当共生于区域经济发展过程中并实现联动发展。也就是说，两者自身的发展或两者的联动发展处在同样的区域经济环境中，都以区域经济的高质量发展为目标，能够相互促进，互为推动力，避免出现两者难以融合或者互相掣肘的现象，否则产业发展将会受阻，也会伴随着金融支撑乏力或者金融风险的堆积，不仅不利于金融业的发展，而且会对实体经济造成冲击。

因此，城市群产业与金融的联动发展应当是在一定空间背景和经济环境中的协调发展与共生发展的统一，也是实现两者良性联动的前提之一。

（四）城市群产业与金融的联动发展应当是整体统筹和局部创新的统一

城市群作为一个整体，既是地域上众多地级市的集合体，也是跨行政区域的联合体。在城市群中，无论是产业发展、金融发展还是两者的联动发展都处在一个相对复杂的地理环境和社会环境中，要实现本书研究的目标，必然要对城市群整体进行统筹，主要体现在两个方面：一方面，产业和金融发展的统筹，应当以发展城市群经济为最终目标，统筹产业发展和金融发展及两者之间的关系，实现城市群整体上产业结构的优化升级，提升金融支持产业发展的效率；另一方面，即便是把城市群作为一个整体，在城市群内部，以跨省级或跨地级市为单位的行政区域划分也易造成区域经济割据，从而不利于资源的流动，阻碍城市群范围内的产业结构调整、产业集聚、产业转移和产业分工等，而金融机构的地缘性特征或将导致金融资源利用效率低下，同时难以发挥其优化资源配置的作用。所以要针对行政区划进行整体上的统筹，打破区域格局，提升产业与金融的发展效率，实现更深度的联动发展。

此外，城市群整体产业与金融的发展又离不开城市群内部局部区域的产业与金融发展，因此应当在对城市群进行整体统筹的前提下，促进局部区域的产业与金融的发展，更好地促进两者的联动发展。当前，在城市群产业与金融格局既定的情况下，要实现两者联动发展的阶段性突破，必须依靠创新，即产业创新、金融创新和两者联动模式的创新。产业创新体现在产业结构调整和优化升级的过程中，能够寻找新的经济增长点，挖掘市场潜在需求，提升产业及其主体的市场竞争力，同时能够为金融创新创造机遇；金融创新体现在金融产品、融资模式和金融服务等方面，能够为产业的发展提供更加多元化的金融服务，用更多的方式解决产业优化升级中的资金等问题；两者联动模式的创新体现为政策导向的或自主的创新过程的契合，也体现为两者发展的直接结合，如产业金融等。所以，局部创新是促进城市群整体产业与金融联动发展不可缺少的活跃因素。

综上所述，城市群要从根本上实现产业与金融的联动发展，必须要实现整体统筹与局部创新的统一。

二、促进城市群产业与金融联动发展的重构策略

中原城市群地处中原，由河南省 18 地市以及周边地市构成。整体上该城市群的经济发展水平落后于东部沿海地区，在当前经济进入新常态和供给侧结构性改革的背景下，要实现中原城市群产业发展与金融发展之间的良好互动，即实现两者的联动发展，首先要实现中原城市群整体及各地市的产业和金融的高质量发展，在此基础上探寻实现中原城市群产业和金融更好联动发展的突破口和策略。

（一）优化产业发展，为产业与金融的联动发展奠定基础

要实现中原城市群产业和金融的良好联动发展，首先要实现产业自身的

良好发展和产业内部的子产业的融合发展，然后进一步促进中原城市群产业结构的优化。产业集聚和产业转移是非常重要的两种实践路径（陈建军，2002），而产业集聚到一定程度后，资源拥挤成本的上升所产生的离心力又会成为产业转移的推动力（张公嵬，2010）。因此，本部分从产业结构、产业集聚和产业转移三个方面进行分析，虽然三者在产业发展过程中所体现的功能不同，但却是相互联系和相互制约的整体。

1. 继续促进产业结构优化升级，为产业发展和产业与金融联动发展提供基础条件

产业结构的调整和优化升级的路径应当遵循从第一产业向第二产业转移，再从第二产业向第三产业转移的产业结构演进规律（Colin Clark，1940），在这个过程中不断实现产业的高度化。因此，产业结构调整、优化升级的过程也是产业结构合理化和高度化的过程，并在该过程中实现两者的统一——既包含区域整体产业结构的优化，又包含子产业自身的优化，能够在促进子产业融合发展的基础上提升整体产业发展的质量。

（1）明确中原城市群产业结构调整的方向

一方面，要使产业结构从以第一产业为主逐步向第二、第三产业演化，尤其是要重视第三产业在地区经济产值中的占比。使产业发展从劳动密集型和资源密集型向资金密集型和技术知识型转变，降低发展成本，提升产业发展效率，创造更多的产业附加值，从而提升产业发展过程中中原城市群在全国产业分工发展中的竞争力和中原城市群内部的区域竞争力。另一方面，要注重中原城市群不同大类产业之间的联动发展，实现不同产业发展之间的协调和融合，提升不同产业之间甚至是产业发展过程中的中间要素之间的关联度，尤其是重视信息化、科技化同农业化、工业化之间的融合发展，其不仅能够推动科技成果向现实转化，提高产业发展效率，还能够最大限度地实现产业链的延伸，进一步作用于产业的融合发展。

（2）明确各类产业发展的方向和重点

第一，加快农业现代化发展的步伐有助于提升中原城市群整体产业水平。长期以来，中原城市群的农业生产对区域经济的发展有着重要作用，同时，中原地区又是全国粮食核心产区，因此改变以往传统的农业生产方式就显得非常重要。应加快推进农业现代化，在生产方式上要实现从传统的生产模式向科技支撑发展转变，在生产理念上要实现从资源浪费型生产模式向集约型发展模式转变，在产出效益上要转变思想，尤其是要转变“小农思想”，利用农业区域特色优势实施深加工，延长产业链，提升各个环节的产业附加值。

第二，加快推进工业信息化发展和打造先进制造业是推进产业优化发展的重要一环。就全国范围来说，中原城市群的工业和制造业与经济发达地区尚存在一定的差距，在产业结构优化升级的进程中，依靠政策的叠加效应和信息化等科技创新所带来的生产力的改革，是中原城市群实现第二产业跨越式发展的必由之路。信息社会，以信息化带动工业化发展是转变以往的“高污染、高消耗、高投入”生产方式的重要途径，也是供给侧结构性改革中优化产业结构的重要内容。另外，中原城市群乃至中国的制造业规模庞大，但是“高精尖”的领域相对于发达国家和地区来说还有很大差距，是制约产业高度化发展的重要瓶颈。因此，在该领域要加大科技投入力度，提升科技成果转化为实际生产力的能力，增强区域经济和微观主体的发展潜力和市场竞争力。

第三，着重打造现代服务业体系是促进中原城市群产业融合发展的关键。中原城市群应当在传统服务业的基础上，充分利用当前的科技创新和信息化发展的优势开发新技术，打造新业态、新服务形式和内容。中原城市群虽然地处中原，但是地跨五个省份，局部地区产业结构仍然有较为明显的差异，所以应当根据中原城市群以及中原城市群各地市的区域优势和特色，实施现代服务业择优化和差异化发展策略。首先，要大力完善发展信息产业、教育医疗、住宿餐饮、批发零售以及公共服务等相关产业，提升区域经济发展的基础保障；其次，应当根据中原城市群整体以及各地市的农业、工业和制造业的特点，重点发展一批与之关联性更强的服务产业，如交通物流业和电子商务等；最后，中原城市群各地市应当根据自身所具备的资源禀赋优势，着重打造一些特色产业，如特色旅游业、文化娱乐业等，并且也可以此作为契机，实现不同大类产业之间的融合发展，如旅游业和农业之间的结合等。

2. 推动多层次产业集聚，寻找产业优化发展新的突破口

马歇尔的外部经济理论认为产业集聚的动因源于产业发展的外部规模经济，尤其是基于地缘性优势产生的劳动力市场的集中，企业生产过程的专门化、标准化和集约化，以及生产技术与信息的共享等三个方面的效果，也可以认为是对中小企业资源整合的过程，在该过程中能够体现出更具活力的竞争和更大范围的合作（马歇尔，1920）。因此，产业集聚发展能够在一定程度上实现规模效益，发挥集中优势降低生产成本，尤其是中原城市群作为国内相对不发达的城市群组合，更应当将产业集聚作为提升中原城市群及其各地市竞争力的重要途径，在中原城市群整体及各地市产业发展现状的基础上，进一步推动产业集聚发展。虽然中原城市群已经实施了相关产业集聚的措施，

但是由前文产业集聚的特征来看，整体上大部分地市的集聚程度还相对较低，处于起步阶段，所以还需要在以下几个层次进一步提升产业集聚的效果：

第一层次：应当针对中原城市群的实际产业发展现状继续促进产业集聚带的形成，即产业集群。“十三五”规划提出，将在中原城市群原有产业发展的基础上，重点融合信息技术和制造业，以期形成装备制造、消费品、精品原材料、生物医药、先进材料、电子信息、机器人、新能源汽车、基因检测等九大产业集群。但是目前集聚效果并不理想，没有达到预期。本书认为产业集聚正在逐步形成，但是效果相对不明显，其根本原因在于对产业集聚成本的权衡。产业集聚的目的之一就是通过集聚而降低物流、人力等交易成本，并形成规模效益，从而产生外部经济，但是产业集聚过程中也会有相对应的成本支出，包括重置成本、因放弃原有的生产而产生的成本、企业对原所在地的经济带动作用的成本等，当然也可能面临产业集聚后生产规模的增加与市场需求不匹配，而导致集聚失败或企业破产的风险。因此，产业集聚应当在充分考察市场的前提下实施顶层设计，在整个中原城市群范围内进行资源的整合和微观主体生产的整合，采用自上而下与自下而上相结合的产业集聚模式，即政府开展顶层设计推行产业集聚与在自然集聚的基础上进行资源整合相结合。这样既能发挥政策推动的作用，又能充分发挥市场自我能动、自我进化的功能。同时，产业集聚应当充分考虑相关产业的市场需求状况，避免盲目追求规模的增加而导致市场供过于求，从而对整体上的产业集聚产生不良的影响。

第二层次：在城市群整体产业集聚发展的框架下，实施地市内甚至是县域范围内的产业集聚，需要根据局部地区的产业特征以及优势和劣势，选择产业集聚的范围、内容和形式，通过局部集聚强化区域内的产业优势，弥补区域内的产业发展程度不足的短板。同时，通过资源的优化配置实现取长补短，也能在一定程度上优化地市及县域产业化结构，对其产业结构合理化和产业发展高度化有积极的促进作用，也会助推地市及县域经济竞争力的提升。

第三层次：在产业集聚发展的进程中发现中原城市群整体上或局部地区的优势产业和重点产业，据此寻找经济发展的新突破口，并带动周边产业的发展。产业集聚发展不是一蹴而就的，而是一个不断完善的动态变化过程，产业集聚的方向、内容和形式会随着国际国内经济环境、国内和区域内的政策环境的变化而改变，其实际上也是一个产业优化发展的过程，在不断实践中找到区域内的优势产业和未来发展的重点产业，充分调动区域产业发展的竞争力。同时，通过特定的产业集聚发展，也能够在一定程度上带动周边产业的发展，以及周边产业的集聚发展，充分调动市场的积极性和发展的活力。

3. 推动多向产业转移，提升整体产业发展效益

产业转移是一个时间和空间上的概念，是产业构成要素的国家间或地区间移动，从而形成不同层次产业分工的重要动力，也是承接国际或地区产业转移从而使产业结构优化升级的重要契机（陈建军，2002）。同时，当前中国产业转移的动因是东部沿海地区与中西部地区经济发展水平的差异、不同地区要素禀赋的差异，同时在当前市场经济条件下，行政壁垒的放松也使得企业为了提高竞争力而产生了产业转移动力。中原城市群地处中国的中部地区，为了更好地提升城市群经济和产业发展的质量，在开放条件下的国际产业转移和国家战略指导下国内产业转移的基础上，应当遵循“两承接、一主导”的思路提升中原城市群产业的优化和升级。

“两承接”，即承接国际产业转移和承接国内产业转移。中原城市群应当在国际国内产业转移的大背景下，充分发挥中原城市群目前的优势，扮演好产业转移承接者的角色，因为国际产业转移和国内产业转移的目的并不一致。其一，承接国际产业转移。国际产业转移是在产业生产链条全球化的背景下，实现全球资源配置的一种形式，往往是相对发达的国家通过资金、技术等优势实现与相对不发达的国家资源、成本等优势相结合的一种途径，在以逐利为目的的国际合作中，竞争的态势也更加明显。作为产业承接者的国家或地区，若在国际产业转移过程中不能实现本国或本区域的产业优化升级，则对该国家和地区的产业，乃至对经济发展都是非常不利的。因此，中原城市群作为经济相对欠发达地区，在承接国际产业转移的进程中，应在充分发挥该区域劳动力等资源优势的基础上，加大科技创新力度，提升科技成果转化为实际生产力的能力，提高实际生产过程中的附加值，积极探索和充分利用国际产业转移中的技术等优势，强化“内部消化”机制，提升自身产业优化升级的动力。其二，承接国内产业转移。国内产业转移主要是指东部沿海地区的产业向中西部转移，其目的是降低国内东西部经济发展差异，均衡产业发展质量，对于中部崛起战略将起到重要的支撑作用。在当前中原城市群地区经济、技术等并不发达的情况下，承接东部沿海地区向中西部转移的资源密集型和劳动密集型产业是产业转移的必然趋势，但是也应当抓住机遇实现产业转移中产业优化升级的目标，实现自我完善。同时，最大限度地利用资源禀赋的绝对优势和技术创新的比较优势，提升具体产业的竞争力，创造最有效率的产出。

“一主导”，即主导中原城市群内的产业转移。中原城市群包括河南省等

五个省份的30个地级市，虽然在地缘上相对集中，但是经济发展程度和产业发展特征却存在较大的差异。中原城市群在整体上的战略规划为其产业发展的内容和模式提供了一定的方向，在此前提下，一方面，中原城市群应当进一步打破行政壁垒，充分发挥市场机制的作用，调动市场积极性，实现产业发展中的资源良性配置，为产业转移提供更加宽松的市场空间。另一方面，中原城市群内的产业转移应当以成本和效益为导向，实施由中心发散和由边缘集中的产业转移模式，即“边缘—中心—边缘”的模式。在中原城市群的产业转移实践中，郑州作为中原城市群的区域经济、政治和金融等中心，拥有该区域内最优质的资金、技术等优势，应当将资源密集型和劳动密集型产业逐步向周边地区转移，这一举措既能够降低生产成本，也能够为郑州的进一步发展创造更大的空间，还能够带动其他区域和周边产业的发展；作为相对不发达的周边地市，应当在充分发挥人力等资源优势的基础上，承接郑州的产业转移，并实现自我完善，同时，应当将部分受资金、技术等限制的产业逐步向郑州转移，以实现区域内的产业发展效率最大化。

4. 推进产业精细化分工，增强对金融资源的吸引力

在产业结构调整与优化升级的过程中，还要注重产业的专业化分工和市场化细分。产业分工是与产业集聚和产业转移互为因果的，产业集聚实际上是产业分工的一个结果，而产业分工又是通过各种层次的产业转移实现的。产业分工能够提高产业发展的专业化、规模化和市场化程度，能够最大限度地提升产业发展对金融资源的吸引力和吸附力。首先，产业分工能够提高产业发展的专业化程度，不同的市场主体有选择地承接实际生产过程中的个别或部分环节，能够实现对不同环节优势资源的集中，对于生产技术水平的提升、劳动力技能的提升等都有着非常重要的促进作用；其次，产业优化分工的结果实际上能够实现在不同领域的产业的集聚或资源的集聚，在一定程度上发挥了规模效益的作用，而且集约化生产降低了物流成本、劳动力成本，能够提升资源使用效率，从而扩大产出，提升经济效益；最后，产业分工能够实现产业发展市场化程度的提升，通过市场机制的作用，提升产业主体的市场竞争力。总之，产业的精细化分工无疑推动了产业的高度化，提升了产业自身发展层次，同时也发掘了更多的市场发展潜力。金融资源基于自身逐利性的特征，其资源配置有所倾向，产业分工将提升产业对金融资源的吸引和吸附能力，为产业和金融的联动发展创造更多的条件。

因此，城市群应当根据当前整体上的产业分布特征，和其所包含地市产业分布的特殊性，合理促进产业分工，促进资源的合理流动。其一，充分利

用城市群不同区域的要素禀赋优势促进水平型产业分工的进行。城市群包括地市众多，不同地市的产业发展现状和自身所拥有的资源要素优势存在明显的异质性特征，应当在城市群整体上进行统筹布局，通过产业转移的方式实现产业在不同地市分工的合理化，促进产品市场的多元化发展和特色化发展，促进城市群产业整体结构的优化和效率的提升。其二，充分利用城市群不同区域资金和技术优势的差异，以及劳动力市场的差异推动垂直型产业分工，旨在充分利用不同区域、不同关联产业在发展过程中所拥有的比较优势，在产业结构调整和优化升级的进程中，创造更多的特色产业，促进当地产业发展和经济增长。

（二）促进金融的高质量发展，为产业与金融的联动发展提供保障

在国民经济发展中，产业结构的调整和优化升级、产业集聚的变动和产业转移的发生过程，均伴随着资本配置的变化和转移，而产业发展的过程本身也是资本由低效率领域向高效率领域能力的一种转变（蔡红艳、阎庆民，2004），其中起关键作用的就是金融市场资源配置的功能。在产业优化发展的基础上，要实现中原城市群产业和金融的联动发展，就需要充分发挥中原城市群金融优化资源配置的作用。因此，在当前中原城市群金融市场相对欠发达的前提下，要进一步促进金融的高质量发展，为产业发展、产业与金融联动发展提供保障。

1. 发挥金融优化资源配置的作用，促进产业优化升级

本书要实现的产业与金融联动发展是在相对较高的层次实现的，因此在国家社会经济政策的背景下，城市群应当根据城市群的战略规划和发展目标，尽快推动产业发展优化升级。产业发展的优化应当包括产业结构调整和优化升级、产业集聚和产业转移等，产业优化升级的过程实质上也是资源整合和重新配置的过程，在这个过程中，除了政策性的内容，其他无论是企业主体还是社会资金都是以获取经济效益为目的的，在这样的情况下，资本流动和流向成为产业发展的重要导向力量。一方面，产业的优化升级会为金融发展提供业务开拓和业务创新的基础，即以产业发展推动金融发展；另一方面，发挥微观经济运行中的价格、收益率等金融要素杠杆作用，引导社会资金等资源的定向流动，有选择地支持产业的发展，从而实现金融优化资源配置作用的发挥。这样不仅实现了产业的发展，而且在一定程度上促进了产业和金融的联动发展。

因此，城市群在促进产业与金融联动发展的进程中，要充分发挥金融优化资源配置的先天性优势作用，促进产业优化升级，使产业和金融的联动发

展处在相对较高的层次和水平上，这将有利于城市群经济的发展。

2. 优化金融结构，为产业发展、产业和金融联动发展提供契机

金融结构的优化对于产业结构调整有着至关重要的作用，因为在金融结构调整和优化升级的过程中，不同产业和不同主体的金融服务需求存在差异，也就是说要有完善的不同类型的金融服务与之相匹配。产业集聚和产业转移是实现产业结构调整和优化升级的主要路径，所以同样也面临着金融服务需求的问题。中原城市群三大产业和各类子行业之间的融合发展需要通过产业结构调整和优化升级来实现，而产业结构调整中的企业主体以中小企业为主，中小企业是产业结构调整进程中的主力军，其面临的核心问题是资金需求问题，这本身也是制约中小企业快速发展的关键问题。因此，需要在当前金融结构的基础上和满足金融服务需求的前提下，优化中原城市群金融结构，使之成为中原城市群产业优化发展的重要保障。

中原城市群金融市场长期都是以间接金融为主的金融发展模式，在经济发展过程中，市场主体融资需求的满足主要通过商业银行等金融机构来实现，但是在现实中间接融资也难以满足市场主体多元化的金融服务需求，尤其是大批各种类型的中小微企业的需求。总体上商业银行等金融机构提供金融服务的门槛相对较高，对服务对象有一定的限制，中小微企业很难直接从商业银行尤其是大中型商业银行获取融资，究其原因，一方面是商业银行自身关于风险控制的要求，另一方面是此类中小微企业自身的发展特征，其可抵押物、资金实力、成长阶段、信用状况等难以达到商业银行等金融机构所规定的标准，这将在很大程度上制约中小微企业的发展。在这样的背景下，中原城市群的金融发展水平相对东部沿海地区较低，其间接金融发展模式更加突出，从而使城市群内的市场主体面临的融资障碍问题更加明显。因此，中原城市群当前应当在继续以商业银行作为主流金融服务供给主体的基础上，结合国家、省内和城市群的政策导向，开展针对中小微企业的普惠金融业务，进一步提升金融服务的深度，使之成为产业优化升级的活跃动力，也为中原城市群产业和金融联动发展提供契机。

需要进一步完善中原城市群多层次资本市场的发展，引导和鼓励中小微企业采用多元化的融资模式，为产业内子行业的融合发展和产业与金融的联动发展创造更多的条件。首先，政府或者相关机构应当在产业发展过程中创造有利条件，发挥对相关企业主体的引导和激励作用，在激励企业通过资本市场融资的前提下，完善城市群内的区域性资本市场，提升企业获取金融服务的能力，增加相关机会；政府参与或引导非大型、非金融企业发行债券进

行融资，激发企业获取金融服务的主动性。其次，企业应当在产业结构优化、产业转移等过程中，通过企业重组、整合等方式，把握其自身优化或转型发展的机遇，提升产业发展过程中的市场竞争力。

此外，在产业发展过程中，应当重点关注保险业的保障性作用，以及为中小微企业发展提供融资保障的保险产品创新，如创新保证保险，充当“担保者”的角色，提升企业间接融资的可能性等。

3. 加强金融基础设施建设，提升金融服务于产业发展的效率

金融基础设施建设，应当包含以金融机构体系为基础的服务体系、法治和信用环境、信息化建设等为金融发展提供基础条件的领域。加强金融基础设施建设对于中原城市群产业发展有着至关重要的作用，在产业发展过程中，金融基础设施的完善能够为产业优化发展提供最便利化的服务。由于中原城市群整体经济发展水平较东部沿海地区低，金融机构及其网点等的分布呈现不均匀和覆盖率相对较低的现象，主要体现在较高级别的金融机构相对较少的以及农村和边远地区的金融机构分布不足，法人机构和外资金融机构则更加少，这对于产业结构优化、产业集聚和产业转移来说是非常不利的。基于金融机构的地缘性特征所表现出来的中原城市群金融发展不足问题，将使金融业在中原城市群产业优化发展和高度化发展过程中难以很好地提供助力。如上文所述，产业的集聚和转移实际上是伴随着资本的集聚和转移的，甚至资本在产业发展中的配置问题是制约产业集聚和产业转移的关键性问题，这一过程中需要金融机构在政策导向的前提下充分体现出其主动性的特征，但是当前中原城市群的金融机构分布特征在一定程度上难以满足产业快速发展的需求。

因此，首先就要完善中原城市群的金融机构体系，推动大中型商业银行在产业发展过程中发挥资金优势，助推产业集聚和产业转移，同时要开拓普惠金融业务，满足更多元化的市场需求；要根据产业发展的趋势合理规划金融机构网点，尤其是银行类金融机构，为产业发展中的金融服务提供最大的便利化；促进构建和发展本土性金融机构，其基于地缘性优势能够为中原城市群的产业发展提供更加便利的金融服务，同时又能够最大限度地减少金融资金外流，使本土经济和产业的发展得到更多助力；鼓励引进外资金融机构，增加中原城市群金融服务的多样化程度，这也能在一定程度上促进市场竞争，促进金融机构市场竞争力的提升。

此外，在优化中原城市群金融机构体系的基础上，要促进产业与金融的联动发展，使金融更好地服务于产业结构调整、产业集聚和产业转移等，加强中原城市群金融机构的支付结算服务体系建设，畅通金融体系支付结算系

统，高效地解决产业发展过程中的资金流动问题，节约时间成本，提高产业发展效率。完善网络和通信基础设施建设，推动信息化发展基础工作的快速完善，为产业集聚和产业转移提供物质基础；促进产业和金融联动发展的法治环境和信用环境的优化建设，促进中原城市群整体金融生态环境的改善，主要是加强依法执法的力度，构建科学的约束和激励机制，同时，也要加强社会信用体系建设，为中原城市群营造良好的投融资环境，以利于调动产业集聚、推动产业转移和更好地承接产业转移，促进产业结构的优化和升级，并最终实现产业和金融的联动发展。

4. 结合产业发展中的金融服务需求，加快金融服务创新

在产业发展的过程中，以产业结构调整和优化升级为目标，必然需要多元化的金融服务与之相结合。尽管如此，一方面，中原城市群整体金融市场发展水平相对较低，金融创新程度难以满足大量的、多种形式的产业集聚和产业转移的需求；另一方面，常规的金融服务已经难以适应当前产业发展的需要，因为当前的产业发展过程中的金融需求已经不仅仅是简单的存贷款业务和结算业务，而是在产业发展过程中，产业与金融的深度融合，且这种融合能够解决产业结构调整和优化升级中面临的一些实际问题，如融资问题等。因此，为了保证高效的产业发展，实现产业与金融的深度联动发展，要针对不断变化的金融服务需求，尤其是产业发展过程中的重点产业和政策导向产业的需求，科学地开展金融创新。

其一，大力推动科技金融的发展。重视科技金融的发展，为高新技术产业的发展创造更多获取金融服务的条件，尤其是重视解决科技型中小企业在成长和发展过程中的资金需求问题。科技型中小企业不仅面临着普通中小企业面临的融资困难问题，还面临着科技成果转化效率不高和难以满足实际市场需求问题，以及企业发展潜力和前景问题。在中原城市群金融结构和科技型中小企业存在突出问题的前提下，需要由政府主导和参与部分科技金融业务的开展，以引导社会资本的流向，如开展“科技贷”和“科技保”业务，发展创业投资基金等，充分利用政策性优势，为科技型中小企业的发展提供助力。

其二，推动商业银行等金融机构重点发展绿色金融或绿色信贷。在产业结构优化调整的过程中，结合国家供给侧结构性改革和环境污染保护等政策，逐步淘汰一批高污染、高能耗的企业，逐步应用新工艺、发展新技术，重点培养一批低能耗和低污染的绿色技术应用型企业，倡导发展绿色经济、绿色产业，推广绿色金融和绿色信贷，使该领域成为产业与金融联动发展的契合

点。一方面，通过绿色信贷提高企业的融资门槛，提升对环境污染治理和处理技术的要求，迫使企业在产业结构调整中不断提升产业发展质量。另一方面，作为金融机构，应当大力发展绿色金融，推广绿色信贷，重视企业未来发展潜力和其所带来的社会效应，助力产业与金融的联动发展。

其三，大力发展供应链金融，推动相关产业与金融深度融合。供应链金融的发展，不仅解决了相关中小企业的融资问题和单个中小企业的信用风险问题，为相关企业的发展提供了便利的金融服务，同时也实现了相关产业与金融创新的深度融合，是产业与金融联动发展的典型。在产业结构优化调整的过程中，产业集聚的外部性会促进产业链的进一步延长，对于产业的发展有着重要的推动作用，但是也会存在一些难以避免的问题，如中小企业的资金问题易导致产业链的断裂而弱化产业集聚的效果、个别企业的信用风险会引发债务违约的连锁反应等，供应链金融在一定程度上能够解决此类问题。

参考文献

[1] 蔡红艳，阎庆民．产业结构调整与金融发展——来自中国的跨行业调查研究 [J]．管理世界，2004（10）：79-84.

[2] 曹玉平，操一萍．风险投资、不良贷款与产业转型升级——基于中国省级面板数据的实证研究 [J]．北京理工大学学报（社会科学版），2020，22（3）：76-87.

[3] 曾国平，王燕飞．中国金融发展与产业结构变迁 [J]．财贸经济，2007（8）：12-19+128.

[4] 查奇芬，王亚娜，陈聪．产业结构升级与金融发展关系的实证研究 [J]．商业研究，2009（7）：68-69.

[5] 陈斌开，林毅夫．金融抑制、产业结构与收入分配 [J]．世界经济，2012，35（1）：3-23.

[6] 陈聪．我国金融发展与产业结构升级的关系研究 [J]．统计与决策，2008（9）：108-109.

[7] 陈峰．论产业结构调整中金融的作用 [J]．金融研究，1996（11）：23-27.

[8] 陈福中，蒋国海．金融协同对区域产业布局的影响研究——兼论京津冀与长江经济带产业布局的金融协同效应 [J]．兰州学刊，2020（1）：90-108.

[9] 陈刚，张解放．区际产业转移的效应分析及相应政策建议 [J]．华东经济管理，2001（2）：24-26.

[10] 陈建军，胡晨光．产业集聚的集聚效应——以长江三角洲次区域为例的理论和实证分析 [J]．管理世界，2008（6）：68-83.

[11] 陈建军．长江三角洲地区的产业同构及产业定位 [J]．中国工业经济，2004（2）：19-26.

[12] 陈建军．中国现阶段的产业区域转移及其动力机制 [J]．中国工业经济，2002（8）：37-44.

[13] 陈景森，高明．金融集聚与产业集聚的耦合协调度比较研究——以中国十大城市群为例 [J]．北京科技大学学报（社会科学版），2019，35（6）：58-73.

[14] 陈柳钦．产业集群与产业竞争力 [J]．南京社会科学，2005（5）：15-23.

[15] 陈柳钦．城市功能及其空间结构和区际协调 [J]．中国名城，2011（1）：46-55.

[16] 陈清，张海军．极化理论视角下金融发展与经济发展关系研究——“金融窖藏”说法的新回应 [J]．经济与管理评论，2018，34（5）：114-129.

［17］陈时兴．中国产业结构升级与金融发展关系的实证研究［J］．中国软科学，2011（S2）：72-78.

［18］陈晓玲，张毅．金融发展、产业升级与经济增长的动态关系研究——基于省际数据的面板 VAR 分析［J］．财贸研究，2017，28（10）：19-25.

［19］陈勇，胡雪琴．论环渤海城市群金融发展对产业结构变迁的影响［J］．现代财经（天津财经大学学报），2008（10）：84-87.

［20］成学真，岳松毅．西北五省区金融集聚与产业结构升级关系的实证研究［J］．西北师范大学学报（社会科学版），2016，53（6）：41-47.

［21］迟永慧．中国金融结构与产业结构互动关系研究——基于灰色关联度的实证检验［J］．技术经济与管理研究，2015（12）：16-21.

［22］崔大树．经济全球化进程中城市群发展的制度创新［J］．财经问题研究，2003（5）：68-72.

［23］崔凤军，杨永慎．产业结构对城市生态环境的影响评价［J］．中国环境科学，1998（2）：71-74.

［24］崔惠颖．人口、金融与产业结构的动态关系研究［J］．统计与决策，2017（3）：172-175.

［25］戴宏伟，王云平．产业转移与区域产业结构调整的关系分析［J］．当代财经，2008（2）：93-98.

［26］党兴华，郭子彦，赵璟．基于区域外部性的城市群协调发展［J］．经济地理，2007（3）：463-466+475.

［27］段玉强．河南省金融发展与产业结构优化的实证分析［J］．金融理论与实践，2012（6）：59-61.

［28］范方志，张立军．中国地区金融结构转变与产业结构升级研究［J］．金融研究，2003（11）：36-48.

［29］方创琳．京津冀城市群协同发展的理论基础与规律性分析［J］．地理科学进展，2017，36（1）：15-24.

［30］傅进，吴小平．金融影响产业结构调整的机理分析［J］．金融纵横，2005（2）：30-34.

［31］盖文启，朱华晟．产业的柔性集聚及其区域竞争力［J］．经济理论与经济管理，2001（10）：25-30.

［32］干春晖，余典范．城市化与产业结构的战略性调整和升级［J］．上海财经大学学报，2003（4）：3-10.

［33］高新才，牛丽娟．金融集聚与产业结构升级关系的实证研究——以甘肃省为例［J］．兰州学刊，2014（11）：185-189.

［34］葛红玲，聂晓曦．中国房地产业与银行共生关系——特点及效果检验［J］．经济与管理研究，2015，36（5）：31-38.

［35］龚强，张一林，林毅夫．产业结构、风险特性与最优金融结构［J］．经济研究，2014，49（4）：4-16.

［36］郭露，丁峰．产业结构、金融集聚与协调发展：长三角地区 16 个地市 1994—2013 的实证研究［J］．经济体制改革，2015（5）：59-65.

［37］国家发改委国地所课题组，肖金成．我国城市群的发展阶段与十大城市群的功能定位［J］．改革，2009（9）：5-23.

［38］何德旭，姚战琪．中国产业结构调整的效应、优化升级目标和政策措施［J］．中国工业经济，2008（5）：46-56.

［39］贺灿飞，潘峰华．产业地理集中、产业集聚与产业集群：测量与辨识［J］．地理科学进展，2007（2）：1-13.

［40］侯丁，郭彬．要素集聚下金融发展与产业结构升级的非线性关系［J］．管理现代化，2017，37（5）：5-8.

［41］侯赟慧，王丽华．长三角区域金融结构变迁与产业结构调整：理论假说和实证检验［J］．中共南京市委党校学报，2019（6）：59-67.

［42］胡梅梅，邓超．长株潭地区正规金融、非正规金融与产业集群关系的实证研究［J］．湖南社会科学，2014（2）：155-158.

［43］黄金川，陈守强．中国城市群等级类型综合划分［J］．地理科学进展，2015，34（3）：290-301.

［44］黄庆华，周志波，刘晗．长江经济带产业结构演变及政策取向［J］．经济理论与经济管理，2014（6）：92-101.

［45］焦妍妍，郭彬，优瑞池．科技创新、金融创新与产业结构优化的耦合关系研究——基于“互联网+”视角［J］．管理现代化，2019，39（5）：32-36.

［46］科林·克拉克．经济进步的条件［M］．北京：中国人民大学出版社，2020.

［47］雷清，杨存典．金融发展与产业结构优化关系的实证研究［J］．统计与决策，2012（8）：144-146.

［48］李富有，尹海凤．金融支持与我国战略性新兴产业发展实证研究——基于面板格兰杰因果检验和协整分析［J］．科技进步与对策，2014，31（15）：53-58.

［49］李红河．区域产业结构调整与金融发展关系：以重庆为例［J］．重庆社会科学，2010（2）：45-48.

［50］李洁．金融发展对我国城市群产业升级的影响探析［J］．河南财政税务高等专科学校学报，2019，33（4）：32-38.

［51］李京文．中国产业结构的变化与发展趋势［J］．当代财经，1998（5）：12-21+64.

［52］李力行，申广军．经济开发区、地区比较优势与产业结构调整［J］．经济学（季刊），2015，14（3）：885-910.

［53］李露．高技术产业与金融供给侧协同发展关系研究［J］．科学管理研究，2019，37（2）：60-63.

[54] 李伟军，孙彦骊．城市群内金融集聚及其空间演进：以长三角为例［J］．经济经纬，2011（6）：42-46.

[55] 李小建，李二玲．产业集聚发生机制的比较研究［J］．中州学刊，2002（4）：5-8.

[56] 李学鑫，苗长虹．城市群产业结构与分工的测度研究——以中原城市群为例［J］．人文地理，2006（4）：25-28+122.

[57] 蔺雪芹，方创琳．城市群地区产业集聚的生态环境效应研究进展［J］．地理科学进展，2008（3）：110-118.

[58] 刘东勋．中原城市群九城市的产业结构特征和比较优势分析［J］．经济地理，2005（3）：343-347.

[59] 刘赣州．论中部地区产业结构优化升级的金融支持［J］．学术界，2005（5）：55-59.

[60] 刘辉，申玉铭，柳坤．中国城市群金融服务业发展水平及空间格局［J］．地理学报，2013，68（2）：186-198.

[61] 梅生．我国金融发展规模、效率与产业结构关系的实证研究［J］．广西社会科学，2009（7）：38-42.

[62] 刘宁．金融发展对产业升级影响的脉冲响应分析：广东例证［J］．贵州财经大学学报，2014（1）：81-88.

[63] 刘湘云，吴文洋．科技金融与高新技术产业协同演化机制及实证检验——源于广东实践［J］．广东财经大学学报，2018，33（3）：20-32.

[64] 刘骁毅．中国金融结构与产业结构关系研究［J］．财经理论与实践，2013，34（3）：24-28.

[65] 龙云安，张健，冯果．区域发展视角下金融深化、金融集聚与产业结构升级研究——以成渝城市群为例［J］．金融理论与实践，2019（11）：46-53.

[66] 楼瑜，李玥，蒋荣鑫．产业集群与银企融资效率［J］．特区经济，2006（7）：333-334.

[67] 陆大道．京津冀城市群功能定位及协同发展［J］．地理科学进展，2015，34（3）：265-270.

[68] 吕铁，周叔莲．中国的产业结构升级与经济增长方式转变［J］．管理世界，1999（1）：113-125.

[69] 马强，孙佃亮．中国不同省份金融结构转变与产业结构升级关系的实证研究［J］．工业技术经济，2016，35（6）：103-110.

[70] 马歇尔．经济学原理［M］．北京：商务印书馆，2011.

[71] 马智利，周翔宇．中国金融发展与产业结构升级关系的实证研究［J］．上海金融，2008（2）：18-21.

[72] 孟维福，任碧云．包容性金融发展、产业结构优化升级与贫困减缓［J］．西南民族大学学报（人文社会科学版），2020，41（6）：97-107.

[73] 欧阳晓风．欠发达地区金融发展与产业结构优化关系的实证研究——以湘西地区为例［J］．求索，2008（7）：27-28+34.

[74] 彭继增，方仙美．金融创新、消费需求与产业结构优化升级［J］．求索，2016（6）：115-120.

[75] 彭宇文，邹明星．碳金融发展对产业结构升级的影响——基于城市群的比较分析［J］．企业经济，2019（6）：15-20.

[76] 青木昌彦．比较制度分析［M］．上海：上海远东出版社，2001.

[77] 沈财战，冯秀清，谭颖玲，齐红霞，陈永光．试论京津冀都市圈发展产业集群中开发性金融的作用［J］．城市发展研究，2006（6）：107-112.

[78] 沈浩鹏．京津冀地区金融发展与产业升级关系研究——基于资本价格差异视角［J］．价格理论与实践，2017（9）：148-151.

[79] 沈玉芳，张婧，王能洲，刘曙华．长三角城市群金融业演进的空间结构特征［J］．地域研究与开发，2011，30（2）：86-90.

[80] 史恩义．金融成长与产业发展内在机理［J］．商业研究，2012（1）：16-22.

[81] 苏雪串．城市化进程中的要素集聚、产业集群和城市群发展［J］．中央财经大学学报，2004（1）：49-52.

[82] 苏勇，杨小玲．资本市场与产业结构优化升级关系探讨［J］．上海财经大学学报，2010，12（2）：90-97.

[83] 孙晶，李涵硕．金融集聚与产业结构升级——来自 2003—2007 年省际经济数据的实证分析［J］．经济学家，2012（3）：80-86.

[84] 孙林．中国区域金融发展差异与地区经济发展——基于我国东西部面板数据的实证分析［J］．开发研究，2011（3）：10-13.

[85] 覃剑，冯邦彦．大珠三角城市群金融业与制造业空间关系研究［J］．南方金融，2014（7）：82+87-91.

[86] 陶娅娜．金融空间分布与产业布局研究——兼论对京津冀协同发展的启示［J］．金融与经济，2018（12）：13-19.

[87] 涂俊．新能源产业与金融资本关系研究［J］．理论月刊，2012（10）：129-132.

[88] 万庆，曾菊新．基于空间相互作用视角的城市群产业结构优化——以武汉城市群为例［J］．经济地理，2013，33（7）：102-108.

[89] 汪发元，郑军．科技创新、金融发展对产业集聚的影响——基于长江经济带数据的空间杜宾模型分析［J］．科技进步与对策，2020，37（13）：45-53.

[90] 汪浩瀚，潘源．金融发展对产业升级影响的非线性效应——基于京津冀和长三角地区城市群的比较分析［J］．经济地理，2018，38（9）：59-66.

[91] 王海军，张英杰．我国东部地区产业集聚与金融发展的互动关系——基于耦合协调度模型的研究［J］．北京交通大学学报（社会科学版），2015，14（2）：7-12.

[92] 王恒．市场化视角下流通产业结构转型中的金融发展支持研究［J］．商业经济研

究，2020（9）：32-34.

［93］王磊．城市产业结构调整与城市空间结构演化——以武汉市为例［J］．城市规划汇刊，2001（3）：55-58+80-82.

［94］王良健，钟春平．产业结构调整中金融发展的作用与定位［J］．经济地理，2001（6）：669-673.

［95］王林梅，邓玲．我国产业结构优化升级的实证研究——以长江经济带为例［J］．经济问题，2015（5）：39-43.

［96］王培志，刘雯雯．山东省产业结构调整与金融支持关系研究［J］．东岳论丛，2015，36（7）：125-129.

［97］邬丽萍．城市群形成演化机理与发展战略——基于集聚经济三维框架的研究［M］．北京：中国社会科学出版社，2012.

［98］吴福象，沈浩平．新型城镇化、基础设施空间溢出与地区产业结构升级——基于长三角城市群16个核心城市的实证分析［J］．财经科学，2013（7）：89-98.

［99］吴勇民，王倩．互联网金融演化的动力——基于技术与金融的协同演化视角［J］．经济与管理研究，2016，37（3）：46-53.

［100］吴志军．长江中游城市群协调发展及合作路径［J］．经济地理，2015，35（3）：60-65.

［101］伍海华，张旭．经济增长·产业结构·金融发展［J］．经济理论与经济管理，2001（5）：11-16.

［102］邢苗，张建刚，冯伟民．我国金融与海洋产业结构优化的耦合发展研究［J］．资源开发与市场，2016，32（6）：728-734

［103］徐鹏杰．金融结构调整与产业结构优化关系的实证分析［J］．统计与决策，2018，34（1）：171-173.

［104］严庆．“互嵌”的机理与路径［J］．民族论坛，2015（11）：10-13.

［105］颜冬，陈能军．金融发展、贸易开放与产业升级之间的关系研究——基于中国1999—2014年的经验数据考察［J］．经济问题探索，2016（8）：36-43.

［106］杨凤华．经济发展与金融发展相互作用关系的一般分析［J］．南通大学学报（社会科学版），2012，28（1）：113-120.

［107］姚华，宋建．中国金融发展与产业结构升级协整关系的多指标交叉检验［J］．湖南大学学报（社会科学版），2016，30（1）：76-82.

［108］叶耀明，纪翠玲．长三角城市群金融发展对产业结构变动的影响［J］．上海金融，2004（6）：10-12.

［109］余霞民．地方政府竞争、产业同构与金融配置效率：以长三角经济区为例［J］．上海金融，2016（5）：19-24.

［110］张公嵬，梁琦．产业转移与资源的空间配置效应研究［J］．产业经济评论，2010，9（3）：1-21.

[111] 张海军，张志明．金融开放、产业结构升级与经济一体化发展——基于长三角城市群的实证研究 [J]．经济问题探索，2020 (5)：122-133.

[112] 张浩然，衣保中．城市群空间结构特征与经济绩效——来自中国的经验证据 [J]．经济评论，2012 (1)：42-47+115.

[113] 张辉，刘鹏，于涛，安虎森，戚安邦．金融空间分布、异质性与产业布局 [J]．中国工业经济，2016 (12)：40-57.

[114] 张强，王忠生．长株潭城市群区域金融生态环境优化研究——基于长株潭城市群“两型社会”建设的思考 [J]．求索，2008 (7)：5-7+46.

[115] 张少军，刘志彪．全球价值链模式的产业转移——动力、影响与对中国产业升级和区域协调发展的启示 [J]．中国工业经济，2009 (11)：5-15.

[116] 张祥建，郭岚，徐晋．长江三角洲城市群的空间特征、发展障碍与对策 [J]．上海交通大学学报（哲学社会科学版），2003 (6)：57-62.

[117] 张旭，伍海华．论产业结构调整中的金融因素——机制、模式与政策选择 [J]．当代财经，2002 (1)：52-56.

[118] 张雅杰，金海，谷兴，叶梁倩，邵庆军．基于 ESDA-GWR 多变量影响的经济空间格局演化——以长江中游城市群为例 [J]．经济地理，2015，35 (3)：28-35.

[119] 张亚斌，黄吉林，曾铮．城市群、“圈层”经济与产业结构升级——基于经济地理学理论视角的分析 [J]．中国工业经济，2006 (12)：45-52.

[120] 张云．区域金融发展与经济增长、产业结构调整的关系——以上海经济为例 [J]．上海经济研究，2008 (12)：24-29.

[121] 张桢．我国高技术产业发展、金融结构优化与产业升级——基于最优金融结构理论的实证分析 [J]．工业技术经济，2016，35 (2)：97-104.

[122] 章奇．第二产业结构调整与科技金融联动发展的关系研究 [J]．科学管理研究，2016，34 (3)：109-112.

[123] 赵娜，王博，刘燕．城市群、集聚效应与“投资潮涌”——基于中国 20 个城市群的实证研究 [J]．中国工业经济，2017 (11)：81-99.

[124] 赵天一．战略性新兴产业科技金融支持路径及体系研究 [J]．科技进步与对策，2013，30 (8)：63-67.

[125] 赵晓娜．青海省区域金融发展与产业结构升级关系分析 [J]．青海社会科学，2012 (6)：108-110.

[126] 郑丽，胡龙波．中国能源产业与金融业共生演化研究 [J]．西安财经学院学报，2018，31 (4)：44-50.

[127] 郑诗情，胡玉敏．中国新能源产业与金融发展关系的实证研究 [J]．山西财经大学学报，2018，40 (S2)：55-59.

[128] 周永涛，钱水土．金融发展、技术进步与对外贸易产业升级的动态关系——基于 VAR 模型与非参数 Malmquist 指数法 [J]．金融理论与实践，2012 (3)：15-20.

[129] Bagehot, Walter. Lombard street: A description of the money market [M]. London: Henry S. King and Co. , 1873.

[130] Bash S, Dijon G P, Suspender K. Financing constraints and investments in R&D: Evidence from Indian Manufacturing firms [J]. The Quarterly Review of Economics and Finance, 2014 (55): 28-39.

[131] Beck T, Levine R. Stock markets, banks, and growth: Panel evidence [J]. Journal of Banking & Finance, 2004, 28 (3): 423-442.

[132] THORSTEN BECK, ASLI DEMIRGUC-KUNT, LVC LAEVEN, ROSS LEVINE. Finance, Firm Size, and Growth [J]. Journal of Money, Credit and Banking, 2008, 40 (7).

[133] Feldman, MP DB. Audretsch, Innovation in cities: Science-based diversity, specialization and localized competition [M]. European Economic Review, 1999 (43): 409-425.

[134] Fisman R, Love I. Trade credit, financial intermediary development, and industry growth [J]. The Journal of Finance, 2003, 58 (1): 353-374.

[135] Glaeser EL, HD, Kallal, JA, Scheinkman, A Schleifer. Growth in cities [J]. Journal of Political Economy, 1992 (100): 1126-1152.

[136] Goldsmith, R. Financial structure and economic development [M]. New Haven: Yale University Press, 1969.

[137] Greenwood J, Sanchez JM, Wang C. Financing development: The role of information costs [J]. American Economic Review, 2010 (4): 1875-1891.

[138] Jeanneney S, Hua P, Liang Z. Financial development, economic efficiency, and productivity growth: Evidence from China [J]. The Developing Economies, 2006 (1): 27-52.

[139] Jianqing Ruan, Xiaobo Zhang. Finance and cluster based industrial development in China [R]. IFPRI Discussion Paper, May 2008, 00768.

[140] Kindleberger C P. The formation of financial centers: A study in comparative economic history [R]. Working Papers, 1973, 5 (4): 3395 - 3397.

[141] Kolympiris C, Kalaitzandonakesn, Miller D. Spatial collocation and venture capital in the US biotechnology industry [J]. Research Policy, 2011, 40 (9): 1188-1199.

[142] Marshall, A. The principles of economics [M]. London: MacMillan, 1890.

[143] Patrick, HT. Financial development and economic growth in underdeveloped countries [J]. Economic Development and Cultural Change, 1966 (14) : 174-189.

[144] Poter, ME. Clusters and the new economics competition [J]. Harvard Business Review, 1998 (11): 47-50.

[145] Rajan, Zingales. Financial systems, industrial structure and growth [Z]. Mimeo University of Chica-go, 1999.

[146] Rajin R, Zingales L. Financial development and growth [J]. American Economic Review, 1998, 8 (2): 559-586.

[147] Sergei Guriev, Dmitriy Kvasov. Imperfect competition in financial market and capital structure [J]. Journal of Economic Behavior & Organization, 2009, 72 (1) : 131-146.

[148] Spenc J N, Murtha T P, Lenway S A. How governments matters to new industry creation [J]. Academy of Management Review, 2005, 30 (2): 321-337.

[149] Szirmai A. Industrialization as an engine of growth in developing countries: 1950—2005 [J]. Structural Change and Economic Dynamics, 2012 (23): 406-420.

[150] Wurgler J. Financial market and the allocation of capital [J]. Journal of Financial Economics, 2000 (2): 187-214.

重要学术术语索引

后　记

本著作是我主持的2018年河南省高等学校重点科研项目（18A790002）的最终成果之一，并受到了中原千人计划基础研究领军人才项目（ZYQR201810122）、华贸金融研究院课题“河南省城乡空间优化与金融响应策略研究”（HYK-2019007）和2021年度河南省高等学校哲学社会科学智库研究项目“河南省科技型企业发展中的金融对接创新路径研究”（2021-ZKYJ-13）的大力资助。本书的研究和写作是建立在前人研究的基础上，对相关研究领域的理论深化和实践探索，在撰写的过程中参照和借鉴了一些已有研究思想、理论和方法，在此对相关作者表示感谢，当然文责自负。

同时本著作也是我已出版专著——《城市群经济与金融系统耦合协调发展机理——基于耦合协调思维研究框架》的姊妹篇，更是对其的进一步深化研究，以中原城市群为例进行了全面深入的探讨，以期一起构成城市群协调发展的重要理论基础和实践尝试，为实现城市群长期健康稳定、和谐共荣共生发展提供一定的借鉴。本著作的出版离不开学校和学院领导的帮助，河南财经政法大学刘荣增副校长对本书的撰写和出版给予了重要指导和鼎力资助，在此深表谢意。衷心感谢河南财经政法大学金融学院郑秀峰院长和赵紫剑副院长的指导与资助，也感谢河南财经政法大学金融学院的焦继军副院长和张守峰副院长对本书出版提出的建议。

另外，在写作的过程中，金融学院的王昱崴老师为本书的写作和出版提供了大力支持，在统稿、校对和联系出版等方面做出了许多重要的具体工作。金融学院的任玥静、杨淑颖、杨丽华和雷仕钰等学生，对本书部分相关数据资料的收集、整理和分析等都做了大量的工作和努力。同时，几位学生在成书的过程中认真学习，阅读了大量的国内外文献，整理和分析了大量的数据等资料，在此也表达对她们的谢意。值得庆幸和欣慰的是，这几位学生的数据分析和写作等科研能力也借此得到了进一步提升。

特别感谢中国经济出版社的姜静同志，在本书校对、出版过程中展现出了极高的专业素养，其专业、高效的业务素质，负责任和耐心的态度使本书得以顺利出版。最后，也感谢中国经济出版社为本书出版作出贡献的其他同仁。

谢巧燕于财大毓苑

2020年8月10日